LIBERALISMO ECONÔMICO: ESTUDOS EM HOMENAGEM A ROBERTO CAMPOS

CIP-BRASIL. CATALOGAÇÃO NA PUBLICAÇÃO
SINDICATO NACIONAL DOS EDITORES DE LIVROS, RJ

L665

Liberalismo econômico : estudos em homenagem a Roberto Campos / organização Amanda Flávio de Oliveira , Alexandre Antônio Nogueira de Souza, Victor Duarte Almeida. - 1. ed. - São Paulo : Noeses, 2023.

426 p. ; 23 cm.
Inclui bibliografia
ISBN 978-65-89888-67-3

1. Campos, Roberto. 2. Economia - Brasil. 3. Liberalismo. I. Oliveira, Amanda Flávio de. II. Souza, Alexandre Antônio Nogueira de. III. Almeida, Victor Duarte.

22-81263

CDD: 320.51
CDU: 330.342.172

Gabriela Faray Ferreira Lopes - Bibliotecária - CRB-7/6643

Organização:
Amanda Flávio de Oliveira
Alexandre Antônio Nogueira de Souza
Victor Duarte Almeida

LIBERALISMO ECONÔMICO: ESTUDOS EM HOMENAGEM A ROBERTO CAMPOS

INSTITUTO IVES GANDRA

2023

editora e livraria
NOESES

Copyright 2023 © By Editora Noeses
Fundador e Editor-chefe: Paulo de Barros Carvalho
Gerente de Produção Editorial: Rosangela Santos
Arte e Diagramação: Renato Castro
Designer de Capa: Aliá3 - Marcos Duarte
Revisão: Georgia Evelyn Franco

2023
Todos os direitos reservados

editora e livraria
NOESES
Editora Noeses Ltda.
Tel/fax: 55 11 3666 6055
www.editoranoeses.com.br

PREFÁCIO

Ives Gandra da Silva Martins

Professor Emérito das Universidades Mackenzie, UNIP, UNIFIEO, UNIFMU, do CIEE/O ESTADO DE SÃO PAULO, das Escolas de Comando e Estado-Maior do Exército - ECEME, Superior de Guerra - ESG e da Magistratura do Tribunal Regional Federal – 1ª Região; Professor Honorário das Universidades Austral (Argentina), San Martin de Porres (Peru) e Vasili Goldis (Romênia); Doutor Honoris Causa das Universidades de Craiova (Romênia) e das PUCs-Paraná e RS, e Catedrático da Universidade do Minho (Portugal); Presidente do Conselho Superior de Direito da FECOMERCIO - SP; ex-Presidente da Academia Paulista de Letras-APL e do Instituto dos Advogados de São Paulo-IASP.

Alegra-me prefaciar o livro em homenagem a meu saudoso e querido amigo Roberto Campos, escrito por uma admirável equipe de estudiosos de filosofia, economia e direito, que analisou a obra daquele que Aristóteles Drummond denominou *o homem mais lúcido do Brasil*, em opúsculo homônimo no qual reuniu frases do homenageado e comentários de seus amigos sobre sua vida.

Temas como liberalismo, causas da pobreza, libertação monetária, função social no mundo moderno, meio ambiente, liberdade econômica, respeito ao contrato e à propriedade, crise brasileira, fracasso do Estado interventor e regulador, liberdade de mercado, direitos sociais numa visão desenvolvimentista, além de questões acerca do livre mercado de ideias e privatização dos Correios são discutidos com profundidade e perspicácia pelos eminentes autores convidados a participar desta obra.

Ao ler todos os trabalhos, imaginei como Roberto ficaria satisfeito em ver a escola que deixou, ele que, não poucas vezes, confessou seu espanto em ver políticos e técnicos brasileiros não perceberem o óbvio sobre a economia.

Nesta esteira, só posso elogiar a iniciativa, no resgatar ideias e episódios da trajetória deste extraordinário brasileiro, dos coordenadores Amanda Flávio de Oliveira; Alexandre Antônio Nogueira de Souza e Victor Almeida, que também são autores, ao lado de Luciana Yeung; Victor M. Cezarini; Claudio D. Shikida; Rubem Novaes; Leonardo Correa; Antonio Claret de Oliveira Júnior; Gustavo Kloh Muller Neves; Cesar Fiuza; Lilian Sarah dos Anjos Amaral; Luiz Felipe da Fonseca Pereira; Lucas de Carvalho Franco; Júlia Bressan Abrão, Renan Andrade Rodrigues; Monalisa Nunes Faggion; Maria Heloisa Cjarello e Larissa Drumond Moreira, bem como de Ana Luiza Rodrigues e Angela Gandra que escreveram, respectivamente a apresentação e o posfácio do livro. Meus parabéns!

Gostaria, todavia, antes de encerrar este breve prefácio de cumprimentos e entusiasmo pelo excelente trabalho realizado por especialistas de renome, reproduzir breve artigo intitulado "Roberto, o gênio incompreendido", que escrevi para o livro que com Gilmar Mendes coordenei:

> *Conheci Roberto Campos, por apresentação de João Carlos, ao tempo que presidia o Partido Libertador em São Paulo.*
>
> *Meu irmão conhecera-o em Washington, quando Roberto assumira a Embaixada brasileira e João fora até lá dar um concerto, após ter sido elogiado por Pablo Casals, no Festival que aquele excepcional violoncelista organizava todo o ano, em Porto Rico.*
>
> *A filha do Senador Mansfield, numa reunião social, a que Roberto fora convidado – parece que era a primeira depois que assumira a Embaixada, poucos dias antes— perguntou-lhe se não conhecia o jovem pianista brasileiro que iria apresentar-se em Washington,*

após o sucesso de seu concerto em Porto Rico, ao que Roberto declarou que não. A filha do Senador, que era grande conhecedora de música, disse-lhe, com a agressividade que também lhe era peculiar: "Mas o Senhor é um ignorante. Todos aqui ouviram falar dele e estão interessados em escutá-lo e o senhor, Embaixador brasileiro, o desconhece!!!". Roberto, com o humor de sempre, replicou-lhe: "Que eu sou ignorante eu já sabia, o que me impressiona, todavia, é que em apenas dois dias de Embaixada todos nos Estados Unidos já conheçam este fato. É fantástico!". Convidou-o, então, para uma recepção, tendo começado a partir daí uma amizade que continuou até a sua morte, após um AVC e um longo período em que não se comunicava com as pessoas. Aqueles amigos que o visitavam tinham a certeza de que compreendia tudo. Roberto ficara, após o acidente vascular, prisioneiro de seu próprio corpo, ele que era uma inteligência incapaz, em decorrência, de iluminar, o país, com suas ideias. Gostaria, certamente, de transmiti las, mas não conseguia.

Ministro do Planejamento de Castelo Branco, ao lado de Octávio Bulhões, conseguiram, os dois, recuperar a economia do Brasil após o desastroso período do governo de Jango Goulart, que elevara o patamar da inflação a algo em torno 100% ao ano, com tendência a crescimento vertiginoso, em face da desorganização política e econômica.

Eu presidia, neste período, o Partido Libertador de São Paulo, cuja direção nacional era do Deputado Raul Pilla, o qual tinha, por vice-presidente, o Senador Mem de Sá, que veio a ser Ministro da Justiça do Presidente Castelo Branco.

Nossa amizade que começou à época e continuou, mesmo quando desiludido com o Ato Institucional nº 2/65, que extinguiu todos os partidos, deixei a política partidária com a decisão de nunca mais dela participar – decisão da qual nunca me arrependi –, levou-me a pedir-lhe para prefaciar, em 1970, o livro – minha segunda tese acadêmica para a USP, à época em que não havia ainda os cursos de mestrado, mas apenas os de especialização em 2 anos com teses ao final de cada ano – que intitulei "Desenvolvimento econômico e Segurança Nacional – Teoria do Limite Crítico". Nele, analisava o impacto das despesas militares nos orçamentos públicos, procurando definir um limite entre a eficiência e o desenvolvimento econômico por elas gerado e o impacto negativo nas finanças estatais para encontrar um parâmetro, no Brasil e no mundo.

O prefácio é um verdadeiro estudo sobre as despesas militares, examinadas com uma objetividade indiscutível, terminando com a expressiva fórmula:

"O livro de Ives Martins é uma contribuição útil ao debate desses problemas, que devem ser discutidos com coragem para enfrentar tabus, objetividade para evitar preconceitos e serenidade para interpretar os fatos. Pois que a boa regra de planejamento é sempre 'aceitar os fatos, para resistir à fatalidade'" (Desenvolvimento Econômico e Segurança Nacional – Teoria do limite crítico, José Bushatsky Editor, 1971, p. XV).

Durante os trabalhos constituintes, tivemos repetidos contatos, os quais começaram, de rigor, com as críticas ao Plano Cruzado, antes da Convocação da Constituinte de 87 (E.C. nº 26/86).

Era eu, à época, presidente do Instituto dos Advogados de São Paulo, Roberto, Senador da República e, por artigos nos jornais, criticamos duramente, desde os primeiros momentos, o mal elaborado plano, cópia de plano semelhante adotado e malsucedido na Argentina.

Nos almoços que tínhamos, em seu apartamento da Avenida Ipiranga em São Paulo, discutíamos todos os pontos fracos, objetivando alertar o presidente Sarney da inviabilidade do plano. Certa vez, contei-lhe que, ao comentar, no primeiro dia de aula de pós-graduação na Faculdade de Direito da Universidade Mackenzie, as razões porque o plano fracassaria – o plano era de meados de fevereiro e a aula fora dada na primeira terça-feira de março— quase fui linchado pelos alunos, que se consideravam "fiscais do Sarney". Contou-me que suas críticas nos corredores do Senado também provocavam reações semelhantes.

Nas duas audiências públicas, a convite dos constituintes, que fiz (Subcomissão de Tributos e Subcomissão da Ordem Econômica empresarial, presididas por Francisco Dornelles e Delfim Netto), Roberto assistiu e concordou com as teses por mim defendidas, que, na verdade, eram deles. É que, de rigor, depois que abandonou a crença de que o Estado seria um bom planejador econômico e interventor benéfico na Economia, já na década de 60, suas lições a favor da economia de mercado, eu as seguia.

Houve um fato curioso na Constituinte. A Comissão VII, dedicada à Ordem Econômica, teve um "quórum" de constituintes liberais considerável. Na Comissão VIII, dedicada a Ordem Social, o contingente maior de constituintes era socialista, com o que jamais um texto constitucional brasileiro foi tão liberal na economia como o de 88 e jamais foi tão intervencionista na saúde, previdência e ação social como aquela.

Lembro-me de episódios interessantes de participação conjunta durante o Governo Collor.

O fracasso que Roberto, no Senado, e, modestamente, eu, como professor universitário, na mídia (jornais e TV), tínhamos detectado, desde o início relativamente aos Planos Collor I e II, levou o governo de Collor, ainda tendo a economia sob a regência de Zélia Cardoso, à edição do "Emendão" proposto pelo Secretário de Estado Antonio Kandir, em que se propugnava a adoção de uma nova "avocatória" para que o Judiciário, sem necessidade de se ater a aspectos jurídicos, pudesse atalhar qualquer medida judicial contra qualquer ato governamental, desde que houvesse a mera alegação de "grave lesão ao Tesouro Nacional".

Na audiência pública no Senado Federal, a que fui convidado para debater com o Secretário de Estado Antonio Kandir, nosso debate foi tão caloroso, que o Senado decidiu publicar um livreto com a sua transcrição intitulada: "Kandir x Gandra", como se tivesse havido uma luta pugilística.

Roberto assistiu à audiência e, à noite, quando jantávamos, disse-me que havia a necessidade de alguém de fora para mostrar ao Senado o absurdo Emendão, que ele já denunciara naquela Casa.

Tal sessão levou a Revista Veja a entrevistar-me, nas páginas amarelas, e nos dias seguintes, pelas reações políticas contra o governo, aos pedidos de demissão de Antonio Kandir e Zélia Cardoso.

O outro episódio interessante está relacionado à origem da ação declaratória na Constituição.

Em decorrência do debate com Antonio Kandir – no tempo tornou-se meu amigo, estando eu convencido de que é um brilhante economista e um político de grandes ideais – publiquei nos dias que se seguiram artigo no Estado de São Paulo intitulado "Ação Declaratória de Constitucionalidade" (ADC), em que sugeria que se substituísse a avocatória proposta no "Emendão" por uma Ação Declaratória junto ao STF, na qual o aspecto jurídico teria que, necessariamente, ser examinado.

O organizador da presente obra, Ministro Gilmar, juntamente com Roberto, resolveu levar a ideia para a frente e redigiram, os dois, o texto que constou da E.C. nº 3/93, tendo Gilmar dado a formatação jurídica como Subchefe da Casa Civil da Presidência e Roberto, como Senador, debatido o texto na casa legislativa.

A minha ideia original, todavia, ofertava o direito de propor a referida ação a todos os legitimados para as duas ações diretas (de inconstitucionalidade e por omissão), mas na E.C. nº 3/93 constou apenas o direito da União apresentá-la.

Pela Associação dos Magistrados Brasileiros, propus ação direta de inconstitucionalidade (ADI) em face da EC 03/93, mostrando que sem a referida extensão da legitimidade ativa, a ação correria o risco de tornar-se uma mera homologação de atos governamentais.

Embora a referida ADI não tenha sido conhecida, seu relator, Ministro Moreira Alves, considerou tão relevante a temática – o STF entendia que para temas constitucionais não tinha, a AMB, legitimidade ativa— que inseriu nosso pedido, como matéria preliminar na ADC nº 1, resultando na jurisprudência de que somente com sólida divergência decisória nos tribunais poderia uma ADC ser levada ao Pretório Excelso, o que reduziu consideravelmente o número daquelas propostas, até que a E.C. nº 45/05 deu às ações declaratórias o mesmo espectro de legitimidade ativa das ações diretas de inconstitucionalidade.

Com duas breves e últimas reminiscências termino o presente. A primeira delas – é de fato ocorrido em Bonn na Alemanha –, em 1991, quando palestramos juntos na Fundação Konrad Adenauer, com mais dois professores alemães, sobre a Amazônia. Defendiam, os professores alemães, a universalização daquela região, como autêntico patrimônio da humanidade. Roberto e eu reagimos e colocamos, com dureza, a inviabilidade absoluta da proposta, que jamais seria aceita. Dissemos que, como os alemães não tinham preservado suas florestas, com o que conseguiram o seu bem-estar atual, seria extremamente cômodo que nós preservássemos a nossa, para continuarem com seu padrão de vida. À evidência, lutávamos no Brasil para preservar o que deveria ser preservado, com legislação pertinente, mas por ação interna de nossa soberania e sem interferências externas. Apesar de ser auditório predominantemente alemão, tivemos, Roberto e eu, a sensação que nossos argumentos foram bem aceitos pela comunidade germânica.

Um outro aspecto, esse de caráter sentimental, foi na posse na Academia Mato-grossense de Letras da qual também participa o comum amigo Ministro Gilmar Mendes. Tomamos, simultaneamente, posse, ele como acadêmico titular e eu, como acadêmico correspondente. Em meu discurso à distância – estava, no dia, em uma banca de livre docência da UNESP— saudei-o em versos, concluindo com esta quadra:

*"E neste correspondente
Resta a certeza final,
Dos imortais brasileiros
Roberto é o mais imortal".*

> *No seu discurso, referiu-se com extrema delicadeza ao dizer:*
>
> *"Recordo, desvanecido, o lindo e comovente poema com que me presenteou um velho amigo, que eu desejaria presente nesta cerimônia: Ives Gandra Martins, caráter sem jaça e um de nossos melhores talentos jurídicos do país".*
>
> *Roberto foi um gênio incompreendido, principalmente pelas correntes ideológicas que defendem a adoção, no Brasil, dos mesmos modelos que levaram ao fracasso, as economias da antiga URSS, dos países atrás da cortina de ferro, de Cuba, da Venezuela, mas que, incompreensivelmente, ainda têm adeptos no Brasil, infiltrados, conforme a teoria gramsciana, em todos os segmentos sociais.*
>
> *Sempre defendeu o progresso das nações desenvolvidas e não, o fracasso das economias socialistas. Ironizava dizendo que nas economias socialistas os ideais eram superiores aos resultados e, nas capitalistas, os resultados, superiores aos ideais.*
>
> *Nas últimas décadas de vida, considerou-se um liberal. Entendia que nas esquerdas, as promessas comprometiam apenas as pessoas que as ouviam. Talvez, a Venezuela, seja o exemplo mais claro da correção das teses de Roberto Campos.*
>
> *Suas ideias são até hoje atualíssimas, razão pela qual Paulo Rabello de Castro e eu, ao coordenarmos livro em sua homenagem, demos-lhe o título de "Lanterna na proa".*
>
> *O Ministro Gilmar Mendes, portanto, ao idealizar o presente livro – ele que conviveu tão de perto com Roberto em Brasília – homenageia um dos homens mais lúcidos da história brasileira, que no deserto de ideias de nossos políticos atuais, faz muita falta ao Brasil."* (in "Roberto Campos - diplomata, economista e político: O constituinte profeta" - 1ª Edição. Editora IDP, 2021, pgs. 49 a 54).

Além de nós, os coordenadores, o livro teve a participação de Arnaldo Sampaio de Moraes Godoy, Bernardo Cabral, Gastão Alves de Toledo, Lênio Luiz Streck, Ney Prado e Paulo Roberto de Almeida, muito embora a maior parte dele seja constituída de trabalhos do próprio Roberto.

Concluo estas linhas cumprimentando, uma vez mais, os organizadores e autores pela esplêndida iniciativa da edição deste livro em homenagem ao brasileiro cuja ausência é terrivelmente sentida, nos dias de hoje.

APRESENTAÇÃO

Ana Luiza Rodrigues

Diretora acadêmica do Instituto Ives Gandra
de Direito, Filosofia e Economia

Quando, na condição de diretora acadêmica do Instituto Ives Gandra, convidei a professora Amanda Flávio de Oliveira para coordenar o grupo de estudos em liberalismo econômico – que então era apenas um sonho – eu já conhecia a seriedade de seu trabalho acadêmico. A identificação entre a professora Amanda e a proposta do Instituto foi imediata e os frutos do belíssimo trabalho que ela vem desenvolvendo desde aquele momento podem ser comprovados com este livro, que tem como objeto um dos valores mais caros a nós: a liberdade.

Conceituar liberdade, contudo, não é tarefa das mais fáceis. O pensador francês Benjamin Constant, no famoso ensaio *Da liberdade dos antigos comparada com a liberdade dos modernos*, de 1819, apresenta o conceito de liberdade a partir de um duplo espectro. De acordo com ele, a liberdade para os modernos é concebida pela ausência de coação, isto é: ela consiste em uma área de livre ação do indivíduo, na qual não se verifica qualquer tipo de interferência por parte dos demais. Esse conceito, incorporado posteriormente por Isaiah Berlin em *Dois conceitos de liberdade*, se tornou célebre sob a alcunha de "liberdade negativa". Nesse sentido, quanto maior a área de não intervenção, maior o grau da liberdade. Por outro lado, a liberdade dos antigos, segundo Constant, se refere a um exercício coletivo de participação na tomada de decisões de interesse geral. A figura do cidadão, neste tipo de liberdade, se sobrepõe à do indivíduo, já que aqui o que se ressalta é a responsabilidade do sujeito perante a coletividade. A esta ideia de liberdade, embora com conteúdo um pouco diverso, Berlin deu o nome de "liberdade positiva".

Seguindo uma vertente que se aproxima da ideia de "liberdade dos antigos", Hannah Arendt, no excelente ensaio *O que é liberdade?*, nos diz que o mero fato da liberação – seja liberação da coação, seja das necessidades básicas prementes – não é suficiente para definir a liberdade, mas que o seu conceito necessita "além da mera liberação, da companhia de outros homens que estivessem no mesmo estado, e também de um espaço público comum para encontrá-los".[1] Para Arendt, a modesta ideia de liberdade como mera ausência de intervenção na esfera privada é fruto das desastrosas experiências totalitárias do século XX, que nos levaram a desconfiar da política a ponto de nos fazer aderir a uma noção de liberdade que se apresenta como inversamente proporcional à importância da política na vida das pessoas. Assim, para grande parte de nós, contemporâneos, a extensão da liberdade em uma comunidade política é medida pelo livre exercício que ela garante a atividades aparentemente não políticas, como a livre-iniciativa econômica.

Mas o que toda essa digressão filosófica tem a ver com os trabalhos que compõem este livro? Ora, parece-me que o liberalismo econômico, de modo geral, tem sido mal compreendido como manifestação exclusiva daquilo o que tradicionalmente se chama de liberdade negativa. Os artigos presentes nesta obra, contudo, revelarão que longe de consistir em um desejo puro e simples de liberação, os defensores da liberdade econômica têm forte consciência de sua responsabilidade perante as matérias de interesse público.

---

1. ARENDT, Hannah. *Entre o passado e o futuro.* São Paulo: Perspectiva, 2007, p. 194.

A esse respeito, concordo com a interpretação de Michael Novak, no livro *O espírito do capitalismo democrático*, para quem não é possível pensar a liberdade de agir no campo econômico – que neste sentido tem um status negativo, já que se refere à ausência de intervenção por parte do Estado –, apartada da atitude positiva que está na sua base. De acordo com Novak, no pano de fundo de uma sociedade economicamente livre está um forte desejo de colaboração social por parte de seus agentes. Como defende Novak, a liberdade econômica pressuposta pelo sistema capitalista demanda, dos seus participantes, contenção, tolerância e paciência, além da adesão a certos princípios práticos que tornam a vida comum e o bem comum possíveis. Nada mais distante, portanto, da ideia egoística que se faz dos agentes na economia de mercado, já que apenas aquelas culturas capazes de desenvolver nas pessoas virtudes públicas e privadas podem contar com uma política democrática e uma economia capitalista de sucesso. Afinal, liberdade econômica não pode vicejar em um ambiente de desconfiança mútua: não fosse a pressuposição de boa vontade nas relações econômicas, não seria possível sequer realizar a mais simples troca comercial. Assim, se há um campo de estudo em que o conceito modesto de liberdade (que chamei outrora de liberdade em sentido negativo) está plenamente conectado com seu conceito moral robusto, é no campo do liberalismo econômico.

Por esses motivos é que este livro em homenagem a Roberto Campos é extremamente pertinente. Em uma de nossas conversas iniciais, comentei com a professora Amanda que uma das primeiras ações do grupo de estudos em liberalismo econômico poderia ser uma homenagem a Roberto Campos, com o que ela prontamente concordou. Ambas compartilhamos da impressão de que, em sua defesa da liberdade econômica, Roberto Campos estava imbuído de um forte sentido de responsabilidade social; sua defesa da liberdade tinha como lume o bem comum. Nem coletivista, nem individualista: Roberto Campos encarna a terceira via de que fala Novak em seu livro, consistente na defesa da liberdade privada em prol da comunidade.

Pensar com profundidade filosófica o tema da economia é, pois, um dos grandes méritos do trabalho que a professora Amanda vem desenvolvendo, ao qual se somaram as importantes contribuições dos professores assistentes Alexandre Nogueira e Victor Almeida. Conforme será possível perceber com a leitura dos trabalhos que compõem este livro, os pesquisadores do grupo de estudo não se limitam a defender a liberdade econômica como um fim em si mesmo, mas a defendem porque, antes, seu esforço é de compreender em que medida ela serve às pessoas. Aliás, a franqueza, horizontalidade e qualidade com que as discussões do grupo se desenvolvem consistem no perfeito exemplo daquilo o que Arendt chama de encontro de iguais em um espaço comum.

Por isso é que se torna possível afirmar, felizmente, que o trabalho que vem sendo desenvolvido pelos professores Amanda, Alexandre e Victor reduzem o poder da ironia feita, certa vez, por Roberto Campos: se para Campos o capitalismo – ao contrário do que ocorre com o socialismo – tem resultados superiores aos seus ideais, o grupo de estudos em liberalismo econômico do Instituto Ives Gandra tem nos mostrado que no capitalismo é possível buscar ideais tão elevados quanto os resultados. A presente homenagem a Roberto Campos faz jus a sua pessoa, que soube equilibrar pragmatismo e idealismo como poucas vezes se vê.

NOTA DOS ORGANIZADORES

O Grupo de Estudos em Liberalismo Econômico, do Instituto Ives Gandra, iniciou suas atividades em agosto de 2020, no auge das restrições de locomoção impostas pela pandemia.

A amiga Andrea Hoffman, sempre estudiosa e dona de uma valorosa inquietude intelectual, havia assistido a uma *live* realizada pela Prof. Amanda Oliveira, juntamente com o Prof. Gustavo Franco, que versava sobre tema do liberalismo econômico. Com a generosidade que só os bons possuem, logo tratou de apresentar a Professora aos Diretores Acadêmicos do Instituto Ives Gandra. O encontro foi definitivo.

Foi assim que em pouco tempo estava nas ruas o primeiro edital para seleção de interessados em integrar o Grupo de Estudos em Liberalismo Econômico do Instituto Ives Gandra. Desde esse primeiro edital, publicado em julho de 2020, até o mais recente, de janeiro de 2022, o Grupo só cresce. Sempre houve mais interessados em participar do que vagas disponíveis, e selecionar sempre foi um desafio para os professores.

A vida virtual, tão insuficiente em muitos campos, por outro lado, possibilitou unir pessoas de estados variados. Desde a primeira edição do grupo, há participantes de todas as regiões do Brasil, de capitais e do interior de seus estados, de graduandos a doutores, de múltiplas formações.

Ao longo da trajetória do Grupo, autores de diferentes escolas liberais foram lidos, milhares de páginas foram discutidas em encontros que acontecem quinzenalmente, sempre às terças-feiras. Em cada semestre, livros diferentes são objeto de reflexão, e por isso há integrantes que nos acompanham há quase dois anos.

Sobretudo, o grupo tem possibilitado a pessoas das mais variadas circunstâncias debruçarem-se sobre um tema de interesse comum e tão pouco tratado nos bancos escolares brasileiros, em todos os seus níveis. Há muito de conforto nesse encontro, ao permitir a seus integrantes perceber que há quem pense como eles, mesmo que juntos pareçamos minoria. Há também espaço para descobertas ("eu sempre fui liberal e não sabia"), espaço de curiosidade ("o que afinal é esse liberalismo econômico?") e há também espaço de questionamento ("será que é isso mesmo?"), conduzindo a novas leituras e novos debates.

À liderança iniciada com a Prof. Amanda gradualmente se uniram os professores assistentes Alexandre Nogueira e Victor Almeida. Aos encontros acrescentamos a realização de *webinares* abertos ao público pelo canal do YouTube do Instituto, em que convidados especialmente escolhidos apresentam perspectivas liberais sobre temas contemporâneos.

A presente obra constitui mais um feliz produto do grupo. Homenagear Roberto Campos é o motivo central, resgatar as bases do liberalismo e publicar textos aplicando as concepções teóricas a situações atuais é o objetivo complementar.

Em sua caminhada consistente, o Grupo de Estudos em Liberalismo Econômico do Instituto Ives Gandra já nos deu muitas mostras de que está apenas no seu começo: muito ainda há o que estudar, o que produzir e o que unir.

Ao Instituto Ives Gandra, e seus afetuosos Diretores, os organizadores reiteram sua gratidão. Sigamos juntos, contem com nosso entusiasmo.

Amanda Flávio de Oliveira,
Alexandre Antônio Nogueira de Souza
Victor Duarte Almeida

SOBRE OS AUTORES

Alexandre Antônio Nogueira de Souza – Advogado e sócio do escritório Nogueira & Drumond Sociedade de Advogados. Especialista em Direito Tributário pela Pontifícia Universidade Católica de Minas Gerais – PUC/MG. Mestre em Direito Tributário pela Universidade Federal de Minas Gerais – UFMG. Membro do Conselho de Ética Pública do Governo de Minas - CONSET.

Amanda Flávio de Oliveira – Professora associada na Faculdade de Direito da Universidade de Brasília (UnB), nos cursos de graduação, mestrado e doutorado. Doutora, Mestre e Especialista em Direito Econômico pela Universidade Federal de Minas Gerais (UFMG). Advogada militante e parecerista, sócia fundadora do escritório Advocacia Amanda Flávio de Oliveira. Membro do Conselho de Desenvolvimento Econômico e Social do Estado de Minas Gerais, por indicação do Sr. Governador do Estado, desde 2019. Diretora acadêmica do grupo de estudos em Liberalismo Econômico do Instituto Ives Gandra desde 2020.

Antônio Claret de Oliveira Júnior – Advogado e Médico Veterinário com Mestrado pela UFMG, especialização em Gestão de Negócios pela Fundação Dom Cabral e em Direito Tributário pela PUC/MG, Antônio Claret Jr. é mineiro, Diretor-Geral da Agência Reguladora de Serviços Sanitários e Abastecimento de Água de Minas Gerais (ARSAE), e representante do liberalismo em um programa diário de TV e rádio sobre atualidades e política. Foi Procurador-Geral do Poder Legislativo de Ribeirão das Neves/MG e Subsecretário de Meio Ambiente de Minas Gerais. Ainda, foi Presidente de Conselho da Federação das Indústrias de Minas Gerais e de Comissão da OAB/MG, tendo lecionado na Pós-Graduação da PUC/MG. Foi Vice-Presidente do Instituto Liberal.

César Fiuza – Doutor em Direito pela Universidade Federal de Minas Gerais (UFMG). Advogado, consultor e parecerista. Professor de Direito Civil na UFMG. Professor de Direito Civil na Academia de Polícia Militar de Minas Gerais. Ocupa a Cadeira 14 da Academia Mineira de Letras Jurídicas.

Claudio Djissey Shikida – Doutor em economia pelo PPGE-UFRGS. Pesquisador do PPGOM-UFPel e Coordenador-Geral de Pesquisa da Enap desde 2019.

Gustavo Kloh Muller Neves – Doutor em Direito Civil pela Universidade do Estado do Rio de Janeiro. Professor Adjunto da Escola de Direito da Fundação Getulio Vargas no Rio de Janeiro. Membro do Instituto de Advogados do Brasil.

Júlia Bressan Abrão – Bacharelanda pela Faculdade de Direito da Universidade Federal do Mato Grosso do Sul. *Legal Intern – Corporate Law* (XP Inc). Integrante do Programa de Negociação Empresarial da Faculdade de Direito (UFMG). Membro do Instituto de Direito Empresarial e Negócios. Membro do Grupo de Estudos em Liberalismo Econômico no Instituto Ives Gandra de Direito, Filosofia e Economia.

Larissa Drumond Moreira – Advogada. Especialista em Direito Público pela Faculdade Anhanguera – Uniderp. Especialista em Direito Empresarial pela Faculdade Milton Campos. Mestre em Direito pela Faculdade Milton Campos.

Leonardo Corrêa – Bacharel em Direito pela Pontifícia Universidade Católica do Rio de Janeiro, LL.M. pela Universidade da Pensilvânia. Advogado com expertise em Direito e Economia, sócio da 3C Law.

Lilian Sarah dos Anjos Amaral – Advogada especialista em Direito Tributário e Mestranda em Direito pela Griffith College Dublin.

Lucas de Carvalho Franco – Graduando em Direito pela Faculdade de Direito de Ribeirão Preto da Universidade de São Paulo (FDRP-USP) e membro do grupo de estudos em Liberalismo Econômico do Instituto Ives Gandra Martins, entre jun. 2020 e jun. 2021.

Luciana Yeung – Professora Associada e Coordenadora do Núcleo de Análise Econômica do Direito do Insper. Fundadora e Ex-Presidente da Associação Brasileira de Direito e Economia (ABDE), Diretora da Associação Latino-americana e do Caribe de Direito e Economia (ALACDE), Editora-Chefe da *Revista de Análise Econômica do Direito* (RAED).

Luiz Felipe da Fonseca Pereira – Advogado. Mestre em Direito pela Universidade Federal do Pará. Graduação em Direito pela Universidade Federal do Pará com período sanduíche na Faculdade de Direito da Universidade de Coimbra – Portugal. Pesquisador bolsista no projeto Elos do Cemaden do Ministério da Ciência, Tecnologia e Inovações. Vice-líder do Grupo de Pesquisa Financiando Direitos (CNPq). Membro do Grupo de Estudos em Liberalismo Econômico do Instituto Ives Gandra.

Maria Heloisa Charello – Graduanda em Ciências Econômicas pela Universidade Federal do Paraná. Membro do grupo de estudos em liberalismo econômico do Instituto Ives Gandra.

Monalisa Nunes Faggion – Advogada, graduada em Direito pela Faculdade Damásio de Jesus, sócia fundadora do escritório MS Nunes Faggion Sociedade de Advogados. Membro da comissão de direito do trabalho e da comissão da jovem advocacia da OABSP. Membro do grupo de estudos em liberalismo econômico do Instituto Ives Gandra desde a sua primeira edição.

Renan Andrade Rodrigues – Bacharelando pela Faculdade de Direito da Universidade Presbiteriana Mackenzie. Fundador do movimento acadêmico conservador Reaviva Mack.

Colunista no Fala!Universidades e no JP3, Jornal dos Alunos de Direito. Membro da Academia ANAJURE, Associação Nacional de Juristas Evangélicos. Membro da ALEMACK, Academia de Letras dos Estudantes da Universidade Mackenzie, patrono Nelson Rodrigues. Membro dos Grupos de Estudo em Filosofia Política e Liberalismo Econômico no Instituto Ives Gandra de Direito, Filosofia e Economia.

Rubem Novaes – Economista formado na Universidade Federal do Rio de Janeiro, com doutorado (PhD) na Universidade de Chicago. Ao longo de sua carreira foi Assessor econômico do Ministério da Fazenda, Professor da Escola de Pós Graduação em Economia da Fundação Getulio Vargas (EPGE), Diretor do Departamento de Economia da Confederação Nacional da Indústria, Presidente do SEBRAE, Diretor do BNDES, Diretor e Sócio de Bancos de Investimento privados, Consultor econômico, nas áreas de análise macroeconômica e investimentos, e Presidente do Banco do Brasil.

Victor Duarte Almeida – Mestre em Direito Privado pela PUC-MG. Professor Assistente do Grupo de Estudos em Liberalismo Econômico do Instituto Ives Gandra de Direito, Filosofia e Economia. Advogado.

Victor M. Cezarini – Graduado em Economia pela UFMG e Mestre em Economia pela USP. Trabalhou nos Bancos de Investimento Brasil Plural e Indusval & Partners, foi coordenador do diagnóstico financeiro da equipe de transição do Governador Romeu Zema e atualmente trabalha como Assessor de Desestatização na Secretaria de Desenvolvimento Econômico do Governo de Minas Gerais.

SUMÁRIO

Primeira Parte

CONVIDADOS

Primeira Parte
CONVIDADOS

AS ESTRANHAS CAUSAS DA POBREZA DO BRASIL (E DO MUNDO)

Luciana Yeung

Introdução

Assim como as ideias de Roberto Campos, economista que o presente volume pretende homenagear, os ensinamentos de diversos pensadores liberais estão esquecidos pelos formuladores de políticas públicas nesse país. Como consequência, a ciência social está estagnada, "andando em círculos", perdida como uma pessoa cega em uma noite escura. Na verdade, as lições já estão aí há algum tempo, porém muitos fingem não ver. O objetivo do presente capítulo é tentar resgatar parte dessas lições, sobretudo aquelas que mostram a relação entre a liberdade econômica, pobreza e bem-estar dos povos. Também pretende, ao fim do trabalho, rever algumas breves passagens da obra seminal de Roberto Campos, *A Lanterna na Popa.*[1]

1. CAMPOS, Roberto (2004). *A Lanterna na Popa*, 4ª edição, Rio de Janeiro: Topbooks.

I. Liberdade Econômica e combate à pobreza?

Entre aqueles que acreditam que o bem-estar de toda uma nação só pode vir de um grande Estado todo poderoso e cheio de recursos para "dar" a seus cidadãos, existe uma visão de que os defensores da liberdade econômica, os ditos *liberais*, são "inimigos dos pobres", ou que eles "odeiam os pobres". Tal visão talvez possa ser explicada pela defesa irredutível da liberdade *individual* pelos ditos liberais, a sua obsessão com o respeito ao indivíduo. Mas para os não liberais, o indivíduo é tão frágil que é incapaz de tomar decisões por si só, é invisível e inútil se não estiver debaixo das asas protetoras do Estado. Assim, querer jogar o cidadão(ã) hipossuficiente para as "forças do mercado", para a "selva da sociedade" só pode ser prova de ódio.

Costumo dizer que tanto não liberais quanto liberais têm, no fundo, exatamente o mesmo objetivo: o bem-estar das sociedades e dos cidadãos a elas pertencentes. Se assumirmos as defesas genuínas, honestas e de "boa-fé" (e obviamente que temos que partir desse pressuposto para continuar as discussões), o que distingue os não liberais dos liberais não é o objetivo final – o alcance de um mundo melhor para todos, o fim da pobreza, a prosperidade sustentada – mas o fato de que aqueles baseiam seus argumentos em ideais teóricos, enquanto que esses baseiam seus argumentos em deduções lógicas e, cada vez mais, em evidências empíricas objetivas e concretas que a história da humanidade vai acumulando.

A História do Pensamento Econômico mostra-nos que diversos autores clássicos passaram suas vidas e suas obras defendendo as virtudes da liberdade econômica. Mas será essa defesa baseada somente em opiniões pessoais e valores subjetivos? Há corroboração empírica de que a liberdade econômica é desejável, pois é eficaz no combate à pobreza das pessoas e das nações?

Felizmente, depois de séculos de raciocínio teórico, as técnicas empíricas – que se sofisticam a cada ano que passa

– permitiram mostrar *factualmente* os impactos sobre a pobreza de sociedades onde a liberdade econômica é efetivamente garantida.

A relação positiva entre liberdade econômica e redução de pobreza, crescimento e desenvolvimento econômico, além de enfatizada pelos pensadores clássicos, também se tornou resultado empírico consolidado na ciência econômica, sobretudo com o advento da Nova Economia Institucional, que teve início na década de 1960. Baseando-se em observações históricas empíricas, autores como Douglass North e Robert Fogel (ambos ganhadores do Prêmio Nobel de Economia de 1993) enfatizaram a necessidade de instituições fomentadoras do desenvolvimento econômico, da quais se destaca a liberdade, e não menos a liberdade econômica. Em anos mais recentes, baseado em modelos e evidências mais sofisticadas, o autor consagrado Daron Acemoglu, seus coautores e extensa lista de publicações – inteiramente baseadas em evidências empíricas/econométricas[2] – classifica as instituições em *extrativas* e *inclusivas*, mostrando como aquelas impedem o desenvolvimento econômico e o do bem-estar das populações, enquanto estas, do contrário, promovem a prosperidade, a diminuição da pobreza. E, dentro do grupo de instituições inclusivas, não

2. Não estamos falando aqui do *best seller* dele escrito em conjunto com o cientista político James Robinson, *Why Nations Fail* (2012). Esta referida obra trata-se de uma publicação não acadêmica, voltada a um público mais amplo (em seu currículo, tal obra nem aparece como item acadêmico publicado). A verdadeira contribuição científica de Acemoglu reside nas suas quase duas centenas de *papers* publicados (em novembro de 2019, havia 177 artigos na sua lista de publicações em periódicos *peer review*). Dentre alguns dos trabalhos mais comentados de Acemoglu estão: ACEMOGLU, Daron; JOHNSON, Simon; ROBINSON, James A. Reversal of fortune: Geography and institutions in the making of the modern world income distribution. *The Quarterly Journal of Economics*, v. 117, n. 4, p. 1231-1294, 2002; ACEMOGLU, Daron; JOHNSON, Simon. Unbundling institutions. *Journal of Political Economy*, v. 113, n. 5, p. 949-995, 2005; ACEMOGLU, Daron; ROBINSON, James A. Persistence of power, elites, and institutions. *American Economic Review*, v. 98, n. 1, p. 267-93, 2008. Mas conforme mencionado acima, o conjunto da obra de Acemoglu é vastíssimo; ainda longe de sua aposentadoria, ele já se configura como um dos acadêmicos mais ativos de toda a história da ciência econômica. Toda a sua obra versa sobre a importância das (boas) instituições no processo de desenvolvimento econômico e alcance da prosperidade.

estranha que a liberdade econômica e a garantia dos direitos de propriedade estejam entre os mais importantes.

Somente no conjunto da obra de North e Acemoglu já haveria indicativos suficientes para certificar-se da importância da liberdade econômica para a redução da pobreza. Mas eles são apenas o começo de toda a investigação. Cada vez mais surgem trabalhos científicos aplicados mostrando tal relação. Para fins deste item, apresento uma lista reduzida, apenas com fins de exemplificação.

Para começar, Gwartney, Lawson e Holcombe[3] examinaram a importância da liberdade econômica construindo um índice específico cobrindo quatro áreas: moeda e inflação (preços), estrutura econômica, confisco e tributação discriminatória, e comércio internacional. Seus resultados empíricos mostraram que a liberdade econômica é o determinante *mais significativo* do crescimento econômico, mesmo quando capital humano, capital físico e demografia são levados em consideração.

De Haan e Sturm[4] fazem uma exposição do grau de liberdade econômica de oitenta países e a dinâmica desta liberdade ao longo dos anos. Com base nas evidências empíricas da evolução no período observado, reafirmam que um maior grau de liberdade econômica promove mais crescimento econômico, mesmo que o nível do crescimento pleno não seja afetado pelo nível de liberdade econômica. Esse resultado não seria muito de se estranhar, porque a liberdade econômica é uma pré-condição ao crescimento, mas certamente, diversos outros fatores causam e afetam o crescimento no longo prazo. Ou seja, a liberdade econômica é uma condição *necessária, mas não suficiente*, o primeiro passo para aquelas nações que almejem a prosperidade.

---

3. GWARTNEY, Robert A. Lawson and Randall G. Holcombe. *Journal of Institutional and Theoretical Economics (JITE) / Zeitschrift für die gesamte Staatswissenschaft*, Vol. 155, No. 4 (Dec. 1999), pp. 643-663.

4. DE HAAN, Jakob; STURM, Jan-Egbert. On the relationship between economic freedom and economic growth. *European Journal of Political Economy*, v. 16, n. 2, p. 215-241, 2000.

Bengoa e Sanchez-Robles[5] focam na América Latina e analisam dados de 18 países nas 3 últimas décadas do século XX. Os resultados destas duas autoras mostram que a liberdade econômica é um determinante positivo e significativo na atração de investimentos estrangeiros diretos nestes países (IED), e que estes investimentos são positivamente correlacionados com o crescimento econômico. No entanto, para que o benefício dos investimentos seja significativo e com impactos de longo prazo, o país recipiente deve contar, além da liberdade econômica, com adequada provisão de capital humano, estabilidade econômica e mercados livres. Mais uma vez, a liberdade econômica aparece como condição absolutamente necessária, mas não suficiente, que deve ser combinada com uma série de outras variáveis para se garantir o crescimento dos países e a sua consequente redução dos níveis de pobreza.

Ainda há o interessante trabalho de Dawson.[6] Esse é um típico estudo empírico de natureza técnica em economia, com a clássica preocupação econométrica de diferenciar correlações (ocorrências em conjunto de dois fenômenos, que podem não ter relação explicativa) de causalidades (um fenômeno que é a origem de outro, ou seja, dois fenômenos em que, indubitavelmente, um é causa e o outro). Dawson mostra que dentre os diferentes tipos de liberdade – política, econômica e seus subgrupos – há aqueles que são apenas correlacionados com crescimento econômico de longo prazo, mas há aqueles que, efetivamente, causam tal crescimento. Sua análise empírica utiliza os dados macroeconômicos de todos os países analisados pela base do Banco Mundial durante o período de 1970 a 2000. O cuidado deste autor na diferenciação dos conceitos, no desenvolvimento analítico, na manipulação dos dados é impressionante. De todas as análises feitas, ele aponta

5. BENGOA, Marta; SANCHEZ-ROBLES, Blanca. Foreign direct investment, economic freedom and growth: new evidence from Latin America. *European Journal of Political Economy*, v. 19, n. 3, p. 529-545, 2003.

6. DAWSON, John W. Causality in the freedom–growth relationship. *European Journal of Political Economy*, v. 19, n. 3, p. 479-495, 2003.

algumas em que efetivamente houve evidências de relações de causalidade. Primeiramente, o nível geral de liberdade econômica em um país causa crescimento econômico, diferentemente da *mudança no nível de* liberdade, que é determinada *conjuntamente* com o crescimento (por outros fatores). Em seguida, um resultado extremamente importante, nas palavras do autor:

> [O]s níveis de liberdade relacionada ao uso dos mercados [competitivos] e direitos de propriedade parecem ser o fator condutor da relação causal entre liberdade econômica e crescimento. Estes resultados enfatizam a importância da liberdade econômica, no geral, e o papel dos mercados livres e dos direitos de propriedade, no particular, em promover a prosperidade econômica de longo prazo.[7]

O autor vai além e avalia também a relação com investimento; mais uma vez, existem evidências que tanto o nível quanto as mudanças na liberdade econômica *causam* investimento. Ainda mais interessante (e importante), Dawson avalia as implicações de liberdades *pessoais e civis,* além das econômicas e, mais uma vez, mostram-se como determinantes no crescimento econômico. Mais ainda, "encontramos que o nível de liberdade econômica ... [é causado] pelo nível de liberdades individual e política ... Este resultado apoia a visão de que os vários aspectos da liberdade são relacionados" (p. 493-4, tradução livre). Os achados deste autor, corroborando com os resultados da teoria das instituições inclusivas de Acemoglu e coautores, precisam ser amplamente difundidos no meio das políticas públicas.

---

7. DAWSON, John W. Causality in the freedom–growth relationship. *European Journal of Political Economy*, v. 19, n. 3, p. 493, tradução livre.

II. Liberdade Econômica em perspectiva empírica comparada (e gráfica)[8]

Nas análises objetivas com grandes quantidades de dados, os gráficos tendem a ser muito eficazes em transmitir rapidamente as principais ideias por trás dos fatos empíricos. Para se avaliar o impacto da liberdade econômica em diversos países do mundo atual, vamos nos valer de alguns deles, preparados pelo Heritage Foundation, um *think tank* norte-americano com objetivo de promover "políticas públicas embasadas em princípios da liberdade econômica, governos limitados, liberdades individuais..." (da página principal do sítio eletrônico do Heritage Foundation).[9]

As análises começam mostrando a relação entre o grau de liberdade econômica – medido pelo Índice de Liberdade Econômica, no eixo horizontal do gráfico, que vai de 0 a 100 – e o PIB per capita, no eixo vertical. Como indicado pelo gráfico, cada ponto representa um país. A análise gráfica permite ver que países que tendem a ter menos liberdade econômica (aqueles mais à esquerda do gráfico) tendem a ter PIB *per capita* menor ("mais baixos" na escala do eixo vertical). Uma importante estatística é usada para medir a intensidade desta relação, justamente a correlação. Numa escala que vai de 0% a 100%, a correlação entre liberdade econômica e PIB per capita – para todos os países do mundo que tinham ambos dados no ano de 2018 – foi de 64,7%, um valor extremamente alto sob quaisquer perspectivas.

8. Os gráficos apresentados nessa seção foram todas extraídos de: https://www.gazetadopovo.com.br/instituto-politeia/por-que-a-liberdade-economica-importa/ (acesso em 05 de maio de 2021).

9. Disponível em: https://www.heritage.org/about-heritage/mission (acessado em 21 de agosto de 2021).

Gráfico 1: Correlação Liberdade Econômica x PIB per capita

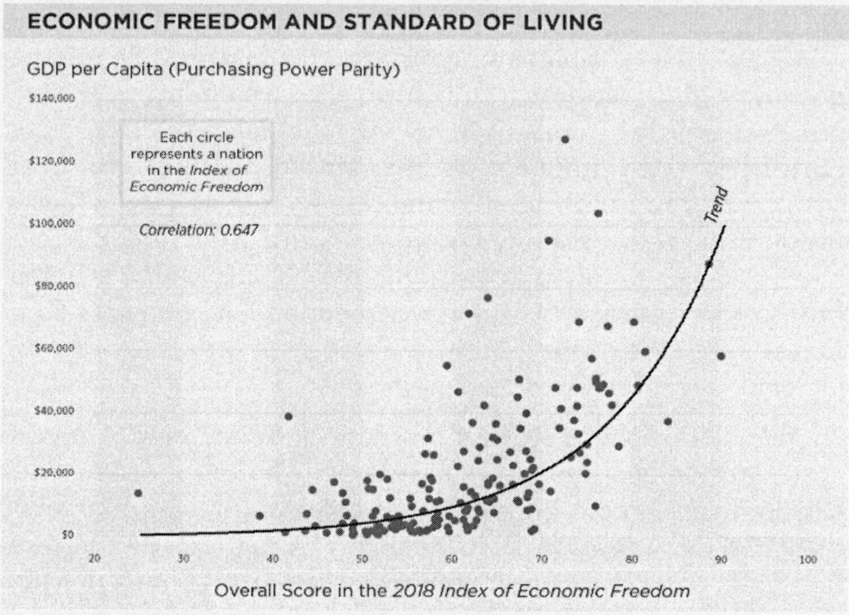

Fonte: Heritage Foundation (via *Gazeta do Povo*, conforme indicado na nota 8 acima).

Nas análises sobre trajetórias de crescimento e desenvolvimento, é comum ouvir argumentos de que as explicações deveriam levar em conta questões geográficas e culturais. Ou seja, o que alguns argumentam na verdade é que padrões de desenvolvimento – baseados, por exemplo, em institutos de promoção à liberdade econômica – só seriam válidos para países já desenvolvidos, industrializados, normalmente, América do Norte e Europa. Como sempre, nada melhor do que colocar as hipóteses sob o teste da análise empírica. O gráfico 2 mostra, de maneira interessante, a divisão dos dados em 5 grandes regiões globais, comparando a renda *per capita* dos 5 países com maior liberdade econômica de cada região com a renda dos 5 países com menor liberdade econômica. Das 5 regiões, somente a Europa é constituída majoritariamente de países já desenvolvidos; na demais, há sobretudo países em desenvolvimento.

Porém, o que se observa é que em toda as 5 regiões, os países com maior liberdade econômica são aqueles que também têm maior PIB *per capita.* O resultado é consistente.

Gráfico 2: Liberdade Econômica x PIB per capita – dados por macrorregiões do globo

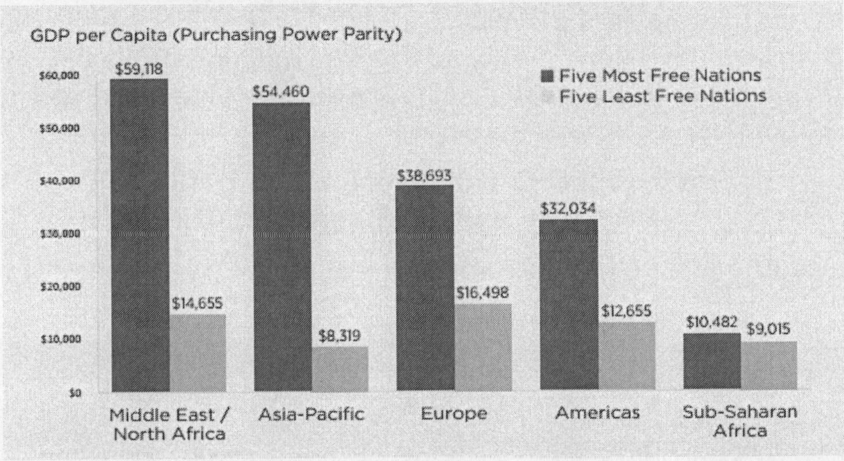

Fonte: Heritage Foundation (via Gazeta do Povo, conforme indicado na nota 8 acima)

Alguns cientistas sociais sentem-se incomodados com a "supervalorização" das medidas de riqueza material, tais como o PIB e PIB *per capita.* Com razão, sustentam que outras medidas de bem-estar humano deveriam ser utilizadas para avaliar a desejabilidade ou não de uma situação. Neste sentido, a Organização das Nações Unidas mede, ano a ano, o IDH (Índice de Desenvolvimento Humano) que, além da renda material, leva em consideração variáveis como escolaridade, expectativa de vida, expectativa de vida ao nascer etc.[10] Mesmo quando levamos em consideração o resultado do IDH, vemos que ela está intimamente associada à liberdade econômica das nações.

10. Ver em: http://hdr.undp.org/en/content/human-development-index-hdi (acessado em 23 de agosto de 2021).

Novamente usando os dados de 2018, e dividindo os países em 5 categorias, aqueles com menos liberdade econômica ("repressed" – ou reprimidos) aos com maiores níveis de liberdade econômica ("free" – ou livres), vemos que os índices de IDH aumentam de maneira consistente: os países mais reprimidos tiveram IDH, em média de 0,567; já aqueles mais livres, tiveram IDH de 0,926. Se o IDH mede o bem-estar dos povos em um determinado país, não há dúvidas: os povos com maior nível de bem-estar são aqueles que vivem em países economicamente mais livres.

Gráfico 3: Liberdade Econômica x Índice de Desenvolvimento Humano (IDH)

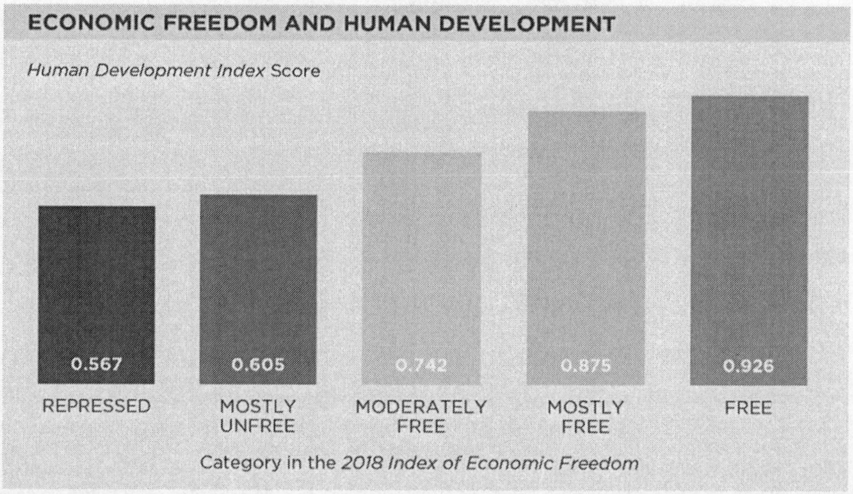

Fonte: Heritage Foundation (via *Gazeta do Povo*, conforme indicado na nota 8 acima).

Mas, especificamente com relação ao combate à pobreza, como a liberdade econômica tem sido capaz de atuar? Para tanto, o Heritage Foundation fez uma análise temporal, cobrindo mais de 20 anos de dados observados. O que se vê é que a média mundial de liberdade econômica tem evoluído ao longo desse tempo, como mostra o painel mais à esquerda do gráfico 4, saindo de um índice médio de cerca de 58 para 61 nos anos mais recentes. Ao mesmo tempo, a pobreza caiu, de mais de 30% para cerca de 11% no ano de 2013. Sabemos que esses dados *não são* a de causalidade, mas indicam tendências que valem a pena ser investigadas mais a fundo, por trabalhos com validade estatística e econométrica, como aqueles citados na seção anterior. Mas a "fumaça" está aí.

Gráfico 4: Liberdade Econômica e Combate à Pobreza

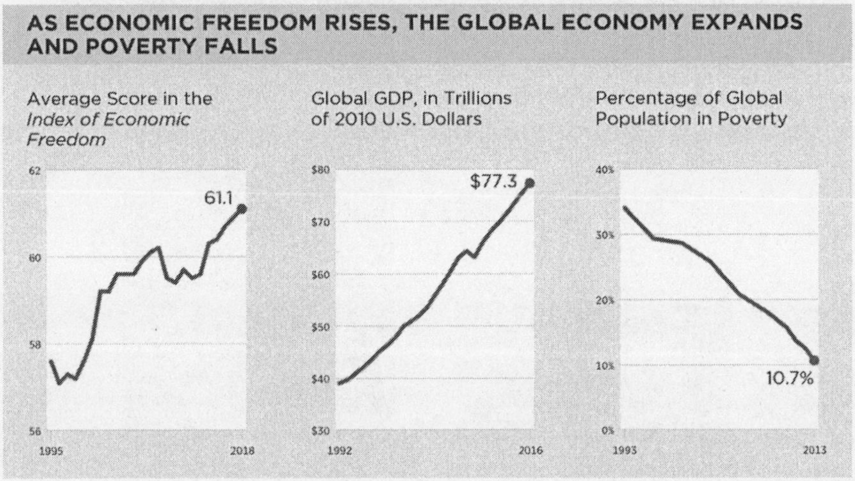

Fonte: Heritage Foundation (via *Gazeta do Povo*, conforme indicado na nota 8 acima).

O gráfico 5 é outra maneira de verificar o poder da liberdade econômica em combater a pobreza. Seguindo a mesma linha do gráfico 3 acima, os países foram divididos em 4 grupos: "majoritariamente livres", "moderadamente livres", "majoritariamente reprimidos (não livres)" e "reprimidos". Percebe-se que o índice médio de intensidade de pobreza dos dois primeiros grupos é de apenas 0,07, enquanto nos dois últimos grupos esse índice é de 0,20.

Gráfico 5: Liberdade Econômica e Combate à Pobreza

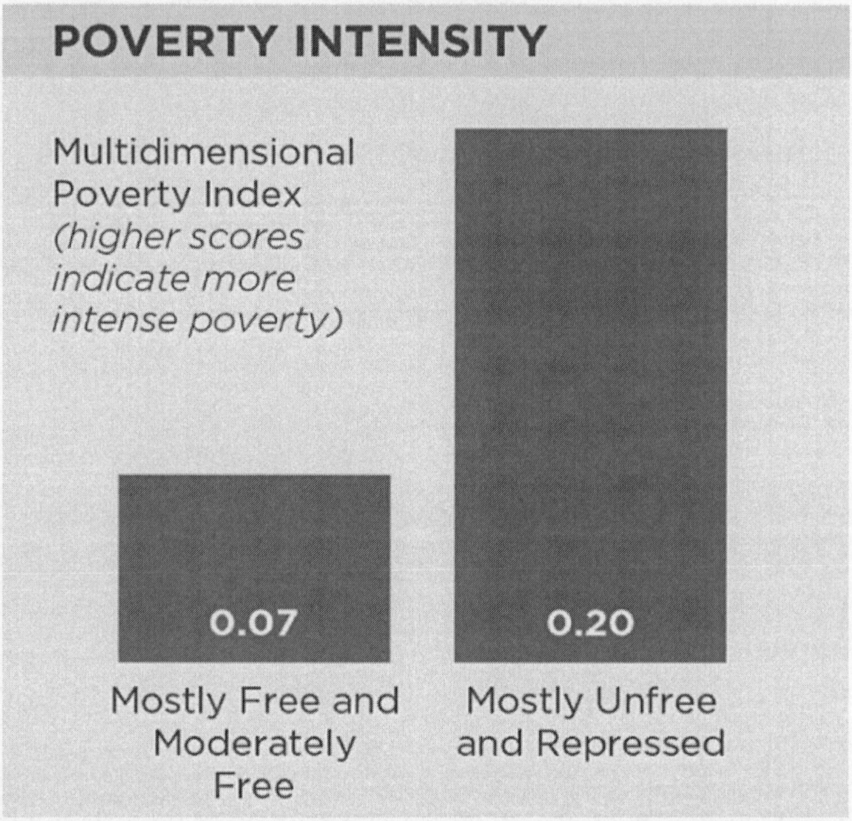

Fonte: Heritage Foundation (via *Gazeta do Povo*, conforme indicado na nota 8 acima).

Finalmente, vale também avaliar como a liberdade econômica está relacionada com um dos valores mais importantes da Humanidade: a Democracia. Será que as duas podem, de alguma forma, estarem relacionadas? A resposta lógica é positiva: somente uma democracia pode garantir a liberdade às pessoas tratar cada um como cidadão com direitos individuais e fundamentais como a liberdade econômica. E os dados empíricos mostram que a lógica é corroborada. Usando os dados de todos os países para os quais se têm as duas medidas no ano de 2018, vê-se claramente uma relação positiva entre as duas variáveis:

Gráfico 6: Liberdade Econômica x Democracia

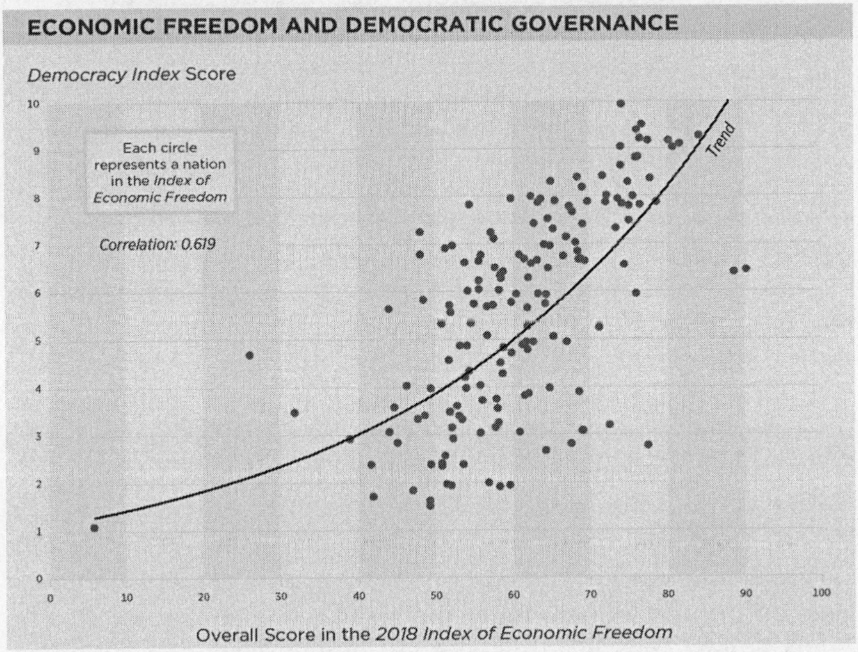

Fonte: Heritage Foundation (via *Gazeta do Povo*, conforme indicado na nota 8 acima).

Ao que tudo indica, através de fartas evidências empíricas (e para fins deste capítulo selecionamos apenas um conjunto delas), há diversos indícios de que maior liberdade econômica está associada a maiores níveis de renda, maiores níveis de IDH, menores níveis de pobreza e maiores níveis de democracia.

III. Grandes ideias não podem morrer jamais

Na última seção de discussão deste item, escolhi trazer uma breve discussão de um dos capítulos da obra-prima de Roberto Campos, economista homenageado na presente publicação. Na verdade, trata-se de um dos capítulos derradeiros de sua autobiografia, cujo título não podia ser mais revelador da frustração do autor com relação ao avanço das ideias liberais no Brasil, ao fim de sua vida: "O Sonho Frustrado da Juventude". O início do texto já dá um tom de lamúrias nas reflexões que o autor faz ao fim de sua carreira política:

> se algum livro escrevesse hoje, nesse fim de milênio, sobre a peripécia brasileira, teria como título "As estranhas causas da pobreza do Brasil'. Estranhas, porque nossa pobreza não é uma fatalidade imposta por um mundo injusto. É algo que podemos superar com diligência municiada pela paixão e disciplinada pela razão.[11]

Roberto Campos passou toda a sua vida defendendo as ideias de liberdade econômica, de maneira enfática e contundente, não porque se tratava apenas de uma obsessão, mas porque – assim como apontei ao longo deste capítulo – as evidências e as teorias bem construídas mostram, de maneira inequívoca, que este é o caminho mais fácil, talvez o único (dos sistemas atualmente conhecidos) para o desenvolvimento e a drástica redução da pobreza. Como ele afirma nessa primeira passagem, a maneira para se vencer a pobreza em qualquer país do mundo, e claramente no Brasil, já é conhecida e já foi testada por diversas vezes, que seja, pela liberdade econômica. Ignorá-la é como jogar no lixo um bilhete premiado de loteria, é de se causar estranhamento. A pobreza e o subdesenvolvimento brasileiros não são fatalidade ou injustiça como continuam pregando alguns, mas falta de "diligência" e "razão" para aplicar medidas que muitas vezes podem até ser antipopulares e duras, mas que certamente são as mais rápidas e eficazes para se alcançar a prosperidade sustentada (e nem sempre serão necessariamente remédios amargos).

Como muitos homens públicos, que ao fim de sua vida se deparam com a permanência absoluta dos problemas que afligem seu país, Campos credita parte da culpa a si mesmo,

11. Campos, Roberto (2004). *A lanterna na popa* – Memórias 2, 4ª edição, Rio de Janeiro: Topbooks, p.1265.

ou talvez, à falta de uma audiência que levasse seus argumentos a sério:

> Minha luta pela implantação no Brasil de uma economia de mercado, baseada na certeza da falência eventual do dirigismo socialista foi, em grande parte, uma pregação no deserto.[12]

De fato, não se poderia culpar a ele a falta de insistência, ao longo de toda sua vida, em defender a liberdade econômica, a economia de mercado, bem longe de um estado interventor, no estilo socialista. Ao longo de sua carreira política, Campos e o mundo viram o desmantelamento do bloco socialista liderado pela União Soviética e o rápido desenvolvimento de países que adotaram o liberalismo econômico como política oficial de governo. Em certa medida, Campos olhava para o mundo fora do Brasil com olhar otimista e cheio de inveja:

> Poucos países não escrevem hoje em sua agenda a desregulamentação, a privatização, a redução dos impostos e a integração dos mercados. Reverte-se a tendência mundial de crescimento do Estado.[13]

Infelizmente, no final do século XX e, agora, no começo do século XXI, tal agenda sofreu certo revés – em prejuízo dos próprios países que voltaram a namorar a ideia de grandes Estados. Novamente, quer-se desaprender com o passado.

O olhar observador ao que ocorria no mundo à sua volta deu evidências suficientes para fazer com que Roberto Campos insistisse na tese contrária ao de um Estado central planificador, no estilo socialista marxista:

> Sabe-se hoje que o chamado *centralismo democrático*, característico das economias de comando, perde de longe para a economia de mercado em flexibilidade, produtividade e capacidade de satisfazer os consumidores. **Os traços marcantes do socialismo**

---

12. Campos, Roberto (2004). *A lanterna na popa* – Memórias 2, 4ª edição, Rio de Janeiro: Topbooks, p.1265.

13. *Idem*, p. 1266.

> **marxista-leninista passaram a ser a ineficiência e corrupção, não idealismo e progresso.** Quando se ouve falar nos difíceis e turbulentos esforços da China e União Soviética para restabelecer alguns aspectos fundamentais da economia de mercado – lucro, sistema de preços, recompensa pelo esforço individual, desbaste de empresas públicas e incentivo ao capital estrangeiro – é irretorquível a conclusão de que, na batalha final das ideias, Adam Smith prevaleceu sobre Karl Marx.[14]

Ao longo da história de todo o século XX, quando estados socialistas se tornaram uma realidade, e agora no começo do século XXI, não houve ainda um único exemplar de país com bandeira socialista que tenha sido exemplo de eficiência, produtividade ou geração de bem-estar para seus cidadãos. Mesmo a atual China, com o suposto crescimento impressionante de dois dígitos, não é ideal de progresso para nenhuma nação do planeta (e lembrando que a China nem poderia ser efetivamente considerada uma economia centralizada, comandada por governo central). Assim como vislumbrou Roberto Campos ao longo do século passado, e assim como as evidências empíricas têm mostrado de maneira contundente (como vimos nas seções anteriores), de fato, "na batalha final das ideias, Adam Smith prevaleceu sobre Karl Marx".

Mas, infelizmente, na região do planeta onde nos encontramos, nem sempre a máxima "contra fatos não há argumentos" é sempre verdadeira – há aqueles que, de maneira insistente, querem argumentar contra fatos e dados. Em tons sarcásticos, Campos por muitas vezes criticou o gosto brasileiro por teorias fracassadas, abandonadas pela academia em outros países. Nesse capítulo de reflexões, ele não podia deixar de, mais uma vez, apontar para essa estranha mania:

> Na América Latina ainda persistem, felizmente com vigor declinante, eructações sobre a teoria da dependência, a exploração imperialista, o colonialismo tecnológico e outras bobagens que começaram a ser questionadas nos anos 70 e que hoje fazem parte

14. Campos, Roberto (2004). *A lanterna na popa* – Memórias 2, 4ª edição, Rio de Janeiro: Topbooks, p.1267, grifos nossos.

> da arqueologia socioeconômica. Poder-se-ia dizer que a América Latina redescobriu, nesta década, a democracia política, mas ainda não descobriu o capitalismo, isto é, a economia de mercado.[15]

Ele talvez não acreditasse que, em pleno século XXI, ainda existem escolas que insistem no ensino dessas teorias nas escolas brasileiras. Parte não pouco expressiva da academia brasileira ainda tem gosto inexplicável pela "arqueologia socioeconômica". Também é bastante doloroso para nós, continuar repetindo que a América Latina (ou grande parte dela), sobretudo o Brasil, "ainda não descobriu o capitalismo ... a economia de mercado". Conhecer de fato um sistema que respeite plenamente a liberdade econômica, que garanta efetivamente a economia de mercado é, infelizmente, um deleite que os brasileiros ainda não tiveram o prazer de experimentar.

A grande frustração de Roberto Campos residia no fato de que ele, ao longo de sua vida, ter presenciado países que conseguiram sair da pobreza e alcançar o desenvolvimento econômico justamente com base nas ideias que ele tanto defendia (e as defendia em grande parte por observar a trajetória dessas experiências). Ou seja, a "receita" para o sucesso, o "bilhete premiado" já era conhecido, já estava lá. Em "A Lanterna na Popa", por diversas e diversas vezes, o autor cita os exemplos dos países do leste asiático, que em 3 ou 4 décadas conseguiram sair da pobreza e alcançar definitivamente o patamar de países desenvolvidos e industrializados. Esses países, logo no pós-guerra, tinham indicadores socioeconômicos piores que os brasileiros: PIB *per capita*, produtividade, escolaridade etc. Para Campos, esses países – Coreia do Sul, Taiwan, Singapura e Hong Kong – seriam modelos para a economia brasileira, casos a serem melhor estudados e adaptados para que pudéssemos ter a mesma fortuna; deles poderiam ser tiradas preciosas lições:

---

15. Campos, Roberto (2004). *A lanterna na popa* – Memórias 2, 4ª edição, Rio de Janeiro: Topbooks, p.1267, grifos nossos.

> Foi a demonstração dada pelos 'tigres asiáticos' de três pontos cardeais:
>
> • É possível – não só apenas para indivíduos como para países, passar da pobreza à riqueza no curso de uma só geração;
>
> • É possível fazê-lo sem uma boa dotação de recursos naturais, pois estes são menos importantes que os recursos artificiais da educação e da tecnologia;
>
> • É possível rápido desenvolvimento com boa distribuição de rena, atalhando-se a típica evolução do capitalismo ocidental – a chamada *hipótese de Kuznets* – que pressupõe uma agravação inicial da desigualdade, que somente se abanda após longo intervalo.
>
> A atual pobreza relativa do Brasil em comparação com a dinâmica franja asiática se tornou clara ao longo da década perdida, ao não participarmos da terceira onda sincrônica de crescimento após a Segunda Guerra Mundial.[16]

Chega a ser, de fato, exasperante, perceber que se insiste em não seguir o que foi aprendido por esses países, com justificativas baseadas em argumentos vazios, ao contrário dos ideais de liberdade econômica, que foram corroborados de maneira empírica.

Assim como muitos outros economistas, Roberto Campos debruçou-se sobre as razões do não desenvolvimento dos países, especificamente do Brasil. No capítulo em discussão, já ao fim de sua vida profissional, a mente brilhante de Campos conclui:

> Se não merece a acolhida a tese do 'determinismo' cultural, pode-se falar numa 'doença cultural' que nas últimas décadas afetou negativamente o desenvolvimento latino americano. Refiro-me aos cinco *ismo* fatais: o populismo, o estruturalismo, o protecionismo, o estatismo e o nacionalismo [...].
>
> O 'protecionismo' levou-nos a descurar a exploração das linhas naturais de vantagens comparativas. A proteção às indústrias nascentes estendeu-se às indústrias senis. As doutrinas da Cepal – Comissão Econômica para a América Latina – que intoxicaram toda uma geração de economistas, criaram excessivo entusiasmo

---

16. Campos, Roberto (2004). *A lanterna na popa* – Memórias 2, 4ª edição, Rio de Janeiro: Topbooks, p.1267, grifos nossos.

> pela industrialização substitutiva de importações e grave subestimação da eletricidade das exportações, se praticadas às taxas cambiais realistas.
>
> O protecionismo exacerbado – a ponto de barrar não só a entrada de produtos mas também de produtores – favoreceu a cartelização da economia, gerou um viés inflacionário, relegou a segundo plano o controle da qualidade e resultou numa baixa produtividade da economia. **As reservas de mercado se tornaram reservas de incompetência** [...].
>
> O "estatismo" se manifestou sob diversas e deletérias formas. O Estado cresceu como regulador e investidor – arrogando-se poderes monopolísticos – e apequenou-se como o provedor clássico de externalidades: educação, saúde, saneamento básico, segurança e justiça. Pelo excesso de intervenção regulatória, aumentou riscos e custos para o setor privado. Finalmente, a rápida expansão da economia informal foi uma resposta aos exageros intervencionistas do estado formal.[17]

Essa passagem merece uma discussão cuidadosa, pois está recheada de conceitos, aprendizados e teoria econômicas clássicas, que o autor tão bem e tão crucialmente relembra, mas que ainda hoje, na terceira década do século XXI, são ignoradas por economistas nacionais.

Roberto Campos lamenta que o protecionismo tenha levado à América Latina a ignorar suas vantagens comparativas. Essa ideia, originária da teoria de um dos pioneiros da ciência econômica, o inglês David Ricardo, parte do pressuposto que, mesmo países que de maneira absoluta tenham desvantagem em suas atividades econômicas – ou seja, tenham rendimento ou produtividade mais baixa do que a de outros países (por ter uma economia de pequeno tamanho, uma população ou território limitados, etc.) – podem auferir ganhos na especialização e nas trocas internacionais se souberem identificar suas *vantagens relativas*. Para fazer isso, levam-se em consideração as outras atividades econômicas existentes e compara-as para cada país, de maneira independente. O que se obtém na prática

---

17. Campos, Roberto (2004). *A lanterna na popa* – Memórias 2, 4ª edição, Rio de Janeiro: Topbooks, p.1269.

serão os *preços relativos* das diversas atividades ou diversos bens produzidos no país. Com isso, os preços relativos de um país são comparados com os de outros e daí será possível determinar quais são as vantagens comparativas de cada um. O país que ignorar suas vantagens comparativas, e insistir em gastar seus recursos (humanos e materiais) para produção de bens e serviços nos quais não tem vantagem relativa, ou seja, cujos preços relativos são mais altos, naturalmente não conseguirá atrair compradores para adquirir seus bens e serviços (a não ser que seja feita com base na força, algo que só poderia ocorrer *dentro* de seu território nacional, com o uso da força do Estado). Com isso, perde-se a oportunidade de gerar divisas internacionais. Por outro lado, se o país se especializa na produção de bens e produtos nos quais tem vantagem comparativa, nos quais produz melhor do que os outros e de maneira mais barata, facilmente atrairá compradores no mercado internacional, beneficiando suas contas externas. Com os recursos obtidos na venda de produtos sobre os quais o país se especializou, poderá adquirir outros, sobre os quais *não tem* vantagem comparativa. É simples e fundamental assim. Mas, não foi isso que foi feito pelas políticas econômicas nacionais, de maneira consistente...

Aqui, há aqueles que insistem que devemos produzir computadores e proteger a indústria nacional de computadores, quando não temos a menor vantagem comparativa na produção de computadores. Há aqueles que insistem que devemos produzir bens manufaturados e proteger a indústria nacional de manufaturados, quando não temos a menor vantagem comparativa na produção de manufaturados. E assim vai... Alega-se que devemos produzir bens que "agreguem mais valor". Mas para que isso ocorra, será necessário deslocar parte significativa de nossos limitados recursos materiais e humanos para produzir algo de qualidade inferior. E quem paga pela "agregação de valor"? Os consumidores nacionais. Então, a alegação de não seguir as vantagens comparativas para proteger "indústrias nacionais" não passa de *lobby*, de defesa de grupos de interesses beneficiando "indústrias senis", arcaicas, sem competitividade internacional. É defesa do corporativismo de setores econômicos com acesso ao poder político que cria essas políticas. Tudo isso às custas da população e de seu bem-estar. Ir contra a especialização nas vantagens comparativas não tem nada de defesa dos interesses nacionais. Mais, como mostra Campos, por causa disso, a economia se tornou fortemente cartelizada, a inflação tornou-se um problema contra o qual lutamos por décadas, com muito esforço e custo gigantescos, e nossa produtividade ficou paralisada há pelo meio século (com raras exceções – como a agropecuária – justamente o setor que não contou com nenhum tipo de protecionismo estatal, e que desde há muitos enfrenta concorrência livre, sobretudo internacional). Foi "protegendo a indústria nacional", indo contra nossas vantagens comparativas que fomos consolidando nossa incompetência produtiva/ econômica e, como consequência, nos tornamos incapazes de gerar riqueza e combater a pobreza.

Na mesma passagem acima, Roberto Campos ainda tece comentários sobre o "estatismo". Novamente, seus argumentos são embasados nos sólidos princípios da economia clássica. Diversos resultados da teoria econômica apontam para a superioridade – em termos de nível de bem-estar *total e agregado* – daquelas soluções alcançadas por meio das livres negociações e transações. O Primeiro e o Segundo Teoremas Fundamentais do Bem-Estar resumem esses resultados, mas há ainda vários outros derivados de observações empíricas e/ ou deduções lógicas que mostram a mesma ideia – o famoso Teorema de Coase, derivado do trabalho do fundador da área do *law and economics*, Ronald Cose é outro ilustre exemplo. Na perspectiva dos milhares de economistas que dedicaram o trabalho de suas carreiras inteiras para o tema, a principal função do Estado, a melhor maneira como poderia atuar, seria removendo os empecilhos que impedem que as transações entre indivíduos e organizações livres alcancem efetivamente a eficiência, o mais alto nível de bem-estar para toda sociedade. O papel do Estado é, primordialmente, corrigir as *falhas de mercado* (assimetrias de informação, poder de mercado, externalidades, custos de transação, etc.). Os pensadores liberais não têm muitas dúvidas sobre quais dessas atuações estatais cumprem seu papel de corrigir falhas de mercado, sem intervir de maneira excessiva (o que poderia *criar* mais falhas), exatamente aquelas citadas por Campos: provisão de educação, saúde, segurança, justiça, infraestrutura, sobretudo aquelas com impacto na condição de vida dos cidadãos. Todas essas atividades geram altos níveis de externalidades positivas (multiplicação de benefícios sociais, para além dos benefícios privados), reduzem assimetrias de informação e poder de mercado, além de reduzirem significativamente o nível de custos de transação da economia.

Para além das atividades de redução das falhas de mercado, existe pouco que possa ser feito de maneira efetiva e eficaz. Insistir em ir além delas cria mais custos do que gera benefícios, pois o Estado passa a exercer atividades sobre as quais não tem competência ou vantagem, entra em um círculo vicioso de querer crescer mais e mais. Exatamente o que o Estado brasileiro fez ao longo de sua história. Com isso, automaticamente, tornou-se um peso opressor da economia, o monopolista absoluto, cujas garras nenhuma organização ou indivíduo consegue se livrar.

Outro resultado extremamente perverso, observado empiricamente e depois consolidado por teorias diversas é que, com o agigantamento do Estado, a invasão de suas garras por todas as esferas da economia, aumenta-se a informalidade. A reação óbvia e automática para aqueles que querem fugir do controle estatal opressor é tornar-se invisível ao Estado, mesmo que isso gere custos a si próprios e para o restante da sociedade. O economista peruano Hernando de Soto, autor das célebres publicações "The Other Path"[18] (O Outro Caminho) e "The Mystery of Capital"[19] (O Mistério do Capital), argumenta

---

18. DE SOTO, Hernando. *The other path*: The invisible revolution in the Third World. New York: Harper and Row Publishers, 1989.

19. DE SOTO, Hernando. *The Mystery of Capital: Why Capitalism Triumphs in the West and Fails Everywhere Else.* New York: Basic Books, 2000.

veementemente que os informais, ao contrário de serem vilões – como muitos os veem – são na verdade vítimas de um Estado supercontrolador, uma burocracia oprimente, que não deixa alternativas às pessoas, a não ser viverem fora da formalidade. Como De Soto mostra, ninguém, se pudesse, escolheria ser informal; essa escolha é uma reação desesperadora àqueles que precisam continuar ganhando o pão do dia a dia. Como resultado de seus estudos, De Soto criou um *think tank* internacional (o *Institute for Liberty and Democracy, ILD*) e depois se tornou conselheiro de presidente da República peruano, baseado na defesa da facilitação da concessão de direitos de propriedade privada e na ampla desburocratização em seu país natal. Seus estudos deveriam ser fonte de grande inspiração e estudos para nós, brasileiros, pela similitude dos problemas por nós enfrentados.

Por fim, no fechamento do capítulo, Roberto Campos traz a discussão que ele chama dos "desastres da ecologia econômica". Por fins de limitação deste presente trabalho, escolho apenas uma delas, que ainda nos afeta fortemente nesses dias em que vivemos:

> O quarto desastre foi a votação, em outubro de 1988, ainda num clima de rescaldo populista, e antes do colapso mundial do dirigismo socialista, de **um texto constituinte que compromete nosso já precário grau de governabilidade** ... Muito antes da convocação da Assembleia Constituinte, proferi a advertência de que **as Constituições despertam um "fanatismo por utopias" com mais ênfase sobre direitos inatingíveis do que sobre deveres imprescindíveis.** Como já indiquei, **a atual Constituição é híbrida no plano político, intervencionista no plano econômico e utópica no plano social".**[20]

Como diz o velho ditado, "De boas intenções o inferno está cheio". A Constituição brasileira é um perfeito exemplo de uma lista de boas intenções, mas com consequências nefastas e desastrosas. Pior, seus efeitos deletérios continuarão

---

20. Campos, Roberto (2004). *A lanterna na popa* – Memórias 2, 4ª edição, Rio de Janeiro: Topbooks, p.1269; grifos nossos.

existindo enquanto a CF/1988 continuar valendo. Na verdade, seus impactos negativos serão sentidos de maneira cada vez mais intensa, à medida que os recursos públicos forem cada vez mais constrangidos, com o surgimento de mais e mais demandas sociais. Os anos recentes na política econômica nacional têm nos dado milhares de exemplos nessa linha.

IV. Que os ventos tragam as vozes do deserto...

Quase dois séculos e meio depois da publicação da obra que veio lançar a economia como ciência independente ("A Riqueza das Nações", de Adam Smith), mais de seis décadas depois do advento da Nova Economia Institucional – que trouxe, de maneira definitiva, a aplicação da observação empírica aos estudos das instituições econômicas e políticas que mais importam para o desenvolvimento econômico e o combate da pobreza – e duas décadas depois da morte de Roberto Campos, a teoria econômica continua mostrando os mesmos resultados: a liberdade econômica é a melhor instituição promovedora de bem-estar nas sociedades humanas (pelo menos por enquanto). Lamentavelmente, por motivos que nada têm de científicos, existem aqueles – na academia e nas políticas públicas – que ainda querem ignorar esses aprendizados, como alguém que quer "tapar o sol com a peneira". Não faltam dados empíricos, modelos teóricos ou dedutivos, obras de grandes autores, exemplos de países que deram certo (e que deram errado), ... falta vontade de aprender, apreender e aplicar essas lições acumuladas ao longo dos anos.

Se Roberto Campos se sentia um pregador no deserto, que nós o ajudemos atuando como o vento, soprando o eco de sua voz para lugares mais e mais longínquos. Quem sabe, um dia, seus valiosos ensinamentos sejam ouvidos e aplicados na prática e possamos ver o combate à pobreza finalmente vencedor no Brasil.

Referências

BENGOA, Marta; SANCHEZ-ROBLES, Blanca. "Foreign direct investment, economic freedom and growth: new evidence from Latin America". European Journal of Political Economy, v. 19, n. 3, p. 529-545, 2003.

CAMPOS, Roberto. *A Lanterna na Popa*, 4ª edição, Rio de Janeiro: Topbooks, 2004.

DAWSON, John W. "Causality in the freedom–growth relationship". *European Journal of Political Economy*, v. 19, n. 3, p. 479-495, 2003.

DE HAAN, Jakob; STURM, Jan-Egbert. "On the relationship between economic freedom and economic growth". *European Journal of Political Economy*, v. 16, n. 2, p. 215-241, 2000.

DE SOTO, Hernando. *The Mystery of Capital:* Why Capitalism Triumphs in the West and Fails Everywhere Else. New York: Basic Books, 2000.

DE SOTO, Hernando. *The other path:* The invisible revolution in the Third World. New York: Harper and Row Publishers, 1989.

GWARTNEY, Robert A. Lawson and Randall G. Holcombe. "Economic freedom and the environment for economic growth", *Journal of Institutional and Theoretical Economics (JITE) / Zeitschrift für die gesamte Staatswissenschaft,* Vol. 155, No. 4, pp. 643-663, 1999.

LIBERDADE MONETÁRIA - HISTÓRIA E FUTURO DA MOEDA

Victor M. Cezarini

I. Sistema Monetário e Política Cambial Atual

Saiba ele ou não, o dono de uma loja de ciclismo no Brasil, pensando sobre o custo de comprar 100 bicicletas de seu fornecedor nos Estados Unidos, é profundamente afetado pelo regime cambial de seu país. Este regime é o responsável pela determinação da taxa de câmbio, ou seja, pela determinação do quanto a moeda de um país vale em relação a uma moeda de outro país. Se o Brasil utilizasse o regime de taxa de câmbio fixa, o dono da loja de ciclismo poderia ter certeza que o custo das bicicletas importadas não iria se alterar nos próximos meses ou anos, contudo, como o Brasil utiliza taxa de câmbio flutuante, o dono da loja não consegue prever, com exatidão, qual o custo ele irá arcar com a importação das bicicletas em um futuro próximo ou distante.

O Fundo Monetário Internacional – FMI - classifica os regimes cambiais em três tipos: (i) Taxa de câmbio fixa (*Hard Peg)*, (ii) Taxa de Câmbio Atrelada (*Soft Peg)* e (iii) Taxa de

Câmbio Flutuante (*Floating Rates*). Em seu Relatório Anual sobre Arranjos Cambiais e Restrições Cambiais,[1] o FMI informa que dos 192 países e territórios analisados, 24 utilizam o regime *Hard Peg*, 89 utilizam *Soft Peg*, 65 utilizam *Floating Rates* e 13 estão classificados como "Outros". Contudo, quando o número de países é ponderado pelo respectivo PIB, percebe-se que os países que representam 74,4% do PIB Mundial estão sob o regime de *Floating Rates*, 19,4% estão sob o regime "Outros", 5,8% estão sobre *Soft Peg* e apenas 0,4% sob *Hard Pegs*. A diferença entre cada um desses regimes é explicada a seguir:

Taxa de câmbio fixa ou *Hard Peg*:

Este regime pode ocorrer por meio de (i) *Currency Board* ou (ii) quando o país não possui moeda própria e utiliza moeda estrangeira para suas transações internas. Equador e Panamá são exemplos do segundo tipo, ambos não possuem moeda nacional e utilizam o Dólar Americano como sua moeda corrente, outros exemplos são os países balcãs Montenegro e Kosovo, que utilizam o Euro como moeda corrente. Já os países que adotam o *Currency Board* até possuem moedas nacionais, porém, essas são estritamente vinculadas a uma moeda estrangeira. O *Currency Board* é uma agência de conversão de moeda, cuja única função é converter a moeda nacional em uma moeda estrangeira específica, e vice-versa, a uma taxa de câmbio fixa e imutável. Exemplo desse segundo tipo é Hong Kong, cuja moeda Dólar de Hong Kong equivale a 0,13 Dólares Americanos desde 1983. Outro exemplo é o país balcã Bósnia e Herzegovina, cuja moeda Marco equivale a 0,51 Euro.

Países que adotam o regime *Hard Peg* impõem a seus governos uma rígida disciplina fiscal e monetária. O setor público perde o poder de emitir dinheiro e de controlar os juros, os quais passam a ser determinados livremente no mercado. Não existe Banco Central, apenas uma agência de conversão

1. IMF, 2019.

de câmbio que tem de manter reservas internacionais iguais ou maior à base monetária nacional.

Taxa de câmbio atrelada ou *Soft Peg*:

Neste regime, o país possui de fato a sua moeda nacional e o Governo busca atrelar essa moeda nacional a uma moeda ou conjunto de moedas internacionais. Não há necessidade de manter a taxa de câmbio fixa, o que se busca é uma âncora cambial. De julho de 1994 até dezembro de 1998, antes de entrar no regime de taxa de câmbio flutuante, o Brasil adotou o regime de câmbio atrelado ao Dólar Americano. Por meio deste, o Banco Central comprava e vendia Dólar para manter o Real dentro de uma "banda cambial", essa banda iniciou entre 0,8 – 1,0 R$/US$ em 1994/95, depois passou para 1,0 – 1,1 R$/US$ em 1996/97 e no final ficou entre 1,1 – 1,2 R$/US$. Essas bandas podem ser divulgadas publicamente ou não (no caso do Brasil não era), e podem se manter fixas ou não (no Brasil não era).

Para atingir o objetivo de ficar dentro da banda cambial, o Banco Central pode adotar diversas estratégias, como comprar e vender reservas internacionais, alterar a taxa de juros ou alterar o crescimento da oferta de moeda. Atualmente, a Croácia mantém a sua moeda Kuna Croata variando entre 0,13 e 0,14 Euros, já a Coroa Dinamarquesa possui margem de variação ainda menor, entre 0,13 e 0,135 Euros, ambas possuem essas bandas de variação imutável há mais de 10 anos. Por outro lado, o Iraque, que mantém o seu Dinar Iraquiano atrelado ao Dólar Americano, tem passado por desvalorizações de sua moeda, a qual saiu de 0,00088 Dólares Americanos em 2016 para 0,00069 em 2021. Por fim, há países como Singapura, que mantêm a sua moeda atrelada a uma cesta de moedas internacionais.

No regime de câmbio atrelado, o Governo, em tese, possui maior flexibilidade em sua política monetária, contudo, essa flexibilidade é limitada. Os Governos que forem mais irresponsáveis fiscalmente e utilizarem sua política monetária de forma "frouxa" para financiar seus gastos, irão experimentar desvalorização da sua moeda nacional em relação às moedas internacionais, enquanto os governos que forem responsáveis fiscalmente verão a sua moeda permanecer em paridade com as moedas internacionais ou até mesmo valorizar.

Taxa de câmbio flutuante ou *Floating Rates*:

Neste regime, o Governo não busca atrelar a moeda nacional a alguma outra moeda internacional. A taxa de câmbio pode ser, como o próprio nome diz, flutuante. Nesse caso, a âncora monetária é outra, pode ser o nível de inflação em determinado ano, a média do nível de inflação em uma série de anos, algum agregado monetário (Base Monetária, M1, M2), uma combinação de nível de preços e taxa de desemprego, dentre outros.

Dentre os regimes de câmbio flutuante, o que tem ganhado mais relevância é o sistema de "Metas de Inflação", no qual o Banco Central do país atua determinando a taxa de juros para que a inflação do ano corrente fique dentro de uma meta pré-estabelecida e publicamente divulgada. O primeiro país a adotar esse sistema foi a Nova Zelândia no ano de 1989, desde então, tem conseguido cada vez mais adeptos, como o Brasil, que passou a adotá-lo no ano de 1999.

Mas nem todos os países que adotam o regime de câmbio flutuante se enquadram no sistema de Metas de Inflação. O *Federal Reserve* (Banco Central Americano – FED) possui como meta não somente a estabilidade de preços, como também garantir o menor nível de desemprego possível. Além disso, o FED não divulga de forma sistemática a sua meta de inflação e não necessariamente visa a atingir uma meta de inflação em determinado ano, mas pode ter como objetivo atingir uma meta de média de inflação ao longo de uma série de anos.

Outros:

Dentre os países que estão classificados como "Outros", o que mais se destaca é a China. A grande razão para essa classificação reside no fato de que o Governo Chinês tem alterado a forma de conduzir sua política monetária. O *People's Bank of China* (POBC) opera utilizando diversos instrumentos monetários, como operações de *Open-Market*, alteração de reservas bancárias mínimas, taxa de juros, operações de redesconto, empréstimos bancários de curto, médio e longo prazo, dentre outros. Até 2018, o POBC visava a controlar a quantidade de dinheiro na economia e estabelecer "cotas" de empréstimos aos bancos comerciais para controlar a política monetária no país. Posteriormente, passou para um modelo mais usual, estabelecendo taxa de juros para controlar a inflação, mas também utilizando do controle da oferta de moeda para que o Yuan Chinês seguisse o movimento de uma cesta de moedas internacionais, principalmente em relação ao Dólar Americano, ao Euro, ao Yen Japonês e ao Won Coreano.

Seja o regime de *Hard Peg, Soft Peg, Floating Rates* ou mesmo o modelo Chinês, todos têm uma mesma similaridade: são regimes monetários cujo controle da moeda pertence ao Governo, seja o Governo Nacional no caso dos três últimos, seja a um Governo de outro país, no caso do primeiro. As perguntas às que pretendemos responder ao longo desse artigo são as seguintes: (i) Os Governos sempre foram responsáveis pelo controle da moeda? e (ii) Qual o futuro da moeda? Continuarão os Governos responsáveis pelo seu controle?

II. O Surgimento da Moeda

A primeira pergunta será respondida agora: **Não é verdade que os Governos sempre foram responsáveis pelo controle da moeda** e também não foram os Governos os responsáveis pela criação da moeda.

Desde seus primórdios, a humanidade realiza trocas. A propensão a trocar ocorre pelo simples fato de que existe uma grande variedade na natureza, cada pessoa possui habilidades e aptidões específicas, e cada local e região as suas caraterísticas próprias. Dessa forma, a produção em determinado lugar por uma determinada pessoa de um determinado produto será mais eficiente do que em (por) outro (a) local (pessoa). Este (a) outro (a) local (pessoa) poderá focar na produção de outro produto e, posteriormente, as pessoas trocarão entre si aqueles bens que cada um produziu com maior eficiência, tornando a economia mais produtiva e próspera.

O escambo é a forma mais primitiva para a realização de trocas; consiste na troca direta de bens e serviços sem utilizar nenhum tipo de intermediário. É provável que o escambo tenha se tornado uma prática rotineira entre as pessoas no período Neolítico, possivelmente por volta de 10.000 a.C., com o surgimento da agricultura e criação de gado. Contudo, essa prática possui grandes problemas que dificultam a realização de trocas entre as pessoas: o primeiro é a ausência de coincidência de desejos e o segundo é a indivisibilidade. Se João é especializado na caça de búfalos, mas está precisando de uma roupa, ele terá que achar alguém que produza roupas e que também queira comprar búfalos. Além disso, se João quiser comprar diversos itens de diferentes produtores ele teria de "dividir o búfalo em vários pedaços", mas se ele é especializado somente na caça e não tem aptidão para o corte da carne, isso também pode se tornar um problema para ele.

Para superar esses problemas básicos, a humanidade começou a utilizar determinadas mercadorias como moeda de troca padrão, como arroz, conchas, galinhas, sal, dentre outras. Eram mercadorias amplamente utilizadas e aceitas na sociedade, o que dava confiabilidade à troca, isto é, quem trocava sabia que poderia utilizar aquela mercadoria para comprar qualquer outra coisa útil posteriormente. A mercadoria que se sagrou campeã como a mais adequada para utilização como moeda de troca foram os metais, estimativas indicam que o cobre, bronze e a prata começaram a ser utilizados como moeda entre 2.000 a.C. e 1.000 a.C., e o ouro em torno 700 a.C. Os metais possuem as adequadas características de concentrar alto valor em espaço relativamente pequeno, não estragar com o tempo e ser facilmente transportado e divisível, o que acabou disseminado seu uso como meio de troca.

As três funções básicas da moeda são: (i) reserva de valor, isto é, se você recebe a moeda, hoje é esperado que você possa guardar ela durante um tempo e trocar posteriormente sem que ela tenha perdido o valor inicial; (ii) meio de troca, para isso a moeda tem de ser facilmente transportável e divisível, de forma que você possa "levar ela no seu bolso" e trocar com alguém quando necessitar; e (iii) unidade de conta, de forma que seja possível calcular o valor das demais mercadorias utilizando a própria moeda como base. Os metais, principalmente o ouro e a prata, eram os meios da época que melhor cumpriam essas três funções.

Contudo, a utilização de metais como moeda padrão ainda tinha um grave problema, pois nem sempre era possível determinar o teor que determinada moeda possuía de determinado metal. Moedas de ouro podiam ser diluídas em cobre, nem sempre era fácil "pesar" uma moeda para saber seu teor exato, dentre outros problemas. Foi por essas razões que se iniciou o processo de cunhagem das moedas, isto é, determinada instituição cunhava a sua marca na moeda, garantido certo teor de determinado metal. Foi com o processo de cunhagem que a "estatização do dinheiro" teve início. Registros indicam que a primeira moeda cunhada por um Governo ocorreu na Lídia (região da atual Turquia) em 600 a.C., durante o Governo do Rei Alyattes.[2]

No entanto, a cunhagem, por si só, não permite ao Governo controlar a oferta de moeda na economia. A moeda cunhada continua dependente da oferta de metal. Para produzi-la é necessário esforço real das pessoas para extração e produção do metal. Outra forma de obtenção da moeda metálica é por meio do comércio de bens e serviços com outras comunidades (comércio exterior). Portanto, somente validando o seu teor por meio da cunhagem é impossível aos Governos controlar a oferta de moeda.

2. BEATTIE, 2015.

O controle dos Governos sobre a moeda começou, literalmente, com a falsificação do processo de cunhagem das moedas. Essa prática foi recorrente e realizada em diversas épocas da história em diferentes territórios e países. O Imperador Romano Nero (54 – 68 d.C.) reduziu o teor de prata do *denário*[3] de 98% para 93%, o que permitiu que mais moedas fossem fabricadas com um mesmo volume de prata. Após Nero, diversos Imperadores Romanos continuaram a reduzir o teor de prata, estima-se que ao final do Governo do Imperador Lucio Aurélio Cómodo (192 d.C.), o teor de prata do *denário* era de apenas 75%.[4] Em 1200 d.C., a moeda francesa *livre tournois* equivalia a 98 gramas de prata pura, já por volta de 1600 d.C., a quantidade de prata na moeda estava em somente 65 gramas. A moeda dos sarracenos na Espanha, *dinar*, foi cunhada pela primeira vez no século VII d.C. e possuía o equivalente a 65 gramas de ouro. Os sarracenos eram relativamente austeros em questões financeiras, dessa forma, em meados do século XII, o *dinar* ainda continha 60 gramas. Contudo, quando os reis cristãos conquistaram a Espanha no século XIII, o dinar foi reduzido a somente 14 gramas e seu nome alterado para *maravedí*; com o tempo, o *maravedí* se tornou uma moeda atrelada à prata, contendo 26 gramas deste metal. Ainda assim, ela continuou sendo diluída cada vez mais até chegar a 1,5 gramas de prata no século XV.[5]

Ao adulterar o teor do metal nas moedas, mantendo o mesmo padrão de cunhagem, os governos passaram a controlar a oferta de moeda na economia. Esse processo, chamado de *senhoriagem,* resulta em inflação de preços aos cidadãos para benefício dos governantes. Trata-se, literalmente, de uma expropriação da renda dos cidadãos para benefícios das pessoas que estão no governo e têm acesso à moeda recém- adulterada.

---

3. O *denário* era uma moeda de prata utilizada no Império Romano, estima-se que ele tenha sido cunhado pela primeira vez em 211 a.C.

4. JONES, 1953.

5. ROTHBARD, 2013.

Casos como o citado no parágrafo anterior, foram recorrentes ao longo da história da humanidade. Embora tenha iniciado com o objetivo de padronizar a moeda de troca, o controle da moeda por parte do governo resultou em práticas recorrentes de expropriação de renda dos súditos para benefício dos governantes por meio do processo de *senhoriagem.*

III. O Papel Moeda

Os primeiros registros de utilização de papel moeda ocorreram na China, durante a Dinastia Tang entre 618 e 907 d.C. O dinheiro consistia em certificados de papel emitidos pelo Governo que prometiam pagar determinada quantidade de metal. Utilizando desses certificados, o Governo evitava a necessidade de transportar ouro e prata por longas distâncias, o que era caro e arriscado. O certificado só podia ser convertido em metal na capital chinesa, por isso, muitos mercadores nunca se davam ao trabalho de ir à capital trocar seus certificados, em vez disso, utilizavam esses como moeda corrente para realização de trocas locais.

Durante a Dinastia Song, 960 a 1279 d.C., a prática do papel moeda foi modernizada e ampliada. Um grupo de ricos mercadores, na província de Szechuan, passou a emitir, de forma privada, papel moeda. Foram realizadas marcas confidenciais em cada nota para impedir a falsificação e o detentor tinha o direito de converter o papel em dinheiro metálico a qualquer momento em qualquer emissora do grupo. Contudo, em 1023 d.C., o Governo Chinês estabeleceu que apenas cédulas oficiais criadas pelo próprio governo eram permitidas, como consequência, as notas de Szechuan foram retiradas de circulação. Mesmo assim, a Dinastia Song manteve o respaldo do papel moeda em metal e, ocasionalmente, em outras mercadorias como sal e licor. Quando Marco Polo, o explorador e comerciante veneziano visitou a China no século XII, o papel moeda ainda era amplamente utilizado. Polo ficou tão fascinado pelo sistema chinês, que escreveu sobre ele extensivamente e levou esse conhecimento de volta à Europa. Após a Dinastia Song, vieram as Dinastias Chin e Yuan, diferentemente da primeira, as últimas não mantiveram o respaldo da conversão do papel moeda em metais e a inflação estourou, causando grave crise financeira no Império Chinês. Como consequência, a China abandou o papel moeda completamente no ano de 1455 e, praticamente, não voltou a utilizar de forma sistemática até o século XX.[6]

Na Europa da Idade Média (século V a XV d.C.), o "sistema monetário padrão" consistia de diferentes moedas metálicas cunhadas por diferentes autoridades locais, fossem condes, duques, bispos ou senhores feudais, com autorização do principal governante da região. Em geral, as moedas eram um tanto irregulares fisicamente e raramente equivaliam de fato ao valor de face da cunhagem, se equivalessem, havia um forte incentivo para retirar as moedas de circulação e derretê-las para o ouro, prata ou outro metal que fosse. As ideias que Marco Polo trouxe da China tiveram influência sobre os mercadores da região da atual Itália nos séculos XIV e XV, permitindo o surgimento do papel moeda na Europa. Bancos privados começaram a emitir comprovantes para depositantes e devedores, para transportar no lugar de moedas de metal. De qualquer forma, esses comprovantes estavam inerentemente atrelados ao metal depositado, dando ao portador o direito de sacar no banco o valor equivalente em metal.[7]

O primeiro registro de papel moeda fiduciária (isto é, sem lastro em metal ou qualquer outra mercadoria) no continente europeu ocorreu na Suécia no ano de 1660. O Banco de Estocolmo passou a emitir notas sem nenhum lastro a qualquer depositante. No início, elas se tornaram bastante populares, visto que eram mais convenientes de se utilizar do que as moedas feitas de cobre. Contudo, nos anos seguintes, o Banco imprimiu mais e mais notas, o que levou à inflação de preços

6. XU, 2021 e CARTWRIGHT, 2017.

7. KARAMAN; PAMUK; YILDIRIM-KARAMAN, 2020.

e à perda de confiança do público pela moeda.[8] Outro exemplo clássico ocorreu na França, entre os anos de 1715 e 1720, quando regente Duque de Orleans (tio do futuro Rei Luís XV) nomeou John Law como presidente do Banco Générale. Law tentou utilizar-se de complexas operações financeiras para quitar a dívida do Governo francês com dinheiro recém- emitido sem lastro, a operação resultou em inflação explosiva, e Law teve de fugir da França.[9]

IV. O Padrão Ouro

Praticamente, nenhuma nação ou território até o século XIX conseguiu aplicar com sucesso o papel moeda nacional sem lastro em sua economia, todas tentativas resultavam em inflação e descontrole da moeda. O padrão monetário era a moeda atrelada ao metal, principalmente ouro e prata, mas também cobre e outros metais mais baratos. Recorrentemente, os governos recorriam à falsificação da cunhagem para financiar seus gastos, uma forma de expropriar os súditos em benefício dos governantes. Por essa razão, não era raro a utilização de moedas "não oficiais" cunhadas por outras entidades (muitas clandestinas) ou mesmo de outros países. Já o papel moeda era utilizado de forma esporádica, em geral para negociações entre banqueiros, mercadores e governos, mas sempre com lastro no metal.

O primeiro país a conseguir "padronizar" o seu padrão monetário foi o Reino Unido. No ano de 1717, Sir Isaac Newton, na época, *Master of the Mint*, fixou o preço do ouro a £ 4,25 por onça (£ 136 por kg) e iniciou o que viria a ser o padrão ouro. O Governo Britânico conseguiu manter a taxa de conversão da libra ao ouro praticamente imutável durante 197 anos, até 1914, tendo se desviado somente durante as Guerras Napoleônicas (1803 a 1815). Durante o padrão ouro, o Império

8. HÖGBERG, 1961.

9. LANDE, 1991.

Britânico viveu seus maiores tempos de glória, expandiu seu comércio por todo o globo e chegou a dominar 24% da área total da Terra e quase um quarto da população mundial. Era, indiscutivelmente, o centro financeiro mundial e o líder global do comércio e indústria. O sucesso do padrão ouro inglês fez com que diversas outras nações adotassem o mesmo sistema monetário. A Alemanha adotou o padrão ouro em 1872, a Escandinávia em 1873, a Holanda em 1875, os Estados Unidos em 1879 e Bélgica, França e Suíça em 1878.[10]

No padrão ouro, a oferta de moeda não é determinada pelo Governo, pelo contrário, é determinada de forma "natural", pela oferta de ouro naquele momento, pela descoberta de novas minas e pela inovação nos processos de extração. Com as principais moedas do planeta atreladas ao ouro em uma taxa fixa, o mundo industrial basicamente compartilhava de uma única moeda corrente internacional. De fato, a moeda de cada país era o próprio ouro, mas com nomes distintos (marco, franco, libra, Dólar) em países diferentes. As taxas de câmbio não flutuavam, pelo contrário, eram fixas e imutáveis entre si. A previsibilidade do padrão ouro facilitou o comércio, os empréstimos, os investimentos, a migração e os pagamentos internacionais. Credores e investidores se sentiam seguros com as dívidas sendo pagas em quantidades equivalentes de ouro, sem correr risco de perder seu patrimônio por "desvalorizações cambiais" quando investiam em países estrangeiros, com o mesmo padrão monetário.

Pela oferta de moeda ser praticamente fixa durante o padrão ouro, alterando somente em casos esporádicos de descoberta de novas minas, os preços dos bens e serviços tendiam a cair cada vez mais. Essa queda ocorre pela tendência natural do aumento da produtividade, possibilitado pela inovação em novos processos, pelo aumento da tecnologia e pelo acúmulo de capital. Com a produção de bens e serviços aumentando, e a oferta de moeda fixa, o valor da moeda em relação aos bens

---

10. FRIEDEN, 2008.

e serviços fica maior e estes tendem a ficar mais baratos. Essa foi a dinâmica de preços que se observou ao longo do século XIX, a moeda sob o padrão ouro tinha um alto poder de reserva de valor, sua tendência no longo prazo era de contínua valorização. Exatamente o contrário do que ocorre hoje, onde a regra é aumento dos preços dos bens e serviços, e gradual desvalorização da moeda.

V. Rumo ao câmbio flutuante

Se o padrão ouro obteve tremendo sucesso na expansão do comércio mundial, no desenvolvimento dos negócios e na prosperidade das nações, por qual razão ele foi abandonado? A resposta mais simples para essa questão é: a Primeira Guerra Mundial. O conflito ocorrido entre 1914 e 1918 forçou os governos a emitir dinheiro para financiar seus exércitos e o padrão ouro foi abandonado. Com o fim da Guerra, sucessivas tentativas de voltar ao padrão ouro foram realizadas, contudo, não houve sucesso efetivo. Contribuíram para essa dificuldade a precária situação financeira da Europa pós-Guerra, cujos países contavam com baixas reservas de ouro, a Grande Depressão de 1929 e a Segunda Guerra Mundial. Com a derrota da Alemanha Nazista e do Império do Japão, a nova ordem monetária internacional foi concebida e implantada pelos Estados Unidos, em uma conferência realizada em Bretton Woods, New Hampshire, em 1944, e ratificada pelo Congresso Americano em 1945.

O sistema de Bretton Woods consistia em um padrão-ouro "capenga". Se durante os anos dourados do padrão ouro, o Dólar equivalia a 1/20 de uma onça de ouro, a partir de 1945 a sua paridade foi reestabelecida em 1/35 onça de ouro. Mas o principal problema é que dessa vez, diferentemente do sistema no século XIX, o Dólar não era automaticamente restituível em ouro para o cidadão comum americano, somente para Governos Estrangeiros e seus Bancos Centrais. Dessa forma, a baixa demanda por restituições, aliada a uma grande reserva de ouro acumulada pelos EUA durante a Segunda Guerra, permitiu ao Governo Americano se engajar em uma política monetária fortemente expansionista. Pode-se compreender essa atuação como se o FED fosse um banco comercial com elevadas reservas de ouro e baixa demanda por saques, dessa forma, este banco fica incentivado a utilizar grande parte de seus depósitos para concessão de empréstimos, sem se preocupar em manter uma reserva de emergência para os saques dos seus clientes. A diferença é que no FED esses "empréstimos" eram nada mais e nada menos do que expansão monetária, isto é, impressão de mais e mais Dólares.

O sistema de Bretton Woods durou de 1945 a 1971. No início, por possuir a economia mais forte do globo e uma moeda lastreada em amplas reservas de ouro, o Dólar americano era visto como a moeda mais confiável, Bancos Centrais Europeus utilizavam o Dólar como sua principal reserva e lastreavam sua moeda nacional na moeda americana. Contudo, com a recuperação econômica da Europa e a política monetária relativamente austera exercida nesses países, em contraste com um Estados Unidos cada vez mais inflacionista, a situação do comércio internacional começou a se alterar substancialmente na década de 1960. Os norte-americanos insistiam em manter a paridade US$ 35 Dólares por onça de ouro, mas à medida que o Dólar ia perdendo seu poder de compra, os Bancos Centrais Europeus começaram a utilizar suas reservas em Dólares para sacar ouro nos cofres do FED. A situação americana, ao longo desse período, segue a mesma lógica realizada pelos Imperadores Romanos entre o segundo e terceiro século depois de Cristo, os quais desvalorizam *o denário* reduzindo seu teor de prata de 98% para 74%; ou mesmo dos reis cristãos quando conquistaram a Espanha no século XII e reduziram o teor de ouro do *dinar* de 60 gramas para apenas 14 gramas. Logicamente, com a constante perda das reservas de ouro por parte do Governo Americano, conjugado com insistência em manter a paridade de US$ 35/onça, o sistema de Bretton Woods estava destinado à ruína, e isso ocorreu no dia 15 de agosto de 1971, quando o Presidente Richard Nixon decretou o fim da conversão Dólar-ouro e acabou com o sistema monetário que durou 26 anos.[11]

Com o fim de Bretton Woods, o mundo caminhou para um sistema de moedas fiduciárias (sem nenhum lastro), administrada por Governos por meio de Bancos Centrais e livremente flutuantes entre si. O padrão monetário se tornou mais fluído e a moeda mais frouxa. Uma das principais qualidades de uma boa moeda, a reserva de valor, que já vinha sendo perdida desde o início de Bretton Woods, se intensificou com as moedas fiduciárias. O gráfico abaixo[12] ilustra a evolução do nível de preços da economia americana, ou o inverso do poder aquisitivo do Dólar. Em 76 anos, o nível de preços nos Estados Unidos cresceu 1.408%. Um Dólar em 2021 compra o equivalente a 6,6%, o que um Dólar comprava em 1945, uma desvalorização de 93,4% no período. Em termos mais práticos, se uma refeição custava US$ 18,1 em 1945, atualmente essa mesma refeição custa US$ 273.

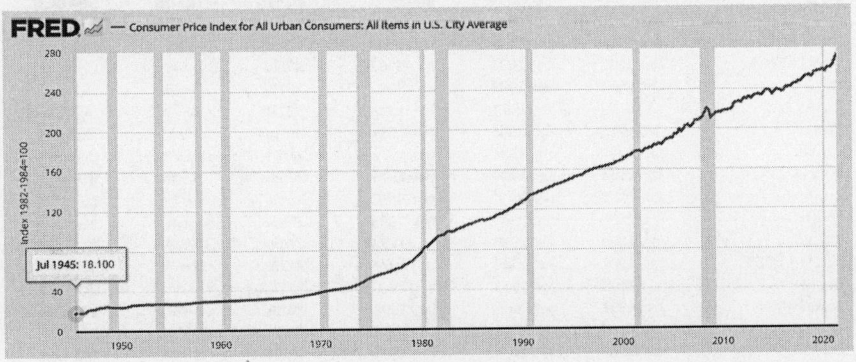

Um aumento do nível de preços de 1.408% em 76 anos equivale a um aumento médio anual de 3,6%. É importante realizar uma separação entre dois períodos distintos nesse gráfico, de 1945 a 1971, quando predominou o sistema de Bretton Woods, e de 1971 a 2021, quando predominou a moeda fiduciária e taxas

11. ROTHBARD, 2013.

12. Retirado do site: *https://fred.stlouisfed.org/series/CPIAUCSL.*

de câmbio flutuante. No primeiro período, o nível de preços cresceu a uma média anual de 3,2%, já no segundo período, o crescimento anual foi de 3,9%. Portanto, o sistema monetário de moeda fiduciária e taxas de câmbio flutuantes foi ainda mais inflacionário do que o sistema de Bretton Woods.

O exemplo americano é apenas um e está longe de ser o mais drástico exemplo dentre as moedas fiduciárias administradas por Governos, afinal, um aumento de preços de 3,6% ao ano equivale a um aumento mensal de 0,3%. A tabela abaixo[13] apresenta alguns casos de hiperinflação e inflação extrema durante o século XX e início do século XXI:

Local	Data de Começo	Data Final	Mês com a maior inflação	Inflação mensal mais alta registrada	Equivalente por dia	Tempo necessário para dobrar os preços
Hungria	ago/1945	jul/1946	jul/1946	4,19 x 10^16 %	207%	15,0 horas
Zimbábue	mar/2007	nov/2008	nov/2008	7,96 x 10^10 %	98,00%	24,7 horas
Iugoslávia	abr/1992	jan/1994	jan/1994	313.000.000%	64,60%	1,41 dias
Sérvia	abr/1992	jan/1994	jan/1994	297.000.000%	64,30%	1,41 dias
Alemanha	ago/1922	dez/1923	out/1923	29.500%	21%	3,70 dias
Grécia	mai/1945	dez/1945	out/1944	13.800%	17,90%	4,27 dias
China	mai/1947	mai/1949	abr/1949	5.070%	14,10%	5,34 dias
Cidade Livre de Danzigue	ago/1922	out/1923	set/1923	2.440%	11,40%	6,52 dias
Armenia	out/1993	dez/1994	nov/1993	438%	6%	12,5 dias
Turcomenistão	jan/1992	nov/1993	nov/1993	429%	5,71%	12,7 dias
Peru	set/1988	dez/1990	ago/1990	397%	5,49%	13,1 dias
Bosnia and Herzegovina	abr/1992	jun/1993	jun/1992	322%	4,92%	14,6 dias
China	jul/1943	ago/1945	jun/1945	302%	5%	15,2 dias
Ucrania	jan/1992	nov/1994	jan/1992	285%	4,60%	15,6 dias
Polonia	jan/1923	jan/1924	out/1923	275%	4,50%	16,0 dias
Nicaragua	jun/1986	mar/1991	mar/1991	261%	4,37%	16,4 dias
Congo (Zaire)	nov/1993	set/1994	nov/1993	250%	4%	16,8 dias
Moldávia	jan/1992	dez/1993	jan/1992	240%	4,16%	17,2 dias
Russia / URSS	jan/1922	fev/1924	fev/1924	212%	3,86%	18,5 dias
Georgia	set/1993	set/1994	set/1994	211%	3,86%	18,6 dias
Tajiquistão	jan/1992	out/1993	jan/1992	201%	4%	19,1 dias
Argentina	mai/1989	mar/1990	jul/1989	197%	3,69%	19,4 dias
Bolívia	abr/1984	set/1985	fev/1985	183%	3,53%	20,3 dias
Austria	out/1921	set/1922	ago/1922	129%	2,80%	25,5 dias
Bulgaria	fev/1991	mar/1991	fev/1991	123%	3%	26,3 dias
Azerbaijão	jan/1992	dez/1994	jan/1992	118%	2,63%	27,0 dias
Congo (Zaire)	out/1991	set/1992	nov/1991	114%	2,57%	27,7 dias
Taiwan	out/1948	mai/1949	out/1948	108%	2,46%	28,9 dias
Hungria	mar/1923	fev/1924	jul/1923	98%	2%	30,9 dias
Chile	set/1972	set/1973	out/1973	88%	2,12%	33,5 dias
Estonia	jan/1992	fev/1992	jan/1992	87%	2,11%	33,6 dias
Angola	dez/1994	jan/1997	mai/1996	84%	2,06%	34,5 dias
Brasil	dez/1989	mar/1990	mar/1990	82%	2,02%	35,1 dias

13. Retirada do artigo de Steve Hanke e Nicholas Krus citado na bibliografia, com pequenos ajustes.

A tabela acima deixa claro que não foram um ou dois casos em que a moeda fiduciária estatal entrou em completo colapso. Pelo contrário, foram várias vezes, mesmo nas décadas mais recentes, que diferentes Governos falharam na prestação do serviço básico de ofertar moeda à sua população. É verdade que os Estados Unidos, a maior economia do planeta desde o fim do padrão ouro, nunca enfrentaram uma inflação que levasse ao colapso de sua moeda. As maiores inflações registradas na economia americana no século XX não ultrapassaram 20% ao ano, com destaque nos anos de 1918 que atingiu 18%, 1947 que atingiu 14,4%, e 1980 com 13,5%. Apesar dos contratempos, o Governo Americano conseguiu ser responsável o suficiente para que o Dólar não perdesse as suas funções de meio de troca e unidade de conta, contudo, não foi responsável o suficiente para que a função de reserva de valor fosse consistentemente preservada.

A moeda fiduciária estatal mostrou ser um ativo instável ao longo do tempo. Quando se analisa em prazo mais longo, fica evidente os riscos que envolvem confiar o principal meio de troca da economia aos Governos. Mais arriscado ainda é armazenar o dinheiro estatal como reserva de valor, mesmo para curto prazo.

Contudo, apesar das enormes desvantagens e riscos envolvendo a moeda fiduciária estatal, é inegável que foi ela quem dominou o sistema monetário internacional no século XX. E, de fato, até pouco tempo atrás, era difícil imaginar um meio de troca menos pior. O padrão ouro também tem suas desvantagens, a baixa oferta desse metal vis-à-vis o constante crescimento econômico, torna a volta ao padrão ouro extremamente difícil e provavelmente inexecutável. Isso sem considerar custos de transporte, armazenagem e transação. Apesar dos pesares, devido aos avanços tecnológicos, modernização do sistema financeiro e ampla evolução das redes de comércio, o meio de troca mais eficaz, de fato, parecia ser a moeda estatal fiduciária. Pelo menos essa era a verdade até o dia 31 de outubro de 2008.

VI. O futuro da moeda

No dia 31 de outubro de 2008, um provável programador com o pseudônimo de Satoshi Nakamoto publicou um artigo intitulado *"Bitcoin: A Peer-to-Peer Electronic Cash System"*, no qual descreveu um protocolo descentralizado e à prova de adulteração, que poderia verificar transações digitais, impedir gastos duplos e gerar um registro transparente para qualquer um inspecionar praticamente em tempo real. O protocolo representava um sistema criptograficamente seguro, baseado em um algoritmo de Prova de Trabalho, no qual os Bitcoins são "minerados" para uma recompensa por nodes individuais e depois verificados por outros nodes em uma rede descentralizada. Cada Bitcoin funciona como um arquivo único, depois que você compartilhou com outra pessoa ele "automaticamente apaga em seu sistema", cada Bitcoin é irreplicável e infalsificável.

O processo de "emissão" de novos Bitcoins ocorre por meio da mineração. Os mineradores são responsáveis pela validação e autenticação das transações. Por estas ações eles são "recompensados" e, com isso, "emitem" novos Bitcoins. O processo de mineração consiste na resolução de problemas matemáticos, que ficam mais complexos à medida que mais Bitcoins são emitidos. Qualquer pessoa que tiver um computador ou processador suficientemente potente pode minerar e, quanto mais é minerado, mais energia elétrica o processador gasta. Além disso, a rede já foi programada para que o máximo de Bitcoins emitidos não ultrapasse 21 milhões de unidades. Atualmente, existem 18,8 milhões, contudo, devido ao aumento da dificuldade de mineração, é estimado que a oferta só atinja o limite máximo no ano de 2140.

Saindo das questões operacionais e computacionais, o que certamente não é objetivo desse artigo, é curioso que o Bitcoin apresente determinadas características que o tornem um forte concorrente da moeda fiduciária estatal. Dentre essas características estão: (i) oferta limitada a 21 milhões de unidades, (ii) altamente divisível, podendo ser negociada até a 8ª casa decimal ("um Satoshi"), (iii) custo de emissão atrelado ao custo de geração de energia, (iv) quanto mais Bitcoins são emitidos, maior é o custo de emissão, (v) irreplicável e infalsificável, (vi) baixo custo de transação, podendo ser transferido de um cidadão na Ilha de Madagascar para alguém na Islândia a um custo muito mais baixo do que qualquer moeda fiduciária, (vii) baixo custo de armazenagem e transporte, podendo ser armazenado mais de bilhões de Dólares em uma simples carteira eletrônica (tipo P-Drive) e transportado no bolso para qualquer lugar do mundo e (viii) sistema de transações e pagamentos descentralizado, não dependendo de um banco ou qualquer intermediário financeiro para realizá-lo.

Diferentemente das moedas estatais, fiduciárias ou não, o Bitcoin nunca irá sofrer o problema de falsificação de cunhagem ou emissão descontrolada. Não há inflação de preços no Bitcoin. Este também resolve alguns problemas que se observava no padrão ouro, já que é facilmente divisível e possui custos de armazenagem, transação e transporte extremamente baixos. Não é à toa que o Bitcoin tem valorizado cada vez mais, saindo de valor praticamente irrelevante no ano de 2008 para US$ 50 mil Dólares em agosto/2021.

O Bitcoin é, em última instância, uma proteção contra o Governo. Uma forma de realizar trocas, fazer contabilidade e reservar valor sem ter de utilizar uma moeda estatal, a qual pode ser desvalorizada ou expropriada a qualquer momento por um Governo fiscalmente irresponsável. Ficou evidente ao longo desse artigo que episódios de expropriação por meio do processo de *senhoriagem* foram realizados por diferentes Governos de forma constante e recorrente ao longo da história. Com relação a esse risco, o Bitcoin é imune.

Portanto, vem a pergunta: *Qual o futuro da moeda? Continuarão os Governos responsáveis pelo seu controle?*

É certo que as moedas controladas pelos Governos já perderam há muito tempo a sua função de reserva de valor, nenhum cidadão, com um mínimo de conhecimento, guarda Real ou mesmo Dólar embaixo do seu colchão. Já as funções de meio de troca e unidade de conta, continuam a ser realizadas de forma razoavelmente satisfatórias por algumas moedas estatais, mas não todas. No momento em que esse artigo está sendo escrito (agosto de 2021), a função de unidade de conta do Real passa por momentos turbulentos. A desvalorização de mais de 20% do Real frente ao Dólar desde dezembro de 2019, provocada pela política fiscal expansionista de combate ao Covid (alinhada a uma economia muito menos dinâmica e com potencial de crescimento muito menor que a economia americana) levou a uma desestabilização dos preços na economia brasileira, com aumentos exacerbados de alguns produtos em relação a outros. Embora não tenha se perdido, a função de unidade de conta do Real certamente se enfraqueceu.

Por outro lado, é verdade que a alta volatilidade do Bitcoin também impede que a sua função de unidade de conta seja exercida de forma categórica. Mas é inegável que a função de reserva de valor exercida pelo Bitcoin é muito superior ao Real e até mesmo ao Dólar, basta verificar o gráfico[14] das cotações dos últimos 5 anos abaixo. Em junho de 2013, um Bitcoin (BTC) comprava US$ 104 e R$ 269. Atualmente, (agosto de 2021), um único Bitcoin compra US$ 49 mil e R$ 257 mil. Uma valorização de 470% frente ao Dólar e de 954% frente ao Real.

---

14. Dados retirados do site: *https://br.investing.com/*

Com relação à função como meio de troca, as transações diárias de Bitcoin já chegaram a atingir US$ 14,6 bilhões de Dólares,[15] equivalente a US$ 5,3 trilhões por ano, representando quase três vezes o PIB Brasileiro e quase um quarto do PIB Americano. As trocas por Bitcoin são simples e fáceis de serem realizadas, podendo ser transferidos de qualquer cidadão a qualquer outro em qualquer lugar do mundo, basta ter a informação do número da carteira ou seu respectivo *QR Code*. Não há dúvida que a função de meio de troca exercida pelo Bitcoin certamente já superou o Real e, no mínimo, concorre com o Dólar.

Das três funções da moeda, o Bitcoin já se mostrou uma reserva de valor muito melhor do que qualquer moeda estatal, também é um meio de troca de âmbito internacional muito superior a muitas moedas estatais, talvez comparável ao Dólar, e somente no que tange à função de unidade de conta que o Bitcoin ainda se mostra um pouco falho. Mas o mais impressionante de tudo isso é que o Bitcoin chegou a esse patamar

15. Informação retirada do site: https://www.blockchain.com/

com apenas 12 anos de existência, contra um histórico de mais de 2.500 anos da moeda estatal, a qual se iniciou com o Rei Alyattes na Lídia, passou pelo Império Chinês e Império Romano, sofreu diversas crises de falsificação de cunhagem até chegar ao padrão ouro britânico, foi novamente falsificada com o fim do padrão ouro no início da Primeira Guerra Mundial e tem sido bancada, de certa forma, pela confiança no Governo Americano, que, apesar da desvalorização contínua, tem mantido a sua moeda estatal (o Dólar) um meio de troca razoavelmente estável. Se em apenas 12 anos o Bitcoin praticamente superou 2.500 anos de história da moeda estatal, o que ocorrerá nos próximos 10, 20, 50 ou 100 anos?

É difícil dizer que o Bitcoin e outras criptomoedas que apresentem características similares não irão superar a moeda fiduciária estatal. Acredito que essas moedas irão conviver em paralelo ao longo de muito tempo, mas julgo provável que as criptomoedas (que tiverem as mesmas caraterísticas já citadas do Bitcoin) se tornarão o principal meio de troca entre cidadãos de diferentes países ao longo das próximas décadas. No longo prazo, as moedas fiduciárias estatais são muito menos confiáveis do que o Bitcoin e isso se tornará cada vez mais evidente.

Conclusão

Não foram os governos os responsáveis pelo surgimento da moeda, eles também nem sempre foram os responsáveis pela administração da moeda. Muitos simplesmente arrogaram para si por meio da força e coerção o monopólio da moeda, e grande parte deles utilizou-se desse monopólio para extorquir a sociedade por meio do processo de *senhoriagem*. Ao longo do tempo, em alguns países mais desenvolvidos, foram surgindo instituições governamentais que criaram políticas mais transparentes e responsáveis para emissão da moeda estatal, como o caso do FED Americano. Mas isso foi somente em **alguns** países e não necessariamente na maioria, sendo os casos de colapso de moedas estatais eventos recorrentes até hoje, basta ver os casos recentes da Argentina e Venezuela. Mas até mesmo no caso dos países mais desenvolvidos e governos, em tese, mais responsáveis, ainda assim, não foi possível preservar a qualidade de reserva de valor das moedas estatais. A moeda estatal mais confiável do mundo, o Dólar, perdeu 93,4% do seu valor desde 1945, e a tendência é que essa desvalorização aumente com a política monetária americana extremamente expansionista para "amenizar" os efeitos do Coronavírus.

Confiar o meio de troca da economia e parte do seu patrimônio a uma pessoa ou um grupo de pessoas, que detém o monopólio desse serviço e não sofre concorrência e competição para atender o cliente, se mostrou uma ação extremamente arriscada na história da humanidade. O surgimento do Bitcoin, e outras criptomoedas com características similares, é uma proteção contra esse monopolista, que exerce o serviço de administração da moeda em determinado território. **Em resumo, é uma proteção contra Governos e sua irresponsabilidade fiscal**. É muito provável que isso se torne cada vez mais claro com o tempo e que as pessoas passem a deixar de utilizar a moeda estatal para aderir às criptomoedas, as quais apresentem as características de oferta limitada, custo de emissão crescente e atrelado ao preço de energia, altamente divisível, irreplicáveis e infalsificáveis, baixo custo de transação, armazenagem e transporte, e operem por um sistema de pagamentos descentralizados. Essas novas moedas são fortes candidatas a superar o monopólio das moedas estatais. Certamente, o futuro é promissor.

Referências

BEATTIE, Andrew. *The history of money: From barter to banknotes*. URL: http://www. investopedia. com/articles/07/roots_of_money, 2015.

CARTWRIGHT, Mark. *Paper in Ancient China*. Ancient History Encyclopedia. September, v. 15, 2017.

FRIEDEN, Jeffry A. *Capitalismo global:* história econômica e política do século XX. Editora Schwarcz-Companhia das Letras, 2008.

FRIEDMAN, Milton; SCHWARTZ, Anna Jacobson. *A monetary history of the United States,* 1867-1960. Princeton University Press, 2008.

GONÇALVES, Cleber Baptista. *Casa da Moeda do Brasil:* 290 anos de história, 1694/1984. Casa da Moeda do Brasil, 1984.

HAYEK, Friedrich A. *Desestatização do dinheiro*. LVM Editora, 2017.

HANKE, Steve H.; KRUS, Nicholas. *World hyperinflations*. The Handbook of Major Events in Economic History, Randall Parker and Robert Whaples, eds., Routledge Publishing, Summer, 2013.

HÖGBERG, Staffan. *Sweden's first bank-notes.* Scandinavian Economic History Review, v. 9, n. 2, p. 206-208, 1961.

INTERNATIONAL MONETARY FUND. Annual Report on Exchange Arrangements and Exchange Restrictions, 2019.

JONES, Arnold Hugh Martin. *Inflation under the roman empire*. The Economic History Review, v. 5, n. 3, p. 293-318, 1953.

KARAMAN, K. Kıvanç; PAMUK, Şevket; YILDIRIM-KARAMAN, Seçil. *Money and monetary stability in Europe, 1300–1914.* Journal of Monetary Economics, v. 115, p. 279-300, 2020.

LANCHESTER, John. The Invention of Money. URL: https://www.newyorker.com/magazine/2019/08/05/the-invention-of--money, 2019.

LANDE, Lawrence; CONGDON, Tim. John. *Law and the invention of paper money*. RSA Journal, v. 139, n. 5414, p. 916-928, 1991.

LEE, Yen N. *China's monetary policy is complex and shifting. Here's what you need to know.* URL: https://www.cnbc.com/2018/08/06/china-monetary-policy-how-pboc-controls--money-supply-interest-rate.html

LIOUDIS, Nick. *What is the Gold Standard?* URL: https://www.investopedia.com/ask/answers/09/gold-standard.asp, 2021.

NAISMITH, Rory. *Money and coinage in the Middle Ages*. Brill, 2018.

PICKERING, John. *The history of paper money in China*. Journal of the American Oriental Society, v. 1, n. 2, p. 136-142, 1844.

REED, L.; HYDEN, M. O lento suicídio do Império Romano – gastos crescentes, assistencialismo, privilégios e inflação. URL: https://www.mises.org.br/article/2195/o-lento-suicidio--do-imperio-romano--gastos-crescentes-assistencialismo-privilegios-e-inflacao, 2021.

ROGOFF, Kenneth; ROGOFF, Kenneth S. *The Early Development of Coins and Paper Currency*. In: The Curse of Cash. Princeton University Press, 2017. p. 15-30.

ROQUE, L. *Os três tipos de regimes cambiais existentes – e qual seria o mais adequado para o Brasil*. URL: https://www.mises.org.br/article/2196/os-tres-tipos-de-regimes-cambiais-existentes--e-qual-seria-o-mais-adequado-para-o-brasil, 2015.

ROTHBARD, Murray N. *O que o governo fez com o nosso dinheiro?*. São Paulo: Instituto Ludwig von Mises Brasil, 2013.

SVERIGES RISKBANK. 1661 – *First banknotes in Europe*. URL: https://www.riksbank.se/en-gb/about-the-riksbank/history/historical-timeline/1600-1699/first-banknotes-in-europe/

VON MISES, Ludwig. *As seis lições*. LVM Editora, 2017.

YANG, Lien-sheng. *Money and Credit in China*. Harvard University Press, 2014.

XU, Jin. Two. *The Song and Yuan Dynasties: Experimenting with Paper Currency*. In: Empire of Silver. Yale University Press, 2021. p. 68-116.

O LIBERALISMO À *LA* ROBERTO CAMPOS EM CINCO ATOS

Claudio D. Shikida

Prólogo

"E quem já viu alguma repartição pública desaparecer no Brasil?". [Campos (1973), p.36]

É muito difícil falar sobre o liberalismo de um pensador tão multifacetado como Roberto Campos. A despeito disto, aceitei a missão de discorrer brevemente sobre o liberalismo e resolvi enfatizar alguns aspectos que capturei da minha leitura de alguns textos do grande liberal.

Sem dúvida, Roberto Campos foi uma personalidade interessante. Parte das instituições modernas construídas no país tem sua marca. A despeito do claro talento para a vida acadêmica, optou pela carreira pública e serviu a várias administrações até encerrar sua vida como político no Congresso Nacional.

Há alguns anos, quando o acesso à internet começou a crescer, jovens foram colocados em contato com o pensamento liberal de maneira mais intensa do que os poucos livros sobre o tema que existiam no Brasil. Nesta fase de entusiasmo inicial, o leitor provavelmente vai se lembrar, predominavam os personagens, as frases ou os *memes* de liberais estrangeiros.

A foto de Mises ou de Hayek provavelmente era mais conhecida pelo adolescente brasileiro do que a foto de Joaquim Nabuco ou Luiz Gama. Sabia-se mais sobre a bandeira da cobra (*don't tread on me*) do que a bandeira da Confederação do Equador. Lembro-me de discutir sobre isto com alguns amigos. Já havia defendido minha tese em história e desenvolvimento econômico, e sentia-me incomodado com a falta de conhecimento dos liberais brasileiros pelos alunos. Acho que a única exceção – em termos de livro – era a versão romanceada da vida de Mauá, escrita por Jorge Caldeira.

Estávamos, salvo engano, no final da primeira metade dos anos 2000. A partir de então, para minha alegria, o cenário mudou. Antes que alguém me tome por um *bairrista*, um *provincianista*, um *xenófobo*, gostaria de esclarecer que não sou nenhum defensor de uma versão liberal da *Semana da Arte Moderna* (embora já tenha sido um admirador de Mário de Andrade). O ponto é que nossa história liberal, até aquela época, seguia pouco explorada.

Alguns diziam que não haveria motivo para se falar de liberais brasileiros porque *os liberais não eram liberais*. Ou, pelo menos, não eram *100% liberais*. Era um cenário curioso em que, do lado não liberal, admirava-se abertamente pensadores *não 100%-marxistas* por sua originalidade (ou algum outro motivo imaginário) enquanto liberais seguiam presentes apenas em livros antigos ou no já mencionado livro de Caldeira.

Em 2021, o cenário é bem diferente. O liberalismo brasileiro descobriu que seus nomes mais famosos mereciam uma releitura. Merquior foi republicado. Grupos de estudos passaram a fazer menção a Luiz Gama e outras notórias figuras do liberalismo brasileiro. Tivemos, em 2018, um livro de ensaios de Roberto Campos organizado por Paulo Roberto Almeida.[1]

---

1. Paulo escreveu um excelente texto sobre Campos, lembrando aos incautos que ninguém nasce liberal. Além disto, o texto ilustra outro ponto destacado também aqui: a importância do profissionalismo no serviço público. O único defeito do artigo está no título: a frase de Campos nada tem de infeliz. Ver Almeida (2020).

Paim reeditou seu abrangente estudo sobre o liberalismo no Brasil pouco antes de falecer. Estes são alguns exemplos, claro.

Fico menos pessimista, pois vejo que a nova geração liberal tem uma oportunidade extraordinária de aprender sobre liberais brasileiros neste novo século, que ainda é um jovem de 21 anos (ligeiramente abatido pelos acontecimentos recentes). Só precisa querer ler, estudar, pesquisar e, quanto a isto, ainda sou mais pessimista. A sala de aula arrefece o idealismo dos professores e, no Brasil, este efeito pode ser brutal.[2]

Neste pequeno ensaio, a pretensão é modesta. A ideia é tratar do liberalismo de Roberto Campos em "Cinco Atos" e, finalmente, arrematar estes pontos com uma breve conclusão. Alerto para o fato de que os cinco pontos tratados não seguem nenhum modelo teórico, ou cosmovisão. São apenas pontos que me chamaram a atenção ao ler diversos trabalhos do autor.

Obviamente, nada disto teria sido possível sem esta oportunidade generosa que me foi concedida pela professora Amanda em nome do Instituto Ives Gandra. A ambos agradeço imensamente.

Ato I – Sobre Roberto Campos e Joseph Schumpeter

Em um de seus (muitos) inspirados momentos de bom humor, disse Campos: *Há três caminhos para cair na desgraça: o mais rápido é o jogo, o mais agradável são as mulheres, o mais seguro é consultar um economista.*[3] Sua piada soa como uma resposta a Schumpeter, que disse ter tido três ambições em sua juventude: ser o maior economista do mundo, o maior cavaleiro da Áustria e o melhor amante em Viena, arrematando que nunca havia conseguido se tornar um grande cavaleiro.[4]

---

2. Ok, existem bons alunos e tenho esperança de que alguns deles lerão este livro.

3. Campos (2001), p.1282.

4. No original: "Early in life I had three ambitions. I wanted to be the greatest economist in the world, the greatest horseman in Austria, and the best lover in Vienna. Well, I never became the greatest horseman in Austria". Este trecho é citado por diversos autores. Por exemplo, Milward (2013).

Acredito que a relação entre as piadas não é fortuita. Como nos lembra Lozardo, no prefácio à edição brasileira da dissertação de mestrado de Roberto Campos, de que ninguém mais que Schumpeter o convidaria a fazer seu doutorado em Harvard.[5] Gosto de imaginar que o talentoso liberal Roberto Campos criou sua piada inspirado no *não-tão-liberal-assim* Schumpeter.

É uma virtude do economista – pelo menos do (bom) economista liberal – ser bastante cético quanto ao poder dos economistas. O contraste entre as piadas de Campos e Schumpeter é bem ilustrativo deste aspecto. Um se diz um grande amante e outro pede cautela com as mulheres.[6] Um sonha em ser o maior economista do mundo e o outro alerta para o perigo de se consultar um economista.[7]

Dada a arrogância da média dos economistas brasileiros,[8] é difícil dizer que Schumpeter não seria um perfeito brasileiro, talvez nascido em Paquetá. Ou em Itaquaquecetuba. Vai saber. Já a prudência e o sarcasmo de Campos nos levam a pensar no mesmo como um não brasileiro. Talvez um europeu, um britânico. Um típico londrino, frequentador de *pubs*. Ou ainda um escocês, cria de Adam Smith e dos iluministas escoceses.

Roberto Campos não ficou conhecido como um talentoso e prolífico economista, embora Schumpeter tenha chegado perto de algo como um *ranking* dos vinte economistas mais famosos de seu tempo. Mas a relativamente curta carreira de Schumpeter na política pública austríaca (e no setor bancário) contrasta com a agitada vida de Roberto Campos na história brasileira.

---

5. Ver o prefácio do prof. Ernesto Lozardo em Campos (2004).

6. Lembremos que Campos quase foi um padre.

7. Quanto a cavalos e jogos, não tenho o que comentar.

8. Dados coletados por mim mesmo e jamais serão disponibilizados. Pode tentar o quanto quiser.

Ato II – Sobre Roberto Campos e Friedrich Hayek

Roberto Campos tinha certa admiração por Friedrich Augustus von Hayek (melhor conhecido como Friedrich Hayek).[9] O elo entre ambos está na visão liberal sobre o desenvolvimento econômico. O ceticismo de Campos com o poder estatal em guiar um processo de desenvolvimento certamente foi influenciado pela visão hayekiana.

No capítulo vigésimo de Campos (2001), encontra-se a visão liberal acerca do desenvolvimento econômico. O autor toma de empréstimo a diferenciação feita por Thomas Sowell entre os economistas de *visão modesta* e aqueles de *visão irrestrita*. Os de visão modesta, diz Campos, são aqueles que acreditam que o papel do governo é limitado a *deflagrar processos*. Exemplos de economistas deste tipo de visão seriam Adam Smith e Friedrich Hayek. Modernamente, penso, podemos incluir também William Easterly.[10]

Um ponto interessante é que, mesmo com uma *visão modesta*, há um papel a ser cumprido pelo Estado no desenvolvimento e, ao contrário do que pensam seus críticos, este papel não pode ser entendido sob uma pobre noção unidimensional com os famosos extremos "mínimo" e 'máximo'. Ou alguém imagina que é simples iniciar um processo bem-sucedido de desenvolvimento econômico apenas, digamos, com um único burocrata, ainda que ele tenha acesso à *internet?*[11]

Um dos *insights* mais interessantes de Hayek é o de sua diferenciação entre individualismos *verdadeiro* e *falso*. O tema foi desenvolvido por ele no primeiro capítulo de seu *Individualism and Economic Order* (Hayek (1948)). Uma sociedade baseada no individualismo verdadeiro reconhece a importância de que

---

9. Ver Paim (2018), cap. 29.

10. Ver Easterly (2015).

11. O pobre burocrata pode, inclusive, ter problemas de acesso à internet ou, pior, ter que gastar seu tempo preenchendo formulários eletrônicos de outra repartição em algum sistema obscuro e trabalhoso...

as condutas humanas sejam pautadas por princípios gerais, não por ordens detalhadas, maximizando a chance de que cada indivíduo possa descobrir o que é melhor para si.

Hayek fala de razão e Razão. A primeira, característica do individualismo verdadeiro, é a que permite ao indivíduo, em um mundo imprevisível, descobrir princípios que lhe sejam ideais. A segunda, que caracteriza o individualismo falso, é uma visão algo arrogante da capacidade humana. Diz respeito a uma noção de que existe uma certa entidade abstrata – a Razão – que permitiria o sucesso de sociedades construídas por engenharia social.[12]

A carreira de Roberto Campos é um provável fator importante para se entender seu apreço por Hayek. A crítica de Hayek e outros economistas liberais ao planejamento segue atual e poderosa. Por mais altruísta que um planejador seja, por mais informações que ele tenha, o desenho dos incentivos não é trivial. Liberais que participam da administração pública sentem isto na pele ao tentarem alterar procedimentos – muitas vezes triviais – de alguns processos.

O avanço tecnológico dos últimos anos, com a consolidação dos aplicativos para celulares, notadamente os de transportes, mostraram às agências reguladoras, políticos e burocratas este aspecto pensamento hayekiano. O avanço não foi previsto e, se o foi, poucos entenderam, no início, suas possibilidades. Um estado eficiente, no sentido hayekiano, busca implementar apenas princípios gerais de conduta e, portanto, consegue se adaptar mais rapidamente diante de um choque tecnológico. Caso tenha sorte de contar com servidores públicos inteligentes e pouco sujeitos a amarras kafkianas, ainda poderá aperfeiçoar sua regulação. Deflagrar processos, não criar regras para cada passo de um suposto futuro previsível, eis o que une Campos e Hayek: a razão.

---

12. A visão de planejamento urbano criticada por Jacobs critica em seu *Morte e Vida de Grandes Cidades* parece um bom exemplo da crítica hayekiana. Ver Jacobs (2011) [original de 1961].

Ato III – Sobre Roberto Campos e a Sociedade de Mercado

A grande vantagem do capitalismo é que é uma cultura e não um dogma. [Campos (1988), p.141]

Roberto Campos não nos deixou um compêndio sistematizado de suas ideias político-econômicas. Críticas superficiais – e errôneas – sobre sua atuação falam de um suposto paradoxo envolvendo um liberal no governo. O argumento pode ser popular em reuniões do grêmio estudantil, mas não passa em um teste elementar. Geralmente, vale dizer, é enunciado por jovens socialistas que se divertem com as criações da economia de mercado.

Gustavo Franco, em artigo a respeito do falecimento do famoso liberal, matou a charada de forma elegante.

> Roberto Campos tinha e tem a ensinar que a participação do Estado na economia pode fazer sentido às vezes, e que como os erros do governo são bem maiores e mais frequentes que os do mercado, o ideal é que a política econômica seja conduzida por quem acredita em mercados e não na infalibilidade da burocracia. [Franco (2001): B5]

Mas será mesmo correto dizer que uma política econômica terá maior chance de sucesso se conduzida por quem acredita em mercados do que por burocratas? Seria mais interessante ter um Steven Spielberg dirigindo um filme, ou um servidor da Secretaria de Cultura? No comando da seleção, seria melhor um técnico como Tite ou um servidor do Ministério dos Esportes? Na proteção do valor nominal da moeda (vulgarmente conhecida como política monetária), você confiaria mais em alguém do setor financeiro ou em um escritor famoso?

Todos os exemplos anteriores fundamentam-se em um critério simples, mas poderoso, de como se alocam talentos, seja no setor público, ou no privado. O critério é o de buscar alocar os talentos conforme suas vantagens comparativas na consecução de certo objetivo. Um economista liberal, na administração pública, sempre que possível, usará este princípio para montar suas equipes.

Alguém poderia interpelar a dupla Franco-Campos com outro argumento. Poder-se-ia dizer que uma economia de mercado corrompe almas. Participar de uma economia de mercado significaria tornar-se uma pessoa moralmente pior. Até mesmo o *Bolsa-Família* seria um instrumento de política a ser evitado. O dinheiro seria o *vil metal* e seu uso corromperia as relações entre as pessoas. Não faltam exemplos, na literatura e nas redes sociais, de crítica ao suposto efeito corrompedor que o mercado exerceria sobre todos nós.

Neste sentido, o livro de Storr & Choi (2019) traz diversas evidências de que países que se caracterizam como *sociedades de mercado* (ou *economias de mercado*) apresentam, geralmente, menos desigualdade de renda e maior mobilidade social. Outro ponto que destacam é o aspecto *cooperativo* que existe nas trocas voluntárias (um outro nome para "economia de mercado").[13]

Este é um tema que os divulgadores do liberalismo econômico nem sempre enfatizam, embora seja, espantosamente, familiar a qualquer um de nós. O café e o pão de todos os dias no bar, as compras diárias na loja virtual, as viagens pelo aplicativo de transporte são exemplos disto. A repetida ocorrência da troca gera reputação, confiança, entre as partes envolvidas na troca.[14]

Roberto Campos tinha uma opinião, talvez pouco elaborada, sobre a questão da moralidade dos mercados. Ele se alinhava com a visão hayekiana, por um lado, de que a economia

13. O aspecto *cooperativo* da economia de mercado, pouco enfatizado pelos economistas por muitos anos (em detrimento da *eficiência*) é muito bem tratado – numa leitura agradável por Paul Rubin em seu ótimo *The Capitalism Paradox: How Cooperation Enables Free Market Competition.*

14. Este é um ponto que talvez não tenha sido tão destacado nos escritos de Roberto Campos...

de mercado era o que melhor se alinhava com a liberdade individual. Ao mesmo tempo, percebia que a economia de mercado apresentava uma série de distorções (reconhecendo que nem todas eram "falhas de mercado"). Sua visão parece mesmo a de um liberal clássico (Adam Smith) de tons austríacos (Hayek).[15] Os trechos a seguir falam por si.

> O fato é que, seja pelas crueldades do mercado – onde fatores acidentais, como a herança, ou imperfeições políticas, como a discriminação racial, criam desigualdades chocantes –, seja pelo contágio de pregação socialista (que melhora [a] e igualdade mas retarda a eliminação da pobreza), o capitalismo moderno desenvolveu sua própria "*angst*", uma espécie de complexo de culpa. Exemplos desse complexo de culpa são a reação contra o "consumismo" e a "depredação ecológica. [Campos (1982), p.63]

> Nós brasileiros gostamos de pensar que não temos discriminação racial. Talvez seja mais correto dizer que o problema ainda não surgiu porque o negro, econômica e culturalmente inferiorizado, não é ainda nem um competidor nem um conviva nas residências, nos escritórios e nos clubes. É quando os negros começarem a representar uma presença e uma competição que teremos de demonstrar nossa superior tolerância. [Campos (1976, p. 44)].

Dois comentários: primeiro, a menção ao "complexo de culpa" mostra que a mesma preocupação que motivou o estudo de Storr & Choi (2019) não era estranha a Roberto Campos: seria o mercado "cruel" em termos morais? As evidências empíricas de Storr & Choi (2019) fariam Campos sorrir. Em segundo lugar, a noção do problema racial no Brasil antecipa, em muito, a visão liberal (e a não liberal) contemporânea do problema.

As evidências apresentadas por Storr & Choi (2019) apontam que economias de mercado não apenas não deformam caráter, nem estimulam mais vícios do que virtudes. Na

---

15. Roberto Campos dizia-se *liberista*. Na apresentação ao *O Liberalismo - antigo e moderno* de Merquior (a quem também classificava como tal), ele define o termo: "O 'liberista' é aquele que acredita que, se não houver liberdade econômica, as outras liberdades – a civil e a política – desaparecem". [Merquior (2014), p.29] Já em Campos (1988), ele diz: "Considero-me um liberal puro. Quer dizer, liberal em política e em economia. O problema é que a maioria dos políticos brasileiros é hermafrodita: liberais em política e intervencionista em economia". [Campos (1988), p.170]

verdade, as evidências apontam para o oposto disto. Não que sociedades de mercado sejam um paraíso na Terra: não se trata de nirvanas ou utopias. As imperfeições do mercado apontadas por Campos são bem reais. Mas na comparação com as alternativas, o liberalismo ainda se sai melhor como gerador não só de prosperidade econômica, como de cooperação social. São notícias alvissareiras.

Ato IV – Sobre Roberto Campos e George J. Stigler

Creio que Roberto Campos nunca se encontrou com George Stigler. Pelo menos, não encontrei menção a isto em lugar algum até o momento em que escrevo este texto. Mas se há uma característica comum a ambos é o sarcasmo.

George Stigler reuniu seus escritos bem-humorados na coletânea *O Intelectual e o Mercado* [Stigler (1987)], que fez algum sucesso com alguns poucos estudantes de economia brasileiros nos anos 1980. Por que poucos estudantes? Porque, ora, Stigler era um economista da *Chicago University*, logo, não deveríamos ler nada dele porque, bem, aquilo não era teoria para aplicarmos no Brasil. O bom, diziam alguns supostos professores, era pensar em uma explicação alternativa para explicar países *"dependentes"* como o nosso.[16]

Um recurso comum do humor de Stigler, quando se aventura por piadas com modelos econômicos, é criar leis (no sentido de proposições teóricas) absurdas, "explicando-as" como se fossem realmente sérias.[17] Embora não seja exatamente a mesma estratégia, Campos, em Campos (1973), mostra o absurdo de certas falácias econômicas que circulavam no debate

16. Também não pegava bem para o aluno ler Roberto Campos. Afinal, ele era liberal e participara do governo militar. Era deselegante, claro, falar do Khmer Vermelho, da simpatia de alguns intelectuais de esquerda por certas barbaridades perpetradas por ditadores ou mesmo sobre a "desatenção" de Lefort que teria sido cometida por Chauí. Sobre este último, ver Merquior (1983) e Pereira (2001).

17. Em especial, ver o cap.11, *Lei de Stigler de Elasticidades de Oferta e Procura.*

da época com a formulação de algumas proposições. Para a diversão do leitor, vale reproduzi-las.

> 1. O Brasil não deve exportar nada que esteja em alta demanda no mercado mundial. O melhor é esperar que haja superprodução, porque aí não temos nenhum sofrimento em entregar os nossos bens ao estrangeiro.
>
> 2. É melhor exportar pouco, a preços altos, que muito a preços mais baixos. Se algum de nossos exportadores pretende vender mais barato a fim de aumentar o volume e deslocar concorrentes no exterior, subordinando-se servilmente ao mercado mundial, pancada nele, que a intenção é suspeita e o caso é de polícia.
>
> 3. Deve-se sempre vender caro e comprar barato. Se é assim que os homens ficam ricos, por que não as nações?
>
> 4. Quanto a produtos minerais, o melhor mesmo é conservá-los no subsolo, até que possam ser decididamente industrializados. Assim não ficam buracos nem se estraga a paisagem.
>
> 5. Cumpre preservar cuidadosamente os déficits de Governo, que são fontes de geração de riquezas; e a empresa pública é sempre preferível à privada, pois descobriu o segredo de dar emprego sem dar trabalho. [Campos (1973), p.27]

Não duvido caso algum leitor me diga que já viu (ou ouviu, ou leu) proposições similares em boletins sindicais, nos informes de organizações do terceiro setor, no sermão da missa dominical ou, claro, no vídeo do *influencer* da moda.

Caso você ouça monstruosidades similares vindo da boca de algum conhecido, considere fortemente sugerir-lhe um bom livro-texto de introdução à economia. Diferentemente dos anos 1980, hoje temos várias opções excelentes no mercado. Obrigado, globalização![18]

---

18. Vale mencionar que a abertura econômica brasileira segue uma das mais decepcionantes em termos da economia mundial. Usando-se o subindicador *freedom to trade internationally* do índice de liberdade econômica calculado pelo canadense *Fraser Institute*, vê-se que o Brasil está em 96º lugar em um total de 162 países. No índice4 KOF de globalização, sai-se um pouco menos pior, sendo o 80º dentre 203 países. O lado bom deste lamentável fato é que há muito espaço para o crescimento econômico e o aperfeiçoamento das relações humanas. Afinal, a abertura não é só uma questão de fluxo de comércio, mas também de migrações. A propósito disto,

Ato V – Sobre Roberto Campos, a Práxis Política e a Pesquisa Acadêmica

No aniversário de 30 anos da Constituição, Paulo Roberto Almeida organizou um excelente volume [Almeida (2018)] com artigos de Roberto Campos sobre o tema. A leitura dos artigos organizados no livro não surpreenderá: Campos nunca escondeu sua decepção com o texto constitucional. É uma reação paradoxal, a seu modo, quando se pensa em seus estudos de Economia. Afinal, políticos, como todos os outros seres humanos, também respondem a incentivos.

Nas suas memórias [Campos (2001)], em um dos momentos em que lamenta sobre a Constituição de 1988, Campos faz menção a um dos problemas mais caros aos estudiosos da Escolha Pública (*Public Choice*): o do impacto de diferentes regras de votação. Eis o trecho:

> Num livro sobre o cálculo político, publicado na década de 60, os economistas Buchanan e Tullock estimaram que uma minoria de 24%, coesa e mobilizada, pode desorientar assembleias majoritárias. Na Duma imperial, os sovietes de Lênin conseguiram implantar a Revolução Vermelha, que aboliu a democracia, com menos de ¼ dos votos. [Campos (2001), p.1216]

O citado livro de Buchanan e Tullock é o famoso *The Calculus of Consent: Logical Foundations of Constitutional Democracy*, publicado em 1958.[19] Trata-se de um dos trabalhos iniciais da agenda de pesquisa da Escolha Pública.[20] Não deixa de ser curioso notar que, embora não fosse um acadêmico, Roberto Campos tenha percebido, antes de muitos economistas, a

---

Caplan & Weinersmith (2019) são a melhor defesa escrita (em formato de uma história em quadrinhos) da imigração dos últimos tempos.

19. Disponível de forma legal e integral para leitura *on-line* em: https://www.econlib.org/library/Buchanan/buchCv3.html.

20. Campos se enganou (ou houve um erro de digitação no livro). Buchanan e Tullock calcularam o tamanho da *minoria qualificada* em 26%. Ver Buchanan & Tullock (1958).

importância do problema que é a questão das regras do jogo para a política econômica.[21]

Muito provavelmente, sua percepção derivou da experiência que adquiriu ao atuar tanto na burocracia quanto no cenário político.[22] Suspeito que se possa tirar daqui um bom conselho para os jovens liberais: não desprezem a prática política e, tampouco, deixem de se fundamentar em bons autores.[23]

Por outro lado, há jovens liberais que podem não ter tanta vontade de se tornarem bons ensaístas ou leitores de bons autores. Não há problema! Existe um campo de batalha que exige muito de bons liberais: o campo da pesquisa empírica. O bom liberalismo se desafia sempre, e uma das mais importantes arenas do debate envolve o teste empírico de hipóteses. Afinal, nem toda pergunta sobre os supostos benefícios (ou malefícios) do liberalismo pode ser respondida apenas com modelos lógicos.[24]

Mas ambos, ensaístas e pesquisadores podem se beneficiar de algumas lições que, creio eu, podemos trazer da práxis de Roberto Campos. Primeiro, caso você pretenda fazer uma pesquisa acadêmica, um artigo científico que trate dos impactos do liberalismo sobre, digamos, a pobreza, mantenha uma *postura cética e rigorosa no método e uma retórica clara*

---

21. Sobre Campos e Escolha Pública: "[...] o Estado é uma entidade abstrata, a rigor não existe. O que existe são funcionários de carne e osso, com interesses às vezes mesquinhos e com apetites às vezes tirânicos". [Campos (1988), p.151]

22. O tema da moda, inclusive, é o novo modelo de votação chamado de votação quadrática (*quadratic voting*). Graças a alguma abençoada decisão editorial, o termo já é conhecido dos leitores brasileiros por conta da publicação, por estas bandas, do livro de Posner e Weyl. [Posner & Weyl (2019)]

23. E que a escolha do "bom" autor não se restrinja à sua excelente retórica. É importante pensar em sua contribuição científica. Campos foi um bom ensaísta, mas não contribuiu tanto quando poderia para a Ciência Econômica, por exemplo, como seu companheiro de governo, Mário Henrique Simonsen.

24. Alguns economistas austríacos podem ver, nesta frase, um bom motivo para me (se) internarem. Outros, por algum motivo que escapa à minha limitada compreensão (Hayek!), acham válido o benefício da troca de ideias comigo.

e objetiva em seu texto.[25] Em segundo lugar, pense em como esta pesquisa poderá ter uma *aplicação prática em políticas públicas e não deixe de chamar a atenção do leitor para isto*.

Conclusão – Sobre Roberto Campos e o Liberalismo (à guisa de conclusão)

Após esta breve jornada pelas ideias liberais de Roberto Campos, o que se pode concluir? Dos três primeiros *Atos*, arrisco-me a dizer que sua postura se alinha com a do liberalismo clássico, numa versão *smithiano-hayekiana*. Viu-se também que sua defesa da economia de mercado (ou da sociedade de mercado) também se parece muito com a defesa tradicional, enfatizando aspectos de eficiência (geração de ganhos de bem-estar). Ele não parece ter conseguido, entretanto, construir uma visão coerente para uma defesa *moral* da sociedade de mercado.

Nos dois últimos *Atos*, forneci ao leitor uma amostra do que economistas entendem como sendo um "bom" humor e, sobre a práxis de Campos, busquei elaborar algumas boas lições ou bons conselhos para um jovem liberal que não só teve a paciência de me acompanhar até aqui, mas que também pretende iniciar uma trajetória como acadêmico ou como ensaísta.

Espero que este breve texto estimule o leitor a estudar mais sobre o liberalismo e, principalmente, sobre os pensadores (e praticantes) do liberalismo brasileiro. Também espero que se aventure por trabalhos empíricos acerca do impacto de aspectos liberais nas sociedades. Não sei se Roberto Campos

25. Mesmo os leitores deste texto oriundos do Direito (creio que serão a esmagadora maioria), que não tenham sido treinados em métodos quantitativos no passado, não enfrentam mais barreiras tão rígidas ao aprendizado interdisciplinar. O choque tecnológico trazido pela internet, nos últimos anos, possibilita a qualquer pessoa uma formação múltipla a custos razoáveis. Não é difícil ver, por exemplo, um número tímido – mas crescente – de jornalistas fazendo especializações em tratamento de dados. No caso do Direito, após quatorze anos de existência da Associação Brasileira de Direito e Economia, já se vê um pequeno, mas promissor, crescimento de artigos oriundos da pesquisa de estudantes da área e/ou em parceria com colegas da Economia.

aprovaria esta minha exortação à pesquisa. De todo modo, penso que o argumento liberal não se sustenta apenas com a boa retórica ou com bons ensaios. É preciso avançar no *front* empírico. Precisamos nós, brasileiros, de mais propostas concretas para a construção de uma sociedade liberal. Propostas para um Estado mais ágil e uma economia cada vez mais *de mercado*. Menos *memes*, mais pesquisas, por obséquio. Afinal, o Brasil não vai se liberalizar sozinho...

Referências

ALMEIDA, Paulo R. (org) (2018). *A Constituição contra o Brasil*: ensaios de Roberto Campos sobre a constituinte e a Constituição de 1988. São Paulo, LVM Editora.

ALMEIDA, Paulo R. (2020). *Roberto Campos:* uma frase infeliz e os liberais brasileiros. Disponível em: https://www.eusoulivres.org/artigos/roberto-campos-uma-frase-infeliz-e-os-liberais-brasileiros/. Acesso em: 03 jul. 2021.

BUCHANAN, James M. & TULLOCK, Gordon. (1958). *The Calculus of Consent: Logical Foundations of Constitutional Democracy*. University of Michigan Press.

CAMPOS, Roberto de O. (1973). *A Técnica e o Riso*. Rio de Janeiro. APEC. 3ª edição. 123p.

CAMPOS, Roberto de O. (1976). *O mundo que vejo e não desejo*. Rio de Janeiro: Livraria José Olympio Editora. 251p.

CAMPOS, Roberto de O. (1982). O Fim sem fim do capitalismo. *Revista do Serviço Público*, 1982, v.39, n.1. Disponível em: https://revista.enap.gov.br/index.php/RSP/issue/view/130.

CAMPOS, Roberto de O. (1988). *Guia para os perplexos*. Rio de Janeiro. Nórdica. 403p.

CAMPOS, Roberto de O. (2001). *A Lanterna na Popa*. Rio de Janeiro. Topbooks, v.1 e 2, 1460p.

CAMPOS, Roberto de O. (2004). *Some inferences concerning the international aspects of economic fluctuations*. Rio de Janeiro: Editora FGV. 260p.

CAPLAN, Bryan & WEINERSMITH, Zach (2019). *Open Borders – the science and ethics of immigration*. New York. First Second Books. 250p.

EASTERLY, William. (2015). *The Tyranny of Experts: Economists, Dictators, and the Forgotten Rights of the Poor*. Basic Book. 416p.

FRANCO, G.H.B. (2001). *Roberto Campos e o mito do 'neoliberalismo'*. O Estado de São Paulo, 14 de outubro de 2001, Economia, p. B5.

HAYEK, F. A. von (1948). *Individualism and Economic Order*. University of Chicago Press. 272p.

JACOBS, Jane. (2011). *Morte e Vida de Grandes Cidades*. São Paulo: WMF-Martins Fontes Editora. 510p.

MERQUIOR, José G. (1983). *O Argumento Liberal*. Rio de Janeiro. Editora Nova Fronteira. 260p.

MILWARD, James A. (2013). *The Silk Road: A Very Short Introduction*. Oxford University Press, 168p.

MERQUIOR, José Guilherme (2014). *O Liberalismo* – antigo e moderno. São Paulo. É Realizações. 3ª edição. 384p.

PAIM, Antônio (2018). *História do liberalismo brasileiro*. 2ª ed. São Paulo: LVM Editora. 424p.

PEREIRA, José Mário. (2001). *O Fenômeno Merquior*. Disponível em: https://www.eusoulivres.org/o-fenomeno-merquior/. Acesso em: 03 jul. 2021.

POSNER, Eric A. & WEYL, Glen (2019). *Mercados Radicais*. São Paulo. Editora Portfólio. 336p.

RUBIN, Paul H. (2019). *The Capitalism Paradox: How Cooperation Enables Free Market Competition*, Bombardier Books. 192p.

STIGLER, George J. (1987). *O Intelectual e o Mercado*. Jorge Zahar Editor. 120p.

STORR, Virgil, H. & CHOI, Ginny Seung. (2019). *Do markets corrupt our morals?* Palgrave Macmillan, 384p.

Websites

Índice *Fraser* de liberdade econômica: Disponível em: https://www.fraserinstitute.org/studies/economic-freedom

Índice KOF de globalização: Disponível em: https://kof.ethz.ch/en/forecasts-and-indicators/indicators/kof-globalisation-index.html

LIBERALISMO, PRINCÍPIOS ECONÔMICOS E A PANDEMIA

Rubem Novaes

Poucas vezes, a humanidade se submeteu a doenças tão devastadoras em seus aspectos sanitários, monetários e sociais como agora com a covid-19. Suas consequências desestabilizam sociedades, radicalizando opiniões e alteram a geopolítica mundial, na medida em que afetam países de forma bem diversa, favorecendo a potência China em detrimento das nações ocidentais.

Internamente, podemos afirmar que posições se extremaram, algumas recorrendo à "ciência" médica para enfatizar os malefícios da doença e propor medidas na linha do *lockdown*. Outras, procurando chamar mais atenção para os reflexos das medidas restritivas de comércio e produção sobre o emprego, a saúde das empresas e as finanças públicas.

Como defesa teórica das restrições à liberdade individual, destaca-se o argumento das "externalidades". Indivíduos não "internalizariam" adequadamente a possibilidade de que estivessem contaminando outras pessoas e precisariam da ação restritiva do Estado para corrigir seu comportamento.

Aqui cabe recurso ao ensinamento de Ronald Coase, em seu clássico "*The Problem of Social Cost*". Coase se valeu do exemplo de reconhecidas externalidades para mostrar que, na ausência de custos de transação, a livre negociação entre as partes conduziria à alocação ótima dos recursos, desde que os direitos de propriedade fossem bem definidos e garantidos, independentemente da parte definida como detentora destes direitos.

Na leitura desse artigo brilhante, atenções têm se voltado para a importância da precisa definição dos direitos de propriedade. Porém, para nossos efeitos aqui, o que vale destacar é o caráter recíproco das externalidades mostrado em seu texto.

Voltando para nossa crise epidêmica, se é verdade que o cidadão pode estar contaminando terceiros na interação social, também é verdade que sofre externalidades quando qualquer autoridade suprime os seus direitos de ir e vir. Ou será que a liberdade de negociar, produzir ou conduzir a sua vida como melhor lhe aprouver não vale nada? A questão, então, é de ponderação de custos e benefícios e, não, de correção de uma única externalidade.

E aqui entramos em outra discussão. Os defensores do *lockdown* costumam, na defesa deste, argumentar que poupa vidas e que nada importa mais que o direito à vida. Ora, por mais importante que seja preservar vidas, não podemos raciocinar como se a vida tivesse valor infinito e que, portanto, não pudesse ser confrontada com outros valores, como o da liberdade, por exemplo.

A cada momento de nossa existência, mostramos que a vida não tem valor infinito. É preferência revelada. Basta incorrer em qualquer ação que tenha o mínimo de chance de morte para provar o ponto. A preferência que revelamos por diversas ações do cotidiano que colocam em risco ou encurtam nossa existência impede contestações a respeito.

Dê-se como exemplo a cidade de São Paulo, onde cerca de 11 mil pessoas morrem a cada ano de doenças respiratórias, em boa parte causadas pela má qualidade do ar. Já se viu algum prefeito ou governador propor como solução a prisão de todos os veículos poluidores em suas garagens? Por que será? Não será porque ponderam custos e benefícios, mesmo havendo mortes em jogo?

Por fim, cabe chamar atenção para as decisões do Supremo e do Congresso que deram a governadores e prefeitos a gestão das medidas relativas ao distanciamento social, ficando, com o Governo Federal, a responsabilidade de pagar pelo custo do combate à pandemia e de cobrir eventuais perdas de arrecadação.

Sabe-se bem que autoridade e responsabilidade devem caminhar juntas. Se a alguém atribuo a incumbência de cuidar de algo, também a este alguém devo imputar as consequências de seus atos. Quando as autoridades locais têm o poder de paralisar a economia, visando unicamente ao combate à Pandemia, mas não incorrem nos custos de suas ações, e são compensadas nas quedas de arrecadação, obviamente o correto balanceamento de benefícios e custos deixará de ser feito. Reflexos econômicos de medidas não serão corretamente sopesados.

Em suma: nada contra que decisões sejam tomadas onde as características do problema e a vontade da população possam ser melhor detectadas. Mas, desde que as autoridades locais possam se confrontar com todas as consequências de suas decisões.

As grandes crises certamente atiçam os piores instintos intervencionistas e expansionistas do Estado. A História das civilizações nos ensina que guerras, pandemias e depressões econômicas são seguidas por relevante expansão do papel do Estado. Defensores de ideias socializantes e "*do gooders*" se valem dos traumas do momento para induzir a criação de programas de ação governamental que, na verdade, embora se apresentem como de natureza emergencial, permanecem para sempre. Milton Friedman, com sua argúcia, destacava: "nada mais permanente do que um programa temporário de Governo".

Em nosso caso presente, sob o pretexto da defesa da vida, as liberdades civis são desrespeitadas e nosso frágil capitalismo é mortalmente ferido. Milhões de indivíduos se tornam dependentes de um Estado cada vez mais opressor, inchado e senhor da situação. E, por muitos anos, sofreremos os efeitos da desorganização das finanças públicas, causada pela expansão de despesas e aumento da dívida estatal.

Que pelo menos tomemos consciência do que está em jogo, aqui e alhures!

ROBERTO CAMPOS, FUNÇÃO SOCIAL E A ESG?

Leonardo Correa

Recebi, com muita alegria, o convite do Instituto Ives Gandra, pela competentíssima e gentilíssima Professora Amanda Flávio de Oliveira, para escrever um artigo no intuito de homenagear o grande Roberto Campos. Preciso dizer, desde já, que Campos foi uma influência constante em minha vida. Quando adolescente, aguardava, ansiosamente, a coluna dele, que era publicada aos domingos em *O Globo*. Depois, li "Lanterna na Popa" e tudo o mais dele que encontrava nas livrarias.

A indagação deste artigo me veio de uma entrevista famosíssima, que, até hoje, é assistida por Liberais. Eu, particularmente, já revi uma centena de vezes. Pois bem. Roberto Campos foi o entrevistado do programa Roda Viva, que foi ao ar no dia 5 de maio de 1997, e, em dado momento, surgiu esse debate com Miguel Jorge, então Vice- Presidente da Volkswagen do Brasil:

> Miguel Jorge: "Nós, por exemplo, nossa empresa [Volkswagen do Brasil], temos hoje 1500 trabalhadores fazendo o curso primário, pagos pela empresa, e teremos em cinco anos mais ou menos 8.000 com o segundo grau completo. Já há uma decisão da empresa tomada – e isso não é incomum – de não mais contratar quem não tem pelo menos o segundo grau completo. E a diferença do que ocorre em uma fábrica em que as pessoas não têm preparo, não têm qualificação, não têm, por exemplo, o curso primário completo e uma outra com o segundo grau, é enorme. (...) Parece que, em relação ao Estado Brasileiro, que está em

uma situação muito difícil, que as empresas terão a obrigação de tomarem para si pelo menos grande parte da educação, inclusive a educação básica."

Roberto Campos: "Estado brinca de empresário; e as empresas brincam de Estado".[1]

Miguel Jorge: "Porque elas têm que fazer isso ou então não sobreviverão."

A resposta que Campos deu nos fornece uma pista do seu pensamento sobre o fenômeno ESG (*Environmental, Social and Corporate Governance*). Mas seria importante ir um pouco além. Então, procurei alguns posicionamentos dele com relação à "função social". Seguem, abaixo, dois trechos:

> Até recentemente, as autoridades da reforma agrária combinavam encontradiços predicados de incompetência e ideologização. Isso justifica o receio dos agricultores de que, deferida aos burocratas, por lei ordinária, a aferição da observância ou inobservância dos "requisitos relativos à função social", criar-se-ia uma enorme área de arbítrio administrativo. E os burocratas são apenas funcionários, raramente missionários e ocasionalmente corsários. Não faltarão advogados trabalhistas, pseudoambientalistas, ou 'teólogos' da libertação incapazes de pegar na enxada, mas perfeitamente capazes de habilitar o burocrata e questionar a observância da função social...[2]
>
> (***)
>
> A primeira seção substantiva da Constituição, Título II, Dos Direitos e Garantias Fundamentais, apresenta, em seu capítulo I, os "direitos e deveres individuais e coletivos", mas curiosamente, ele contempla muitos direitos, mas nenhum dever, o que pode ser um indicativo do mencionado desequilíbrio conceitual apontado acima. Em todo caso, esse capítulo contém o art. 5º, que trata das garantias individuais, entre elas o "direito à vida, à liberdade, à igualdade, à segurança e à propriedade", mas "nos termos seguintes":
>
> XXII – é garantido o direito de propriedade;

---

1. Disponível em: https://www.youtube.com/watch?v=u46o-Avc9GY&t=240s

2. Campos, Roberto. *A Constituição contra o Brasil* (p. 192). LVM Editora. Edição do Kindle.

> XXIII – a propriedade atenderá a sua função social;
>
> Em outros termos, impõe-se à propriedade uma não definida "função social", o que pode abrigar vários tipos de interpretação, sempre a cargo do Estado ou de seus representantes. O que seria a "função social" de uma propriedade imobiliária ou fundiária, por exemplo? Significa que se eu não ocupar um terreno urbano com alguma habitação, ou uma superfície rural qualquer com produção agrícola, poderá o Estado exercer seu direito de desapropriação? Trata-se, inquestionavelmente de uma séria limitação ao direito de propriedade, que não é considerada absoluta na concepção dos constituintes brasileiros. Mas, e se o proprietário rural for um amigo da natureza, um ecologista, e preferir fazer seu terreno reverter ao estado natural, com vegetação nativa e animais silvestres, poderá ele, mesmo assim, ser desapropriado? Provavelmente sim.[3]

Bom, já é possível perceber que Roberto Campos se debatia com a ideia da "função social", e, por certo, no que tange às empresas, ele provavelmente estaria alinhado com o pensamento de Milton Friedman no conhecidíssimo artigo "*A Friedman doctrine – The Social Responsability Of Business Is to Increase Its Profits*", publicado em 13 de setembro de 1970, no jornal americano, *The New York Times.*[4]

Essas questões são boas "lanternas de popa" na tentativa de olhar para o passado e projetar o pensamento de Campos para os dias de hoje. Mas, antes de prosseguir nessa arqueologia do pensamento com objetivos quase "advinhativos", é preciso fazer uma pequena pausa e tratar do objeto. Afinal de contas, o que é ESG?

I - ESG – *Environmental, Social and Corporate Governance*

As letrinhas viraram moda no mundo corporativo. Não me refiro ao sentido pejorativo (o modismo), mas na intensidade e na quantidade de vezes que nos deparamos com elas.

---

3. Campos, Roberto. *A Constituição contra o Brasil* (p. 372). LVM Editora. Edição do Kindle.

4. Disponível em: https://www.nytimes.com/1970/09/13/archives/a-friedman-doctrine-the-social-responsibility-of-business-is-to.html

Parece que Milton Friedman foi derrotado. O século XXI teria derrubado a sua doutrina. Hoje em dia, as empresas teriam uma função social e o *Woke Capitalism* venceu e, agora, as empresas precisam ter uma visão mais holística, preocupando-se com o meio ambiente, sociedade e com a sua governança corporativa. Será que tão simples assim?

Em artigo publicado na revista eletrônica JOTA, tratando da inevitabilidade das questões ESG, Ricardo Freitas, Yun Ki Lee e Kristian Lee aduzem o seguinte:

> *Diversas corporações e pessoas têm exercido importante papel de compartilhar conhecimentos. Cursos e treinamentos abertos ao público são disponibilizados nas redes e vasto material de apoio de boa qualidade também pode ser buscado na internet. Mas é preciso mais, muito mais. A sustentabilidade clama por um novo modelo de gestão, cuja governança há de ser voltada à escorreita e incansável persecução das métricas ESG. Daí, a necessidade de se estruturar um programa completo de aplicação dos critérios ESG, donde também a inteligência artificial deve se guiar pelos pilares de governança, planeta, pessoas e prosperidade, como grande aliada e catalisadora, e não como risco ou ameaça.*[5]

Corroborando as afirmações dos articulistas – de forma firme, enfática e incisiva –, vale transcrever o que o Dr. Otavio Yazbek disse ao jornal Valor Econômico:

> *O advogado Otavio Yazbek, ex-diretor da Comissão de Valores Mobiliários (CVM) e da BM&F Bovespa, disse hoje que as empresas que não se venderem como responsáveis com questões ambientais, sociais e de governança (ESG) vão 'pagar um preço por isso'. Esse comprometimento, no entanto, deve ser real e coerente com as práticas das companhias, diz ele. 'Não podemos ficar presos só na beleza do discurso', afirmou Yazbek durante a Live do Valor.*
>
> *"O ESG não deve ser uma prática totalmente desvinculada do posicionamento da empresa. Se isso acontecer, eu vou ter um administrador hoje que adota porque gosta do tema, mas amanhã ter outro que desencane dessas práticas", disse.*

---

5. Disponível em: https://www.jota.info/opiniao-e-analise/artigos/inteligencia-artificial-sustentabilidade-e-criterios-esg-14062021

> *Para o advogado, o compromisso com a agenda ESG não deve ser visto como algo oposto à busca da maximização do retorno aos acionistas. "Hoje, esse tipo de posicionamento é necessário para a empresa se colocar num mercado global em que essas coisas são cobradas, em que investidores institucionais começam a cobrar."*
>
> *Essa cobrança, segundo ele, vem mais de investidores estrangeiros do que dos locais. "Honestamente, ainda preciso esperar um pouquinho pra ver o compromisso dos gestores brasileiros que estão declarando compromisso com essas práticas. O risco é que a discussão seja apenas uma moda", afirmou.*[6]

Marlene Oliveira, por sua vez, adverte que, com o crescimento da cobrança por maior responsabilidade social e ambiental, as empresas vêm investindo em uma falsa imagem de conscientização ao invés de se preocuparem em realmente firmar um compromisso ético efetivo:

> *A preocupação com a sustentabilidade e o social deve estar diretamente ligada à alta direção da empresa, e às diretorias operacionais, tornando-se uma preocupação transversal a todas as áreas. Se os funcionários não perceberem que esses assuntos fazem parte da agenda da direção, não há campanha interna que transforme desconfiança em engajamento. Com o crescimento da cobrança por maior responsabilidade social e ambiental, muitas empresas fazem ações pontuais apenas para "ficar bem na foto", sem um compromisso mais efetivo e continuado, perdendo a oportunidade de contribuir para a redução das desigualdades e exclusões sociais.*[7]

Em matéria publicada no Painel S.A. do *Jornal Folha de São Paulo,*[8] a líder de ESG da KPMG, Nelmara Arbex, afirma que "*as companhias devem começar fazendo um diagnóstico para entender qual é a relação entre o negócio e as questões ambientais, sociais e éticas. Depois, é hora de definir as*

---

6. Disponível em: https://valor.globo.com/financas/noticia/2021/08/03/empresa-que-nao-for-responsavel-com-esg-vai-pagar-um-preco-diz-otavio-yazbek.ghtml

7. Disponível em: https://www.gerasocial.org/post/5-dicas-para-evitar-as-pr%C3%A1ticas-de-washing

8. Disponível em: https://www1.folha.uol.com.br/colunas/painelsa/2021/08/empresas-brasileiras-nao-devem-dar-passo-maior-do-que-a-perna-em-esg-diz-especialista.shtml

prioridades e montar um plano de ação, alinhando políticas e indicadores." Na sequência, alerta:

> Só após isso é que devem começar a divulgar as metas e atividades. "Existe, de fato, um número de empresas que comunica externamente sobre suas ações de forma desalinhada com as práticas internas", diz Arbex.

Pelas citações, que apresentam uma amostra do que se está discutindo sobre o tema no Brasil, qualquer luta por resgatar a Doutrina Friedman parece absolutamente inglória. Mas, como costuma acontecer, "o ser humano não decepciona".

II – ESG na prática

Em pesquisa realizada pela KPMG, restou demonstrado que "o consumidor brasileiro se preocupa com os aspectos socioambientais e de governança das empresas, na hora de decidir por uma compra. Não somente isso, o brasileiro também é mais preocupado com o ESG do que cidadãos de outros países."[9] Confira-se mais esse trecho:

> *A pesquisa ouviu 75 mil consumidores de 12 países entre maio e setembro do ano passado. Para um quarto deles, ao menos um fator ESG é importante e 16% consideram relevante o aspecto de consciência social das marcas. É nesse grupo que os brasileiros se destacam. Entre 2019 e 2020, aumentou em 9% a presença de brasileiros entre os mais preocupados com os aspectos socioambientais das empresas.*
>
> *O índice é o maior entre todos os países pesquisados. Apenas na China o porcentual também cresceu: 8%. "A relevância dos fatores ESG varia entre os mercados. No âmbito global, um em cada quatro consumidores considera que pelo menos um fator relacionado com ESG é importante na sua decisão de compra', afirma Fernando Gambôa, sócio-líder de Consumo e Varejo da KPMG no Brasil e na América do Sul. 'Além disso, os consumidores afirmam que os fatores de ESG se tornaram mais importantes desde a pandemia, mas ainda carregam preocupações concretas em relação a valor e segurança."*

---

9. Disponível em: https://invest.exame.com/esg/o-esg-importa-para-o-consumidor-brasileiro-a-kpmg-diz-que-sim

Não fosse só isso, "[s]egundo pesquisa feita pela Talenses Consultoria, com foco em diretores e donos de empresas brasileiras, 53% deles dizem acreditar que a agenda ESG influencia positivamente na atração e na retenção de talentos da geração Z (nascidos entre 1995 e 2010)."[10]

Ora, diante disso, parece óbvio que as práticas ESG são anunciadas – também – para incrementar as vendas, além de atrair e reter talentos das gerações mais jovens. Sendo assim, parece que adotar uma postura como essa atualmente passa a ser uma questão de sobrevivência e de incremento da competitividade. Empresas ESG vendem mais, atraem os melhores profissionais e conseguem mais investimento. Ao final, elas estariam maximizando resultados para os acionistas por meio dessas agendas, e, a bem da verdade, a Doutrina Friedman não estaria totalmente perdida. E o desconforto de Campos com a função social estaria, de certa forma, talvez menos intenso.

III – O mundo real

No mundo real, contudo, tentar ser assistente social e "ativista do Greenpeace" – ao mesmo tempo em que se precisa apresentar resultado aos acionistas – fica caro e o retorno pode não compensar. Logo, ESG acabou abrindo as portas da hipocrisia empresarial, sendo usada como instrumento de *marketing*.

Nesse particular, acredito que Campos não concordaria com o comportamento. Tendo estudado em seminário e diante de sua cultura econômica vasta, Adam Smith, certamente, seria um dos autores mais marcantes para ele.

O pensamento do "pai da economia", na obra "Teoria dos Sentimentos Morais", que, inclusive, foi objeto de revisões constantes do famoso pensador escocês – Smith se dedicou mais a esse estudo do que à sua conhecida obra "A Riqueza das Nações" – seria um óbice para que Campos aceitasse a

10. Disponívelem:https://economia.estadao.com.br/noticias/sua-carreira,profissional-jovem-valoriza-atuacao-social-de-empresas-diz-pesquisa,70003634144

hipocrisia empresarial como algo normal que não merecesse qualquer tratamento. Aliás, é bom lembrar que, no pensamento de Smith, a "mão invisível" tem fortíssima influência de "A Teoria dos Sentimentos Morais". Confira-se, por oportuno, os seguintes trechos da obra:

> Não pode haver nenhum motivo apropriado para ferir nosso próximo, nenhum incitamento para fazer o mal a outrem, que conte com a anuência de todos os homens, exceto a justa indignação pelo mal que outro nos causou. Perturbar sua felicidade tão somente porque está no caminho da nossa própria, tirar dele o que é de seu verdadeiro apenas porque pode ter igual ou maior uso para nós, ou permitir-nos, dessa maneira, à custa de outras pessoas, a preferência natural que todo homem tem por sua felicidade acima da dos outros, constitui algo ao qual nenhum espectador imparcial pode aceder.
>
> [...]
>
> Mas embora a ruína de nosso próximo possa nos afetar bem menos do que um diminuto infortúnio nosso, não devemos arruiná-lo para prevenir esse pequeno infortúnio, nem mesmo para prevenir nossa própria ruína.[11]

Além dessas passagens, Smith prossegue em sua defesa da justiça para a preservação da sociedade:

> Mas embora comumente não seja necessário grande discernimento para entender a tendência destrutiva de todas as práticas licenciosas para o bem-estar da sociedade, raramente é essa consideração que a princípio nos anima contra elas. Todos os homens, mesmo os mais ignorantes e estúpidos, têm horror à fraude, perfídia e injustiça, e regozija-nos vê-las punidas. Mas poucos homens refletiram sobre a necessidade da justiça para a existência da sociedade, por mais evidente que essa necessidade possa parecer.
>
> [...]
>
> Qual a recompensa mais apropriada para encorajar a destreza, a prudência e a circunspecção? Êxito em toda sorte de negócios. E é possível que na vida inteira essas virtudes não o consigam obter? Riqueza e honrarias externas são sua recompensa

11. Smith, Adam. *Teoria dos sentimentos morais*. São Paulo: WMF Martins Fontes. Edição do Kindle.

> apropriada, a que raramente deixam de obter. Qual a recompensa mais apropriada para promover a prática da verdade, justiça e humanidade? A confiança, a estima e o amor daqueles com quem vivemos. A humanidade não almeja ser eminente, mas ser amada. A verdade e a justiça não se regozijariam com a riqueza, mas com a confiança e o crédito, recompensas que tais virtudes quase sempre obtêm.[12]

Confira-se, outrossim, trecho deobra recentíssima de Deirdre MacCloskey:

> *In particular, the Scottish professor of moral philosophy and father of modern economics never, ever said that "greed is good." Nor did he, unlike his friend David Hume (1711–1776), lead towards a Benthamite notion (before Jeremy Bentham) that "utility" from benefit minus cost runs the human drama. On the contrary, Smith practiced "humanomics," an economics with the humans and their ethics left in. After all, grass is utilitarian, seeking water and sunshine optimally. Rats (except in the movie Ratatouille) act for benefit minus cost selfishly in their ratty little schemes.* ***But humans, said Smith, also seek love and justice and courage and the rest of the peculiarly human virtues—and the humans fail, too, with peculiarly human vices, such as envy and hatred and pride.***[13] *(g.n.)*

Por mais que Campos defendesse o livre mercado, ele entendia que justiça era uma função essencial do Estado. O Direito, então, não deveria ser deixado de lado. Até porque, ele é o guardião da moral social. Dessa feita, a aceitação do

---

12. Smith, Adam. Teoria dos sentimentos morais. WMF Martins Fontes. Edição do Kindle.

13. McCloskey, Deirdre Nansen; Carden, Art. Leave Me Alone and I'll Make You Rich (p. 176). University of Chicago Press. Edição do Kindle. Tradução livre: "Em particular, o professor escocês de filosofia moral e pai da economia moderna nunca, nunca disse que 'a ganância é boa'. Nem ele, ao contrário de seu amigo David Hume (1711-1776), levou a uma noção benthamiana (antes de Jeremy Bentham) de que a 'utilidade' do benefício menos o custo comanda o drama humano. Ao contrário, Smith praticava a 'humanômica', uma economia com os humanos e sua ética incluídos. Afinal, a grama é utilitária, buscando água e sol de forma otimizada. Os ratos (exceto no filme Ratatouille) agem em prol do benefício menos o custo egoisticamente em seus pequenos esquemas esfarrapados. **Mas os humanos, disse Smith, também buscam amor, justiça e coragem e o resto das virtudes peculiarmente humanas – e os humanos também falham com vícios peculiarmente humanos, como inveja, ódio e orgulho.**" (g.n.)

comportamento contraditório com o intuito de abusar da assimetria informacional de consumidores e jovens talentos gera um claro incentivo para o risco moral. Nesse particular, acredito que Roberto Campos concordaria com a interferência judicial, dependendo, é claro do caso concreto.

IV – Falha de mercado

O argumento no sentido de que o mercado se autorregula é válido para uma série de situações. Ele, aliás, é o fundamento para a intervenção mínima pregada pela Lei da Liberdade Econômica ("LLE"). Mas, com relação à ESG, a questão não é tão simples, havendo, na hipótese, informação assimétrica e risco moral. Os economistas chamam esses casos de falhas de mercado. Paul Krugman, prêmio Nobel em Economia em 2008, explica o fenômeno com muita propriedade:

> *"No entanto, como vimos na introdução,* ***existem exceções ao princípio de que os mercados geralmente são eficientes. Em casos de falha de mercado, a busca individual do próprio interesse fundada nos mercados torna a sociedade pior – isto é, o resultado do mercado é ineficiente."***[14] *(g.n.)*
>
> *"Primeiro, os mercados podem falhar quando, na tentativa de captar mais excedente, uma das partes impede que ocorram trocas mutuamente benéficas. Essa situação surge, por exemplo, quando um mercado tem apenas um vendedor de um bem, conhecido como monopolista. Nesse caso, o pressuposto em que baseamos a análise da oferta e demanda – que nenhum comprador ou vendedor individual pode ter um efeito notável no preço de mercado – não é válido; o monopolista pode determinar o preço de mercado.* ***Como veremos no Capítulo 13, isso dá origem à ineficiência à medida que um monopolista manipula o preço de mercado para aumentar o lucro, impedindo, assim, a ocorrência de trocas mutuamente benéficas.***
>
> *Segundo,* ***as ações dos indivíduos, às vezes, têm efeitos colaterais sobre o bem-estar de outras pessoas que os mercados não levam em conta.*** *Em economia, esses efeitos colaterais são conhecidos como externalidades, e o exemplo mais conhecido é a*

14. Krugman, Paul; Wells, Robin. Microeconomia (p. 14). GEN Atlas. Edição do Kindle.

poluição. Pode-se pensar sobre poluição como um problema de direito de propriedade incompleto; por exemplo, os direitos de propriedade vigentes não garantem o direito de propriedade do ar limpo. Veremos, no Capítulo 16, que a poluição e outras externalidades também dão origem à ineficiência.

Terceiro, os mercados de alguns bens falham porque esses bens, pela própria natureza, não são adequados para uma gestão eficiente dos mercados. No Capítulo 20, analisaremos bens que se enquadram nessa categoria em virtude de ***problemas de informação privativa – informação sobre um bem que algumas pessoas possuem, mas outras não.*** *Por exemplo, o vendedor de um carro, que é um "abacaxi", pode ter informações desconhecidas de compradores potenciais. No Capítulo 17, encontraremos outros tipos de bens que se enquadram nessa categoria de serem inadequados para uma gestão eficiente de mercados – bens públicos, recursos comuns e bens artificialmente escassos. São bens em relação aos quais os mercados falham em virtude de problemas limitando o acesso das pessoas e o consumo deles. Constitui exemplos os peixes no mar e as árvores na floresta amazônica. Nesses casos, os mercados geralmente falham em decorrência dos direitos de propriedade incompletos."*[15]

Confira-se, também a precisa lição de Pindyck e Rubinfeld:

FALHA DE MERCADO

Poderíamos imaginar que, se o único objetivo fosse atingir a eficiência econômica, seria melhor que não houvesse intervenção em um mercado competitivo. Nem sempre é esse o caso. *Em algumas situações, ocorre uma falha de mercado: como os preços não fornecem sinais adequados aos consumidores e produtores, o mercado competitivo não regulamentado é ineficiente — ou seja, não maximiza os excedentes do consumidor e do produtor em conjunto. Há duas situações importantes nas quais pode ocorrer uma falha de mercado:*

[...]

2. Carência de informações: pode ocorrer uma falha de mercado quando os consumidores não dispõem de informações suficientes a respeito da qualidade ou natureza de determinado produto, o que os impede de tomar decisões de compra capazes de maximizar sua

15. Krugman, Paul; Wells, Robin. *Microeconomia* (pp. 101-102). GEN Atlas. Edição do Kindle.

> *utilidade.* ***Uma intervenção governamental (exigindo uma embalagem que contenha informações verdadeiras, por exemplo) poderia então tornar-se desejável. O papel da informação é discutido em detalhes no Capítulo 17.***[16] (g.n.)

Temos alguns problemas econômicos evidentes na questão ESG. Consumidores e jovens talentos tomam decisões com base na postura ESG das empresas. Obviamente, no entanto, para que uma empresa seja ESG ela terá mais custos que uma empresa que apenas maximiza valor para o acionista. Aceitar que o discurso não vincula geraria dois problemas: (i) concorrência desleal com as empresas que praticam ESG de verdade; e, (ii) encorajaria o risco moral. Para compreender melhor a assimetria de informação, vale transcrever as explicações dos autores supracitados:

> *Implicações da informação assimétrica*
>
> *No exemplo com automóveis usados, fica claro como as informações assimétricas podem resultar em falha de mercado. Em um mundo ideal, com mercados em pleno funcionamento, os consumidores teriam a possibilidade de escolher entre automóveis de baixa qualidade e de alta qualidade. Enquanto alguns escolherão os automóveis de baixa qualidade por custarem menos, outros preferirão pagar mais e obter automóveis de alta qualidade. Infelizmente, no mundo real, os consumidores não podem determinar facilmente a qualidade de um automóvel usado antes que o tenham adquirido. Em consequência, o preço dos automóveis usados cai e os automóveis de alta qualidade são expulsos do mercado.*
>
> *A falha de mercado ocorre, portanto, porque há donos de automóveis de alta qualidade que os avaliam por um preço maior do que o fazem seus compradores potenciais. Ambas as partes poderiam sair ganhando com essa troca, mas, infelizmente, a falta de informações por parte dos compradores impede que ocorra uma troca mutuamente vantajosa.*
>
> *SELEÇÃO ADVERSA Nosso exemplo dos automóveis usados é apenas uma ilustração simplificada de um importante problema que pode ser encontrado em muitos mercados — o problema de seleção adversa.* ***A seleção adversa surge quando produtos de qualidades distintas são vendidos ao mesmo preço, porque***

16. Pindyck, Robert; Rubinfeld, Daniel. *Microeconomia* (p. 318). Edição do Kindle.

compradores e vendedores não estão informados o suficiente para determinar a qualidade real do produto no momento da compra. *Como resultado, muitos produtos de baixa qualidade e poucos de alta são vendidos no mercado. Examinaremos agora alguns outros exemplos de informação assimétrica e seleção adversa. Com isso, veremos também de que maneira o governo ou as empresas privadas podem enfrentar o problema."*[17] *(g.n)*

[...]

Importância da reputação e da padronização. A informação assimétrica está também presente em muitos outros mercados. Aqui estão apenas alguns exemplos:

- *Lojas de varejo: será que a loja consertará ou permitirá que você devolva um produto defeituoso? A loja sabe mais a respeito da própria política do que você.*

- *Lojas de raridades como selos, moedas, livros e pinturas: será que os itens são originais ou falsificados? O comerciante sabe muito mais a respeito da autenticidade desses objetos do que você.*

- *Pedreiros, encanadores e eletricistas: quando um pedreiro faz um conserto ou reforma o telhado de sua casa, você sobe para verificar a qualidade do trabalho?*

- *Restaurantes: com que frequência você vai à cozinha do restaurante para verificar se o chef utiliza ingredientes frescos e segue as normas sanitárias?*

Em todos esses casos, **o vendedor sabe muito mais a respeito da qualidade do produto do que o comprador**. *A menos que os vendedores possam oferecer informações sobre qualidade para seus clientes, as mercadorias e os serviços de baixa qualidade acabarão expulsando as mercadorias e os serviços de alta qualidade do mercado, o que vem a ser uma falha de mercado. Os vendedores de mercadorias e serviços de alta qualidade possuem, pois, um grande estímulo para tentar convencer os consumidores de que sua qualidade é mesmo alta. Nos exemplos mencionados, isso é feito principalmente por meio da* ***criação de uma reputação****. Você faz compras em determinada loja porque ela possui reputação de dar assistência aos compradores de seus produtos; você contrata determinado pedreiro ou encanador porque ele tem reputação de executar bons serviços; você frequenta determinado restaurante porque ele possui reputação de utilizar ingredientes frescos e porque ninguém que conheça ficou doente após ter comido lá. A Amazon e outros sites de vendas on-line utilizam outro modelo para manter sua*

---

17. Pindyck, Robert; Rubinfeld, Daniel. *Microeconomia* (p. 626). Edição do Kindle.

> *reputação. Eles permitem que consumidores classifiquem e comentem sobre os produtos. A classificação e os comentários reduzem o problema dos limões ao oferecer mais informações aos consumidores e motivar vendedores a manter sua parte do acordo.*[18]

De forma direta e resumida, Paul Krugman explica:

> ***Informação privilegiada pode causar ineficiência na alocação de risco. Um problema é a seleção adversa, informação privilegiada sobre a maneira como as coisas são.*** *Cria o problema dos bens com defeitos ocultos (os "abacaxis" brasileiros e os "limões" americanos) no mercado de carros usados, em que os vendedores de carros em bom estado abandonam o mercado. A seleção adversa pode ser limitada de vários modos – por meio de triagem de indivíduos através da sinalização que as pessoas usam para revelar as informações privilegiadas e por meio da construção de uma reputação.*
>
> *Um problema relacionado é o risco moral:* ***os indivíduos têm informação privilegiada sobre suas ações, o que distorce os incentivos de exercer esforço ou cuidado quando alguém assume os custos dessa falta de esforço ou cuidado.*** *Limita a capacidade dos mercados de alocar os riscos de forma eficiente. As companhias de seguros tentam limitar o risco moral, impondo franquias, colocando mais risco sobre o segurado.*[19]

Empresas criam uma reputação ESG de modo a direcionar as escolhas de consumidores e atrair jovens talentos. Para que estes não sejam vítimas da assimetria de informação, o Judiciário deve intervir para evitar que a empresa aja com risco moral:

> ***Em geral, o risco moral ocorre quando as ações de uma parte, que não podem ser observadas por outra, influem na probabilidade ou magnitude de um pagamento.*** *Por exemplo, se possuo total cobertura de seguro-saúde, poderei passar a visitar o médico com maior frequência do que faria caso minha cobertura fosse limitada. Se a companhia seguradora conseguir monitorar o comportamento de seus segurados, poderá cobrar taxas mais elevadas dos segurados que demandam um atendimento mais amplo. Mas,*

---

18. Pindyck, Robert; Rubinfeld, Daniel. *Microeconomia* (p. 628). Edição do Kindle.

19. Krugman, Paul; Wells, Robin. *Microeconomia* (p. 499). São Paulo: GEN Atlas. Edição do Kindle.

> *se não puder fazê-lo, provavelmente perceberá que seus pagamentos estão sendo mais elevados do que o previsto. Dada a existência do risco moral, as companhias seguradoras podem se ver forçadas a aumentar o prêmio que cobram de todos seus clientes ou até mesmo a deixar de oferecer determinada modalidade de seguro.*[20]

Paul Krugman sintetiza bem a problemática desse capítulo:

> *Mercados, infelizmente, nem sempre levam à eficiência.* Quando há falha de mercado, o resultado do mercado pode ser ineficiente. Isso pode ocorrer por três razões principais. Os mercados podem falhar quando, em uma tentativa de captura mais excedente, uma parte – um monopolista, por exemplo – impede que o comércio mutuamente benéfico ocorra. Os mercados também podem falhar quando as ações de um indivíduo têm efeitos colaterais – externalidades – no bem-estar dos outros. Finalmente, os mercados podem falhar quando os próprios bens – como os bens sobre os quais alguma informação relevante é particular – são inadequados para uma gestão eficiente pelos mercados. ***E quando os mercados não alcançam a eficiência, a intervenção do governo pode melhorar o bem-estar da sociedade.***[21]

É evidente, portanto, que se está em uma hipótese de falha de mercado, levando a possível intervenção do Estado como julgador.[22] Não se trata de intervencionismo executivo, mas, como se verá, de usar o Direito e o Poder Judiciário como instrumentos para haver um *enforcement* da moral defendida pelo próprio Adam Smith.

V – ESG, ética, hipocrisia e como fazer certo

Há quem diga que ESG seria a vitória do chamado *stakeholder capitalism*, e, aparentemente, da derrota da Doutrina Friedman, que defendia a maximização de valor como a

---

20. Pindyck, Robert; Rubinfeld, Daniel. *Microeconomia* (p. 636). Edição do Kindle.

21. Krugman, Paul; Wells, Robin. *Microeconomia* (p. 519). São Paulo: GEN Atlas. Edição do Kindle.

22.https://www.jota.info/opiniao-e-analise/artigos/esg-e-responsabilidade-civil-como-corrigir-uma-assimetria-de-informacoes-08092021

função social das empresas,[23] a qual foi apresentada em artigo publicado no dia 13 de setembro de 1970 no jornal *The New York Times*. Para iniciar a questão, vale trazer uma análise de Deirdre McCloskey:

> In a famous article he argued, as the title put it, that 'the social responsibility of business is to increase its profits.' He argued that a society with more wealth can better pursue its transcendent goals, and that more wealth is produced by maximizing profits. It's certainly true, and is one crucial argument for capitalism. The best system for making the poor better off has not been the American Federation of Labor or the minimum wage or the Seattle protestors but the immensely larger pie produced by profit-seeking.
>
> [...]
>
> But most people who have expressed shock or pleasure at Milton's article have not noticed that he added a constraint to the manager's fiduciary duty to the stockholders: "make as much money as possible *while conforming to the basic rules of the society, both those embodied in law and those embodied in ethical custom*". What's the beef?[24]

Bom, vê-se, então, que Friedman não ignorou a ética ou a moral na busca de valor ao acionista, pois ele se refere às regras básicas da sociedade, tanto nas leis quando na ética e nos costumes. Sendo assim, não podemos dizer que o *stakeholder capitalism* seja uma derrota completa do saudoso professor da Universidade de Chicago, laureado com o Prêmio Nobel de Economia em 1976.

Obviamente, no entanto, o mundo mudou bastante desde 1970. Já se foram 51 anos. Nos dias de hoje, as novas gerações têm se preocupado mais com questões relativas ao meio ambiente, ao social e à governança (ESG).

Para se ter uma ideia, os jovens talentos preferem empresas ESG. Além disso, ESG se tornou uma questão decisiva

---

23. https://www.nytimes.com/1970/09/13/archives/a-friedman-doctrine-the-social-responsibility-of-business-is-to.html

24. https://www.deirdremccloskey.com/editorials/richmond.php

para a escolha dos consumidores. Produtos de empresas ESG são mais vendidos e conseguem alçar preços maiores. Estes atrativos são intimamente ligados à maximização de resultado para os acionistas, e, a rigor, não têm grande conflito com o pensamento de Friedman. Pode-se dizer, inclusive, que, atualmente, os gestores seguem a agenda ESG justamente para maximizar retorno aos acionistas.

O problema surge quando as empresas vendem a ideia ESG mas, na prática do dia a dia, agem na linha do capitalismo selvagem. Em outras palavras, fazem da hipocrisia um novo estilo de gestão, e, com isso, acabam iludindo jovens talentos e consumidores. Citando Adam Smith, McCloskey mostra que o grande pensador escocês não acreditava piamente na burguesia e nos homens de negócio:

> To say that Smith invented an ethic for a commercial age is not the same thing as saying he admired everything the bourgeoisie did. Smith warned, for example, that the interests of merchants and manufacturers are "always in some respects different from, and even opposite to, that of the public". He was warning against the monopoly-making of a government seized by special interests. Politically, he certainly did not recommend unfettered rule by the bourgeoisie, what we now call crony capitalism. The economist Thomas Sowell used to offer an A in his courses to students who could find any passage in Smith in which he said something nice about businesspeople. That is, Smith was an enthusiast for free markets, but he was no friend of businesspeople using government to "compete" by erecting protective monopolies, such as taxes on foreign businesspeople, paid in the end by domestic consumers.[25]

Como já vimos, Smith criou todo um arcabouço ético e moral na "A Teoria dos Sentimentos Morais", que serve de base para a mão invisível constante de sua obra mais conhecida: "A Riqueza das Nações". Sem ética e moral, a liberdade pode ser até perniciosa, pois acaba não distribuindo bens escassos de forma eficiente. Hipocrisia, engano, engodo não

25. McCloskey, Deirdre Nansen; Carden, Art. *Leave Me Alone and I'll Make You Rich*, p. 181, University of Chicago Press. Edição do Kindle.

levam a meritocracia e ao sucesso dos mais eficientes. Ao contrário, privilegia oportunistas, gananciosos e os indignos.

É aí que entra o Direito, como guardião da moral, por meio da boa-fé objetiva. O comportamento oportunista, contraditório que se vale: (i) da assimetria de informação da sociedade (as pessoas não sabem quando uma empresa é ESG verdadeiramente ao não); (ii) somada ao risco moral (as empresas podem agir sem ética e moral, pois a sua hipocrisia não terá consequências), não pode prevalecer por ser antijurídico (artigo 187 do Código Civil).

Não fosse só isso, na ânsia de lucrar com base nas virtudes ESG, muitas empresas adotam Códigos de Ética com menção expressa aos direitos humanos, que deveriam ser usados para guiar as práticas comerciais. Aliás, diversas empresas, inclusive, são signatárias do Pacto Global, que busca o desenvolvimento sustentável, e, assim, elas acabam trazendo a aplicação horizontal dos direitos humanos e fundamentais para as suas atividades comerciais. Obviamente, *e.g.*, já se vê que contratos abusivos e leoninos não convivem com práticas e posturas ESG. Quem abraça ESG tem o dever de construir contratos baseados no que os americanos chamam de *fair* (justos, na tradução mais próxima).

Diante dessas questões, o que as empresas deveriam fazer? Abandonar as práticas ESG para não correr o risco de, por exemplo, ter seus contratos revistos? Não, de forma alguma. Se elas fizerem isso agora vão gerar impacto negativo em seus resultados. Logo, a solução está em afastar a hipocrisia e abraçar a ética e a moral de Adam Smith.

Isso pode ser feito seguindo as seguintes orientações: (i) realizar um balanço geral de suas práticas e priorizar questões para se adequar aos valores ESG gradativamente; (ii) não anunciar antes de consolidar e testar o comprometimento da empresa com as práticas ESG; (iii) usar métricas para que os funcionários persigam os resultados de acordo com os valores ESG e dos Códigos de Ética; (iv) rever os contratos para verificar se eles estão alinhados às posturas ESG e aos Códigos de Ética; e, dentre outras questões; (v) só anunciar as condutas ESG após uma *due diligence* que verifique a consistência do discurso com a prática; e, até, (vi) assumir publicamente os próprios erros, adotando as medidas para alinhar discurso e prática.

Sem isso, o risco de ter as suas práticas ESG consideradas com propaganda enganosa será cada vez maior. Sem isso, os contratos-padrão (modelos unilaterais) celebrados pelas empresas poderão ser questionados por sua dissonância com as posturas ESG e os Códigos de Ética. Sem isso, as empresas podem ter um lucro rápido, mas com uma exposição de risco enorme. Trair a confiança da sociedade pode custar caro (seja na penalização do próprio mercado ou pelas indenizações concedidas pelo Poder Judiciário), e, para os gestores, o *ESG washing* (discurso diferente da prática) poderá até ser considerado como quebra dos deveres fiduciários (de diligência, de boa-fé, de lealdade, de informação e de observar os interesses dos *stakeholders*).

VI – ESG e deveres fiduciários dos administradores

Os administradores têm uma série de deveres fiduciários. Discute-se, ainda, se esses deveres são apenas com relação aos *shareholders* (acionistas) ou também aos *stakeholders*. Mas, sob o ponto de vista da Lei de Sociedades Anônimas ("LSA"), em nosso país essa discussão está superada:[26]

---

26. "A Lei nº 6.404/1976, numa demonstração de que a sociedade anônima é uma verdadeira instituição, depois de conceituar o acionista controlador, determina (art. 116, parágrafo único) que este deve usar o seu poder para "fazer a companhia realizar o seu objeto e cumprir sua função social", acrescentando que "tem deveres e responsabilidades para com os demais acionistas da empresa, os que nela trabalham e para com a comunidade em que atua, cujos direitos e interesses deve lealmente respeitar e atender". Partindo dos deveres e responsabilidades do acionista controlador, define a Lei das Sociedades Anônimas os destinatários do tríplice interesse que ela representa: acionistas, empregados e comunidade. A sociedade anônima deixa de ser um mero instrumento de produção de lucros para distribuição aos detentores do capital, para elevar-se à condição de instituição destinada a exercer o seu objeto para atender aos interesses de acionistas, empregados e comunidade." Borba, José Edwaldo Tavares. *Direito Societário* (p. 169). São Paulo: Atlas. Edição do Kindle.

> Art. 116. Entende-se por acionista controlador a pessoa, natural ou jurídica, ou o grupo de pessoas vinculadas por acordo de voto, ou sob controle comum, que:
>
> (...)
>
> Parágrafo único. *O acionista controlador deve usar o poder com o fim de fazer a companhia realizar o seu objeto e cumprir sua **função social**, e tem deveres e responsabilidades para com os demais acionistas da empresa, os que nela trabalham e para com a comunidade em que atua, cujos direitos e interesses deve lealmente respeitar e atender.*
>
> Art. 154. O administrador deve exercer as atribuições que a lei e o estatuto lhe conferem para lograr os fins e no interesse da companhia, *satisfeitas as exigências do bem público e da **função social da empresa**.*[27]

Considerando que a própria lei reconheceu uma função social para a empresa, a discussão no Brasil se torna apenas um exercício intelectual. Gostando ou não, está positivado. Mas, é bom que se diga, mesmo nos EUA, há entendimento no sentido de que os administradores podem agir em benefício dos *stakeholders* se estiverem agindo em prol dos acionistas.[28] Ou seja, inclusive sob o ponto de vista da lei de Delaware, ao menos quando

27. "O art. 154, da Lei nº 6.404/1976, mais do que simplesmente exigir do administrador o compromisso absoluto e incondicional com o interesse da companhia, ressalta que este não se confunde com os interesses dos acionistas e muito menos com os interesses dos acionistas que elegeram o administrador. De acordo com a segunda parte do art. 154, o interesse social transcende aos interesses dos acionistas e apenas pode ser visto em conexão com o bem público e com a função social da empresa." Coelho, Fábio Ulhoa; Frazão, Ana; Menezes, Mauricio Moreira; Castro, Rodrigo R. Monteiro de; Campinho, Sérgio. *Lei das Sociedades Anônimas Comentada (p. 1337)*. Forense. Edição do Kindle.

28. "As Professor Rock explains, the rule in Delaware is plain: corporate fiduciaries may take actions benefiting other corporate stakeholders so long as there are "rationally relat[ing] benefits" to the stockholders, as famously expressed in the Delaware Supreme Court case *Revlon Inc.* v. *MacAndrews & Forbes Holdings, Inc.* This rational relationship test is the general rule and not a rule that applies in only one situation." Strine, Leo E. Jr., "Restoration: The Role Stakeholder Governance Must Play in Recreating a Fair and Sustainable American Economy A Reply to Professor Rock" (2020). Faculty Scholarship at Penn Law. 2238. Disponível em: https://scholarship.law.upenn.edu/faculty_scholarship/2238

estiverem agindo para beneficiar os acionistas, os administradores podem atender, *e.g.*, à função social da empresa.

As empresas ESG, como sabemos, têm vantagens consideráveis nos dias de hoje: (i) os consumidores preferem marcas de empresas ESG; (ii) os jovens talentos preferem trabalhar para empresas ESG; (iii) empresas ESG são foco para investidores; e, (iv) empresas ESG têm mais facilidade em captar recursos. Por que isso ocorre? Dentre outras questões, por maior preferência das marcas de empresas ESG, que acabam se distinguindo das demais.

Em adendo, vale mencionar o seguinte: em 2018, Larry Fink, Presidente e CEO da BlackRock – a maior empresa de administração de recursos do mundo, com mais de US $ 6,5 trilhões em ativos –, escreveu uma Carta aos CEOs onde pontuou:

> A sociedade está exigindo que as empresas, públicas e privadas, sirvam a um propósito social. Para prosperar com o tempo, todas as empresas devem não apenas oferecer desempenho financeiro, mas também mostrar como isso contribui positivamente para a sociedade. **As empresas devem beneficiar todos os seus stakeholders, incluindo acionistas, funcionários, clientes e as comunidades em que operam.**
>
> **Sem um senso de propósito, nenhuma empresa, pública ou privada, pode atingir todo o seu potencial.** Em última análise, perderá a licença para operar com os principais stakeholders. Ela sucumbirá às pressões de curto prazo para distribuir ganhos e, no processo, sacrificará investimentos em desenvolvimento de funcionários, inovação e gastos de capital necessários para o crescimento a longo prazo. Ela permanecerá exposta a campanhas ativistas que articulam um objetivo mais claro, mesmo que esse objetivo atenda apenas aos objetivos mais curtos e restritos. E, finalmente, **essa empresa fornecerá retornos inferiores aos investidores que dependem dela para financiar sua aposentadoria, comprar uma casa ou investir em ensino superior.**[29]

Dessa feita, se o direito societário americano ainda não abraçou totalmente a função social da empresa e o *stakeholder capitalism*, fato é que o mercado global já o fez. Nesse

---

29. Disponível em: https://www.ccbrasil.cc/post/um-senso-de-prop%C3%B3sito

particular, portanto, a Lei brasileira é vanguardista e totalmente alinhada com o pensamento de Adam Smith, em "A Teoria dos Sentimentos Morais".

Pois bem. Considerando que, atualmente, a empresa precisa agir de forma ESG para – sublinhe-se e destaque-se – maximizar resultado para os acionistas, o comportamento dos gestores seguindo essas práticas está intimamente relacionado aos deveres fiduciários. Por exemplo: ao anunciar publicamente que a empresa é ESG sem, realmente, agir como tal, o administrador estará expondo a empresa a risco reputacional, com reflexos de mercado e jurídicos.

Nossa doutrina é unânime no sentido de que: *"[o] sistema societário protege o administrador da pretensão punitiva e indenizatória decorrente de atos equivocados, praticados dentro de suas atribuições, sem culpa ou dolo, e sem violação da lei ou do estatuto."*[30] Nesse passo, contudo, é importante mencionar que essa proteção (*Business Judgement Rule*) não é uma licença para agir de forma irresponsável, nem, tampouco, para enganar acionistas e *stakeholders*. Definitivamente, se dizer ESG e agir de forma diversa não é uma mera decisão de negócio.

Obviamente, o acionista e os stakeholders não têm como saber, nem muito menos controlar, se os administradores estão usando ESG apenas para vender, sem praticar os valores. Está-se, assim, diante de problemas econômicos: assimetria de informação, risco moral e a questão agente-principal. É preciso, portanto, haver *accountability*, para que os gestores ajam de forma alinhada com os acionistas e *stakeholders*.

A decisão de negócio por ser ESG, como o mercado atual demanda, é diferente da opção por usar ESG apenas como recurso de *marketing*. Aliás, de acordo com o direito brasileiro – que já reconhece a função social da empresa –, os administradores terão o dever de implementar, fiscalizar e tomar todas

---

30. Coelho, Fábio Ulhoa; Frazão, Ana; Menezes, Mauricio Moreira; Castro, Rodrigo R. Monteiro de; Campinho, Sérgio. *Lei das Sociedades Anônimas Comentada* (p. 1307). Forense. Edição do Kindle.

as providências para que a empresa siga suas práticas ESG, suas políticas e seus códigos de ética. Nesse sentido, confira-se o que nos diz Ana Frazão:

> [...] o principal efeito da ampliação subjetiva do dever de diligência é a de impor aos gestores das companhias que assumam a postura de árbitros de vários interesses, devendo sopesá-los com prudência, para tomar decisões equilibradas. Apesar das dificuldades relacionadas à mediação de todos os conflitos de interesse relacionados à ampliação subjetiva dos destinatários do dever de diligência, há uma consequência relativamente simples que pode ser daí extraída: a necessidade de que os poderes de controle e de administração sejam exercidos de forma moderada e proporcional, a fim de não criar danos desnecessários, inadequados ou desarrazoados para os demais interesses que se projetam sobre a empresa.[31]

Saliente-se, por oportuno, que a LSA é claríssima ao reconhecer a legitimidade de terceiros (*stakeholders*) de litigar em face dos administradores:

> Art. 159. Compete à companhia, mediante prévia deliberação da assembleia-geral, a ação de responsabilidade civil contra o administrador, pelos prejuízos causados ao seu patrimônio.
>
> [...]
>
> § 7º. A ação prevista neste artigo não exclui a que couber ao acionista *ou terceiro diretamente prejudicado por ato de administrador.*

Comentando o dispositivo em questão, Ana Frazão aduz que *"a lei prevê no art. 159, § 7º, a ação individual de responsabilidade civil, que tem por objetivo reparar um dano direto causado aos acionistas ou a terceiros por ato imputável aos administradores da companhia. A propositura da ação individual independe de deliberação prévia da Assembleia Geral, já que o acionista (ou terceiro) visa a reparar seu próprio*

---

31. Coelho, Fábio Ulhoa; Frazão, Ana; Menezes, Mauricio Moreira; Castro, Rodrigo R. Monteiro de; Campinho, Sérgio. *Lei das Sociedades Anônimas Comentada* (p. 1323-1324). Forense. Edição do Kindle.

interesse, ainda que possa coincidir com os interesses de outros acionistas."[32]

Ante o exposto, não há dúvidas quanto à possibilidade de responsabilização dos administradores quando a companhia, apesar de se dizer ESG, não agir de acordo. E ela será capaz de ajudar a solucionar os problemas econômicos já mencionados, pois o risco aos próprios bens fará o administrador alinhar seus interesses aos dos acionistas e *stakeholders*, reduzindo, dentre outras questões, o problema do risco moral.

É bom lembrar, ainda, que um bom termômetro para o alinhamento entre discurso e prática estará nos critérios de remuneração variável dos executivos e funcionários. Perseguir os valores ESG e o Código de Ética da empresa devem ser critérios essenciais para o pagamento de bônus. Isso, inclusive, é um dos pontos para demonstrar que os administradores se esforçaram para sedimentar a cultura ESG na empresa. Desde que, é claro, os critérios de premiação possam ser auditáveis e aptos a demonstrar isso. O subjetivismo dos programas de bonificação, vale lembrar, pode inviabilizar a sua utilização como prova.

Por fim, vale a seguinte indagação: como os administradores se salvaguardam do risco de uma ação judicial questionando a falta de alinhamento do discurso ESG com a prática do dia a dia? A receita é relativamente simples: (i) não usar ESG apenas como *marketing*; (ii) atenção no alinhamento de objetivos com o time, ESG e ética precisam ser critérios claros para fins de bônus e promoções; (iii) atuação de forma a ponderar o apetite e a superdisposição do time de vendas, com a parcimônia e o equilíbrio do pessoal de *Compliance*; (iv) dar o exemplo de respeito aos valores ESG e ao Código de Ética da empresa; e, ainda tomar as providências necessárias para que os contratos celebrados pela empresa estejam alinhados à ESG e aos Códigos de Ética. Esse último ponto merecerá mais um artigo.

---

32. Coelho, Fábio Ulhoa; Frazão, Ana; Menezes, Mauricio Moreira; Castro, Rodrigo R. Monteiro de; Campinho, Sérgio. *Lei das Sociedades Anônimas Comentada* (p. 1472). Forense. Edição do Kindle.

Conclusão: a responsabilidade civil como freio à hipocrisia

Uma forma de evitar o comportamento inapropriado e antiético de empresas e administradores que não praticam o que pregam pode ser por meio da intervenção judicial, sempre que esse desalinhamento gere dano para algum *stakeholder*. Isso mostra que o Direito não tolerará o comportamento de quem usa informações para induzir comportamentos, mas não prega o que reza.

A postura ESG, por certo, faz com que consumidores aceitem pagar um preço maior. Portanto, quando se vê que essa postura não corresponde à verdade, estamos diante do problema econômico da seleção adversa. Os consumidores, caso soubessem do real comportamento de algumas empresas, poderiam optar pela compra de outra marca, que, de fato, representasse um comportamento ESG com verdade e coerência.

É perfeitamente possível usar o abuso de direito, previsto no artigo 187 do Código Civil para sustentar essa tese. Além dele, no plano puramente contratual, o artigo 422 do Código Civil, estabelece que "*os contratantes são obrigados a guardar, assim na conclusão do contrato, como em sua execução, os princípios de probidade e boa-fé*".

A boa-fé, enquanto princípio relacionado a uma norma de conduta, impõe um parâmetro de comportamento apto a produzir efeitos jurídicos em dois sentidos. Em primeiro lugar, o princípio da boa-fé objetiva impõe o respeito à obrigação de lealdade, ou seja, o impedimento aos comportamentos desleais. Segundo lugar, a boa-fé objetiva reflete a obrigação de cooperação entre os contratantes.

Daí, a teoria do *venire contra factum proprium* que estabelece uma vedação ao comportamento contraditório, que viola a boa-fé objetiva, causando surpresa à outra parte. A finalidade do instituto é clara: impedir a adoção de um segundo comportamento contrário ao que vinha sendo praticado pela parte e que gerou uma legítima expectativa na contraparte com quem se mantinha o negócio jurídico, que, em última análise, dilacera o tecido social.

Sob o tema, ensina o grande jurista português Antônio Manuel da Rocha e Menezes Cordeiro:

> *A proibição de venire contra factum proprium representa um modo de exprimir a reprovação por exercícios inadmissíveis de direitos e posições jurídicas.* Perante comportamentos contraditórios, a ordem jurídica não visa à manutenção do status gerado pela primeira actuação, que o Direito não reconheceu, mas antes a proteção da pessoa que teve por boa, com justificação, a actuação em causa. *O factum proprium impõe-se não como expressão da regra pacta sunt servanda, mas por exprimir, na sua continuidade, um factor acautelado pela concretização da boa-fé.*[33]

No mesmo sentido, Judith Martins-Costa[34] afirma que "*o que o princípio proíbe como contrário ao interesse digno de tutela jurídica é o comportamento contraditório que mine a relação de confiança recíproca minimamente necessária para o bom desenvolvimento do tráfico negocial*".

Tudo se encaixa, inclusive com o pensamento de Adam Smith, e, portanto, acredito que Roberto Campos concordaria com uma tese como essa. Temos economia, ética, moral e direto alinhados para coibir e desincentivar comportamentos falseadores e oportunistas. Por todas essas razões, a responsabilidade civil pode ser de suma importância em um momento que a sociedade dá grande valor para as empresas ESG, e o risco da assimetria de informação se torna enorme.

Referências

Links:

Entrevista de Roberto Campos no Programa Roda Viva: https://www.youtube.com/watch?v=u46o-Avc9GY&t=240s

---

33. ROCHA, Antônio Manuel da Rocha; CORDEIRO, Menezes. *Da boa-fé no direito civil.* 6ª ed. Almedina, 2001, p. 769.

34. MARTINS COSTA, Judith. *A boa-fé no direito privado*: critérios para a sua aplicação. 2ªed. São Paulo: Saraiva, 2018, p. 676.

Campos, Roberto. A Constituição contra o Brasil. LVM Editora. Edição do Kindle.

https://www.nytimes.com/1970/09/13/archives/a-friedman-doctrine-the-social-responsibility-of-business-is-to.html

https://www.jota.info/opiniao-e-analise/artigos/inteligencia-artificial-sustentabilidade-e-criterios-esg-14062021

https://valor.globo.com/financas/noticia/2021/08/03/empresa-que-nao-for-responsavel-com-esg-vai-pagar-um-preco-diz-otavio-yazbek.ghtml

https://www.gerasocial.org/post/5-dicas-para-evitar-as-pr%C3%A1ticas-de-washing

https://www1.folha.uol.com.br/colunas/painelsa/2021/08/empresas-brasileiras-nao-devem-dar-passo-maior-do-que-a-perna-em-esg-diz-especialista.shtml

https://invest.exame.com/esg/o-esg-importa-para-o-consumidor-brasileiro-a-kpmg-diz-que-sim

https://economia.estadao.com.br/noticias/sua-carreira,profissional-jovem-valoriza-atuacao-social-de-empresas-diz-pesquisa,70003634144

https://www.jota.info/opiniao-e-analise/artigos/esg-e-responsabilidade-civil-como-corrigir-uma-assimetria-de-informacoes-08092021

Livros:

KRUGMAN, Paul; WELLS, Robin. *Microeconomia.* São Paulo: GEN Atlas. Edição do Kindle.

MARTINS COSTA, Judith. *A boa-fé no direito privado:* critérios para a sua aplicação. 2ªed. São Paulo: Saraiva, 2018, p. 676.

McCLOSKEY, Deirdre Nansen; CARDEN, Art. *Leave Me Alone and I'll Make You Rich.* University of Chicago Press. Edição do Kindle.

PINDYCK, Robert; RUBINFELD, Daniel. *Microeconomia.* Edição do Kindle.

ROCHA, Antônio Manuel da Rocha; CORDEIRO, Menezes. *Da boa-fé no direito civil*. 6ª ed. Almedina, 2001, p. 769.

SMITH, Adam. *Teoria dos sentimentos morais*. WMF Martins Fontes. Edição do Kindle.

LIBERALISMO ECONÔMICO E MEIO AMBIENTE

Antônio Claret de Oliveira Júnior

I. Meio Ambiente

Meio ambiente é um "conjunto de condições, leis, influências e interações de ordem física, química e biológica que permite, abriga e rege a vida em todas as suas formas", de acordo com a Política Nacional do **Meio Ambiente**. Assim, o termo apresenta diferentes conotações, podendo ser analisado sob diversas perspectivas, como: aspectos naturais, espaço urbano, locais onde as pessoas exercem suas atividades e patrimônios cultural, nacional e genético.

De acordo com o art. 225 da Constituição Federal, "todos têm direito ao meio ambiente ecologicamente equilibrado, bem de uso comum do povo e essencial à sadia qualidade de vida, impondo-se ao Poder Público e à coletividade o dever de defendê-lo e preservá-lo para as presentes e futuras gerações".

Para que isso ocorra, é essencial a sua preservação e manejo de forma sustentável, em que os recursos possam ser utilizados de forma a não acarretar seu esgotamento, podendo ser usufruídos pelas gerações futuras. Esse é um dos princípios do desenvolvimento sustentável, que pretende unir desenvolvimento econômico e preservação ambiental.

No Brasil, a Lei 6.938/81 dispõe sobre a Política Nacional do Meio Ambiente e institui o Sistema Nacional do Meio Ambiente, seus fins e mecanismos de formação e aplicação. Essa é a mais relevante norma ambiental depois da Constituição Federal de 1988, já que traçou toda a sistemática de políticas públicas brasileiras para o meio ambiente.

Ela tem como objetivo a preservação, melhoria e recuperação da qualidade ambiental propícia à vida. Além disso, a Política Nacional do Meio Ambiente também busca assegurar condições ao desenvolvimento socioeconômico, aos interesses da segurança nacional e à proteção da dignidade da vida humana.

Vale ressaltar que o Ministério do Meio Ambiente é o órgão responsável pelas ações e políticas públicas ambientais no Brasil. Criado em novembro de 1992, ele tem como missão formular e implementar políticas públicas ambientais nacionais de forma articulada e pactuada com os atores públicos e a sociedade para o desenvolvimento sustentável. A visão de futuro do MMA é ser reconhecido pela sociedade e pelo conjunto de atores públicos por sua excelência, credibilidade e eficiência na proteção do meio ambiente.

As questões ambientais vêm sendo abordadas no âmbito internacional desde a realização da Conferência de Estocolmo, em 1972. Após isso, elas também ganharam destaque na Conferência das Nações Unidas para o Meio Ambiente e Desenvolvimento (Rio-92 ou Eco-92), com a aprovação da Agenda 21. Esse instrumento é conhecido por conciliar métodos de proteção ambiental, justiça social e eficiência econômica.

Apesar de todos terem direito ao meio ambiente ecologicamente equilibrado, ele vem sofrendo diversas intervenções humanas que causam prejuízo. Como essas alterações nem sempre são harmônicas e sustentáveis, elas geram problemas ambientais, como:

- Poluição;
- Queimadas;

- Chuva ácida;
- Efeito Estufa;
- Desertificação;
- Desmatamentos;
- Extinção de espécies;
- Mudanças climáticas;
- Aquecimento Global;
- Destruição da camada de Ozônio.

A Organização das Nações Unidas (ONU) estabeleceu o dia 5 de junho como o Dia do Meio Ambiente (WED – sigla de *World Environment Day*) em 1972, dando início à Conferência das Nações Unidas sobre o Meio Ambiente Humano, também conhecida como Conferência de Estocolmo. O evento foi a primeira grande reunião de chefes de Estado, organizada pelas Nações Unidas para tratar das questões ambientais. Desde então, o Dia do Meio Ambiente é celebrado todos os anos, tendo sempre um tema e um país-sede diferentes. A data se tornou a principal plataforma global para sensibilizar pessoas, organizações e países para a importância de proteger a natureza.

Já há alguns anos, o tema é de extrema importância nos países desenvolvidos, mas somente nos últimos tempos tem-se tornado uma questão de importância no Brasil até mesmo por questões comerciais. Não há dúvida sobre a grande importância da conservação do meio ambiente no mundo para que possamos garantir condições razoáveis de sobrevivência e dignidade para nossa geração e a própria sobrevivência das próximas gerações uma vez que, comprovadamente, as ações humanas afetam diretamente nas mudanças climáticas que, por sua vez, alteram todo o *habitat* humano de produção e sobrevivência. Todavia, não podemos deixar de produzir, sob pena de voltarmos ao tempo das cavernas. É exatamente aí que entra a importância de se buscar o desenvolvimento sustentável, que nada mais é do que a manutenção da produtividade, porém com respeito ao meio ambiente.

É preciso criarmos ferramentas e ambientes com liberdade para o empreendedorismo e pesquisa e desenvolvimento associados ao controle da alteração climática e respeito à biodiversidade. Isso só acontecerá com uma legislação liberal e com vantagens a quem cumprir os requisitos da energia limpa. Especialmente, por vivermos em um mercado que pede por isso. Assim, o próprio consumidor tende a valorizar tal produto.

A economia de livre mercado caminha para um nível de desenvolvimento de novas tecnologias capazes de minimizar os impactos a natureza. Na agricultura, é possível encontrar um moderno manejo de gestão de produção agrícola conhecido como agricultura de precisão que reduz o uso da água, dos defensivos químicos, combate desperdício, e aumenta produção sem a necessidade de mais desmatamento por novas áreas.

Na indústria, há uma nova geração de automóveis elétricos. Esse avanço permitirá que em apenas alguns anos as emissões de poluentes atmosféricos dos carros deixem ser a principal fonte de carbono no mundo.

A taxa de crescimento das fontes de energias renováveis encontra-se em ascensão com grandes empresas investindo em grandes usinas eólicas, solar e no aproveitamento da biomassa.

Fato é que o livre mercado criou um novo valor econômico a partir das preocupações ambientais. Atualmente, existe um mercado de certificações ambientais que garantem que toda cadeia produtiva de um determinado produto tenha respeitado um conjunto de aspectos ambientais e sociais corretos para poderem ser comercializados. Neste ponto, precisamos falar do ESG. A sigla ESG, que tem origem no idioma inglês — *Environmental, social and corporate governance* — tem sua tradução para o português como governança ambiental, social e corporativa. Trata-se de critérios para mediar ações nos âmbitos ambiental, social e a governança dentro das empresas. Sendo assim, é possível dizer que uma empresa ESG é aquela que age para reduzir os impactos que causa ao meio ambiente, atua para que o mundo seja um lugar melhor para as pessoas que estão ao seu redor e, ainda, emprega, em seu dia a dia, processos de administração adequados.

ESG também é um fator que os investidores podem levar em consideração quando optam por investir ou não em uma empresa, já que eles nem sempre se prendem apenas aos números, mas também aos requisitos que já mencionamos: a governança e as ações ambientais e sociais.

II. Meio ambiente e liberdade econômica nos países desenvolvidos

Ambientalistas argumentam que os liberais têm pouco interesse em proteger o meio ambiente. Argumentam, ainda, que a liberdade econômica prejudica o meio ambiente porque incentiva a poluição e a degradação ambiental. Quando um debate como esse toma espaço é preciso trazer números.

Países economicamente mais livres em todo o mundo continuam superando seus colegas reprimidos em proteção ambiental. A liberdade econômica e a riqueza que dela resultam são totalmente consistentes e favorecem um ambiente saudável. O meio ambiente também é melhor protegido quando porcentagens maiores de terra e outros imóveis são mantidos e protegidos pelo sistema judicial de um país.

O Índice de Desempenho Ambiental (EPI) da Universidade de Yale é uma métrica confiável para avaliar a saúde ambiental de um país.

O EPI mede duas grandes categorias de desempenho ambiental:

- Saúde ambiental (os efeitos do ar e da água na saúde humana);

- Vitalidade do ecossistema (incluindo várias submétricas, como biodiversidade, mudanças climáticas e agricultura).

Quando os resultados do EPI são comparados com o Índice de Liberdade Econômica de 2012, surge uma tendência positiva significativa (r = 0,47) conforme se denota em https://epi.yale.edu/. Essa tendência indica que, à medida que os países passam da repressão econômica para a liberdade econômica, seus ambientes também melhoram. Essa tendência também é reveladora em uma comparação histórica do Índice de Liberdade Econômica e do EPI.

Desde 2000, quando Yale lançou o primeiro EPI, existe uma relação marcante entre o movimento do EPI e as pontuações dos movimentos dos países no Índice de Liberdade Econômica. Como a média mundial da liberdade econômica começou a desacelerar em 2008, o mesmo ocorreu com o EPI. Desde então, os dois índices estagnaram.

Para exemplificar, podemos avaliar o Azerbaijão, que serve para muitos como referência de resultados por alteração do ambiente econômico. Desde 2000, houve uma reforma em sua legislação com grande melhoria na liberdade econômica, abrindo suas fronteiras ao comércio, fazendo algumas reformas em seu Código Tributário e aliviando o ambiente regulatório geral da economia. Como resultado, avaliando os gráficos de 2000 a 2010 quanto à liberdade econômica e índice EPI em https://pt.theglobaleconomy.com/Azerbaijan/economic_freedom/ e https://epi.yale.edu/, temos melhorias e avanços em mais de 20% em ambos os índices.

Uma comparação dos direitos de propriedade no Índice de Liberdade Econômica de 2012 e no EPI de 2012, conforme fontes anteriormente citadas, mostra que a relação entre regimes fortes de proteção de direitos de propriedade e ambientes saudáveis é ainda maior do que a relação amplamente positiva entre liberdade econômica e ambientes limpos.

Nessa análise, a correlação positiva entre direitos de propriedade e proteção ambiental é muito marcante (r = 0,6), indicando que os países com boas proteções à propriedade privada têm ambientes mais limpos.

Infelizmente, muitos governos ainda acreditam em subsídios e tributação chamada "verde". O fato é que nada disso é preciso. O que realmente tem força é o respeito à propriedade privada. Os proprietários têm um incentivo para manter a qualidade da terra e suas melhorias a fim de preservar seu valor. Quem tem assegurada a propriedade privada de determinado imóvel não têm interesse em destruir o valor da terra ou suas qualidades ambientais porque não se beneficiaria dessa degradação.

Apesar de o mundo ter no transporte sua maior emissão de carbono, no Brasil, essa fonte é o desmatamento. E por qual razão temos tamanho desmatamento na Amazônia? Ora, são terras públicas e sem proprietário. É impossível que o Estado fiscalize e proteja toda a floresta a todo momento. É preciso, sim que regularizemos as terras a ponto de que os proprietários acabem por proteger seus bens. Somente a propriedade privada protegerá nossas matas. Não procede a ideia de que o proprietário a desmataria pelo fato de que a floresta vale mais em pé! O mundo discute preço de carbono e o ESG cresce. Não faz sentido um desmatamento com a possibilidade de ganhos muito maiores. Isso, sem considerar a biodiversidade, insumos para cosméticos e medicamentos.

Dessa forma, é preciso que um país avance no respeito à propriedade privada e no que tange à segurança jurídica para que o proprietário invista cada vez mais na sua proteção tanto de invasores quanto na proteção em relação à exploração em si.

Somente a propriedade privada salvará o meio ambiente! Por conta do regime militar que se instalou no país (1964-1985), a Constituição Federal de 1988 foi promulgada somente após longo debate na sociedade, em prol da democracia. Realmente, a labuta esteve presente nos diversos setores da coletividade, universidades, públicas e privadas, professores e alunos, alguns órgãos de imprensa, políticos, artistas etc. É possível que tenha havido "certa comoção social", visando ao restabelecimento da ordem jurídica. Infelizmente, diante de uma Carta Magna com tantos ditames, acabou que a propriedade privada foi colocada em posição de derrotada quando em divergência ao difuso. A resposta: mais trabalho para o Estado proteger o meio ambiente.

Ocorre que o Estado depende de impostos. Ora, se não se respeita a propriedade privada, não tem coragem nem investidor. Como resultado, não há impostos para que o Estado assuma tais obrigações. Portanto, caímos em um *déficit* de fiscais que resulta em maiores perdas ambientais.

O problema da poluição é fundamentalmente um problema de direitos de propriedade. Considere: os maiores desastres ambientais da história são definidos pelo fato de que seus culpados violaram os direitos de propriedade de terceiros sem a punição completa e adequada. Os agressores impõem injusta e coercivamente os custos relacionados às suas operações.

Há, então, um sentido importante, ainda que subvalorizado, no qual direitos de propriedade definidos restringem beneficamente os participantes em uma economia de livre mercado. Estes direitos levam os consumidores, produtores, empreendedores e investidores a internalizar os seus custos, renunciando a uma forma sutil de roubo: causar danos sem indenizar a parte lesada.

Encaramos o problema de como melhor evitar isso. As soluções do ambientalismo de livre mercado abordam os problemas dos incentivos relacionados de forma realista e direta, em vez de ingenuamente acreditar que o Estado seja um deus *ex machina*.

Considere o paradigma de incentivos sob o qual o Estado opera. Como um regulador, o Estado, muito frequentemente, ouve e interage com poderosas empresas globais que estão sujeitas às regras das agências. Mobilizados e bem posicionados para impactar a formulação de políticas, os grupos de pressão empresariais são capazes de influenciar o processo de formulação de regras muito mais diretamente do que o disperso público geral, que não possui os recursos e nem os conhecimentos necessários.

Além disso, o próprio Estado tem sido negligente em suas obrigações como maior protetor ambiental e principal proprietário de terras do país.

III. Propriedade

Avaliando o desmatamento na região amazônica, constatamos que o problema real se dá em terras públicas. As terras privadas têm grau muito menor de desmatamento conforme o Projeto Amazônia 2030, uma iniciativa do Instituto do Homem e do Meio Ambiente da Amazônia (Imazon), do Centro de Empreendedorismo da Amazônia, da Climate Policy Initiative (CPI) e do Departamento de Economia da PUC-Rio.

Tal situação se dá pela falta de um proprietário que consiga fiscalizar de forma eficiente sua terra. Infelizmente, as terras públicas não podem ser fiscalizadas com a eficiência das privadas já que são imensas e por terem apenas um proprietário, inviabiliza qualquer projeto com mais resultado. Até seria possível fiscalizar como se privado fosse, mas isso demandaria um custo que aumentaria impostos ou inflação para o cidadão. A descentralização facilita a fiscalização e, exatamente por isso, o privado não sofre o desmatamento que sofre o público.

Diante de tais constatações, temos que a privatização de toda a Floresta Amazônica seria a solução para a redução de desmatamento. Infelizmente, ainda há grande preconceito sobre o tema e um caminho é tratar das regularizações fundiárias.

Através da regularização fundiária, a terra, que aos olhos da lei são públicas, mas que são trabalhadas por privado, o cidadão se torna proprietário, podendo então, defender legalmente, e até psicologicamente, melhor suas terras. Esta medida é um grande combate ao desmatamento.

Outro ponto são os indígenas. Apesar das lutas ideológicas de certos grupos pela garantia e ampliação de terras demarcadas para indígenas, tais terras não são de propriedade dos mesmos. Tanto que não podem sequer usá-las como garantias para necessários financiamentos usuais no agronegócio. Assim, a saída para a solução dos indígenas, que também resolveria a fiscalização de tais terras contra o desmatamento passaria pela doação das mesmas aos indígenas como pessoas físicas.

Toda redução de desmatamento passa por privatização.

IV. A liberdade é moralmente superior

Murray Rothbard

Em última análise, então, enfrentamos uma escolha entre um sistema competitivo e descentralizado e um sistema centralizado, no qual um monopolista privilegiado, que é ao mesmo tempo um grande proprietário de recursos e um legislador, pode desperdiçar propriedades e recursos sem pensar nas respectivas consequências.

Os resultados de tal sistema de risco moral são condizentes com as previsões da teoria libertária. Em "Por uma nova liberdade", Murray Rothbard aconselhou seus colegas libertários a não ignorarem o problema da poluição, a não concederem a superioridade moral neste assunto à esquerda antimercado. Rothbard entendeu que não devemos chancelar com nosso selo de aprovação pró-mercado, pró-propriedade privada "os empresários que estão esmagando os direitos de propriedade da população em massa" (Por Uma Nova Liberdade: O Manifesto Libertário - Murray N. Rothbard) através da poluição imprudente. O progresso em relação aos problemas ambientais requer uma devolução de poder: primeiro, aos órgãos locais mais diretamente responsáveis e, em última análise, aos proprietários individuais, que têm os mais fortes incentivos para conservarem.

Há os que dizem que o liberalismo já não bastaria para um desenvolvimento pleno, mas sim o anarcocapitalismo, chamado libertarianismo. Nesse sentido, é possível imaginarmos, por exemplo, como seria o tratamento de esgoto nessa comunidade.

Cerca de 50% do esgoto gerado no Brasil não é tratado, conforme http://www.snis.gov.br/, sendo devolvido ao meio ambiente *in natura*, gerando doenças, bem como desvalorizando propriedades e reduzindo o turismo regional.

O celebrado novo marco do saneamento trouxe a obrigatoriedade de concorrência quando da concessão dos serviços de esgoto de uma cidade, fortalecendo assim investidores e eficiência.

Todavia, mesmo com a concorrência obrigatória, continua um monopólio natural do tratamento de esgoto durante o período da concessão, bem como a obrigatoriedade de a propriedade urbana se conectar ao sistema público de coleta. Ainda, continuam subsídios cruzados, sendo certo que cidades com as tarifas mais altas seriam parcialmente subsidiadas pelas cidades com tarifas mais baixas a fim de que a modicidade tarifária seja alcançada.

Atualmente, em épocas de discussão sobre liberdade e obrigações originadas no poder estatal, muito se fala sobre comunidades libertárias. Ali, a propriedade privada é o foco e o novo marco do saneamento não funcionaria diante dos itens coletivistas aqui já apresentados. Ora, então como alcançaríamos a universalização do tratamento de esgoto nestas cidades?

Primeiramente, é preciso compreender que em uma sociedade libertária, tudo é privado, inclusive os rios e lençol freático. Assim, o cidadão precisaria dar uma finalidade para seu esgoto gerado em casa, não sendo viável uma fossa rudimentar ou mesmo despejar em córregos. Tudo pelo fato de que as águas teriam dono! Nada seria público, o que nos afastaria de uma fiscalização muito centralizada e ineficiente, além de a impunidade encontrar dificuldades diante de um sistema de julgamento e cumprimento de pena muito mais efetivos uma vez que até nestes haveria concorrência.

O cidadão teria dois caminhos. Um deles seria instalar um biodigestor em sua propriedade. Considerando o custo de um equipamento como este, certamente, seria uma opção mais viável se ligar a um grande sistema de coleta de esgoto, como os existentes hoje em dia. Dessa forma, não seria obrigado, mas seria sua melhor opção diante das penalidades e indenizações possíveis frente à fiscalização privada dos proprietários das águas.

E quanto ao subsídio cruzado? Em uma sociedade libertária, provavelmente, teríamos pequenas cidades privadas, que funcionariam como um clube ou condomínio. Cada qual pagaria exclusivamente sobre os serviços recebidos, não havendo qualquer tipo de subsídio. Caso, por alguma razão, a modicidade não fosse alcançada, esta pessoa poderia buscar uma cidade privada com menor tarifa, talvez por já ter alcançado a universalização, ou os vizinhos, na intenção de manter a boa vizinhança por ali, poderiam contribuir, voluntariamente.

Estamos longe de uma comunidade libertária no Brasil. Todavia, demos um belíssimo passo rumo a um sistema de esgoto menos estatal e, após a universalização, mais justo em termos de custo individual de serviço.

O mesmo podemos teorizar acerca da Amazônia, por exemplo, mas que se aplicaria para todas as florestas e matas brasileiras.

Conclusão

Não há dúvidas sobre o momento em que vivemos quanto à necessidade de proteção ambiental, especialmente no que diz respeito à emissão de gás carbônico, o que tem acelerado as mudanças climáticas e trazido grandes dificuldades para aqueles que produzem. Entretanto, a proteção ambiental não deve ser um fim em si mesmo. Ora, para que faça sentido, deve viabilizar o desenvolvimento econômico de forma sustentável. Ou seja, num formato que consigamos travar ou reduzir a velocidade das mudanças climáticas. Para tanto, é preciso que consideremos o ESG como algo sério no mercado e imprescindível!

Menos ideologia e mais pragmatismo. Desenvolvimento associado a boas práticas ESG nos levarão à geração de riqueza e respeito às futuras gerações.

LIBERDADE ECONÔMICA E LIBERDADE FAMILIAR: A DESCONSIDERAÇÃO INVERSA DA PERSONALIDADE DA PESSOA JURÍDICA NA LEI N. 13.874/2019 E OS RISCOS À LIBERDADE DELA DECORRENTES

Gustavo Kloh Muller Neves

Introdução ao tema

O tema da desconsideração da personalidade da pessoa jurídica já se tornou clássico no estudo do Direito Civil brasileiro, não havendo estudante de Direito que não saiba da possibilidade de fazer incidir, sobre a esfera pessoal dos sócios, certos efeitos decorrentes de atos da pessoa jurídica, desde que caracterizados os requisitos da confusão patrimonial ou do abuso da personalidade.[1] Os manuais da matéria, em muitos casos, dedicam um tópico ou capítulo ao tema, sem, contudo, fazer nenhum juízo crítico sobre a figura.[2] Podemos

---

1. Conforme estabelecido pelo art. 50, *caput*, do Código Civil: "*Em caso de abuso da personalidade jurídica, caracterizado pelo desvio de finalidade ou pela confusão patrimonial, pode o juiz, a requerimento da parte, ou do Ministério Público quando lhe couber intervir no processo, desconsiderá-la para que os efeitos de certas e determinadas relações de obrigações sejam estendidos aos bens particulares de administradores ou de sócios da pessoa jurídica beneficiados direta ou indiretamente pelo abuso*".

2. Por exemplo, DINIZ, Maria Helena. *Manual de direito civil*. São Paulo: Saraiva, 2011, p. 64.

encontrar algumas críticas em Tartuce,[3] Fiúza,[4] e mesmo em monografias especialmente dedicadas ao tema, como a obra de Filipe Queiroz Nascimento.[5] Há muito não mais uma teoria, diante de sua positivação no Código de Defesa do Consumidor e no Código Civil de 2002, passou o instituto jurídico por uma transição curiosa: de teoria passou a dispositivo legislativo, foi reformado pela Lei de Liberdade Econômica (Lei n. 13.874, de 2019), sem que neste percurso fosse discutida, de modo mais direto, suas razões e sua amplitude.

Ordinariamente é referida sua origem em outros ordenamentos jurídicos (Grã-Bretanha, Alemanha),[6] todavia sem que a questão do fundamento atual da aplicação da desconsideração da personalidade da pessoa jurídica, com as características específicas do enquadramento temporal-espacial brasileiros, venham à tona. E a desconsideração segue como um dado pressuposto, como se sempre tivesse existido, e como se ela mesma se autojustificasse, sem o merecimento de uma análise valorativa a amparar o instituto.

Por exemplo, da leitura da monografia do professor Rolf Madaleno, *A Desconsideração Judicial da Pessoa Jurídica e da Interposta Pessoa Física no Direito de Família,*[7] extraem-se como fundamentos para a desconsideração, basicamente, a repressão ao abuso de direito e à fraude contra credores. A lista contempla apenas motivos para desconsiderar, sem se sopesar em quais casos deveriam ser contrapostos outros interesses que podem justificar a preservação do patrimônio da pessoa jurídica.

---

3. TARTUCE, Flávio. *Direito Civil:* Lei de Introdução e Parte Geral, 16. ed., Rio de Janeiro: GEN Forense, 2020, p. 304.

4. FIÚZA, C. A. *Direito Civil* – Curso Completo, 18. ed., São Paulo: Revista dos Tribunais, 2015, p. 205.

5. QUEIROZ, Filipe. *A teoria da desconsideração da personalidade da pessoa jurídica e sua aplicação no Brasil e em Portugal,* 1, ed., Publicação Independente, 2020.

6. Conforme TARTUCE, *idem.*

7. MADALENO, Rolf. *A Desconsideração Judicial da Pessoa Jurídica e da Interposta Pessoa Física no Direito de Família*, 2ª ed., Rio de Janeiro: GEN Forense, 2013.

Não sem razão, o texto do art. 50 do Código Civil, tanto na redação original quanto na alterada pela Lei de Liberdade Econômica, usa a locução "o juiz poderá". Não é mandatória a desconsideração, é necessário sopesar se existe necessidade, interesse, e ainda se outros terceiros podem vir a ser prejudicados. Em alguns ramos do Direito, é reconhecido, esse poderá atingir ares de dever, obrigatoriedade, especialmente no Direito do Trabalho.[8] Entendemos que esse campo de discussão é mais evidente e não é a nossa intenção no presente trabalho. Queríamos sublinhar a existência de uma linha divisória desconhecida, mas sempre presente, entre os interesses da família de um lado, e os da empresa, do outro.

Contudo, a Lei de Liberdade Econômica, no percurso de uma reforma, em alguns aspectos, benigna e objetivante, do instituto da desconsideração da personalidade da pessoa jurídica, perdeu boa oportunidade de determinar critérios mais diretos para que se pudesse realizar a forma de desconsideração da personalidade da pessoa jurídica mais usada no Direito de Família, que é a desconsideração inversa. Além disso, cumpriria também a tentativa de responder o que essa admissão expressa deste instituto tem a contribuir com a liberdade econômica, sem ao menos restringi-lo ou direcioná-lo (já que estava consagrado nas decisões do Superior Tribunal de Justiça).[9] Essas perguntas precisam ser aprofundadas.

---

8. Havendo mesmo quem defenda a desnecessidade da desconsideração no Direito do Trabalho, conforme texto de Felipe Bernardes, http://trabalhoemdebate.com.br/artigo/detalhe/a-desconsideracao-direta-da-personalidade-juridica, colhido em 29 de agosto de 2021, 16:09.

9. Por exemplo: "Informativo nº 0533. Período: 12 de fevereiro de 2014. TERCEIRA TURMA DIREITO CIVIL. LEGITIMIDADE ATIVA PARA REQUERER DESCONSIDERAÇÃO. INVERSA DE PERSONALIDADE JURÍDICA. Se o sócio controlador de sociedade empresária transferir parte de seus bens à pessoa jurídica controlada com o intuito de fraudar partilha em dissolução de união estável, a companheira prejudicada, ainda que integre a sociedade empresária na condição de sócia minoritária, terá legitimidade para requerer a desconsideração inversa da personalidade jurídica de modo a resguardar sua meação. Inicialmente, ressalte-se que a Terceira Turma do STJ já decidiu pela possibilidade de desconsideração inversa da personalidade jurídica - que se caracteriza pelo afastamento da autonomia patrimonial da sociedade, para, contrariamente do que ocorre na desconsideração

da personalidade jurídica propriamente dita, atingir o ente coletivo e seu patrimônio social, de modo a responsabilizar a pessoa jurídica por obrigações do sócio -, em razão de uma interpretação teleológica do art. 50 do CC/2002 (REsp 948.117-MS, DJe 3/8/2010). Quanto à legitimidade para atuar como parte no processo, por possuir, em regra, vinculação com o direito material, é conferida, na maioria das vezes, somente aos titulares da relação de direito material. Dessa forma, a legitimidade para requerer a desconsideração é atribuída, em regra, ao familiar que tenha sido lesado, titular do direito material perseguido, consoante a regra segundo a qual "Ninguém poderá pleitear, em nome próprio, direito alheio, salvo quando autorizado por lei" (art. 6º do CPC). Nota-se, nesse contexto, que a legitimidade para requerer a desconsideração inversa da personalidade jurídica da sociedade não decorre da condição de sócia, mas sim da condição de companheira do sócio controlador acusado de cometer abuso de direito com o intuito de fraudar a partilha. Além do mais, embora a companheira que se considera lesada também seja sócia, seria muito difícil a ela, quando não impossível, investigar os bens da empresa e garantir que eles não seriam indevidamente dissipados antes da conclusão da partilha, haja vista a condição de sócia minoritária. REsp 1.236.916-RS, Rel. Min. Nancy Andrighi, julgado em 22/10/2013." E ainda: "Informativo nº 0440. Período: 21 a 25 de junho de 2010. TERCEIRA TURMA. DESCONSIDERAÇÃO DA PERSONALIDADE JURÍDICA INVERSA. Discute-se, no REsp, se a regra contida no art. 50 do CC/2002 autoriza a chamada desconsideração da personalidade jurídica inversa. Destacou a Min. Relatora, em princípio, que, a par de divergências doutrinárias, este Superior Tribunal sedimentou o entendimento de ser possível a desconstituição da personalidade jurídica dentro do processo de execução ou falimentar, independentemente de ação própria. Por outro lado, expõe que, da análise do art. 50 do CC/2002, depreende-se que o ordenamento jurídico pátrio adotou a chamada teoria maior da desconsideração, segundo a qual se exige, além da prova de insolvência, a demonstração ou de desvio de finalidade (teoria subjetiva da desconsideração) ou de confusão patrimonial (teoria objetiva da desconsideração). Também explica que a interpretação literal do referido artigo, de que esse preceito de lei somente serviria para atingir bens dos sócios em razão de dívidas da sociedade e não o inverso, não deve prevalecer. Anota, após essas considerações, que a desconsideração inversa da personalidade jurídica caracteriza-se pelo afastamento da autonomia patrimonial da sociedade, para, contrariamente do que ocorre na desconsideração da personalidade propriamente dita, atingir, então, o ente coletivo e seu patrimônio social, de modo a responsabilizar a pessoa jurídica por obrigações de seus sócios ou administradores. Assim, observa que o citado dispositivo, sob a ótica de uma interpretação teleológica, legitima a inferência de ser possível a teoria da desconsideração da personalidade jurídica em sua modalidade inversa, que encontra justificativa nos princípios éticos e jurídicos intrínsecos à própria *disregard doctrine*, que vedam o abuso de direito e a fraude contra credores. Dessa forma, a finalidade maior da *disregard doctrine* contida no preceito legal em comento é combater a utilização indevida do ente societário por seus sócios. Ressalta que, diante da desconsideração da personalidade jurídica inversa, com os efeitos sobre o patrimônio do ente societário, os sócios ou administradores possuem legitimidade para defesa de seus direitos mediante a interposição dos recursos tidos por cabíveis, sem ofensa ao contraditório, à ampla defesa e ao devido processo legal. No entanto, a Min. Relatora assinala que o juiz só poderá decidir por essa medida excepcional quando forem atendidos todos

I. Desconsideração inversa da personalidade da pessoa jurídica

Em largas manchas, a figura da desconsideração inversa da personalidade da pessoa jurídica opera com a produção de efeitos sobre a pessoa jurídica, em razão de atos considerados de abuso de direito, por parte da pessoa do sócio. Um caso típico seria aquele no qual bens pessoais do sócio, absolutamente dissociados do objeto social da sociedade (casa de final de semana, iate...), são adquiridos e integram a propriedade da sociedade, mas não integram a vida social da referida. Os bens são usados exclusivamente pelo sócio em sua vida pessoal. Nesse caso, caracterizado o abuso da personalidade da pessoa jurídica, previsto no art. 50 do Código Civil, o magistrado pode fazer com que tais bens venham a integrar uma futura partilha, ou venham a ser alvo de reponsabilidade em razão do não cumprimento de obrigação alimentar.

O instituto jurídico passou a ser expressamente referido no art. 50, § 3º, inserido no texto originário em razão da Lei de Liberdade Econômica: *"O disposto no caput e nos §§ 1º e 2º deste artigo também se aplica à extensão das obrigações de sócios ou de administradores à pessoa jurídica."* A desconsideração inversa pode ser usada por outros ramos do Direito, com o próprio Direito Empresarial, o Direito do Consumidor ou o Direito do Trabalho. Basta que seja possível identificar, de acordo com o pensamento predominante sobre a matéria, a existência de bens que não atendam à atividade social da sociedade, e que sejam exclusivamente usados por sócios. Se bens assim existirem, mesmo que em nome da sociedade, estão em risco.

---

os pressupostos relacionados à fraude ou abuso de direito estabelecidos no art. 50 do CC/2002. No caso dos autos, tanto o juiz como o tribunal a quo entenderam haver confusão patrimonial e abuso de direito por parte do recorrente. Nesse contexto, a Turma negou provimento ao recurso. Precedentes citados: REsp 279.273-SP, DJ 29/3/2004; REsp 970.635-SP, DJe 1°/12/2009, e REsp 693.235-MT, DJe 30/11/2009. REsp 948.117-MS, Rel. Min. Nancy Andrighi, julgado em 22/6/2010."

O Direito de Família, porém, é o ramo do Direito no qual o uso da teoria é o mais próspero, reputando-se interessante minudenciar alguma casuística, para contextualizar o leitor sobre o que exatamente estamos a tratar.

II. Aplicação típica no Direito de Família: partilha e alimentos

A aplicação mais usual da teoria da desconsideração da personalidade inversa no Direito de Família se dá em casos nos quais é alegada fraude na partilha de bens. A sociedade ou não tem quotas/ações de titularidade do cônjuge que está se separando, visto que são de familiares ou de relacionados, ou ainda são anteriores ao casamento/união estável, situação na qual o Superior Tribunal de Justiça reconhece[10] que, mesmo tendo havido valorização desta participação societária, não é ela caracterizadora de aumento patrimonial oneroso, essencial para que haja comunicação no regime de bens mais comum, qual seja, a comunhão parcial de bens.

Desse modo, se a sociedade não aumenta seu capital social, ou mesmo a quantidade de quotas havidas por um sócio, não se tem caracterizada hipótese que justificasse o reconhecimento do surgimento de patrimônio comum do casal, neste regime mais comum. Assim, adquiridos bens em nome da sociedade, não por meio do instituto da integralização do capital social, mas com recursos da própria sociedade, sem que haja desembolso dos sócios, se estes bens estiverem em propriedade da

---

10. "RECURSO ESPECIAL. DIREITO CIVIL. FAMÍLIA. UNIÃO ESTÁVEL. REGIME DE BENS. COMUNHÃO PARCIAL DE BENS. VALORIZAÇÃO DE COTAS SOCIAIS. 1. O regime de bens aplicável às uniões estáveis é o da comunhão parcial, comunicando-se, mesmo por presunção, os bens adquiridos pelo esforço comum dos companheiros. 2. A valorização patrimonial das cotas sociais de sociedade limitada, adquiridas antes do início do período de convivência, decorrente de mero fenômeno econômico, e não do esforço comum dos companheiros, não se comunica. 3. RECURSO ESPECIAL PROVIDO." (STJ - REsp: 1173931 RS 2010/0004289-4, Relator: MIN. PAULO DE TARSO SANSEVERINO, Data de Julgamento: 22/10/2013, T3 - TERCEIRA TURMA, Data de Publicação: DJe 28/10/2013).

sociedade, pouco importa se foram adquiridos antes ou depois do início da sociedade conjugal, neste caso mais comum.

Estes bens, todavia, poderiam estar sendo usados exclusivamente, ao menos temporariamente, no interesse e por determinação de um certo sócio, de modo que, apesar de constarem como sendo de propriedade da pessoa jurídica, estão na posse direta e no uso de pessoa natural. Em casos como esses, é usual que sejam bens dissociados da atividade social, como bens de luxo, imóveis residenciais, ou mesmo investimentos realizados de modo a que seja o sócio o beneficiado, e não a sociedade (por exemplo, um VGBL tendo como beneficiário um determinado sócio, mas com aporte único feito pela sociedade). São esses os casos nitidamente apontados pela doutrina como justificadores da desconsideração inversa sem maiores dúvidas (ao menos para o pensamento tradicional de Direito de Família).[11]

Nesse caso, estes bens seriam entendidos como particulares do sócio para fins de partilha, representando por um lado uma perda nos ativos da sociedade, e por outro lado, um ingresso no patrimônio do sócio. Também é possível que os bens sejam apostos em outra sociedade, mas o tenham sido para que o patrimônio seja desviado, aplicando-se também a desconsideração inversa, como no caso abaixo:

> Família. Inventário e partilha de bens. Casamento sob o regime da comunhão parcial de bens. Reconhecida a conduta intencional do ex-marido de fraudar a meação da ex-mulher. Matéria decidida em ação anulatória de negócio jurídico. Efeito positivo da *res iudicata.* Entendimento corroborado pelas provas destes autos. Sub-rogação caracterizada: venda de ações da sociedade da qual a ex-mulher era sócia (AMF), após a separação de fato. Valores utilizados na integralização de capital social de nova sociedade (AGF). Evidente a utilização da pessoa jurídica com propósito de retirar da autora o direito sobre seu patrimônio. Possibilidade de o juízo de família aplicar a teoria da desconsideração da personalidade jurídica inversa. Precedentes do STJ. Reconhecimento do direito sobre a meação de sociedade que deve ser

11. MADALENO, Rolf. *A desconsideração judicial da pessoa jurídica e da interposta pessoa física no direito de família.* 2ª ed., Rio de Janeiro: GEN Forense, 2020, p. 176.

> liquidada nos termos do art. 1.027 do Código Civil. Impossibilidade de o juízo de família determinar a retirada da autora dos quadros societários da AMF. Competência do Juízo de Direito em matéria Empresarial (art. 50, I, alínea e, item 2, da LODJ). Preliminares rejeitadas. Sentença retificada. Sucumbência mínima da autora. Réu condenado ao pagamento das despesas processuais e honorários advocatícios. Apelação da ex-companheira parcialmente provida. (TJ-RJ - APL: 01333219020048190001 RJ 0133321-90.2004.8.19.0001, Relator: DES. BERNARDO MOREIRA GARCEZ NETO, Data de Julgamento: 08/07/2015, DÉCIMA CAMARA CIVEL, Data de Publicação: 13/07/2015 10:36)

Também é possível que a desconsideração seja requerida pelo credor de alimentos que, verificando que o patrimônio decorrente da confusão patrimonial/desvio de finalidade está alocado na sociedade, requer a desconsideração e a projeção dos efeitos para alcançar os bens:

> AGRAVO DE INSTRUMENTO. Irresignação contra a decisão que julgou procedente pedido de desconsideração inversa da personalidade jurídica de empresa da qual o agravante é sócio, para que fosse pago débito alimentar. Descabimento. Execução alimentar que se realiza de acordo com o interesse do credor. Agravante não nega a dívida, insurgindo-se neste instrumento sob a alegação de que os credores exequentes, seus filhos, não exauriram todos os meios à disposição para levantar o patrimônio do devedor, que o próprio agravante aponta. Existência de vasto patrimônio, constituído de diferentes bens móveis e imóveis, em relação ao qual poderia o devedor ter buscado meios de liquidar, a fim de impedir a inadimplência em relação aos alimentos dos filhos, o que evitaria a desconsideração da personalidade jurídica da empresa de que é sócio, ficando mantida, neste agravo. Recurso improvido. (TJ-SP - AI: 20628883920218260000 SP 2062888-39.2021.8.26.0000, Relator: James Siano, Data de Julgamento: 30/03/2021, 5ª Câmara de Direito Privado, Data de Publicação: 30/03/2021)

Além disso, é reconhecida a possibilidade do uso da avaliação sobre a realidade societária para a fixação de alimentos, valorando-se o padrão da sociedade e não do sócio. Afirma Rodrigo da Cunha Pereira:

> Para a fixação da pensão alimentícia, além do trinômio necessidade x possibilidade x proporcionalidade, há de ser considerado

> o padrão de vida, nem sempre compatível com o acervo probatório apresentado pelo alimentante, que, em razão de melindrosa engenharia contábil-financeira, consegue, habilmente, manipular seus lucros, dividendos e *pro labore*.[12]

Os casos apresentados de modo algum querem exaurir as possibilidades de julgados que podem vir a ser encontrados sobre a matéria. O que se pretende é familiarizar o leitor com o que efetivamente tem ocorrido, sempre em nome de uma suposta repressão ao abuso de direito e às fraudes. Entretanto, sob o prisma da liberdade, é perfeitamente possível articular circunstâncias nas quais o uso da desconsideração inversa pode significar violação às liberdades.

III. Liberdade e Direito Empresarial. Risco para a liberdade na tomada de decisões empresariais. Risco para o patrimônio da sociedade

Como visto, se existir uso "exclusivo" de um bem razoavelmente distanciado do objeto da sociedade, adquirido em nome desta, para o pensamento civilista convencional, bem como para os Tribunais brasileiros, resulta substancialmente caracterizada situação que justifica a desconsideração inversa da personalidade da pessoa jurídica. Porém não há, para tanto, consideração de que a vida da sociedade pode comportar um pouco mais de vieses do que somente a consecução, em linha reta, de seu objeto social.

Vamos examinar algumas possibilidades. Em primeiro lugar, com recursos próprios, uma sociedade adquire, para fins de investimento, um imóvel localizado em uma região típica de férias. A sociedade tem em seu quadro social cinco sócios, cada um com vinte por cento das quotas. Delibera em reunião de sócios que, enquanto o investimento não for concretizado, um dos sócios pode usar o bem (uma casa em Angra dos Reis, RJ),

---

12. PEREIRA, Rodrigo da Cunha. *Divórcio, teoria e prática.* 4ª ed. São Paulo: Saraiva, 2012, p. 181.

para fins puramente pessoais. Esse bem corre risco, em eventual divórcio, de ser perdido para o cônjuge que não compõe o quadro social da sociedade, e que, passa, portanto, por suas possíveis condutas futuras e pelo risco que pode vir a gerar, a interferir, mesmo que em uma esfera preventiva, nas decisões de investimento de uma sociedade na qual esse cônjuge não é sócio. A sociedade deve estar atenta para esses riscos, não podendo, sob pena de pôr seu investimento em risco, livremente permitir que um dos sócios use um dos bens gratuitamente.

Vejamos bem, nesse caso examinado, o sócio que usaria o bem não está tendo sua liberdade de decisão restringida, tampouco poderia deliberar sozinho (com vinte por cento) pelo uso exclusivo por ele da casa. Quem está tendo, em virtude de uma *liability* decorrente do Direito de Família, sua liberdade de deliberação restringida, é a própria sociedade.

Em uma segunda possibilidade, a sociedade decide adquirir um barco de luxo para o fomento de negócios (prática, aliás, deveras comum), aquilo que na prática se denomina "uso corporativo". Contudo, esse uso corporativo é feito precipuamente pelo diretor comercial, que também é sócio da sociedade. A deliberação, contudo, não foi só sua. Estes eventos, dependendo do mercado mirado, podem ser desde substancialmente ousados, até mesmo de caráter familiar. Em algumas áreas, as famílias se conhecerão e conviverão em eventos corporativos; há meios mais ou menos conservadores. Este barco, se usado somente por este diretor, em caso de divórcio, corre risco. Não será nada fácil estabelecer um critério seguro para o que é "vida dentro da empresa" e "vida fora da empresa". Na área corporativa, a confusão (ou integração, caso se deseje dar uma faceta positiva para a prática) é regra.[13] Novamente, o direito de decidir da sociedade é posto em risco pelo Direito de Família.

---

13. Conforme a reportagem disponível em: https://administradores.com.br/noticias/executivos-buscam-mais-equilibrio-entre-trabalho-e-vida-pessoal, colhida em 29 de agosto de 2021, às 18:46.

A liberdade de tomada de decisão da sociedade é decorrência natural da sua personalidade. Deve ela poder tomar as decisões que considerar legítimas, sempre tendo em vista a maximização dos lucros (Doutrina Friedman).[14] Não deve haver amarras para que tais decisões sejam deliberadas, sendo que eventual reflexo sobre a vida de um sócio não pode ser motivo para que não se possa optar por este tipo de investimento.

Aqui se verifica um típico *double standard:* as decisões empresariais sobre o caixa da sociedade, já reconheceu o Superior Tribunal de Justiça, não são sindicáveis. Se uma sociedade decidir não distribuir lucro, inclusive com prejuízo à verba que poderia, muito bem, ser a usada como parâmetro para fixação de obrigação alimentar, com a meta específica de viabilizar investimentos futuros, tais valores não poderão ser alcançados por eventual partilha:

> RECURSO ESPECIAL. DIREITO CIVIL E EMPRESARIAL. FAMÍLIA. UNIÃO ESTÁVEL. EXTINÇÃO. REGIME DE BENS. COMUNHÃO PARCIAL. VALORIZAÇÃO DE COTAS SOCIAIS. CAPITALIZAÇÃO. CONTA RESERVA. ART. 1.660, V, DO CÓDIGO CIVIL. CONCEITO DE FRUTO. INCOMPATIBILIDADE. NÃO COMUNICABILIDADE. VALOR. QUOTA. INTEGRALIZAÇÃO DE CAPITAL SOCIAL. DATA DA SEPARAÇÃO DE FATO. SÚMULA Nº 7/STJ. 1. A capitalização de reservas e lucros decorrente da própria atividade empresarial constitui produto da sociedade por incrementar o seu capital social. 2. O lucro destinado à conta de reserva, que não é distribuído aos sócios, não integra o acervo comum do casal, tendo em vista pertencer apenas à sociedade e não ao sócio. 3. A quantia destinada a futuro aumento de capital não deve ser objeto de partilha em virtude do fim de união estável, pois não está incluída no conceito de fruto, à luz do art. 1.660, inciso V, do Código Civil. 4. Inexistem elementos de prova no caso concreto a indicar a distribuição de lucros entre os sócios da empresa, motivo pelo qual a reforma do julgado demandaria o reexame do contexto fático-probatório, procedimento vedado na estreita via do recurso especial, a teor da Súmula nº 7/STJ. 5. O valor do capital social integralizado

14. Conforme a reportagem colhida em 29 de agosto de 2021, às 19:07, disponível em: https://www.nytimes.com/1970/09/13/archives/a-friedman-doctrine-the-social-responsibility-of-business-is-to.html.

> de determinada empresa é parâmetro adequado para a partilha especialmente quando a separação de fato do casal, ocasião em que finda o regime de bens, ocorre em momento muito próximo à sua constituição. 6. Ausência de necessidade de realização de balanço contábil referente a apenas um mês para aferir o valor real a ser partilhado, já que o percentual de participação do recorrido em tão curto período de tempo não justificaria a alteração do critério adotado pelo Tribunal de origem, à luz das provas constantes dos autos, insindicáveis no presente momento processual. 7. Recurso especial não provido. (STJ - REsp: 1595775 AP 2016/0091770-5, Relator: Ministro RICARDO VILLAS BÔAS CUEVA, Data de Julgamento: 09/08/2016, T3 - TERCEIRA TURMA, Data de Publicação: DJe 16/08/2016).

A sociedade, nesse giro, pode livremente deliberar sobre ativos financeiros; sobre bens, encontra algumas limitações, mormente se estes estiverem em uma espécie de alça de mira, ou seja, em uma visão preconcebida, são destinados ao gáudio da vida dos executivos e executivas – mas que podem perfeitamente caber dentro de uma decisão empresarial.

Aqui vale ressaltar o risco de certos conceitos indeterminados, como o que está plasmado ao final do art. 50 do Código Civil. A redação, frisa-se, é dada pela Lei de Liberdade Econômica. Estabelece a Lei: "*Em caso de abuso da personalidade jurídica, caracterizado pelo desvio de finalidade ou pela confusão patrimonial, pode o juiz, a requerimento da parte, ou do Ministério Público quando lhe couber intervir no processo, desconsiderá-la para que os efeitos de certas e determinadas relações de obrigações sejam estendidos aos bens particulares de administradores ou de sócios da pessoa jurídica beneficiados direta ou indiretamente pelo abuso.*" O que é ser beneficiado pelo "abuso"? Não se pode confundir o próprio benefício, nos casos acima explicitados, com o próprio abuso. Em uma sociedade, é comum que sejam contemplados, em nome e em atendimento ao bom funcionamento da vida social, executivos e executivas expatriados, que estejam expostos a riscos, ou que sejam considerados talentos especiais ou de relevância estratégica para a companhia. No mundo do Direito de Família, o sócio está quase sempre a abusar da sociedade em casos assim, sendo difícil a identificação da convergência de interesses. Em tantos casos, será estratégico para a sociedade mimar um executivo para poder expatriá-lo, por exemplo. E o Direito de Família precisa entender que, nesse caso, não há abuso, conquanto haja benefício da pessoa natural.

Nestes exemplos acima arrolados, a ineficácia decorrente da prolação das decisões que reconhecem a desconsideração inversa termina por impor à pessoa jurídica uma perda patrimonial. Esta perda patrimonial não afetará apenas o sócio que participou de suposta fraude, que não necessita ser o administrador ou o majoritário. Poderá afetar, ou mesmo inviabilizar a vida da sociedade. Nesse caso, se mostra bastante sensato o uso do vocábulo "poderá" pelo legislador. Será conveniente impedir o adequado seguimento da vida societária, em atendimento à função social da empresa e à proteção da livre-iniciativa.

Um parêntese: se o art. 1º, § 2º, da Lei de Liberdade Econômica impõe que *"interpretam-se em favor da liberdade econômica, da boa-fé e do respeito aos contratos, aos investimentos e à propriedade todas as normas de ordenação pública sobre atividades econômicas privadas"*, é equivocada a leitura, feita pelo pensamento de Direito de Família consolidado, de algumas situações típicas da vida empresarial, que precisam ser protegidas à luz da tutela dos investimentos e da liberdade de tomada de decisões concretizada nos atos societários e nos contratos firmados pela sociedade.

IV. Liberdade e Direito de Família. Risco para a liberdade da limitação do comprometimento do patrimônio no arranjo familiar. Proteção ao planejamento sucessório

O Direito de Família sofre, no presente momento, um inflexo pela liberdade. Uma guinada pela privatização, advinda do seio do próprio pensamento tradicional civilista. Neste panorama, destacam-se o livro de Renata Vilela Multedo,

Liberdade e Família,[15] e ainda o texto *A Privatização do Casamento,* publicado pela mesma autora em parceria com Maria Celina Bodin de Moraes.[16] Nestes textos, é defendida uma retomada do viés privado e do papel da vontade nas relações familiares, destacando-se a necessidade de que esta prevalência do combinado seja exercida também em relação ao regime de bens. Afirmam as autoras em uma referência precisa:

> No entanto, a corrente propõe uma forma singular de paternalismo, que afirma ser possível e legítimo que instituições públicas e/ou privadas afetem o comportamento das pessoas ao mesmo tempo em que respeitam sua liberdade de escolha. O paternalismo libertário é paternalista na medida em que tenta influenciar os indivíduos a optar pelo arranjo que os interventores julgam ser a melhor opção do ponto de vista do bem estar, e é libertário porque concede a esses mesmos indivíduos a possibilidade de recusa ao arranjo se assim desejarem, preservando assim a liberdade de escolha. Essa doutrina pretende demonstrar que a presença de alguma espécie de paternalismo é inevitável no momento em que o legislador (ou qualquer outro planejador) cria normas padronizadas dispositivas e (ou) supletivas, denominadas "regras-padrão". Isso porque a própria forma de apresentação das regras jurídicas já tem o condão de influenciar as escolhas feitas pelas pessoas. Uma das razões dessa influência é o fato de as pessoas, em muitas hipóteses, não terem preferências definidas sobre determinados assuntos. Outras vezes, tendem elas a ficar inertes, postergando a tomada de decisões que possam ter efeitos muito sérios. Defende-se que, uma vez inafastável a influência dessas regras sobre o comportamento das pessoas, elas devem ser escolhidas com o objetivo explícito de melhorar o bem-estar dos seus destinatários. Contudo, o aspecto libertário é assegurado, pois há a possibilidade de não adesão a essas "regras-padrão" pré-estipuladas (o que a doutrina norte-americana chama de "opt-out"), garantindo-se a liberdade de escolha. Essa proposta torna-se ainda mais atraente quando se observa que nem sempre as pessoas tomam boas decisões para si mesmas.

---

15. MULTEDO, Renata Vilela. *Liberdade e família:* Limites para intervenção do Estado nas relações conjugais e parentais. Rio de Janeiro: Editora Processo, 2017.

16. MULTEDO, Renata Vilela; MORAES, M. C. B. A privatização do casamento. Civilistica.com - *Revista Eletrônica de Direito Civil,* v. 2, p. 1, 2016.

Em relações paritárias como as conjugais, é justamente esse direito ao *opt-out* que deve ser preservado, em um sistema que aceita e consagra a possibilidade de planejamento conjugal e sucessório. A vida financeira do casal não se encerra no pacto antenupcial, aceitando as mais variadas nuances e desdobramentos, confundindo-se (e alinhando-se) à vida empresarial e à vida da família.

Esta questão está especialmente ressaltada em famílias cada vez mais líquidas, nas quais existe mutação e fragilidade de laços. Neste caso, os regimes de casamento e a vida conjugal em muitos casos já se desenham com uma cláusula de "desinvestimento", sendo certo que a proteção patrimonial das relações verticais (pais e mães protegendo o patrimônio que pretendem deixar para sua progênie) consiste em aceitação plena dessa nova realidade e desenho sociais. Ademais, nem sempre o significado será esse: poderá o arranjo quanto aos bens significar um desejo por ordem, por tornar claro de que modo se pretende conduzir uma vida em comum.[17]

As *holdings* se apresentam, nesse cenário, como parte da vida daqueles que têm patrimônio: sociedades que existem para o único fim de carregamento patrimonial, muito presentes em virtude da excessiva restrição à liberdade de fixação de arranjos familiares por meios tradicionais. Além disso, tais sociedades são essenciais para o tão propalado planejamento sucessório, que tem adentrado a vida familiar daqueles que se preocupam não somente com economia tributária, mas também com o direcionamento assertivo e pacífico da própria sucessão. Em um país de empresas familiares, as *holdings* são também um método preferencial de transmissão de ativos. Sobre a importância destas sociedades, destaca Gladston Mamede:

> Ainda que o mercado tenha o hábito salutar de colocar a família e a atividade profissional em lados opostos, há aqueles que não conseguem implementar essa divisão entre o plano doméstico e

---

17. GHILARDI, Doris. *Economia do Afeto:* análise econômica do direito no direito de família. Rio de Janeiro: Lumen Juris, 2015, p. 216.

> o plano dos negócios. Não apenas pessoas. Famílias inteiras para as quais a vida doméstica, a vida familiar, é uma parte da vida da empresa – e vice-versa. Família e empresa viveram bons momentos juntas, assim como sofreram juntas os maus momentos. Entre irmãos essa equação é comum e complexa. Daí ser indispensável que o profissional tenha tato, muito tato. O que pode estar atrás de uma controvérsia societária é, na verdade, uma mágoa trazida da infância, como aqueles que têm a certeza de que seu(s) irmão(s) foi mais querido pelos pais, foi melhor tratado, teve mais vantagens ao longo da criação. Facilmente se percebe que em raras oportunidades se poderá trabalhar para uma empresa familiar e tratar os negócios de uma forma impessoal. Para começar, é corriqueiro que seus administradores sustentem seus cargos não por estarem à altura do empreendimento, mas porque são parte da família e, assim, é seu direito desempenhar a função, o que é uma realidade com lastros constitucionais. Isso é uma verdade, é bom que se frise: os titulares de quotas ou ações de uma sociedade dividem sua propriedade coletiva e têm a faculdade de exercer os atos lícitos de afirmação de seus direitos, inclusive escolher os gestores e, até, escolherem-se para gestores. Atente-se para o fato de que é mesmo legítima a pretensão de que existam fortes elos entre o ambiente doméstico e o ambiente empresarial, levando à ideia de que a empresa é parte da família e, mais do que isso, que a empresa pode – e deve – ser um vetor para preservar a família. Isso não é, por si só, um prejuízo. Por isso, qualquer profissional que se disponha a trabalhar numa empresa familiar ou para os membros de uma família ligada a uma corporação empresarial deve ter esse cenário em mente para, assim, calcular seus passos. [18]

Ocorre que de que adianta privilegiar um sistema que autoriza a verticalização do patrimônio familiar, atendendo à vontade dos antepassados, se, ainda que com a proteção de um pacto que fixe a separação de bens, é possível alcançar o patrimônio da *holding* desde que sejam de uma determinada tipologia, ou seja, tenham sido adquiridos para servir a um sócio específico em sua vida familiar. Nesse caso, nos parece evidente que inexiste abuso da personalidade da pessoa jurídica: o bem foi adquirido pela sociedade familiar para servir à família.

---

18. MAMEDE, G.; MAMEDE, E. C. *Holding Familiar e suas Vantagens:* planejamento jurídico e econômico do patrimônio e da sucessão familiar, 9. ed. São Paulo: Editora Atlas, 2017, p. 183-184.

Em alguns casos, essa "família" tem outra acepção, significando não a família horizontal, mas uma linhagem de parentesco.

Atentos aos valores de um ordenamento no qual se busca conjugar liberdade e famílias, estes acordos devem sempre ser tomados em conta e prevalecer. Não se ignora que em certas situações específicas poderiam gerar resultados não queridos, excluindo herdeiros necessários. A própria existência desses herdeiros é merecedora de questionamento, havendo já entre os grandes nomes do nosso Direito Civil quem queira questionar a herança legítima.[19] Por enquanto, é corolário do sistema a proteção desses herdeiros. Porém, se não são menores, e se são paritários, como é o caso do cônjuge (um herdeiro necessário para lá de questionável, diga-se de passagem), deve ser admitido pelo sistema que os envolvidos regulem o seu próprio destino, com ênfase na efetividade dos arranjos determinados. Isso, entretanto, deve resultar em uma prevalência sobre pretensões de desconsideração inversa, especialmente se pautadas em pretensões alimentares. Não ser proprietário/acionista/quotista, em muitos casos, é o objetivo primaz desses planejamentos, e estes não podem ser frustrados, sob pena de se sacrificar gravemente a liberdade.

V. O problema piorado: a desconsideração expansiva da pessoa jurídica

No que consiste a "desconsideração expansiva": trata-se de projetar efeitos, decorrentes de atos considerados como abuso da personalidade da pessoa jurídica, sobre terceiros, sejam estes pessoas naturais ou jurídicas. É aquilo que popularmente se denomina de "alaranjamento", ou seja, a presença de pessoas interpostas com o fulcro de impedir a identificação do patrimônio do cônjuge.

---

19. Como no texto de Carlos Alberto Garbi colhido em 29 de agosto de 2021, às 21:27,Disponívelem:https://www.conjur.com.br/2019-mar-18/mudar-regime-sucessorio-vigente-brasil-urgente-parte

Nem sempre é necessário que esse terceiro seja alguém completamente alheio à vida da sociedade. Vejamos esse exemplo dado por Maria Berenice Dias:

> Por vezes, ocorre até a retirada fictícia do sócio da sociedade. Ele, em conluio com terceiro, vende a sua parte na empresa, a fim de afastar da partilha as quotas da sociedade ou o patrimônio do casal que havia revertido ao ente societário.[20]

A situação mais comum é a que envolve ascendentes. Nem sempre existirá confiança para que um terceiro desconhecido seja o veículo para o patrimônio que se quer ocultar. Um ascendente, pai, mãe, avós, podem ser confiáveis e não possuem laços de sangue com o cônjuge. A desconsideração expansiva poderia até mesmo alcançar sociedades nas quais não seja nada evidente a presença do cônjuge, que lá realizou apenas investimentos (por meio de sociedade em conta de participação, mútuo conversível em ações, debêntures ou qualquer outro mecanismo societário), mas que exerce atos de gestão. Seria possível imaginar uma projeção sobre a participação societária, ou sobre bens da sociedade.

A desconsideração expansiva foi consagrada na Primeira Jornada de Direito Processual do Superior Tribunal de Justiça, que assim o ementou: "*Aplica-se o disposto nos arts. 133 a 137 do CPC às hipóteses de desconsideração indireta e expansiva da personalidade jurídica.*"[21]

A admissão *a lattere* da desconsideração expansiva pode originar uma restrição ainda mais aguda da liberdade de tomada de decisão empresarial, bem como na exposição ao risco de perdas patrimoniais. Esta forma de desconsideração sequer tem previsão expressa, mas vem sendo admitida em

---

20. DIAS, Maria Berenice. *Manual de direito das famílias*. 12ª ed. São Paulo: Revista dos Tribunais, 2017, p. 369.

21. https://www.cjf.jus.br/enunciados/enunciado/1051

decisões de Tribunais brasileiros.[22] O clamor por cautela, nesse caso, deve ser redobrado.

VI. Por que esse assunto foi abordado em um diploma legislativo que propaga a liberdade econômica?

Essa indagação não poderia deixar de ser enfrentada no presente trabalho. Pesquisando-se o material existente na Presidência da República, a redação atual do art. 50, § 3º, já constava da Medida Provisória 881/2019, que findou por ser convertida na Lei de Liberdade Econômica. Na Exposição de Motivos, firmada pelo então Ministro da Justiça, Sérgio Moro,[23] lê-se que:

> A mais prestigiada e segura conceituação dos requisitos de desconsideração da personalidade jurídica, conforme amplo estudo da jurisprudência do Superior Tribunal de Justiça, e em alinhamento com pareceres da Receita Federal, é anotada em parágrafos no art. 50 do Código Civil, de maneira a garantir que aqueles empreendedores que não possuem condições muitas vezes de litigar até as

22. INCIDENTE DE DESCONSIDERAÇÃO EXPANSIVA DA PERSONALIDADE JURÍDICA. Grupo econômico. Confusão patrimonial. Ocorrência. Suficiência probatória acerca do abuso, com farta documentação carreada aos autos. Presença dos requisitos do artigo 50, *caput*, § 2º, III, do Código Civil. Inteligência do art. 134, § 4º, do CPC. Decisão mantida, por seus próprios e jurídicos fundamentos. RECURSO NÃO PROVIDO. (TJ-SP - AI: 20103862620218260000 SP 2010386-26.2021.8.26.0000, Relator: Fernando Sastre Redondo, Data de Julgamento: 06/07/2021, 38ª Câmara de Direito Privado, Data de Publicação: 06/07/2021) e ainda “AGRAVO DE INSTRUMENTO. INCIDENTE DE DESCONSIDERAÇÃO DA PERSONALIDADE JURÍDICA. ARRESTO DE BENS DOS SUSCITADOS. POSSIBILIDADE. PREENCHIMENTO DOS REQUISITOS DO ART. 300 DO CPC. INDÍCIOS DE QUE OS SÓCIOS DA EMPRESA EXECUTADA ATUAM PARA DESFAZER-SE DE SEU PATRIMÔNIO EM PREJUÍZO DE CREDORES POR MEIO DA ADMINISTRAÇÃO DE ATIVOS ATRAVÉS DE PESSOAS INTERPOSTAS (“LARANJAS”). PEDIDO DE INCLUSÃO DA FILHA MENOR DO SÓCIO NO POLO PASSIVO DO INCIDENTE. POSSIBILIDADE. DESCONSIDERAÇÃO EXPANSIVA DA PERSONALIDADE JURÍDICA DA EMPRESA EXECUTADA. INDÍCIOS DE QUE O NOME DA INFANTE ESTÁ SENDO UTILIZADO PARA OCULTAÇÃO DOS ATIVOS DA EMPRESA. Agravo de instrumento provido.” (TJPR - 16ª C. Cível - 0052574-81.2020.8.16.0000 - Colombo - Rel.: Desembargador Paulo Cezar Bellio - J. 30.11.2020).

23. Disponível em: http://www.planalto.gov.br/CCIVIL_03/_Ato2019-2022/2019/Exm/Exm-MP-881-19.pdf

instâncias superiores possam também estar protegidos contra decisões que não reflitam o mais consolidado entendimento.

À primeira vista, parece que o trabalho realizado neste ponto específico foi de duplo aspecto: proteger o empresariado, por meio de conceitos mais claros e maior estreiteza na caracterização das hipóteses de desconsideração da personalidade da pessoa jurídica, e, por outro lado, de consolidar a Jurisprudência. Só que há um pequeno deslize: a consolidação foi feita sem tomar em consideração que o momento poderia ser adequado para alterar a Jurisprudência, e não apenas para compilá-la. O que foi feito ao se adotar a redação em curso para o art. 50, § 3º, foi mera consolidação. Era possível ir mais longe, esclarecendo que a desconsideração inversa deveria ser vista sempre com um olhar restritivo, respeitando as decisões empresariais de investimento (que estão lá como princípio basilar, no art. 1º da Lei de Liberdade Econômica), bem como reconhecendo os riscos decorrentes do decréscimo no patrimônio das sociedades.

Conclusão: é necessário refletir

Ao final desse percurso, no qual buscamos apontar uma série de riscos nem tão evidentes decorrentes da desconsideração da personalidade da pessoa jurídica, não consideramos ousado demais perguntar nesta obra em homenagem ao sempre tão ousado e assertivo mestre Roberto Campos: já não nos acostumamos com as vias desnecessariamente alargadas da desconsideração da personalidade da pessoa jurídica no nosso Direito?

Ao empresário sempre será dado inovar, e sempre será esperado que arrisque. Como disse Roberto Campos, em sua clássica entrevista do Programa Roda Viva em 1997,[24] uma das maiores dificuldades enfrentadas pelos países da ex--Cortina de Ferro foi dar início a uma ordem capitalista sem

24. Disponível em: https://www.youtube.com/watch?v=u46o-Avc9GY, colhido em 29 de agosto, às 22:46.

capitalistas, sem empresários. Ser empresário e ter avidez pelo risco é uma vocação, que precisa ser nutrida e estimulada. Uma sociedade na qual não é possível recomendar soterra diariamente o empreendedorismo.

Nesta ordem de ideias, a Lei de Liberdade Econômica, mais do que ter confirmado o que a Jurisprudência do Superior Tribunal de Justiça já vinha decidindo sobre desconsideração da personalidade da pessoa jurídica, inclusive sobre a desconsideração inversa, poderia, além de ter concretizado alguns critérios, ter trazido escapes e exceções. Na desconsideração inversa, deveria ter expressamente consagrado a proteção da decisão empresarial e o atendimento da preservação da empresa.

Esperamos que o que a Lei não fez seja feito pelo trabalho conjunto dos operadores do Direito que, imbuídos de uma visão liberal, possam preservar a intenção dos empresários e a competitividade das empresas. Não se ignora que a proteção das famílias seja importante, mas a vontade expressa de seus membros não pode ser trespassada nas situações em que estes decidirem alinhar seus interesses com interesses empresariais. O abuso deve ser reservado a situações extremas, para que tenhamos segurança ao investir e decidir.

Referências

BERNARDES, Felipe. "A Desconsideração Direta da Personalidade Jurídica", Instituto Trabalho em Debate, texto em *website,* 09 de junho de 2020.

DIAS, Maria Berenice. *Manual de direito das famílias.* 12ª ed. São Paulo: Revista dos Tribunais, 2017.

DINIZ, Maria Helena. *Manual de direito civil.* São Paulo: Saraiva, 2011.

FIÚZA, C. A. C. *Direito Civil* – Curso Completo, 18ª ed., São Paulo: Revista dos Tribunais, 2015.

GARBI, C.A., "Mudar o regime sucessório vigente no Brasil é urgente (parte 2)", Conjur: São Paulo, texto em *website*, 18 de março de 2019.

GHILARDI, Dóris. *Economia do Afeto:* análise econômica do direito no direito de família. 01. ed. Rio de Janeiro: Lumen Juris, 2015.

MADALENO, Rolf. *A desconsideração judicial da pessoa jurídica e da interposta pessoa física no direito de família.* 2ª ed. Rio de Janeiro: GEN Forense, 2013.

MAMEDE, G.; MAMEDE, E. C. *Holding familiar e suas vantagens*: planejamento jurídico e econômico do patrimônio e da sucessão familiar, 9. ed. São Paulo: Atlas, 2017.

MULTEDO, Renata Vilela. *Liberdade e família:* limites para intervenção do Estado nas relações conjugais e parentais. Rio de Janeiro: Editora Processo, 2017.

MULTEDO, Renata Vilela; MORAES, M. C. B. A Privatização do Casamento. Civilistica.com - *Revista Eletrônica de Direito Civil*, v. 2, p. 1, 2016.

PEREIRA, Rodrigo da Cunha. *Divórcio:* Teoria e Prática. 4ª ed. São Paulo: Saraiva, 2012.

QUEIROZ, Filipe. a teoria da desconsideração da personalidade jurídica e sua aplicação no Brasil e em Portugal, 1. ed., Publicação Independente, 2020.

TARTUCE, Flávio. *Direito civil:* lei de introdução e parte geral. 16. ed. Rio de Janeiro: Forense, 2020.

VISÃO SISTEMÁTICA DOS CONTRATOS COMO FENÔMENO HISTÓRICO DA LIBERDADE INDIVIDUAL

César Fiuza

Introdução

A visão sistemática de determinado instituto jurídico não pode prescindir de uma abordagem histórica, posto que elementar, sob pena de não atingir seus objetivos.

Por isso, não poderíamos estudar os contratos sem a análise do desenvolvimento da teoria contratual, que, por óbvio, mudou no tempo.

Para tanto, tomaremos como ponto de partida o Direito Romano. As razões são óbvias. Além da dificuldade de se retrair a pesquisa a épocas mais remotas, o Direito Romano é a mais importante fonte histórica do Direito nos países ocidentais, e, ainda, a maioria dos institutos e princípios do Direito Civil nos foi legada pelo gênio jurídico dos romanos.

I. Direito Romano

Sabemos, contudo, que o Direito Romano "não se apresenta como um todo unitário, mas como a conjugação de vários sistemas, ou melhor, como um processo evolutivo que nasce, desenvolve-se, atinge o apogeu e decai, até compilar-se no *Corpus Iuris Civilis*".[1]

Há, inclusive, quem afirme que, em razão da constante evolução daquele sistema, não havia *um* só Direito Romano, mas como que *vários* Direitos Romanos, sendo que "o contrato dos primeiros tempos se apresenta com fisionomia bem diversa da que o caracteriza, por exemplo, nos períodos clássico e justinianeu".[2]

O termo contrato, no mais antigo Direito Romano, equivalia ao ato pelo qual o credor submetia o devedor a seu poder, em virtude do inadimplemento de uma obrigação.[3] Era o ato de contrair (*contrahere*), no sentido de restringir, apertar.

Sem adentrar nessas minúcias, verifica-se que no sistema romano posterior, seguramente a partir de meados da República (período que se estende de 510 a.C. a 27 a.C.), havia o gênero *conventio*, no qual se distinguiam as espécies *contractus* e *pactum*.

Os *contractus*, inicialmente, não podiam existir sem uma exteriorização de forma, e somente três categorias eram utilizadas: *litteris*, que exigiam a inscrição material no livro do credor; *re*, que demandavam a tradição efetiva da coisa, e *verbis*, que se validavam com a troca de expressões orais estritamente obrigacionais. Em tais categorias, o credor podia exigir o cumprimento da avença através de uma ação, "fator da mais lídima essencialidade, sem o qual não haveria direito, já que

---

1. AMARAL, Francisco. *Direito civil*: introdução. 2. ed., Rio de Janeiro: Renovar, 1999, p. 106.

2. CRETELLA JR., José. *Curso de direito romano*. 14. ed., p. 245.

3. SERPA LOPES, Miguel Maria de. *Curso de direito civil*. 7. ed., Rio de Janeiro: Freitas Bastos, 1989. vol. 3, p. 14.

este era nada, se não fosse munido da faculdade de reclamação em juízo".[4] Aliás, os romanos não concebiam, como nós, a ideia de direito subjetivo, mas tão somente a de *actio*. Scialoja muito bem sintetiza esta ideia, demonstrando que:

> (...) para los romanos, el concepto del derecho subjetivo, tal como lo entendemos nosotros, no sin grave dificultad de definición, pero del cual nos servimos a diario, era concepto mucho menos acentuado, mucho menos usual que en el derecho moderno; ellos hablaban mucho más de acciones y mucho menos de derechos de lo que lo hacemos nosotros. Por ejemplo, nosotros hablamos de los derechos del comprador y de los derechos del vendedor; los romanos, en cambio, hablaban de *actio ex empto* y de *actio ex vendito*."[5]

Para a formação da obrigação contratual, não bastava o acordo de vontade das partes sobre um determinado objeto, era imprescindível a observância da forma consagrada.

A razão do formalismo tinha caráter religioso e prático. Os contratos só seriam abençoados pelos deuses se seguissem os rituais adequados. Na prática, porém, as razões se deviam à pouca e difícil utilização da escrita, o que levava aos extremados rituais orais. Afinal, *verba volant*, i.e., as simples palavras voam.

Os *pacta*, por sua vez, eram celebrados sem qualquer obediência à forma, bastando o acordo de vontades. Não sendo previstos em lei, não lhes era atribuída a proteção da *actio*, ou seja, se uma das partes não cumpria o prometido, a outra não poderia mover-lhe nenhuma ação. As razões para isso, veremos mais adiante.

Mais tarde, com a atribuição de ação a quatro pactos de utilização frequente – venda, locação, mandato, sociedade –, surgiu a categoria dos contratos que se celebravam *solo consensu*, isto é, pelo acordo de vontades, pela convenção. Somente

---

4. PEREIRA, Caio Mário da Silva. *Instituições de Direito Civil.* 18. ed., Rio de Janeiro: Forense, vol. 3, 1997, p. 3.

5. SCIALOJA, Vittorio. *Procedimiento civil romano*. Buenos Aires: Europa-América, 1954, p. 98-99.

existiam esses quatro contratos consensuais. Em todos os outros, as partes tinham que observar as formalidades previstas.

Nas palavras de Eugène Petit:

> "[...] la regla antigua, que domina aún en la época clásica, y que subsiste aún en tiempos de Justiniano, es que el acuerdo de las voluntades, el simple pacto, no basta para crear una obligación civil. El derecho civil no reconoce este efecto más que a convenciones acompañadas de ciertas formalidades, cuya ventaja es dar más fuerza y más certidumbre al consentimiento de las partes, y disminuirlos pleitos encerrando en límites precisos la manifestación de voluntad. Consistían, bien en palabras solemnes que debían emplearlas partes para formular su acuerdo, bien en menciones escritas; bien, por último, en la remisión de una cosa, hecha por una de las partes a la otra. Estas formalidades llevadas a cabo, venían a ser la causa por la que el derecho civil sancionaba una o varias obligaciones (Ulpiano, L. 7, § 4, D., de *pactis*, II, 14). Sin embargo, se derogó esta regla a favor de ciertas convenciones de uso frecuente y de importancia práctica considerable. Fueron aceptadas por el derecho civil, tales como el derecho de gentes las admitía, es decir, válidas por el solo consentimiento de las partes, sin ninguna solemnidad. Cada una de las convenciones así sancionadas por el derecho civil formaba un contrato y estaba designado por un nombre especial. Los contratos enderecho romano son, pues: unas convenciones que están destinadas a producir obligaciones y que han sido sancionadas y nombradas por el derecho civil. Desde fines de la República, se ha determinado el número de los contratos, y se distinguen cuatro clases de ellos, según las formalidades que deben acompañar a la convención. – 1. Los contratos *verbis* se forman con la ayuda de palabras solemnes. No citaremos aquí más que el principal: la estipulación. – 2. El contrato *litteris* exige menciones escritas. – 3. Los contratos re no son perfectos sino por la entrega de una cosa al que viene a hecerse deudor. Son el *mutuum* o préstamo de consumo, el comodato o préstamo de uso, el depósito y la prenda. – 4. Por último, los contratos formados *solo consensu*, por el solo acuerdo de las partes, son: la venta, el arrendamiento, la sociedad y el mandato. – Toda convención que no figura en esta enumeración no es un contrato; es un simple pacto que no produce en principio obligación civil".[6]

---

6. PETIT, Eugène. *Tratado elemental de derecho romano*. Buenos Aires: Universidad, 1999, p. 282.

Sintetizando, os contratos eram convenções que, desde a época clássica (149-126 a.C. a 305 d.C.), geravam obrigações civis por si mesmos, por força do *ius civile*. Os pactos, por não terem forma prevista em lei, por não fazerem parte da lista de contratos, geravam obrigações naturais, a não ser que fossem acessórios de um contrato ou recebessem força do Direito Pretoriano ou de alguma Constituição Imperial, quanto a estas, já no período pós-clássico (305 a 565).

Os contratos eram convenções que apenas criavam obrigações. Para modificá-las ou extingui-las, celebravam-se pactos. Hoje, denominamos *distrato* à convenção que põe fim a um contrato. Além disso, atribuímos-lhe a natureza de contrato. Para os romanos, o distrato seria um pacto. O mesmo se diga do que, atualmente, chamamos adendos ou aditivos contratuais. Assim, essas convenções, que modificavam ou extinguiam obrigações, eram pactos. Estes eram denominados pactos adjetos (*pacta adiecta*), e é a eles que se refere a doutrina, ao afirmar que os pactos não geravam ações, mas exceções. Ainda hoje, podemos afirmar o mesmo. Ora, de regra, um distrato ou um aditivo contratual gera apenas exceção. Se celebro um distrato de compra e venda, restituindo a coisa e recebendo de volta o sinal, e, mesmo assim, sou acionado pelo vendedor para pagar as prestações restantes, o distrato me servirá de base para opor uma exceção contra o vendedor. É difícil imaginar uma hipótese de ação com base no distrato. O mesmo se diga de um aditivo contratual que modifica o vencimento de uma obrigação. Se o credor acionar o devedor com base na data antiga, este poderá opor uma exceção com base no aditivo. Aqui também é difícil imaginar uma ação a partir desse aditivo contratual. Pode-se dizer, que tanto no Direito Romano quanto no Direito atual, os pactos (adjetos) só geravam e só geram exceções.

Os pactos adjetos geravam, assim, obrigação civil. Ao lado deles, outros pactos também geravam obrigações civis, por assim dizer, principais. Eram os pactos legítimos e os pactos pretorianos (*pacta legitima/pacta praetoria*). Aos pactos adjetos, legítimos e pretorianos se dava o nome de pactos vestidos (*pacta vestita*). Um pacto se considerava vestido, gerando obrigação civil, se lhe desse força o pretor (*pacta praetoria*), se fosse reconhecido por Constituição Imperial (*pacta legitima*) ou se fosse acessório de um contrato (*pacta adiecta*). Havia outros pactos, chamados nus (*nuda pacta*), que geravam apenas obrigação natural. Para que gerassem obrigação civil, era necessário que se lhes aplicasse a forma de estipulação, transformando-os em contrato. A estipulação era uma forma de contrato, pela qual uma pessoa se comprometia a pagar certa quantia à outra, caso o fato, objeto da disputa, se resolvesse a seu favor. O segundo meio de se transformar um pacto nu em contrato, fazendo com que gerasse obrigação civil, era, nas convenções de obrigações bilaterais, uma das partes realizar sua prestação. Quando isso ocorria, estava-se diante de contrato real inominado, havendo uma prestação adimplida em vista de outra recíproca.[7] Dessa forma, os pactos nus se transformavam em contrato, correspondendo-lhes a devida ação.

Os outros pactos, os vestidos, geravam obrigação civil, sendo protegidos pela *actio*, se fossem legítimos ou pretorianos, ou pela *exceptio*, se fossem adjetos.

Retornando ao tema da forma dos contratos, as concessões ao princípio consensualista foram decorrentes das imperiosas necessidades de uma sociedade marcadamente mercantil e cresceram a ponto de quase tornar possível o abandono do formalismo. Houve, no entanto, retrocessos, com a rejeição da validade de atos puramente abstratos.

II. Idade Média

Na Idade Média, perduravam as exigências do Direito Romano. Entretanto, a generalização da prática dos escribas de fazer constar no instrumento escrito das convenções, a

---

7. VAN WETTER, Peter. *Cours élémentaire de droit romain*. 3. ed., Paris: A. Marescq Aîné, 1893. t. II, p. 125, 127-128.

pedido dos contratantes, que todas as formalidades tinham sido cumpridas, ainda quando não o tivessem sido, desencadeou mudanças. Era a abolição indireta da sacramentalidade, pois a simples menção da observância da forma tinha maior importância que seu cumprimento.[8]

Nesse período, o contrato começa a se estabelecer como instrumento abstrato, pois se confere força obrigatória às manifestações de vontade, sem os formalismos exagerados do Direito Romano.

Some-se a isso o costume de se introduzir um juramento, com motivos religiosos, a fim de atribuir força às convenções. Tal prática valorizou a declaração de vontade e o próprio consentimento.

III. Idade Moderna

O triunfo do consensualismo é presenciado pela modernidade, uma forma de organização social, que se consolida no ambiente ocidental europeu entre os séculos XVII e XIX, a partir dos reflexos do movimento iluminista, tendo como traço característico a exaltação da razão.[9]

A concepção de razão era essencialmente instrumental, designando uma força intelectual comum a todo ser humano, que poderia levá-lo à compreensão dos fenômenos naturais e sociais de maneira clara e precisa, desde que observado um rigoroso método, projetado a partir de procedimentos de tipo matemático.[10] Pretendia-se superar a convicção medieval de que os únicos meios seguros para informar o agir e o conhecimento humano encontravam-se na teologia e na tradição.

---

8. PEREIRA, Caio Mário da Silva. *Instituições*... cit., 18. ed., vol. 3, p. 8.

9. LÓPEZ, Carlos Fuentes. *El racionalismo jurídico*. México: Universidad Nacional Autónoma de México, 2003, p. 184-185.

10. LÓPEZ, Carlos Fuentes. *cit.*, p. 131-134.

A razão foi considerada uma verdadeira ferramenta de ruptura, na medida em que acabou por determinar a secularização das experiências, dos conhecimentos e das ações humanas, possibilitando a emergência do sujeito como agente ativo do envolvimento social, apoiando-se exclusivamente na sua consciência. Essa época se caracterizou pelo individualismo como posição ideológica, que fez depender do consenso entre as vontades individuais o estabelecimento da ordem política, da ordem econômica, da ordem social e, em consequência, também da ordem jurídica.[11]

A valorização da razão determinou, então, a consagração da vontade como elemento principal do contrato, que passou a fundamentar não só a sua gênese, mas também a legitimação do seu poder vinculante, o que pode facilmente ser percebido nas principais codificações da época.[12]

Tendo em vista o papel decisivo da vontade, adverte Claudia Lima Marques, o sistema jurídico concentrou seus esforços no problema da realização dessa vontade.[13] A função da legislação, da doutrina e da jurisprudência era proteger a vontade criadora dos contratos e assegurar os efeitos pretendidos pelos contratantes.

O modo pelo qual se opera a formação do contrato não mais se sujeita ao cumprimento estrito de solenidades, bastando o simples consentimento entre os interessados. Em regra, a celebração do contrato depende apenas da harmonização das vontades declaradas pelos contratantes, expressas por quaisquer meios inteligíveis e idôneos, seguindo o esquema da proposta e da aceitação. É então o enlace psicológico de duas declarações de vontade de pessoas distintas que determina a gênese do contrato moderno.

---

11. LÓPEZ, Carlos Fuentes. *El racionalismo jurídico*. México: Universidad Nacional Autónoma de México, 2003, p. 258.

12. MARQUES, Claudia Lima. *Contratos no Código de Defesa do Consumidor*. São Paulo: Ed. RT, 2005, p. 51.

13. Idem, p. 54.

Os indivíduos recebem poderes suficientes para, sem qualquer influência externa imperativa, seguindo apenas os impulsos de sua razão, escolher contratar ou se abster de contratar, selecionar o seu parceiro contratual, fixar o conteúdo e os limites das obrigações assumidas por meio do contrato. Compete-lhes dimensionar os efeitos que serão produzidos pelo contrato a ser celebrado, discutindo amplamente os seus termos e suas condições. Permite-se, inclusive, a derrogação casuística das disposições legais peculiares a cada contrato, desde que não ocorra a violação dos bons costumes e da ordem pública, assim atendendo às conveniências particulares dos envolvidos.

Em matéria contratual, o sistema legal passa a ter um caráter essencialmente residual. A ele cabe apenas zelar pela palavra empenhada, pelo acordo firmado como o fora. Não lhe era permitido cogitar acerca, principalmente, do conteúdo do contrato. Quando muito, teria emprego supletivo, incidindo em caso de silêncio dos contratantes.[14]

Em síntese, assinala Enzo Roppo:

> (...) afirmava-se que a conclusão dos contratos, de qualquer contrato, devia ser uma operação absolutamente livre para os contratantes interessados: deviam ser estes, na sua soberania individual de juízo e de escolha, a decidir se estipular ou não estipular um certo contrato, a estabelecer se concluí-lo com esta ou com aquela contraparte, a determinar com plena autonomia o seu

14. "Não procede a observação de que a autonomia das partes é mais aparente do que real, feita sob o fundamento de que estas se submetem, quase sempre, aos preceitos legais, despreocupando-se dos efeitos secundários do contrato. Se é verdade que ocorre frequentemente a submissão dos contratantes às normas supletivas do direito contratual, nem por isso a liberdade de contratar é um postulado acadêmico. Em cada contrato usa-se com maior ou menor extensão, dependendo da conveniência das partes. Se a dispensam frequentemente é porque a lei condensa, via de regra, os preceitos usuais que costumam reger o conteúdo dos contratos mais comuns. Somente, pois, quando lhes convém regulá-los de modo diverso é que fazem valer a liberdade que lhes é assegurada. A circunstância de serem supletivas em grande parte as regras do direito contratual não significa que sua aplicação fica ao arbítrio das partes se não regulam expressamente certos efeitos do contrato. A omissão determina-lhes a incidência no contrato, aplicando-se, obrigatoriamente, no suposto que traduzem a vontade das partes." (GOMES, Orlando. *Contratos*. 23. ed. Rio de Janeiro: Forense, 2001, p. 23).

> conteúdo, inserindo-lhe estas ou aquelas cláusulas, convencionando este ou aquele preço. Os limites a uma tal liberdade eram concebidos como exclusivamente negativos, como puras e simples proibições; estas deviam apenas assinalar, por assim dizer, do exterior, as fronteiras, dentro das quais a liberdade contratual dos indivíduos podia expandir-se em estorvos e sem controles. Inversamente, não se admitia, por princípio, que a liberdade contratual fosse submetida a vínculos positivos, a prescrições tais que impusessem aos sujeitos, contra a sua vontade, a estipulação de um certo contrato, ou a estipulação com um sujeito determinado, ou por um preço ou em certas condições: os poderes públicos – legislador e tribunais – deviam abster-se de interferir, a que título fosse, na livre escolha dos contraentes privados.[15]

Oportuno destacar que o enaltecimento jurídico da vontade acabou pressupondo uma igualdade formal entre os contratantes, uma vez que todos os indivíduos deviam ser considerados, do mesmo modo, capazes de, por si só, zelar pelos seus interesses e o contrato, por consequência, representava verdadeira harmonização das pretensões, sendo vantajoso reciprocamente. Diversidade de opiniões não significava mais que diversos modos de guiar a razão.

Necessário era apenas garantir, pois, que a vontade, formadora do contrato, fosse real, isto é, que não fosse influenciada. Daí a criação da teoria dos vícios de consentimento. Inquinada de erro, dolo ou coação, não há como invocar o comprometimento do contratante. Somente obriga o indivíduo uma deliberação eminentemente própria, desprovida de quaisquer condicionamentos externos.

Uma vez firmado o contrato, ele há de ser cumprido, impreterivelmente, pelas partes contratantes. Não importa o que, nem como tenha sido estipulado. O acordo deve ser satisfeito. Se era justamente por meio do acordo de vontades que os interessados se obrigavam, era em função dele que haveriam de respeitar e realizar o prometido. Nesse sentido, assinala Enzo Roppo:

---

15. ROPPO, Enzo. *O contrato*. Coimbra: Almedina, 1988, p. 32-33.

> À liberdade, como se viu, tendencialmente ilimitada, de contratar ou de não contratar, de contratar nestas ou naquelas condições, no sistema, por outro lado, correspondia, como necessário contraponto desta, uma tendencialmente ilimitada responsabilidade pelos compromissos assim assumidos, configurados como um vínculo tão forte e inderrogável que poderia equiparar-se à lei. (...) Cada um é absolutamente livre de comprometer-se ou não, mas, uma vez que se comprometa, fica ligado de modo irrevogável à palavra dada: *pacta sunt servanda*. Um princípio que, além de indiscutível sustância ética, apresenta também um relevante significado económico: o respeito rigoroso pelos compromissos assumidos é, de facto, condição para que as trocas e as outras operações de circulação de riqueza se desenvolvam de modo correcto e eficiente segundo a lógica que lhes é próprio, para que se não frustrem as previsões e os cálculos dos operadores; condição necessária, assim, para a realização do proveito individual de cada operador e igualmente para o funcionamento do sistema no seu conjunto.[16]

O conteúdo do contrato é intangível. Uma vez determinado, quando das negociações, não admite qualquer alteração. Aos contratantes não é dado o direito de requerer modificação do pactuado. O acordo é, verdadeiramente, irreversível, irretratável. Imperioso honrarem as partes com a palavra empenhada.

Como destaca Caio Mário da Silva Pereira, “a elas (as partes contratantes) não cabe reclamar, e ao juiz não é dado preocupar-se com a severidade das cláusulas aceitas, que não podem ser atacadas sob a invocação de equidade”.[17] A regra, portanto, é da impossibilidade tanto de revogação unilateral do acordo quanto de sua revisão judicial. Do vínculo ao qual se filiaram, espontaneamente, os contratantes não podem se desligar, sobretudo, por meio de alegações acerca da injustiça do pactuado ou de sua grande onerosidade.

O que se admite, quando muito, é o distrato. Às partes, é permitido aniquilar a estipulação pretérita – o que parece, até mesmo, coerente. Da mesma forma que tiveram autonomia suficiente para formular determinado ajuste, têm para invalidá-lo;

---

16. ROPPO, Enzo. *O contrato*. Coimbra: Almedina, 1988, p. 34-35.

17. PEREIRA, Caio Mário da Silva. 18. ed. *Instituições... cit.*, vol. 3, p. 6.

para torná-lo, a partir de então, inexequível. Fora esta alternativa, apenas dois outros aspectos amenizam a obrigatoriedade do pacto, quais sejam o caso fortuito e a força maior. Apenas quando acontecimentos futuros, imprevisíveis ou previsíveis – mas que independam do contratante – tornem impossível, absoluta e objetivamente, o cumprimento contratual é que se permitirá retirar-lhe a imperiosidade, por intervenção judicial.

Neste contexto, em suma, o contrato foi concebido como fruto exclusivo da vontade, tanto na sua formatação interna como na externa, influenciado que foi pelos postulados do racionalismo iluminista.

Não se pode também esquecer que o modelo contratual moderno pretendeu atender às exigências do sistema capitalista nascente. Assim, foi concebido para permitir o funcionamento de um sistema econômico individualista, pouco dinâmico e dominado pelo setor primário, no qual as operações econômicas, no geral, eram bem ponderadas e conservavam certo caráter pessoal.[18] Defendia-se que a lei da oferta e da procura, na sua expressão mais pura, atendia aos interesses da coletividade.[19] E assegurando a ampla liberdade individual, imaginava-se restar garantida a justiça contratual.[20]

---

18. ROPPO, Enzo. *cit.*, p. 310.

19. AMARAL, Francisco. *Direito civil - Introdução. cit.*, p. 355-356.

20. "Considerava-se e afirmava-se, de fato, que a justiça da relação era automaticamente assegurada pelo fato de o conteúdo deste corresponder à vontade livre dos contratantes, que, espontânea e conscientemente, o determinavam em conformidade com os seus interesses, e, sobretudo, o determinavam num plano de recíproca igualdade jurídica (dado que as revoluções burguesas, e as sociedades liberais nascidas destas, tinham abolido os privilégios e as discriminações legais que caracterizavam os ordenamentos de muitos aspectos semifeudais do "antigo regime", afirmando a paridade de todos os cidadãos perante a lei): justamente nesta igualdade de posições jurídico-formais entre os contratantes consistia a garantia de que as trocas, não viciadas na origem pela presença de disparidades nos poderes, nas prerrogativas, nas capacidades legais atribuídas a cada um deles, respeitavam plenamente os cânones da justiça comutativa. Liberdade de contratar e igualdade formal das partes eram, portanto, pilares – que se completavam reciprocamente – sobre os quais se formava a asserção peremptória, segundo o qual dizer 'contratual' equivale a dizer 'junto'" (Idem, p. 35).

IV. Contemporaneidade

As diversas transformações socioeconômicas que atingiram as sociedades ocidentais no último século evidenciaram a necessidade de uma reformulação da noção de contrato e de sua disciplina legal.[21]

Na medida em que as pessoas que contratam são economicamente diferentes e possuem necessidades diferentes, é esperável que o acordo seja flexível.

A revolução tecnológica contribuiu para a despersonalização do contrato. O diálogo perde espaço para o silêncio, pois os contratantes não mais se conhecem, nem se identificam ou se encontram. Imagine aquela frequente situação na qual a oferta é constituída pela presença de uma máquina distribuidora de bens de consumo, enquanto a aceitação é manifestada pela simples inserção de moedas ou de um cartão num orifício adequado. Lembre-se, ainda, daquela corriqueira situação na qual a oferta é constituída por uma série de imagens e informações alocadas em ambiente virtual, enquanto a aceitação se realiza pela simples digitação num teclado de computador.

O aperfeiçoamento da produção industrial em larga escala projetou a estandardização dos contratos, especialmente por meio do emprego de cláusulas contratuais gerais. O diálogo perde espaço para o monólogo, pois apenas um dos contratantes cuida da regulamentação do conteúdo e dos efeitos do

---

21. O ambiente social atual é bem diferente daquele que moldou a imagem tradicional do contrato. No Brasil, por exemplo, a população cresceu de maneira surpreendente. Em 1900, estima-se que era composta por pouco mais de dezessete milhões de habitantes. Em 2000, a população aproximou-se de cento e setenta milhões de pessoas. Em 1940, menos de trinta por cento da população vivia nas cidades. Em 2000, mais de oitenta por cento dos brasileiros ocupava os centros urbanos. Em 1900, cerca de sessenta por cento da população economicamente ativa se dedicava à agricultura e ao extrativismo, enquanto apenas cinco por cento estava alocada nas atividades industriais. Em 1990, aproximadamente oitenta por cento da população economicamente ativa estava vinculada às atividades industriais e aos serviços, sendo responsável por cerca de noventa por cento da produção da riqueza nacional (IBGE. *Estatísticas históricas do Brasil*, 1990. Vide, também, IBGE. *Síntese de indicadores sociais 2000*, 2001).

contrato, restando ao outro a possibilidade da simples adesão mecânica ao esquema formulado. Segundo Paulo Luiz Neto Lôbo, as cláusulas contratuais gerais "constituem regulação contratual predisposta unilateralmente e destinada a se integrar de modo uniforme, compulsório e inalterável a cada contrato de adesão que vier a ser concluído entre o predisponente e o respectivo aderente".[22] Para Almeno Sá, as cláusulas contratuais são identificadas como "estipulações predispostas em vista de uma pluralidade de contratos ou de uma generalidade de pessoas, para serem aceitas em bloco, sem negociação individualizada ou possibilidade de alterações singulares".[23]

Pelo exposto, observa-se que a nossa sociedade pós-industrial, caracterizada pelo extraordinário incremento quantitativo das operações econômicas, verificado a partir da produção e consumo em massa, exigiu que os expedientes contratuais fossem mais simples, ágeis e seguros, determinando a redução da importância do elemento volitivo. A respeito, Enzo Roppo:

> As transformações que descrevemos caracterizam-se por um elemento comum, que constitui a sua razão unificante. Todas elas são funcionalizadas à exigência de garantir ao máximo a estabilidade e a continuidade das relações contratuais económicas, e, por esta via, de assegurar-lhes aquele dinamismo que é postulado pelos modos de funcionamento das modernas economias de massa. Para que tal objectivo seja conseguido, o contrato não pode mais configurar-se como o reino da vontade individual, a expressão directa da personalidade do seu autor, exposto, por isso, a sofrer, de forma imediata, os reflexos de tudo quanto pertence à esfera daquela personalidade e daquela vontade; para servir o sistema de produção e da distribuição de massa, o contrato deve, antes, tornar-se, tanto quanto possível, autônomo da esfera psicológica e subjectiva em geral do seu autor, insensível ao que nesta manifesta no ambiente social, nas condições objectivas de mercado: o contrato deve transforma-se em instrumento

22. LÔBO, Paulo Luiz Neto. *Condições gerais dos contratos e cláusulas abusivas*. São Paulo: Saraiva, 1991, p. 24.

23. SÁ, Almeno. *Cláusulas contratuais gerais e directiva sobre cláusulas abusivas*. Coimbra: Almedina, 1999, p. 167.

> objectivo e impessoal, para adequar-se à objectividade e impessoalidade do moderno sistema de relações econômicas.[24]

O traço característico do contrato contemporâneo parece-nos ser então a sua progressiva objetivação. Em síntese, o contrato passa a ser percebido como um encontro de "comportamentos sociais valorados de modo típico, por aquilo que eles socialmente exprimem, abstraindo-se das atitudes psíquicas concreta dos seus autores".[25]

Interessante perceber que o processo de objetivação do contrato é acompanhado por uma crescente intervenção estatal na sua disciplina legal, notadamente, segundo se diz, pelo fato de as técnicas contratuais contemporâneas abrirem uma margem bastante significativa para que os agentes em situação de superioridade econômica estabeleçam condições contratuais amplamente favoráveis aos seus próprios interesses, desconsiderando as legítimas expectativas daqueles com quem contratam, o que pode evidenciar tremenda abusividade.[26] Ocorre que a experiência do intervencionismo acabou por mostrar-se ineficiente. O Estado, simplesmente, não consegue identificar e combater as falhas de mercado. Melhor seria que o próprio mercado, isto, os agentes econômicos atuantes, resolvesse as eventuais distorções.

Por tudo isso, não se pode afirmar que não mais vinga o raciocínio segundo o qual todos os homens possuam condições

---

24. ROPPO, Enzo. *cit.*, p. 309.

25. Idem, p. 302.

26. "(...) hoje, estas novas técnicas contratuais são indispensáveis ao moderno sistema de produção e distribuição em massa, não havendo como retroceder o processo e eliminá-las da realidade social. Elas trazem vantagens evidentes para as empresas (rapidez, segurança, previsão de riscos etc.), mas ninguém duvida de seus perigos para os contratantes vulneráveis ou consumidores. Estes aderem sem conhecer as cláusulas, confiando nas empresas que as pré-elaboram e na proteção que, esperam, lhes seja dada por um direito mais social. Esta confiança nem sempre encontra correspondente no instrumento contratual elaborado unilateralmente, porque as empresas tendem a redigi-los da maneira que mais lhes convém, incluindo uma série de cláusulas abusivas e equitativas" (MARQUES, Claudia Lima. *cit.*, p. 53).

para, por si só, zelarem pelos seus direitos. Dada a experiência desastrosa da intervenção do Estado e do sucesso dos países que adotaram uma economia de livre mercado, não pode vingar a ideia de que o poder de barganha de todos os contratantes seja o mesmo e que, por isso, qualquer avença lhes seja vantajosa. O legislador, então, se propõe a restringir e regular, por meio de normas imperativas, o espaço antes reservado ao livre jogo dos contratantes, instituindo como diretrizes para a nova imagem do contrato a boa-fé objetiva e o equilíbrio contratual.[27] Essa atuação, como visto, mostrou-se ineficaz, ao fim e ao cabo, maléfica.

A boa-fé objetiva designa padrão de conduta que deve ser observado pelos contratantes independentemente de adesão voluntária, caracterizado por parâmetros socialmente reconhecíveis de lealdade e de cooperação. Segundo Claudia Lima Marques, a boa-fé objetiva significa:

> Uma atuação refletida, uma atuação refletindo, pensando no outro, no parceiro contratual, respeitando-o, respeitando seus interesses legítimos, suas expectativas razoáveis, seus direitos, agindo com lealdade, sem abuso, sem obstrução, sem causar lesão ou desvantagem excessiva, cooperando para atingir o bom fim das obrigações: o cumprimento do objetivo contratual e a realização dos interesses das partes.[28]

O equilíbrio contratual designa modelo de distribuição proporcional das vantagens e dos encargos obrigacionais entre os contratantes, tendo em vista suas legítimas expectativas e suas posições socioeconômicas, aferidas também de acordo

27. A propósito, assinala Orlando Gomes: "no contrato contemporâneo, a lei embora ainda se preocupe nos mesmos termos com a formação do contrato tradicional, se interessa mais pela regulação coletiva, visando a impedir que as cláusulas contratuais sejam iníquas ou vexatórias para uma das partes. Sua preocupação é controlar o comportamento daqueles que ditam as regras do contrato, a fim de que não se aproveite de sua posição para incluir cláusulas desleais mais que tornar anulável o negócio jurídico celebrado com vício do consentimento, vício que nos contratos de massa não tem a menor importância" (GOMES, Orlando. Inovações na teoria geral do contrato. *In:* ______ *Novos temas de direito civil*. Rio de Janeiro: Forense, 1983, p. 94).

28. MARQUES, Claudia Lima. *cit.*, p. 107.

com parâmetros socialmente reconhecíveis. Assim, veda-se que as prestações contratuais expressem um desequilíbrio real entre as posições individuais dos contratantes, independentemente da assunção voluntária de obrigações excessivamente onerosas.

Em suma, parece-nos que, hoje, o contrato deve ser percebido como ato jurídico lícito, de repercussão pessoal e socioeconômica, que cria, modifica ou extingue relações dinâmicas de caráter patrimonial, formado pelo encontro de comportamentos típicos socialmente reconhecíveis, levados por duas ou mais pessoas, que, em regime de cooperação, visam a atender suas necessidades e seus desejos, orientados pela preocupação fundamental de promoção da dignidade humana.

É importante frisar que é a necessidade ou o desejo que impulsionam a vontade dos contratantes. Ninguém contrata a troco de nada, mesmo que seja para a satisfação de um desejo íntimo, relacionado à caridade, por exemplo. Em outras palavras, os contratos não resultam de vontade livre, incondicionada, o que não elimina o livre-arbítrio. É ele, o livre-arbítrio, que irá distinguir as necessidades reais das fictícias e nos levar a contratar ou não, baseados em nossas possibilidades.

A função econômica dos contratos é variada. Os contratos auxiliam no processo de circulação da riqueza. É por meio de contratos que os produtos circulam pelas várias etapas da produção: da mina à fábrica; desta à loja, chegando às mãos do consumidor. Os contratos não só fazem circular as riquezas, mas ajudam a distribuir a renda e gerar empregos. É por meio deles que satisfazemos nossas necessidades.

Os contratos são fenômeno econômico-social. É enorme sua importância, tanto econômica quanto social. São meio de circulação de riquezas, de distribuição de renda, geram empregos, promovem a dignidade humana, ensinam as pessoas a viver em sociedade, dando-lhes noção do ordenamento jurídico em geral, ensinam as pessoas a respeitar os direitos dos outros. Esta seria a função social dos contratos: promover o bem-estar e a dignidade dos homens, por todas as razões econômicas acima descritas. A função social, porém, não deve servir para limitar o exercício dos direitos, mas antes de tudo para promover a dignidade humana, respeitando a autonomia privada.

O art. 421 do Código Civil teve sua redação alterada pela Lei 13.879/19. Retirou-se da redação original a exigência de a liberdade contratual dever ser exercida em razão da função social do contrato. De fato, ninguém exerce sua liberdade, seja de contratar, seja de fixar normas contratuais, em razão da função social. Esta, como já visto, enquanto realidade, consiste no fato de os contratos movimentarem a economia, gerarem e distribuírem riquezas, com isso promovendo a dignidade das partes contratantes e do corpo social. Enquanto princípio, a função social não pode consistir numa pauta de deveres e limites que as partes devam observar ao celebrar o contrato. Pelo contrário, a função social, na medida em que seja um reflexo da liberdade e da movimentação da economia e geração de riquezas, acaba por consistir numa norma que protege as partes da intervenção do Estado.

Dizer que a liberdade contratual deva ser exercida em razão da função social, soa como um condicionante desarrazoado, impondo às partes contratantes uma preocupação com o todo social, que pode tornar-se um ônus demasiado, ensejando a atuação policialesca dos agentes públicos e inibindo a livre-iniciativa.

É importante ressaltar que função social dos contratos, enquanto princípio, não significa dar esmolas, não significa legitimar o mau pagador, não significa que o juiz possa fazer caridade, principalmente às custas alheias, ou seja, do outro contratante; significa, sobretudo – ao lado dos próprios interesses individuais – atender a interesses outros, quando pertinentes, tais como respeitar os direitos do consumidor, não atentar contra a livre-concorrência, contra o meio ambiente e contra as relações de trabalho, dentre outros. Função social não é instrumento de distribuição, nem de extermínio da riqueza. O direito de acumulação de bens é direito fundamental, por mais que o detestem muitos. O ódio à riqueza alheia é até um direito, desde que não ultrapasse os limites da paz social e da livre e pacífica expressão do pensamento.

Conclusão

Levando tudo isso em conta, pergunta-se onde estaria a liberdade privada no contrato contemporâneo?

Na verdade, apesar da intervenção do Estado, o contrato, negócio jurídico por excelência, continua a ser o reduto mais privado, que movimenta a economia, gera e distribui riquezas, sendo a mola que propulsiona o mercado.

O Estado deve agir para aparar as arestas do mercado, sem, entretanto, esfacelar a autonomia privada, reduto de liberdade individual. O livre mercado, com intervenção mínima do Estado, é a única saída para a humanidade. Como dizia Roberto Campos, "só há duas opções para o Brasil, ou o liberalismo, ou o aeroporto internacional".[29] Ainda a propósito da intervenção exagerada do Estado, Roberto Campos dizia, com seu costumeiro tom de ironia e anedota, que "o bem que o Estado pode fazer é limitado; o mal, infinito. O que ele nos pode dar é sempre menos do que nos pode tirar".[30] Ainda mais, "o paternalismo (é) ineficaz e o intervencionismo perturbador".[31]

Isso não quer dizer, por óbvio, que o Estado deva inexistir, como apregoa o marxismo, em sua característica utopia. Deve, apenas, intervir minimamente, protegendo os mais fracos das falhas do mercado e da ganância, apanágio das grandes corporações, que, embora sejam úteis, podem fazer muito mal, se, descontroladas, organizarem-se em oligopólios ou conquistarem o monopólio, sonho dourado de qualquer grande empresa.

---

29. CAMPOS, Roberto. *A lanterna na popa* (memórias). Rio de Janeiro: Topbooks, 1994, p. 1.063 *et seq.*

30. *Idem, ibidem.*

31. *Idem*, p. 1.075.

As estatais, por esse prisma, acabam por monopolizar certas atividades, impedindo a eficiência e estimulando a corrupção. Exemplo é a Petrobrás e outras "brases", herança de um varguismo ultrapassado e fascista. A ideia de que o Estado deva assumir as atividades que a iniciativa privada não quiser ou não puder é pura falácia dos defensores de um leviatã descontrolado.

A liberdade dos agentes econômicos, ou seja, das pessoas físicas e jurídicas privadas, foi conquistada a golpes de guilhotina e derramamento de sangue. Não podemos, levianamente, retroceder ao Estado policial absoluto.

Para finalizar, vale mais uma frase de Roberto Campos, "o governo não passa de um aglomerado de burocratas e políticos, que almoçam poder, promoção e privilégios. Somente na sobremesa pensam no 'bem comum'".[32]

Referências

AMARAL, Francisco. *Direito civil*: introdução. 2. ed., Rio de Janeiro: Renovar, 1999. p. 106.

CAMPOS, Roberto. *A lanterna na popa* (memórias). Rio de Janeiro: Topbooks, 1994.

CRETELLA JR., José. *Curso de direito romano*. 14. ed. São Paulo: Saraiva, 2002.

LÔBO, Paulo Luiz Neto. *Condições gerais dos contratos e cláusulas abusivas*. São Paulo: Saraiva, 1991.

LÓPEZ, Carlos Fuentes. *El racionalismo jurídico*. México: Universidad Nacional Autónoma de México, 2003.

MARQUES, Cláudia Lima. *Contratos no Código de Defesa do Consumidor*. São Paulo: Ed. RT, 2005.

32. *Idem*, p. 1.063 *et seq*.

PEREIRA, Caio Mário da Silva. *Instituições de Direito Civil.* 18. ed., Rio de Janeiro: Forense, vol. 3, 1997.

PETIT, Eugène. *Tratado elemental de derecho romano*. Buenos Aires: Universidad, 1999.

ROPPO, Enzo. *O contrato*. Coimbra: Almedina, 1988.

SÁ, Almeno. *Cláusulas contratuais gerais e directiva sobre cláusulas abusivas*. Coimbra: Almedina, 1999.

SCIALOJA, Vittorio. *Procedimiento civil romano*. Buenos Aires: Europa-América, 1954.

SERPA LOPES, Miguel Maria de. *Curso de direito civil*. 7. ed., Rio de Janeiro: Freitas Bastos, 1989.

VAN WETTER, Peter. *Cours élémentaire de droit romain*. 3. ed., Paris: A. Marescq Aîné, 1893. t. II.

DIREITOS SOCIAIS E LIBERALISMO ECONÔMICO: A REFORMA TRABALHISTA, LEI N. 13.467/2017, E A PROTEÇÃO DOS PRINCÍPIOS DA LEGALIDADE, DA SEGURANÇA JURÍDICA E DA LIVRE-INICIATIVA

Larissa Drumond Moreira

Introdução

Os economistas ROBERT D. COOTER E HANS-BERND SCHAFER, em estudo dedicado ao tema de como as instituições legais podem contornar problemas de confiança que abalam o cerne dos incentivos das trocas no ambiente de mercado, e consequentemente, as relações econômicas e humanas na sociedade, chegaram à seguinte conclusão:

> Nas últimas décadas, porém, muitos países gozaram de boas condições para iniciar seu desenvolvimento - paz, economias abertas, ausência de desastres naturais e ausência de bolhas em vias de estourar. Neste cenário, o Direito possui grandes influências no potencial de desenvolvimento. Boas leis têm o poder de direcionar a energia dos negócios e avançar a economia, enquanto que leis ruins podem frear negócios e consequentemente, o crescimento.[1]

---

1. COOTER. Robert Dandridge. SCHAFER. Hans – Bernd. *O nó de Salomão: como o direito pode erradicar a pobreza das nações*. Tradução de Magnum Eltz. 1ª Ed. Curitiba: Editora CRV, 2017, pág. 22.

Da mesma forma, os economistas acima citados informam que leis fracas, inexistentes e aquelas que não possuem eficácia podem perturbar a economia.[2]

É que para unir as ideias e o capital em empreendimentos deve-se ter respeito aos direitos de propriedade e a garantia do cumprimento de contratos. Trata-se do dilema da confiança mútua.[3]

No entanto, conforme demonstram ROBERT D. COOTER E HANS- BERND SCHAFER, em alguns países, por exemplo, no Brasil, as cortes agravam o problema ao decidir disputas contratuais a favor da parte hipossuficiente, independente do mérito do caso, utilizando-se muitas vezes a doutrina constitucional da "função social do direito contratual" para recusar a execução de obrigações contratuais dos ditos hipossuficientes.[4]

O ministro do Tribunal Superior do Trabalho, IVES GANDRA DA SILVA MARTINS FILHO, corrobora o exposto acima ao mencionar que uma das tentações que mais atacam a magistratura neste início de século XXI, é a do ativismo judiciário, de se criar direito novo a partir da aplicação de princípios jurídicos insuficientemente positivados no ordenamento jurídico.[5]

Tal situação vem ocorrendo com frequência no âmbito do Supremo Tribunal Federal, bem como perante o Poder Judiciário trabalhista, conforme afirma referido Ministro. Veja-se:

---

2. COOTER. Robert Dandridge. SCHAFER. Hans – Bernd. *O nó de Salomão: como o direito pode erradicar a pobreza das nações.* Tradução de Magnum Eltz. 1ª Ed. Curitiba: Editora CRV, 2017, p. 22.

3. Idem, pág. 56.

4. COOTER. Robert Dandridge. SCHAFER. Hans – Bernd. *O nó de Salomão: como o direito pode erradicar a pobreza das nações.* Tradução de Magnum Eltz. 1ª Ed. Curitiba: Editora CRV, 2017, pág. 122.

5. FILHO, Ives Gandra Martins. O ativismo judiciário e a separação de poderes. 2018 - Revista Jurídica Luso Brasileira, Lisboa - Disponível em: cidp.pt/revistas/rjlb/2018/5/2018_05_0917_0925.pdf, pág. 925.

> São tantos, atualmente, os exemplos de ativismo judiciário no Brasil, especialmente pela Suprema Corte e pela Justiça do Trabalho, que enumerar casos exigiria colocá-los em ordem alfabética, para facilitar a consulta. Na seara laboral, a recente reforma trabalhista, levada a cabo no Brasil com a edição das Leis 13.429 e 13.467/17, disciplinou nada menos do que 40 súmulas do Tribunal Superior do Trabalho, cujo conteúdo havia sido mudado em benefício dos trabalhadores em 2 semanas de revisão de jurisprudência a portas fechadas, retornando-se, com as leis, às orientações anteriores, a par de serem supridas incontáveis lacunas em nosso diploma laboral – a CLT –, modernizando-a para disciplinar os contratos atípicos, as novas tecnologias, os direitos extrapatrimoniais da personalidade, entre outros.[6]

Ocorre que essa excessiva mudança na jurisprudência trabalhista quebra a confiança mútua ao gerar insegurança jurídica, e, consequentemente, faz com que o empregador adote uma postura mais conservadora ao contratar menos, o que diminui consequentemente o ritmo de crescimento econômico para reduzir o risco de sofrer com passivos judiciais.[7]

Isso porque, conforme aponta MARIA CRISTINA IRIGOYEN PEDUZZI, a estabilidade jurisprudencial é um importante incentivo à atividade econômica, pois, certos das consequências jurídicas de decisões econômicas, empresários podem planejar adequadamente suas atividades e, como resultado, contratar mais e colaborar para a redução dos níveis de desemprego.[8]

Neste contexto é que a doutrina de JEREMY WALDRON nos auxilia na tentativa de sugerir propostas para conter a

6. FILHO, Ives Gandra Martins. O ativismo judiciário e a separação de poderes. 2018 - Revista Jurídica Luso Brasileira, Lisboa - Disponível em: cidp.pt/revistas/rjlb/2018/5/2018_05_0917_0925.pdf,pág. 921.

7. PEDUZZI, Maria Cristina Irigoyen. *O art. 8º, §§ 2º E 3º, da Lei n. 13.467/2017: Uma reação hermenêutica ao ativismo judicial? Jan-Mar* 2019 - Revista TST, São Paulo - Disponível em: juslaboris.tst.jus.br/handle/20.500.12178/157116. Acesso em: 22/10/2019, pág. 20.

8. PEDUZZI, Maria Cristina Irigoyen. *O art. 8º, §§ 2º E 3º, da Lei n. 13.467/2017: Uma reação hermenêutica ao ativismo judicial? Jan-Mar* 2019 - Revista TST, São Paulo - Disponível em: juslaboris.tst.jus.br/handle/20.500.12178/157116. Acesso em: 22/10/2019, pág. 20.

atuação expansiva do Poder Judiciário, especialmente na esfera trabalhista, resgatando a dignidade da legislação.

Assim, por acreditar que a legislação e as legislaturas têm má-fé na filosofia jurídica e na política, suficientemente para lançar dúvidas quanto às suas credenciais como fontes de direitos respeitáveis, bem como por entender que foi construído um retrato idealizado do julgar, JEREMY WALDRON tenta recuperar e destacar maneiras de pensar a respeito da legislatura que a apresentem como um modo de governança dignificado e uma fonte de direito respeitável, assim dispondo:[9]

> Quero que vejamos o processo de legislação – na sua melhor forma – como algo assim: os representantes da comunidade unindo-se para estabelecer solene e explicitamente esquemas e medidas comuns, que se podem sustentar em nome de todos eles, e fazendo-o de uma maneira que reconheça abertamente e respeite (em vez de ocultar) as inevitáveis diferenças de opinião e princípio entre eles. Esse é o tipo de opinião e princípio que eu gostaria de cultivar. E penso que, se capturássemos isso como a nossa imagem da legislação, haveria, por sua vez, uma saudável diferença no nosso conceito geral do direito.[10]

Para WALDRON, as pessoas convenceram-se de que há algo indecoroso em um sistema no qual uma legislatura eleita, dominada por partidos políticos e tomando suas decisões com base no governo da maioria, tem a palavra final em questões de direitos e princípios. Confira-se:[11]

> Parece que tal fórum é considerado indigno das questões mais graves e mais sérias dos direitos humanos que uma sociedade enfrenta. O pensamento parece ser que os tribunais, com suas perucas e cerimônias, seus volumes encadernados em couro e

9. WALDRON, Jeremy. *A Dignidade da Legislação*. Tradução de Luís Carlos Borges; Revisão de tradução: Marina Appenzeller. 1ª Ed. São Paulo: Martins Fontes, 2003, págs. 1 e 2.

10. Idem, pág.3.

11. WALDRON, Jeremy. *A Dignidade da Legislação*. Tradução de Luís Carlos Borges; Revisão de tradução: Marina Appenzeller. 1ª Ed. São Paulo: Martins Fontes, 2003, pág. 5.

> seu relativo isolamento ante a política partidária, sejam um local mais adequado para solucionar questões desse caráter. [12]

Assim, WALDRON procura responder às seguintes perguntas: *Por que o direito feito pelos juízes, não o direito feita pela legislatura, se ligaria mais naturalmente a outros valores políticos que evocam, tais como "direito", "justiça", "legalidade" e "estado de direito"? Por que é esse o nosso conceito de direito na jurisprudência, ao passo que os estatutos e a legislação se detêm na periferia dos nossos interesses filosóficos, como exemplos um tanto embaraçosos e problemáticos desse conceito, se é que são exemplos do conceito?*

Conforme afirma MARIA CRISTINA IRIGOYEN PEDUZZI, WALDRON é bastante crítico do papel dos tribunais nas democracias contemporâneas, pois sua tese central é a de que as Cortes não têm legitimidade democrática para decidir controvérsias morais e políticas perenes em uma democracia constitucional, e que tais questões somente deveriam ser solucionadas pelo Poder Legislativo. [13]

Assim, conforme leciona IVES GANDRA DA SILVA MARTINS FILHO, *a teoria montesquiana da separação dos Poderes*, endossada pela Constituição da República de 1988, quando estabelece a independência e harmonia entre os Três Poderes da República (art. 2º), continua a nortear o Estado brasileiro, e não se compatibiliza com o exacerbado ativismo judiciário vigente em nosso país.[14]

---

12. WALDRON, Jeremy. *A Dignidade da Legislação*. Tradução de Luís Carlos Borges; Revisão de tradução: Marina Appenzeller. 1ª Ed. São Paulo: Martins Fontes, 2003, pág. 5.

13. PEDUZZI, Maria Cristina Irigoyen. *O art. 8º, §§ 2º E 3º, da Lei n. 13.467/2017: Uma reação hermenêutica ao ativismo judicial? Jan-Mar* 2019 - Revista TST, São Paulo - Disponível em: juslaboris.tst.jus.br/handle/20.500.12178/157116. Acesso em: 22/10/2019, pág. 29.

14. FILHO, Ives Gandra Martins. O ativismo judiciário e a separação de poderes. 2018 - *Revista Jurídica Luso Brasileira*, Lisboa - Disponível em: cidp.pt/revistas/rjlb/2018/5/2018_05_0917_0925.pdf- Acesso em: 22/10/2019, pág. 925.

Neste sentido, ao defender a dignidade da legislação e tentar traçar um retrato róseo das legislaturas, WALDRON coloca a reflexão dos seguintes pontos: *A pluralidade é um obstáculo ou uma vantagem?* Para argumentar favoravelmente a este ponto, WALDRON relembra os ensinamentos de Maquiavel, assim dispondo:

> Maquiavel nos preveniu, quase quinhentos anos atrás, que não nos deixássemos lograr e pensar que a calma e solenidade são a marca de uma boa política, e que o barulho e o conflito são sintomas de patologia política: "Boas leis", disse ele, podem surgir "desses tumultos que muitos maldizem inconsideradamente".

Acrescenta ainda WALDRON que a decisão majoritária no parlamento ou no Congresso é chamada de arbitrária e, dessa forma, são realçadas a legitimidade da carta de direitos e da revisão judicial, em detrimento das decisões das assembleias.[15]

No entanto, WALDRON desmente esta afirmativa ao lembrar que a diferença, quando uma questão é deslocada da legislatura para o tribunal, é apenas de grupos de constituintes, e não uma diferença de método de decisão. Isso porque, os próprios tribunais de recursos são, invariavelmente, corpos de múltiplos membros que geralmente discordam entre si e, quando discordam, também tomam suas decisões por meio de votação e decisão majoritária. [16]

Assim, a estratégia utilizada por WALDRON foi invocar os nomes das figuras canônicas da teoria política, para sustentar as reivindicações que podem ser feitas em nome da legislação por uma assembleia popular como fonte respeitável de direito, assim dispondo:[17]

---

15. WALDRON, Jeremy. *A Dignidade da Legislação.* Tradução de Luís Carlos Borges; Revisão de tradução: Marina Appenzeller. 1ª Ed. São Paulo: Martins Fontes, 2003, pág. 41.

16. Idem, pág. 156.

17. Ibidem, pág.197.

> Recorremos a Aristóteles, supostamente o teórico da virtude política diferencial; recorremos a John Locke, o filósofo dos direitos naturais como limites às legislaturas; e recorremos a Emmanuel Kant, supostamente o sumo sacerdote do raciocínio moral individual autônomo. Encontramos nessas teorias um fundo de discernimento da necessidade da legislação, a contribuição distinta que uma assembleia plural pode dar e a respeitabilidade do majoritarismo como processo decisório.[18]

Portanto, para WALDRON, a decisão da maioria por seus representantes eleitos é preferível sendo um procedimento efetivamente democrático. Conclui que a legislatura é fonte de direito digna e respeitável. Tamanho, diversidade e discordância são vantagens e não obstáculos.

Por todo o exposto, com base nos argumentos expostos, pode-se afirmar que são necessárias "boas leis" – que respeitem os direitos de propriedade e que garantam o cumprimento de contratos – para que exista um cenário propício ao desenvolvimento econômico, e consequentemente melhores relações de trabalho.

E ainda que essas "boas leis" devem partir do Legislativo, e não ser frutos de criação pelos Tribunais, é que se procura demonstrar, no tópico seguinte, como a Lei n. 13.467/2017 buscou dar protagonismo aos principais atores das relações de trabalho. Com isso, buscou-se prestigiar a autonomia da vontade coletiva e estabelecer parâmetros na atuação do Poder Judiciário, como forma a resgatar a dignidade da legislação.

I. Objetivos da reforma trabalhista promovida pela Lei n. 13.467/2017

A Lei n. 13.467/2017, também denominada Reforma Trabalhista, entrou em vigor em 11 de novembro de 2017, com vários objetivos, dentre eles o de aprimorar as relações do trabalho no Brasil, por meio da valorização da negociação coletiva

---

18. Idem, pág. 198.

entre trabalhadores e empregadores, trazendo, assim, mais segurança jurídica às relações de trabalho.

Não raras vezes, empregadores e trabalhadores, estes últimos através de seus sindicatos profissionais, pactuam melhores condições de trabalhos e que mais se aproximam de suas realidades, que, posteriormente, ao serem submetidas ao Poder Judiciário trabalhista, eram revistas ou anuladas, causando, assim, insegurança jurídica.

É o que se extrai da exposição de motivos do Projeto de Lei 6.787/2016, que posteriormente seria transformado na n. Lei 13.467/2017. Veja-se:

> 1. Submetemos à elevada consideração de Vossa Excelência a anexa proposta de Projeto de Lei que altera o Decreto-Lei n.º 5.452, de 1º de maio de 1943 - CLT, para aprimorar as relações do trabalho no Brasil, por meio da valorização da negociação coletiva entre trabalhadores e empregadores, atualizar os mecanismos de combate à informalidade da mão-de-obra no país, regulamentar o art. 11 da Constituição Federal, que assegura a eleição de representante dos trabalhadores na empresa, para promover-lhes o entendimento direto com os empregadores, e atualizar a Lei n.º 6.019, de 1974, que trata do trabalho temporário.
>
> 2. O Brasil vem desde a redemocratização em 1985 evoluindo no diálogo social entre trabalhadores e empregadores. A Constituição Federal de 1988 é um marco nesse processo, ao reconhecer no inciso XXVI do art. 7º as convenções e acordos coletivos de trabalho. O amadurecimento das relações entre capital e trabalho vem se dando com as sucessivas negociações coletivas que ocorrem no ambiente das empresas a cada data-base, ou fora dela. Categorias de trabalhadores como bancários, metalúrgicos e petroleiros, dentre outras, prescindem há muito tempo da atuação do Estado, para promover-lhes o entendimento com as empresas. Contudo, esses pactos laborais vêm tendo a sua autonomia questionada judicialmente, trazendo insegurança jurídica às partes quanto ao que foi negociado. Decisões judiciais vêm, reiteradamente, revendo pactos laborais firmados entre empregadores e trabalhadores, pois não se tem um marco legal claro dos limites da autonomia da norma coletiva de trabalho.[19]

---

19. Projeto de Lei 6787/2016 - Exposição de Motivos - Disponível em: www.camara.leg.br/proposicoesWeb/fichadetramitacao?idProposicao=2122076. Acesso em: 15/10/2019.

Além do objetivo de dar protagonismo aos principais atores das relações de trabalho (empregados, empregadores e sindicatos) e trazer segurança jurídica para estas relações, a reforma trabalhista realizada pela Lei n. 13.467/2017 também objetivou minimizar o desemprego, assim como outras reformas trabalhistas realizadas por muitos países.

Corroborando o exposto acima, o professor e ministro do TRIBUNAL SUPERIOR DO TRABALHO - TST e grande entusiasta da Lei n. 13.467/2017, IVES GANDRA FILHO, faz uma breve contextualização sobre as reformas trabalhistas no mundo com a reforma do Brasil. Veja-se:

> A reforma trabalhista levada a cabo no Brasil pela Lei 13.467/17 se insere no contexto das reformas trabalhistas realizadas por muitos países a partir da crise econômica mundial iniciada na primeira década do século XXI.
>
> Tais reformas seguiram um paradigma comum, de desregulamentação das relações de trabalho, prestigiando-se a negociação coletiva e flexibilizando-se a legislação inclusive no âmbito das relações individuais de trabalho, fazendo prevalecer a vontade das partes sobre a legislação, cuja rigidez passou a ser atenuada pelo que se passou a denominar *"flexicurity"*: proteção e segurança obtidas pela flexibilidade, e não pela rigidez da legislação.
>
> O objetivo dessas reformas tem sido explicitamente combater o desemprego, cujas taxas se elevaram assustadoramente com a crise econômica, e dar condições de sobrevivência e competitividade às empresas, reduzindo encargos trabalhistas, facilitando a dispensa, de modo a estimular a contratação, com estabelecimento das condições de trabalho e remuneração de comum acordo entre sindicatos e empresas para cada quadra temporal e segmento produtivo.[20]

Pode-se ainda apresentar um quadro gráfico comparativo – elaborado pelo jurista ora mencionado – de algumas reformas trabalhistas promovidas na Europa, e seus respectivos resultados em termos de redução da taxa de desemprego.

---

20. FILHO, Ives Gandra da Silva Martins. *A Reforma Trabalhista no Brasil.* Desafios da reforma trabalhista/Ricardo Pereira de Freitas Guimarães, Luciano Martinez. São Paulo: Editora Revista dos Tribunais, 2017, págs.55/57.

Confira-se:

País	Lei	Reformas	Taxa de desemprego antes	Taxa de desemprego atual
ALEMANHA	Hartz 2002	Regime mais flexível de contratação, estímulo à contratação coletiva e participação ativa dos trabalhadores nas empresas.	9,80%	5,70%
	Lei da Negociação Coletiva de 11.08.2014	Transferir para a negociação coletiva muitas matérias antes reguladas por lei, a par da possibilidade de alteração das normas legais por negociação coletiva.		
ESPANHA	Lei 35/2010 Real Decreto 7/2011	Flexibilização quanto ao tempo e modo da prestação laboral. Redução das indenizações para dispensa, reduzindo o temor à contratação. Não aplicação de normas legais e coletivas para empresas em dificuldades financeiras.	23,30%	17,80%
	Lei 3/2012 Real Decreto 3/2012			
	Estatuto dos Trabalhadores 2015			
FRANÇA	Leis de 2004 ,2007 e 2008	Redução do pagamento do trabalho suplementar. Flexibilização do tempo de trabalho. Facilitação da despedida por motivos econômicos. Derrogação de regime legal por negociação coletiva.	10,10%	9,50%
	Código do Trabalho 2016			
	Lei 1.088/2016			

<table>
<tr><td rowspan="4">ITÁLIA</td><td>Lei Biagi 2001</td><td rowspan="3">Flexibilização do tempo e modo da prestação de serviços. Flexibilização do despedimento. Prevalência do acordo sobre a lei.</td><td rowspan="4">11,50%</td><td rowspan="4">11,10%</td></tr>
<tr><td>Leis de 2011</td></tr>
<tr><td>Lei de 2012</td></tr>
<tr><td>Lei Renzi 2014</td><td>Novo modelo de contrato de trabalho, com redução do custo de trabalho e da dispensa.</td></tr>
<tr><td>PORTUGAL</td><td>Código do Trabalho 2003, revisto em 2009 e 2012.</td><td>Flexibilização do tempo de trabalho; diminuição do pagamento de trabalho suplementar; facilitação da dispensa com redução das indenizações; criação do fundo de compensação do trabalho; dinamização da contratação e negociação coletiva.</td><td>16,80%</td><td>9,80%</td></tr>
</table>

No entanto, em que pese o objetivo estabelecido pela Lei n. 13.467/2017, ainda há diversas críticas dos operadores do direito do trabalho, especialmente pelos magistrados, através da sua associação de classe, a ANAMATRA - ASSOCIAÇÃO NACIONAL DOS MAGISTRADOS DO TRABALHO, que aprovaram 125 (cento e vinte e cinco) enunciados,[21] onde refutam diversos artigos da Lei n. 13. 467/2017, sendo que um deles, o de n. 6, assim dispõe: "6 - ILEGITIMIDADE DA LEI 13.467/2017: A LEI 13.467/2017 É ILEGÍTIMA, NOS SENTIDOS FORMAL E MATERIAL.[22]"

Em oportuno artigo sobre o tema, o desembargador do TRIBUNAL REGIONAL DO TRABALHO DA 3ª REGIÃO, JOÃO

21. Associação Nacional dos Magistrados da Justiça do Trabalho (Anamatra) - Enunciados da 2ª jornada de Direito Material e Processual do Trabalho - Disponível em: https://www.anamatra.org.br/attachments/article/27175/livreto_RT_Jornada_19_Conamat_site.pdf - Acesso em 10/08/21.

22. Idem.

BOSCO PINTO LARA,[23] esclarece qual deve ser a postura dos operadores do direito em relação à n. Lei 13.467/2017. Veja-se:

> Também reputo inapropriado, uma vez aprovada a lei pelo Congresso e sancionada sem vetos pelo Poder Executivo, insistir em tratar do tema como se fosse ainda uma "reforma", vale dizer, um processo de mudança em andamento. Não, pois o que se tem agora pela frente, depois de vencido o período da *vacatio legis*, é a fase de materialização das intenções do legislador como convém a todos aqueles que operam no vasto mundo das relações de trabalho, seja como seus atores principais, os empregados e empregadores e seus sindicatos, *seja como seus atores coadjuvantes, os designados operadores do Direito do Trabalho. São estes últimos que devem dar os meios necessários para a solução das controvérsias que possam emergir de sua concretização, mas sempre lembrados que um dos principais vetores das mudanças foi dar protagonismo àqueles a quem de fato se destinam as normas legais.*

No mesmo o artigo, referido Desembargador também tece críticas sobre a postura dos operadores do direito, como o exemplo da ANAMATRA acima mencionado, que oferecem uma verdadeira resistência ideológica na aceitação, compreensão e interpretação do novo diploma.

> E por falar em sua inevitável interpretação pelo Judiciário trabalhista, desde sua formatação como lei e ao sair da Câmara para o Senado, surgiram os primeiros questionamentos acerca da constitucionalidade do próprio projeto ou de algumas de suas disposições, a depender da posição do crítico no espectro ideológico. Os partidos de oposição, muitas vezes alimentados por entidades e organizações corporativas atuantes fora do Congresso, mas com interesses diretos na matéria, sustentaram a sua completa inconstitucionalidade com um fundamento único, espécie de mantra repetido à exaustão, de que ela "retiraria direitos dos trabalhadores", que estariam historicamente assegurados na quase octogenária CLT e na CR/88.
>
> Alguns menos afoitos, incluído aqui um coletivo de ministros do Tribunal Superior do Trabalho que encaminhou ao Senado longo

---

23. LARA, João Bosco Pinto. *A reforma trabalhista e a segurança jurídica: análise crítica*, nov. 2017 - Disponível em: http://as1.trt3.jus.br/bd-trt3/handle/11103/35729 . Acesso em: 09/09/2019.

> e detalhado documento com apreciação exaustiva de todos seus artigos, seguem afirmando a inconstitucionalidade de vários dos seus dispositivos, já agora buscando razões em variados princípios constitucionais. Mas foi exatamente essa a trilha que ao longo dos últimos anos se possibilitou construir o arcabouço normativo que as mudanças de agora põem em xeque, que foi a transformação da necessária proteção legal ao trabalho humano num cipoal complexo de normas e súmulas da jurisprudência, e que veio a instalar de modo exacerbado e perigoso a insegurança nas relações do trabalho e fomentar enorme litigiosidade nessa seara, fazendo crescer de modo exponencial o número de demandas trabalhistas mesmo em recente período tido por muitos como de pleno emprego.[24]

O jurista IVES GANDRA FILHO esclarece que, da mesma maneira que a reforma trabalhista no Brasil vem sofrendo muitas resistências, inclusive taxando-se muitos de seus dispositivos inconstitucionais, em outros países também ocorreu o mesmo, e cita a reforma trabalhista da Espanha – que em que pese a impugnação da Lei n. 3/2012 em recurso de inconstitucionalidade pelos partidos de esquerda (Grupo Parlamentar Socialista e Grupo Parlamentar *"La Izquierda Plural")* - foi reconhecida como constitucional pelo Tribunal Constitucional espanhol na Sentença 8/2015 (STC 8/15).[25]

Ressalta-se que os pontos da reforma trabalhista da Espanha que foram considerados inconstitucionais pelos 115 deputados ditos progressistas são: preceitos relativos aos contratos de trabalho por prazo determinado, à alteração contratual, à negociação coletiva, à extinção do contrato de trabalho e à dispensa do trabalhador, à suspensão do contrato ou redução da jornada e à nulidade de cláusulas de convenções coletivas.[26]

---

24. LARA, João Bosco Pinto. *A reforma trabalhista e a segurança jurídica: análise crítica.* nov. 2017 - Disponível em: http://as1.trt3.jus.br/bd-trt3/handle/11103/35729. Acesso em: 09/09/2019.

25. FILHO, Ives Gandra da Silva Martins. *A Reforma Trabalhista no Brasil.* Desafios da reforma trabalhista/Ricardo Pereira de Freitas Guimarães, Luciano Martinez. São Paulo: Editora Revista dos Tribunais, 2017. pág. 57.

26. Idem.

No Brasil, após a entrada em vigor da Lei n. 13.467/2017, foram ajuizadas perante o Supremo Tribunal Federal, 38 (trinta e oito) ações, que questionam 12 mudanças trazidas pela Lei, são elas: sucumbência / justiça gratuita (ADI 5766); trabalho intermitente (ADIs 5826, 5829, 5806 e 5950); execução / correção TR (ADIs 5867 e 6021 e ADCs 58 e 59); acordos coletivos / participação de sindicatos (ADI 6142); danos morais (ADIs 6082, 6069, 5870 e 6050); valor da causa (ADI 6002); súmulas do TST (ADI 6188 e ADC 62); acordo individual escrito (ADI 5994); contribuição sindical (ADIs 5794 5806 5810, 5811, 5813, 5815, 5850, 5859, 5865, 5885, 5887, 5888, 5892, 5900, 5912, 5913, 5923, 5945 e 5950) e insalubridade / gravidez (ADI 5938).[27]

Dessa forma, o que se pretende neste artigo é analisar os dispositivos inseridos na CLT pela Lei n. 13.467/2017, cuja intenção do legislador foi exatamente de permitir que os atores principais das relações de trabalho (empregados, empregadores e sindicatos) assumissem seus papéis, deixando ao Poder Judiciário trabalhista e demais operadores de direito, o papel de ator coadjuvante, representando também uma reação ao ativismo judiciário da Justiça do Trabalho, garantindo assim a proteção de princípios basilares do Estado Democrático de Direito, tais como: legalidade, segurança jurídica e seus subprincípios: proteção da confiança, irretroatividade e boa -fé objetiva, bem como livre-iniciativa, que serão melhor analisados abaixo.

I.1. Princípio da legalidade

A Constituição da República de 1988 estabelece, em seu art. 1º, inciso III, como um de seus fundamentos, a dignidade da pessoa humana, bem como no parágrafo único do mesmo dispositivo legal assim destaca: *"todo poder emana do povo, que o exerce por intermédio de representantes eleitos ou diretamente, (...)"*.

27. FREITAS, Hyndara. *Ações no STF podem desidratar reforma trabalhista e ter impacto no caixa das empresas*. Disponível em: https://www.jota.info/stf/do-supremo/acoes-reforma-trabalhista-no-stf-19072019. Acesso em: 02 out. 2019.

Extrai-se também do art. 5º, inciso II, da Carta da República de 1988, que *"ninguém será obrigado a fazer ou deixar de fazer alguma coisa senão em virtude de lei"*.

Assim, nos ensina o jurista HUMBERTO ÁVILA que democracia e legalidade também constituem instrumentos indiretos de garantia da dignidade da pessoa humana, pelos motivos abaixo explanados:

> [...] a democracia, porque permite que o indivíduo possa, por meio de seus representantes ou diretamente, participar da conformação do Direito que passará a limitar o exercício futuro de sua liberdade; a legalidade, porque assegura ao indivíduo não apenas um âmbito garantido de liberdade para praticar atos que não sejam proibidos em predeterminados, mas também a ciência de que não poderá ter seus direitos restringidos senão por meio de uma lei que predetermine o âmbito dessa restrição e que seja editada antes de sua ação. [28]

E conclui o jurista HUMBERTO ÁVILA que somente diante da democracia e da legalidade será o indivíduo submetido ao império da lei, e não da vontade do intérprete, tornan do realidade aquilo que historicamente foi qualificado como Estado de Direito: o governo das leis, não dos homens.[29]

Assim, é preciso refletir sobre a lei como fonte de poder, e ao mesmo tempo como um importante instrumento de controle do poder. Em relação ao poder, para que este não se incline ao abuso, é necessário encontrar limites.

Corrobora o exposto acima as lições de MONTESQUIEU, citado por IVES GANDRA:

> Montesquieu, ao declarar que a importância da tripartição dos poderes reside na possibilidade de o poder controlar o poder, porque o homem, no exercício do poder, não é confiável, apenas demonstrou que a lei, que garante a independência e a harmonia

28. ÁVILA, Humberto. *Constituição, liberdade e interpretação.* São Paulo: Malheiros, 2019, pág. 21.

29. Idem.

> dos três poderes, termina por ser, simultaneamente, forte e controladora do poder, como forma de evitar danos inerentes àquele que, ao conquistá-lo, tende a com ele identificar. [30]
>
> A necessidade, portanto, de o poder controlar o poder, fê-lo separar o exercício da feitura das leis (Poder Legislativo), de execução das normas (Poder Executivo) e de interpretação oficial do Direito e aplicação da Justiça (Poder Judiciário). Ao dizer: "Acontece sempre que todos os homens, quando têm poder, se inclinam a seu abuso, até encontrar limites" e ao concluir que necessário seria que o "poder constitua um freio para o poder" sintetizou sua praticidade a partir da descrença na natureza humana.[31]

Cumpre destacar que há uma proliferação de enunciados de súmulas e orientações jurisprudenciais do Tribunal Superior do Trabalho, o que gira em torno de 1300, sem contar as súmulas e orientações jurisprudenciais dos Tribunais Regionais do Trabalho.[32]

No entanto, muitas dessas súmulas e orientações jurisprudenciais não possuem apenas o papel de ser o resumo da jurisprudência predominante e pacífica de determinado tribunal, mas criam obrigações e restringem direitos.

Apenas a título exemplificativo, cita-se a súmula 450 do TST, vejamos:

> FÉRIAS. GOZO NA ÉPOCA PRÓPRIA. PAGAMENTO FORA DO PRAZO. DOBRA DEVIDA. ARTS. 137 E 145 DA CLT. (conversão da Orientação Jurisprudencial nº 386 da SBDI-1) – Res. 194/2014, DEJT divulgado em 21, 22 e 23.05.2014.
>
> É devido o pagamento em dobro da remuneração de férias, incluído o terço constitucional, com base no art. 137 da CLT, quando, ainda que gozadas na época própria, o empregador tenha descumprido o prazo previsto no art. 145 do mesmo diploma legal.

---

30. MARTINS, Ives Gandra da Silva. *Uma breve teoria do poder*. 2 ed. São Paulo: Editora Revista dos Tribunais, 2011, p. 23.

31. Idem, pág. 26.

32. LARA, João Bosco Pinto. A reforma trabalhista e a segurança jurídica: análise crítica, nov. 2017, Disponível em: http://as1.trt3.jus.br/bd-trt3/handle/11103/35729. Acesso em: 09 set. 2019.

Em análise ao art. 145, da CLT,[33] verifica-se que não há qualquer punição prevista na Lei para o descumprimento do prazo estipulado no referido artigo, sendo que tal obrigação foi criada por súmula, o que contraria o princípio da legalidade.

Outro exemplo de Súmula que cria obrigações onerosas para o empregador, sendo até mesmo contrária ao dispositivo da CLT, é a Súmula 277 do TST, que trata da ultratividade dos acordos e convenções coletivas, assim dispondo:

> Súmula nº 277 do TST:
>
> CONVENÇÃO COLETIVA DE TRABALHO OU ACORDO COLETIVO DE TRABALHO. EFICÁCIA. ULTRATIVIDADE (redação alterada na sessão do Tribunal Pleno realizada em 14.09.2012) - SÚMULA CUJA APLICAÇÃO ESTÁ SUSPENSA NOS TERMOS DA MEDIDA CAUTELAR DEFERIDA NOS AUTOS DO PROCESSO STF-ADPF Nº 323/DF, REL. MIN. GILMAR MENDES - Res. 185/2012, DEJT divulgado em 25, 26 e 27.09.2012.
>
> As cláusulas normativas dos acordos coletivos ou convenções coletivas integram os contratos individuais de trabalho e somente poderão ser modificadas ou suprimidas mediante negociação coletiva de trabalho.

Ressalta-se que a redação do § 3º, do art. 614, da CLT anteriormente à Lei n. 13.467/2017, já previa o seguinte: *"não será permitido estipular duração de Convenção ou Acordo superior a dois anos"*.

Assim, o empregador celebrava um acordo coletivo por 02 (dois) anos, se programando economicamente para arcar com as vantagens pactuadas por aquele determinado período, mas em razão da súmula 277 do TST era obrigado a continuar cumprindo com as negociações do acordo já vencido.

Com as inovações trazidas pela Lei n. 13.467/2017, o legislador deixou expresso no § 3º, do art. 614, da CLT,[34] que é vedada a ultratividade.

---

33. Art. 145. O pagamento da remuneração das férias e, se for o caso, o do abono referido no art. 143 serão efetuados até 2 (dois) dias antes do início do respectivo período.

34. Art. 614 - § 3º - Não será permitido estipular duração de convenção coletiva ou

Como visto, não raras as vezes empregador e empregados celebravam um contrato de trabalho e, ao final deste, ou até mesmo durante a prestação de serviços, são surpreendidos por um "direito" ou "dever" não previstos em lei ou não contratados entre as partes.[35]

Ressalta-se que, além das súmulas, a jurisprudência do Tribunal Superior do Trabalho também cria obrigações e restringe direitos.

É o caso da possibilidade de cumulação de adicionais. A CLT, no § 2º, art. 193[36], diz que o empregado deve optar pelo adicional que preferir, ou seja, não permite a cumulação dos adicionais. Porém, havia decisões nos dois sentidos no âmbito do TST, vejamos:

> RECURSO DE REVISTA. CUMULAÇÃO DOS ADICIONAIS DE INSALUBRIDADE E PERICULOSIDADE. POSSIBILIDADE. PREVALÊNCIA DAS NORMAS CONSTITUCIONAIS E SUPRALEGAIS SOBRE A CLT. JURISPRUDÊNCIA CONSOLIDADA DO STF QUANTO AO EFEITO PARALISANTE DAS NORMAS INTERNAS EM DESCOMPASSO COM OS TRATADOS INTERNACIONAIS DE DIREITOS HUMANOS. INCOMPATIBILIDADE MATERIAL. CONVENÇÕES NOS 148 E 155 DA OIT. NORMAS DE DIREITO SOCIAL. CONTROLE DE CONVENCIONALIDADE. NOVA FORMA DE VERIFICAÇÃO DE COMPATIBILIDADE DAS NORMAS INTEGRANTES DO ORDENAMENTO JURÍDICO. A previsão contida no artigo 193, § 2º, da CLT não foi recepcionada pela Constituição Federal de 1988, que, em seu artigo 7º, XXIII, garantiu de forma plena o direito ao recebimento dos adicionais de penosidade, insalubridade e periculosidade, sem qualquer ressalva no que tange à cumulação, ainda que tenha remetido sua regulação à lei ordinária. A possibilidade da aludida cumulação se justifica em virtude de os fatos geradores dos direitos serem diversos. Não se há de falar em bis in idem. No caso da insalubridade, o bem tutelado

---

acordo coletivo de trabalho superior a dois anos, sendo vedada a ultratividade.

35. LARA, João Bosco Pinto. *A reforma trabalhista e a segurança jurídica: análise crítica*, nov. 2017, Disponível em: http://as1.trt3.jus.br/bd-trt3/handle/11103/35729. Acesso em: 09/09/2019.

36. Art. 193 - § 2º - O empregado poderá optar pelo adicional de insalubridade que porventura lhe seja devido.

é a saúde do obreiro, haja vista as condições nocivas presentes no meio ambiente de trabalho; já a periculosidade traduz situação de perigo iminente que, uma vez ocorrida, pode ceifar a vida do trabalhador, sendo este o bem a que se visa proteger. A regulamentação complementar prevista no citado preceito da Lei Maior deve se pautar pelos princípios e valores insculpidos no texto constitucional, como forma de alcançar, efetivamente, a finalidade da norma. Outro fator que sustenta a inaplicabilidade do preceito celetista é a introdução no sistema jurídico interno das Convenções Internacionais nos 148 e 155, com status de norma materialmente constitucional ou, pelo menos, supralegal, como decidido pelo STF. A primeira consagra a necessidade de atualização constante da legislação sobre as condições nocivas de trabalho e a segunda determina que sejam levados em conta os riscos para a saúde decorrentes da exposição simultânea a diversas substâncias ou agentes. Nesse contexto, não há mais espaço para a aplicação do artigo 193, § 2º, da CLT. Recurso de revista de que se conhece e a que se nega provimento" (RR - 1072-72.2011.5.02.0384, 7ª Turma, Relator Ministro: Cláudio Mascarenhas Brandão, DEJT 03/10/2014).

Em sentido diametralmente oposto:

[...] CUMULAÇÃO. ADICIONAL DE PERICULOSIDADE E DE INSALUBRIDADE. IMPOSSIBILIDADE. Não se vislumbra afronta direta e literal do art. 7.º, XXIII, da Constituição Federal, uma vez que o aludido dispositivo constitucional estabelece o direito aos adicionais de periculosidade, insalubridade 'na forma da lei', que no caso, como escorreitamente decidido pelo Regional, é o disposto no § 2.º do art. 193. E, o aludido dispositivo celetista veda a cumulação dos adicionais de periculosidade e insalubridade, podendo, no entanto, o empregado fazer a opção pelo que lhe for mais benéfico. Precedentes desta Corte no mesmo sentido. [...] (RR - 35500-37.2009.5.04.0403 Data de Julgamento: 02/05/2012, Relatora Ministra: Maria de Assis Calsing, 4ª Turma, Data de Publicação: DEJT 04/05/2012).

RECURSO DE REVISTA. ADICIONAIS DE PERICULOSIDADE E INSALUBRIDADE. CUMULAÇÃO. Preceitua o art. 192 da CLT que 'o exercício de trabalho em condições insalubres, acima dos limites de tolerância estabelecidos pelo Ministério do Trabalho, assegura a percepção de adicional respectivamente de 40% (quarenta por cento), 20% (vinte por cento) e 10% (dez por cento) do salário-mínimo da região, segundo se classifiquem nos graus máximo, médio e mínimo'. O art. 193, § 1º, da CLT,

> por sua vez, versa que 'o trabalho em condições de periculosidade assegura ao empregado um adicional de 30% (trinta por cento) sobre o salário sem os acréscimos resultantes de gratificações, prêmios ou participações nos lucros da empresa'. Já o § 2º do último dispositivo consolidado indicado estabelece que 'o empregado poderá optar pelo adicional de insalubridade que porventura lhe seja devido'. Tem-se, assim, que o legislador, ao possibilitar ao empregado a opção pelo recebimento do adicional porventura devido, por certo, vedou o pagamento cumulado dos dois institutos. Recurso de revista conhecido e provido. (RR-3957-02.2010.5.12.0001, Data de Julgamento: 30/04/2012, Relator Ministro: Alberto Luiz Bresciani de Fontan Pereira, 3ª Turma, Data de Publicação: DEJT 04/05/2012)

Atualmente, a Subseção I Especializada em Dissídios Individuais (SDI-1) do TST, órgão responsável pela pacificação da jurisprudência da Corte, decidiu em julgamento de incidente de recurso repetitivo, cuja tese fixada se aplicará a todos os casos semelhantes, pela impossibilidade de recebimento cumulativo dos adicionais de insalubridade e de periculosidade, ainda que decorrentes de fatos geradores distintos e autônomos.[37]

---

37. INCIDENTE DE RECURSOS REPETITIVOS. ADICIONAIS DE PERICULOSIDADE E DE INSALUBRIDADE. IMPOSSIBILIDADE DE CUMULAÇÃO, AINDA QUE AMPARADOS EM FATOS GERADORES DISTINTOS E AUTÔNOMOS. INTERPRETAÇÃO SISTEMÁTICA DO ORDENAMENTO JURÍDICO. RECEPÇÃO DO ART. 193, § 2º, DA CLT, PELA CONSTITUIÇÃO FEDERAL. 1. Incidente de recursos repetitivos, instaurado perante a SBDI-1, para decidir-se, sob as perspectivas dos controles de constitucionalidade e de convencionalidade, acerca da possibilidade de cumulação dos adicionais de periculosidade e de insalubridade, quando amparados em fatos geradores distintos e autônomos, diante de eventual ausência de recepção da regra do art. 193, § 2º, da CLT, pela Constituição Federal. 2. Os incisos XXII e XXIII do art. 7º da Constituição Federal são regras de eficácia limitada, de natureza programática. Necessitam da "interpositio legislatoris", embora traduzam normas jurídicas tão preceptivas quanto as outras. O princípio orientador dos direitos fundamentais sociais, neles fixado, é a proteção da saúde do trabalhador. Pela topografia dos incisos - o XXII trata da redução dos riscos inerentes ao trabalho e o XXIII, do adicional pelo exercício de atividades de risco –, observa-se que a prevenção deve ser priorizada em relação à compensação, por meio de retribuição pecuniária (a monetização do risco), dos efeitos nocivos do ambiente de trabalho à saúde do trabalhador. 3. Gramaticalmente, a conjunção "ou", bem como a utilização da palavra "adicional", no inciso XXIII do art. 7º, da Carta Magna, no singular, admite supor-se alternatividade entre os adicionais. 4. O legislador, no art. 193, § 2º, da CLT, ao facultar ao empregado a opção pelo recebimento de um dos adicionais devidos, por certo, vedou o

Outro exemplo de que o Tribunal Superior do Trabalho extrapolava suas competências, criando obrigações e restringindo direitos, que não estavam previstos em lei, refere-se à impossibilidade de demissões plúrimas sem negociação coletiva.

O Ministro IVES GANDRA MARTINS FILHO concedeu liminar na Correção Parcial proposta pela SOCIEDADE DE ENSINO SUPERIOR ESTÁCIO DE SÁ LTDA contra decisão que indeferiu, mesmo após a Lei 13.467/2017, a dispensa coletiva. Em referida decisão, o Ministro invocou o princípio da legalidade, bem como fez referência ao ativismo judiciário. Veja-se:[38]

> [...] A hipótese é de nítido ativismo judiciário, contrário ao pilar básico de uma democracia, da separação entre os Poderes do Estado.
>
> Com efeito, em que pese por décadas, desde que a Constituição Federal de 1988 foi editada, demissões plúrimas se darem, apenas em 2009, em precedente da SDC, calcado em princípios gerais constitucionais, é que se passou a exigir, mesmo sem lei específica, a negociação coletiva prévia às demissões plúrimas. Ou seja, por mais de 20 anos teríamos convivido com essa inconstitucionalidade de conduta patronal.

---

pagamento cumulado dos títulos, sem qualquer ressalva. 5. As Convenções 148 e 155 da OIT não tratam de cumulação de adicionais de insalubridade e de periculosidade. 6. Conforme ensina Malcom Shaw, "quando uma lei e um tratado têm o mesmo objeto, os tribunais buscarão interpretá-los de forma que deem efeito a ambos sem contrariar a letra de nenhum dos dois". É o que se recomenda para o caso, uma vez que os textos comparados (Constituição Federal, Convenções da OIT e CLT) não são incompatíveis (a regra da impossibilidade de cumulação adequa-se à transição para o paradigma preventivo), mesmo considerado o caráter supralegal dos tratados que versem sobre direitos humanos. É inaplicável, ainda, o princípio da norma mais favorável, na contramão do plano maior, por ausência de contraposição ou paradoxo. 7. Há Lei e jurisprudência consolidada sobre a matéria. Nada, na conjuntura social, foi alterado, para a ampliação da remuneração dos trabalhadores no caso sob exame. O art. 193, § 2º, da CLT, não se choca com o regramento constitucional ou convencional. 8. Pelo exposto, fixa-se a tese jurídica: o art. 193, § 2º, da CLT foi recepcionado pela Constituição Federal e veda a cumulação dos adicionais de insalubridade e de periculosidade, ainda que decorrentes de fatos geradores distintos e autônomos. Tese fixada. Recurso de embargos conhecido e desprovido. PROCESSO Nº TST-IRR-239-55.2011.5.02.0319.

38. Presidente do TST aplica nova norma da CLT em liminar sobre dispensa coletiva da Estácio de Sá. Disponível em: http://www.tst.jus.br/noticias/-/asset_publisher/89Dk/content/id/24503767. Acesso em: 15 out. 2019.

E mais. Em nítido reconhecimento do ativismo judiciário que se praticava, o precedente da SDC registrou que a orientação apenas se adotaria nos próximos dissídios coletivos de natureza jurídica ajuizados com esse objeto, como se lei fosse. Cite-se, por oportuno, trecho do referido precedente, *verbis:*

"A ordem constitucional e infraconstitucional democrática brasileira, desde a Constituição de 1988 e diplomas internacionais ratificados (Convenções OIT n. 11, 87, 98, 135, 141 e 151, ilustrativamente), não permite o manejo meramente unilateral e potestativista das dispensas trabalhistas coletivas, por de tratar de ato/fato coletivo, inerente ao Direito Coletivo do Trabalho, e não Direito Individual, exigindo, por consequência, a participação do(s) respectivo(s) sindicato(s) profissional(is) obreiro(s). Regras e princípios constitucionais que determinam o respeito à dignidade da pessoa humana (art. 1º, III, CF), a valorização do trabalho e especialmente do emprego (arts. 1º, IV, 6º e 170, VIII, CF), a subordinação da propriedade à sua função socioambiental (arts. 5º, XXIII e 170, III, CF) e a intervenção sindical nas questões coletivas trabalhistas (art. 8o, III e VI, CF), tudo impõe que se reconheça distinção normativa entre as dispensas meramente tópicas e individuais e as dispensas massivas, coletivas, as quais são social, econômica, familiar e comunitariamente impactantes. Nesta linha, seria inválida a dispensa coletiva enquanto não negociada com o sindicato de trabalhadores, espontaneamente ou no plano do processo judicial coletivo. A d. Maioria, contudo, decidiu apenas fixar a premissa, para casos futuros, de que 'a negociação coletiva é imprescindível para a dispensa em massa de trabalhadores'" (TST-ED-RODC-30900-12.2009.5.15.0000, Rel. Min. Mauricio Godinho Delgado, SDC, DEJT de 04/09/09) (grifos nossos).

Justamente para fazer frente a tal precedente é que o legislador ordinário deixou expresso, na reforma trabalhista veiculada pela Lei 13. 467/17, no art. 477-A da CLT, que as demissões plúrimas prescindem de negociação coletiva prévia, *verbis*:

"Art. 477-A. As dispensas imotivadas individuais, plúrimas ou coletivas equiparam-se para todos os fins, não havendo necessidade de autorização prévia de entidade sindical ou de celebração de convenção coletiva ou acordo coletivo de trabalho para sua efetivação" (grifos nossos).

Não bastasse tanto, a própria jurisprudência da SDC foi revista pelo Pleno do TST, sendo superada em precedente que não admite dissídio coletivo de natureza jurídica para discutir demissões plúrimas, nos quais se firmara a tese da exigência de negociação coletiva, em interpretação de nosso ordenamento jurídico trabalhista (cfr. TST-RO-10782-38.2015.5.03.0000, Red.

> Min. Maria Cristina Peduzzi, julgado em 18/12/17, com acórdão ainda não publicado).
>
> Convém registrar que a própria tese de fundo não deixou de ser levantada no julgamento plenário, ainda que "obiter dictum", ou seja, sem fixação de entendimento da Corte, com os ministros que acompanharam a divergência da redatora designada para o acórdão se perfilando, "en passant", pela aplicação da lei nova ao caso, lembrando que agora "legem habemus".
>
> Assim, impedir instituição de ensino de realizar demissões nas janelas de julho e dezembro ao arrepio da lei e do princípio da legalidade, recomenda a intervenção excepcional da Corregedoria-Geral da Justiça do Trabalho, ocasionalmente exercida pela Presidência do TST, para restabelecer o império da lei e impedir o dano irreparável que sofrerá a entidade de ensino, cerceada no gerenciamento de seus recursos humanos, financeiros e orçamentários, comprometendo planejamento de aulas, programas pedagógicos e sua situação econômica.

Ante os exemplos acima expostos, verifica-se que tanto as súmulas, como a jurisprudência do TST não se limitavam a ser o resumo da jurisprudência predominante e pacífica do Tribunal, mas legislavam ao criar obrigações e restringir direitos não previstos em lei.

Assim, com a finalidade de combater a prática reiterada de legislar através de súmulas, o que se tornou comum na Justiça do Trabalho, em detrimento à competência do legislativo,[39] a Lei n. 13.467/2017 introduziu no art. 8º da CLT o § 2º, que assim dispõe:

> § 2º. Súmulas e outros enunciados de jurisprudência editados pelo Tribunal Superior do Trabalho e pelos Tribunais Regionais do Trabalho não poderão restringir direitos legalmente previstos nem criar obrigações que não estejam previstas em lei.

Desse modo, buscou a Lei n. 13.467/2017, recuperar a "dignidade da legislação", colocando-a como fonte de direito

39. LARA, João Bosco Pinto. *A reforma trabalhista e a segurança jurídica: análise crítica*, nov. 2017. Disponível em: http://as1.trt3.jus.br/bd-trt3/handle/11103/35729. Acesso em: 09/09/2019.

respeitável e, assim, controlar o poder preservando a separação dos Poderes, prestigiando o princípio da democracia e da legalidade, e assim, contribuindo para a segurança jurídica.[40]

I.2. Preservação da segurança jurídica (irretroatividade, proteção da confiança e boa-fé objetiva)

Para HUMBERTO ÁVILA, a segurança jurídica existe precisamente quando o indivíduo conhece e compreende o conteúdo do Direito, quando tem assegurados no presente os direitos que conquistou no passado e quando pode razoavelmente calcular as consequências que serão aplicadas no futuro relativamente aos atos que pratica no presente.[41]

Ademais, menciona HUMBERTO ÁVILA que, para que o Direito seja plenamente compreendido não basta que seja claro, mas também, minimamente determinado. Isso porque um Direito que é constantemente alterado, em suas previsões ou em suas consequências, ao sabor das circunstâncias do momento e dos interesses em jogo, resulta inacessível e incompreensível a seus destinatários.[42]

Corroborando o exposto acima, destacamos também o entendimento de MARCUS VINICIUS FURTADO COELHO, vejamos:

> A segurança jurídica é preceito de importância capital em todas as sociedades, das mais antigas às contemporâneas. Ela norteia a ordem jurídica, conformando as normas e os institutos para viabilizar previsibilidade à sociedade e estabilidade ao cidadão. Como elemento essencial do Estado Democrático de Direito, se faz indispensável ao cumprimento das finalidades do Estado,

---

40. O termo Dignidade da Legislação foi retirado do livro: *A Dignidade da Legislação de Jeremy Waldron*. São Paulo: Martins Fontes, 2003.

41. ÁVILA, Humberto. *Constituição, liberdade e interpretação*. São Paulo: Malheiros, 2019, pág. 19.

42. Idem, pág. 15.

> que deve não somente garantir direitos, mas garanti-los com estabilidade, durabilidade e segurança.[43]

No entanto, não é o que ocorre com as inúmeras súmulas do TST. Isso porque o entendimento consolidado no âmbito do referido Tribunal é de que as súmulas não estão sujeitas ao princípio da irretroatividade. [44]

A título exemplificativo, iremos analisar as súmulas 349 e o item VI da Súmula 85.

O TST editou, em 1996, a Súmula 349 com o seguinte teor:

> Súmula nº 349 do TST:
>
> ACORDO DE COMPENSAÇÃO DE HORÁRIO EM ATIVIDADE INSALUBRE, CELEBRADO POR ACORDO COLETIVO. VALIDADE. (cancelada) - Res. 174/2011, DEJT divulgado em 27, 30 e 31.05.2011.
>
> A validade de acordo coletivo ou convenção coletiva de compensação de jornada de trabalho em atividade insalubre prescinde da inspeção prévia da autoridade competente em matéria de higiene do trabalho (art. 7º, XIII, da CF/1988; art. 60 da CLT).

---

43. COÊLHO, Marcus Vinicius Furtado. *Segurança jurídica e retroatividade jurisprudencial no STF*,2018. Disponível em: https://www.conjur.com.br/2018-dez-17/constituicao-seguranca-juridica-retroatividade-jurisprudencial-stf. Acesso em: 13/10/2019.

44. RECURSO DE REVISTA. APLICAÇÃO RETROATIVA DA SÚMULA 191/TST. Não há falar em aplicação retroativa da Súmula 191/TST, porquanto não se trata de lei ou ato normativo. Não se sujeitam os verbetes jurisprudenciais - que tão somente cristalizam determinado entendimento jurídico pacificado nos Tribunais - às regras de aplicação da lei no tempo. Precedente do STF. Recurso de revista conhecido e provido. (TST - RR: 37600-79.2004.5.10.0012, Relator: Rosa Maria Weber Candiota da Rosa, Data de Julgamento: 22/10/2008, 3ª Turma, Data de Publicação: DJ 21/11/2008).
AGRAVO DE INSTRUMENTO. RECURSO DE REVISTA. (...) 3. DIVISOR DE HORAS EXTRAS. OFENSA À COISA JULGADA E AO ATO JURÍDICO PERFEITO. A pretensão de atribuir ao título judicial interpretação diversa daquela que foi adotada pelo juízo da execução e pela Corte de origem não configura ofensa à coisa julgada. De outro lado, a aplicação retroativa de súmula de jurisprudência desta Corte Superior não implica afronta ao direito adquirido. Ileso, pois, o art. 5º, XXXVI, da constituição Federal. Agravo de instrumento conhecido e não provido. (TST - AIRR: 169900-57.2000.5.03.0103, Relator: Dora Maria da Costa, Data de Julgamento: 26/10/2011, 8ª Turma, Data de Publicação: DEJT 28/10/2011).

Em razão do previsto na Constituição da República, em seu art. 7º, incisos XIII e inciso XVI, empregadores e empregados (estes últimos através de seus sindicatos representantes) historicamente sempre pactuaram acordo e convenções coletivas autorizando, por exemplo, a prática da jornada 12 x 36 em ambiente insalubre, mesmo sem a autorização prevista no art. 60 da CLT.

Contudo, em 2016, o TST incluiu o item VI na Súmula 85, assim dispondo:

> Súmula nº 85 do TST:
>
> COMPENSAÇÃO DE JORNADA (inserido o item VI) - Res. 209/2016, DEJT divulgado em 01, 02 e 03.06.2016.
>
> I. A compensação de jornada de trabalho deve ser ajustada por acordo individual escrito, acordo coletivo ou convenção coletiva. (ex-Súmula nº 85 - primeira parte - alterada pela Res. 121/2003, DJ 21.11.2003).
>
> [...]
>
> VI - Não é válido acordo de compensação de jornada em atividade insalubre, ainda que estipulado em norma coletiva, sem a necessária inspeção prévia e permissão da autoridade competente, na forma do art. 60 da CLT.

Com a mudança brusca de entendimento, os próprios sindicatos profissionais que pactuavam, por meio de convenção ou acordo coletivo, a prática da jornada 12x36, começaram a ajuizar ações coletivas contra os empregadores (aqueles que não possuíam a autorização do Ministério do Trabalho para praticar essa jornada), para pleitear sua nulidade, bem como o pagamento de horas extras acima da 8ª diária e 44ª semanal.

O Judiciário trabalhista começou a julgar procedentes as referidas ações, tanto as individuais como as coletivas, mesmo para aqueles casos que as convenções ou acordos estavam em pleno vigor, com fundamento no item VI da Súmula 85 do TST.[45]

---

45. RECURSO DE REVISTA. REGIDO PELA LEI 13.015/2014. JORNADA DE TRABALHO 12X36. ATIVIDADE INSALUBRE. ARTIGO 60 DA CLT. A discussão

Assim, os empregadores que se sentaram em uma mesa de negociação com os sindicatos profissionais e celebraram acordo coletivo de trabalho, com a finalidade de pactuarem condições mais vantajosas e de acordo com a realidade por estes vividas, se veem diante de um passivo trabalhista impagável e ainda retroativo a 5 (cinco) anos.

Ocorre que tal entendimento é flagrantemente inconstitucional. Isso porque, são corolários do princípio da segurança jurídica, os princípios da irretroatividade, da proteção da confiança e da boa-fé objetiva.

Dessa forma, conforme afirma MARCUS VINICIUS FURTADO COELHO, *assim como a lei, fonte primária do direito, não pode retroagir para prejudicar ato jurídico perfeito, como estabelece princípio constitucional expresso. De igual modo, a alteração da interpretação da lei também não pode retroagir para interferir em contratos e demais atos praticados pelas pessoas físicas e jurídicas de acordo com o entendimento dos tribunais em vigor à época.*[46]

Ademais, a ideia de jurisprudência consolidada, como expectativa de norma, não se restringe às decisões do Supremo Tribunal Federal, mas estendem-se a todos os tribunais

---

se atém à validade da norma coletiva que autorizou o trabalho no regime 12x36 para os empregados sujeitos a condições insalubres de trabalho, sem licença prévia do órgão competente. Nos termos do art. 60 da CLT, nas atividades consideradas insalubres, quaisquer prorrogações só poderão ser acordadas mediante licença prévia das autoridades competentes em matéria de higiene do trabalho. O item VI da Súmula 85 do TST dispõe que é inválido o acordo de compensação em atividade insalubre sem a permissão da autoridade competente, ainda que previsto em norma coletiva. Assim, o Tribunal Regional, ao considerar válida a norma coletiva que autorizou o regime de trabalho 12x36 em atividade insalubre, sem a licença prévia das autoridades competentes em matéria de higiene do trabalho, decidiu em dissonância com a jurisprudência desta Corte. Recurso de revista conhecido e provido. PROCESSO Nº TST-RR-10476-21.2016.5.03.0037.

46. COÊLHO, Marcus Vinicius Furtado. Segurança jurídica e retroatividade jurisprudencial no STF, 2018. Disponível em: https://www.conjur.com.br/2018-dez-17/constituicao-seguranca-juridica-retroatividade-jurisprudencial-stf. Acesso em: 13 out. 2019.

superiores, dentro da área de sua competência específica, incluindo o Tribunal Superior do Trabalho.[47]

Assim, a jurisprudência consolidada do TST deve ser submetida aos princípios da irretroatividade, proteção da confiança e da boa-fé objetiva.

A jurista MISABEL DERZI, ao analisar o tema das modificações jurisprudenciais no Direito Tributário, dedica-se a fundamentar a importância de se imprimir efeitos prospectivos a tais modificações em razão das consequências gravosas que podem vir ocasionar em toda a extensão dos setores abrangidos, assim dispondo:

> a) o princípio da irretroatividade é direito e garantia fundamental de todos os cidadãos, que se impõe contra o Estado. Seja o Estado legislador, administrador ou juiz, a irretroatividade somente pode ser invocada em favor do contribuinte;
>
> [...]
>
> c) o momento da vigência da jurisprudência inovadora, que altera jurisprudência anterior, deverá ser o marco decisivo. Todos aqueles atos-fatos pretéritos (porque ocorridos antes do início da vigência da nova jurisprudência), sob a vigência do precedente superado, deverão ser protegidos. Resulta daí que nem os fatos, propriamente ditos, nem os efeitos que deles decorrem poderão ser atingidos pela mudança de orientação, pela jurisprudência inovadora. A modulação dos efeitos da decisão nova deveria ser regra, tal a força do princípio da irretroatividade entre nós. Não tem cabimento pretender saber-se, antes do termo inicial da vigência da norma judicial inovadora, o contribuinte teria depositado confiança legítima na jurisprudência superada, e em que grau. Assim, como a confiança é pressuposta em relação às leis, o mesmo raciocínio, mais objetivo, deverá comandar a aplicação do princípio da irretroatividade às modificações jurisprudências.[48]

---

47. DERZI, Misabel Abreu Machado. *Modificações da jurisprudência:* proteção da confiança, boa-fé objetiva e irretroatividade como limitações constitucionais ao poder judicial de tributar. São Paulo: Noeses, 2009. pág. 560.

48. Idem. págs. 552 e 553.

E conclui a doutrinadora que a mesma técnica e os mesmos critérios de segura aplicação do princípio da irretroatividade das leis devem reger a irretroatividade das modificações jurisprudenciais:

> É evidente que a confiança está pressuposta, como confiança sistêmica, difusa. Todos devem acreditar, crer, confiar honestamente nos comandos do legislador e dos tribunais superiores. E isso se protege. E se protege de modo tão intenso, que a responsabilidade pela confiança não emerge, nem precisa ser percebida, está lá onde a segurança reina absoluta. [49]

Em razão de todo o exposto, o entendimento consolidado no âmbito do TST de que as súmulas não estão sujeitas ao princípio da irretroatividade deve ser questionado pela academia jurídica e pelos operadores do direito, uma vez que fere o princípio da segurança jurídica.

I.3. Proteção da livre-iniciativa (princípio da autonomia da vontade coletiva)

A partir da análise do art. 170 da CR/1988, pode-se afirmar que a Constituição brasileira consagrou como um dos seus pilares o princípio da livre-iniciativa econômica, assegurando-se assim a tutela do direito de propriedade privada dos meios de produção.

Entretanto, a Constituição de 1988 também instituiu diversos princípios sob os quais aquele princípio se subordina, bem como instituiu outros parâmetros que limitam todo o processo que envolve o exercício de atividades econômicas, no intuito de se propiciar condições para a busca de um bem-estar para toda a coletividade.[50]

---

49. DERZI, Misabel Abreu Machado. *Modificações da jurisprudência: proteção da confiança, boa-fé objetiva e irretroatividade como limitações constitucionais ao poder judicial de tributar*. São Paulo: Noeses, 2009. pág. 595.

50. FERNANDES, Bernardo Gonçalves. *Curso de direito constitucional*. 5ª Ed. Salvador: Editora JusPodivm, 2013, pág. 1209.

Segundo LEONARDO FIGUEIREDO, em sua essência, a livre-Iniciativa:

> Significa que o Estado não deve restringir o exercício da atividade econômica, salvo nos casos em que se fizer necessário, para fins de proteção do consumidor e de toda a sociedade. Outrossim, podemos destacar que, por este princípio, a escolha do trabalho fica ao arbítrio da liberdade do indivíduo (pessoa natural ou jurídica), não podendo o Estado interferir para tanto. Todavia, consubstanciado na defesa da coletividade, o Estado pode e deve disciplinar, impondo os requisitos mínimos necessários para o exercício da atividade laborativa, com o fito de que esta seja exercida, tão somente, por profissionais capacitados e habilitados para tanto.
>
> É corolário do liberalismo econômico de Adam Smith, que se faz presente nos textos constitucionais, ainda que de forma bastante mitigada. Significa a liberdade de entrar, permanecer e sair do mercado, sem interferências externas. [...].
>
> Todavia, com base no princípio da subsidiariedade, a intervenção estatal somente se fará presente onde for necessária. Nos nichos de nossa economia onde não se apontar para a necessidade de interferência do Poder Público, o mercado se autorregulará.[51]

Denominam-se assim, de fundamentais, os preceitos constitucionais que estabelecem comandos basilares e imprescindíveis à defesa dos pilares da manifestação do poder constituinte originário, destacando-se como preceitos fundamentais as diretrizes delineadas no art. 1º da CRF/88, dentre as quais, destaca-se a livre-iniciativa.

Em defesa do acima exposto, cabe destacar que a maioria dos ministros do STF, quando do julgamento da Arguição de Descumprimento de Preceito Fundamental (ADPF) nº 324 e no Recurso Extraordinário (RE) nº 958252, defenderam que a perpetuação da ilegalidade da terceirização da atividade-fim, conforme consignado na Súmula 331 do TST, violaria os princípios constitucionais da livre-iniciativa e livre- concorrência. Os ministros também levaram em consideração a violação ao

51. Ibid., pág. 97.

princípio constitucional da segurança jurídica, pois inexistia qualquer lei que regulasse a questão.

Cumpre destacar trecho do voto do Ministro relator ROBERTO BARROSO, nas ações supramencionadas, que dispõe que a ampla restrição da terceirização, como feito pela justiça do trabalho, violam os princípios da livre-iniciativa, livre-concorrência, segurança jurídica e legalidade, vejamos:

> [...] E, agora, partindo para conclusão do meu voto, eu trato das questões estritamente jurídicas que, a meu ver, são muito simples: as amplas restrições à terceirização, tal como vem sendo feito pelo conjunto de decisões de boa parte da Justiça do Trabalho, violam, a meu ver, a livre-iniciativa, a livre-concorrência e a segurança jurídica, além de não terem respaldo legal; e pretendo demonstrar isso muito brevemente.
>
> Quanto aos princípios da livre-iniciativa e da livre-concorrência, esses princípios asseguram às empresas a liberdade para o desenvolvimento de atividades econômicas e das suas estratégias de produção em busca dos melhores resultados, maior eficiência e maior competitividade. Desde que respeitados os direitos mínimos previstos na Constituição e na legislação, a Constituição não impõe adoção de um modelo específico de produção e não impede o desenvolvimento de estratégias flexíveis. E, portanto, a Constituição não veda nem implícita nem explicitamente a terceirização. Essa é uma projeção ideológica de quem a interpreta com viés antigo, com todo respeito a quem pense diferente.
>
> E, no tocante à segurança jurídica, a interpretação que tem sido dada pela Justiça do Trabalho a essa matéria criou um ambiente de extrema insegurança jurídica, porque trabalha-se com conceitos jurídicos indeterminados como atividade-meio, atividade-fim, atividade essencial, e, aí, cada um projeta nesses conceitos elásticos o que deseja.
>
> Em um dos casos que está na pauta, a Justiça do Trabalho considerou que uma empresa de telefonia não podia terceirizar os serviços de *call center* porque considera que *call center* é atividade-fim de empresa de telefonia. E aí? Decisão da última instância da Justiça do Trabalho.
>
> Portanto, a permissão de que esses conceitos jurídicos indeterminados sejam definidores da jurisprudência acaba gerando um grande grau de subjetividade e uma incerteza jurídica imensa. E boa parte desses trabalhadores que estão na informalidade

> poderiam estar na formalidade trabalhando em empresas terceirizadas. Portanto, eu penso que esta jurisprudência traz insegurança jurídica e pessoalmente acho que traz, inclusive, desemprego.
>
> Por fim, não há nenhuma lei que proíba a terceirização. Portanto, essas restrições são todas impostas por criação da própria Justiça do Trabalho. A invocação que se faz dos arts. 2º e 3º da CLT é de que a CLT prevê que as relações trabalhistas sejam bilaterais e que a terceirização criaria um tipo de relação jurídica trilateral. Tecnicamente, não é isso que ocorre e nem faz nenhum sentido essa crítica, porque, na terceirização, há duas relações bilaterais: a primeira, entre a empresa contratante e a empresa prestadora de serviços, uma relação de natureza civil; e a segunda, uma relação entre a empresa terceirizada e o empregado, está assim uma relação de natureza trabalhista. Portanto, não há uma relação trilateral, o que há são duas relações bilaterais.
>
> E, de resto, no Direito Privado vigora a autonomia da vontade. Se não há lei proibindo a terceirização, não há por que se interpretar que exista esta proibição, desde que respeitados os direitos trabalhistas, tais como previstos na Constituição e na própria CLT.

Assim, há que de destacar que a Constituição da República de 1988, ao dispor em seu art. 1º, inciso IV, que são fundamentos do Estado Democrático de Direito os valores sociais do trabalho e da livre-iniciativa, inclusive colocando-os no mesmo inciso, informa que deve existir um ponto de equilíbrio na proteção de tais fundamentos, de modo que a proteção de um não venha sobrepor ao outro.

Na esfera do direito coletivo do trabalho, a Lei n. 13.467/2017 buscou aprimorar as relações do trabalho no Brasil, por meio da valorização da negociação coletiva entre trabalhadores e empregadores, por meio da intervenção mínima na autonomia da vontade coletiva.

Assim, necessário mencionar o § 3º, do art. 8º, da CLT[52], que dispõe que no exame de convenção coletiva ou acordo coletivo

52. § 3º. No exame de convenção coletiva ou acordo coletivo de trabalho, a Justiça do Trabalho analisará exclusivamente a conformidade dos elementos essenciais do negócio jurídico, respeitado o disposto no art. 104 da Lei no 10.406, de 10 de janeiro de 2002 (Código Civil), e balizará sua atuação pelo princípio da intervenção mínima na autonomia da vontade coletiva. (Incluído pela Lei nº 13.467, de 2017) (Vigência)

de trabalho, a Justiça do Trabalho analisará exclusivamente a conformidade dos elementos essenciais do negócio jurídico, respeitado o disposto no art. 104 da Lei n. 10.406, de 10 de janeiro de 2002 (Código Civil),[53] e balizará sua atuação pelo princípio da intervenção mínima na autonomia da vontade coletiva.

Há que se ressaltar que o § 3º, do art. 8º, da CLT, está em total consonância com os principais constitucionais da não interferência do poder público na organização sindical (art. 8º, inciso I da CR/1988), bem como a proteção da livre-iniciativa (art. 170 da CR/1988).

Mas afinal o que buscou a reforma trabalhista ao regulamentar o princípio da intervenção mínima na autonomia da vontade coletiva? Antes de responder a este questionamento, cumpre-nos entender sobre o paternalismo jurídico.

Com muita propriedade, o professor RODOLPHO BARRETO SAMPAIO JUNIOR, assim o define:

> O paternalismo jurídico como uma das formas possíveis de regulamentação estatal, ao lado da adoção legal de critérios redistributivos e da restrição de comportamentos visando a benefícios coletivos. Consistiria, o paternalismo jurídico, na edição de regras que objetivam à satisfação do melhor interesse do indivíduo, impondo-lhe ou cerceando-lhe certas condutas. A título exemplificativo, nos campos do Direito do Trabalho e do Direito do Consumidor pode-se encontrar um cipoal de normas que ora impedem, ora impõem, determinadas condutas, sempre tendo-se em vista o melhor interesse de seu destinatário - o trabalhador ou o consumidor.[54]

Pela análise das súmulas e jurisprudências no âmbito do judiciário trabalhista, verifica-se que este entende que nem mesmo os sindicatos (atores principais das relações de

---

53. Art. 104. A validade do negócio jurídico requer:
I - agente capaz;
II - objeto lícito, possível, determinado ou determinável;
III - forma prescrita ou não defesa em lei.

54. SAMPAIO JUNIOR, Rodolpho Barreto. *Da Liberdade ao Controle.* Os riscos do novo direito civil brasileiro. Belo Horizonte: PUC Minas Virtual, 2009. pág. 38.

trabalho) possuem a capacidade de tomar as melhores decisões em relação ao trabalhador. Assim, a postura paternalista da Justiça do Trabalho, enfraquece a atividade sindical, desvalorizando a negociação coletiva.

Ao dissertar sobre a autonomia privada coletiva, RAFAEL GRASSI PINTO FERREIRA citando ROBERTA PORTO assim sintetiza:

> A autonomia privada coletiva não é, em regra, um mecanismo de precarização das relações trabalhistas. Ao contrário, a regra geral é a autonomia privada coletiva sendo utilizada em prol dos trabalhadores, como destacou Roberta Porto:
>
> [...] a autonomia privada coletiva é reconhecida como principal fonte de ampliação dos direitos trabalhistas. Por meio do poder conferido aos sindicatos de negociarem regras - verdadeiras normas jurídicas aplicáveis às relações de trabalho -, se dá a representação dos interesses individuais e coletivos da categoria.
>
> A negociação coletiva no âmbito trabalhista, como fórmula autocompositiva essencialmente democrática, ao defender e preservar os interesses profissionais e econômicos de significativa relevância social, se traduz na pacificação de conflitos de natureza laboral [...].[55]

Verifica-se ainda que a Lei n. 13.467/2017 inseriu vários artigos na CLT, dentre os quais destacamos o art. 611-A, que institui a prevalência do negociado sobre o legislado, bem como elenca os objetos lícitos das negociações coletivas. Já o art. 611-B dispõe sobre os objetos ilícitos.

Outra importante inclusão feita pela Lei n. 13. 467/2017 foi o § 5º, do art. 611,[56] que dispõe que os sindicatos subscritores de convenção coletiva ou de acordo coletivo de trabalho deverão participar, como litisconsortes necessários, em ação

---

55. FERREIRA, Rafael Grassi Pinto. *O Cenário das Negociações Coletivas de Trabalho no Brasil após a Reforma Trabalhista de 2017*. Ano de apresentação: 2019, pág. 64. Dissertação de Mestrado - Faculdade de Direito Milton Campos, Nova Lima/MG, 2019.

56. § 5º. Os sindicatos subscritores de convenção coletiva ou de acordo coletivo de trabalho deverão participar, como litisconsortes necessários, em ação individual ou coletiva, que tenha como objeto a anulação de cláusulas desses instrumentos.

individual ou coletiva, que tenha como objeto a anulação de cláusulas desses instrumentos.

Por fim, há que se destacar que é uma tendência de o direito moderno definir limites à intervenção judicial nos contratos privados, reduzindo-se, assim, os efeitos negativos do paternalismo pretoriano, conforme destacado pelos juristas AMANDA FLÁVIO DE OLIVEIRA e RODOLPHO BARRETO SAMPAIO JUNIOR, em recente artigo sobre o tema:

> Assim, não se mostraram incomuns decisões judiciais que desconsideravam as regras claras do jogo, constantes de alguma norma, para, por exemplo, determinar que planos de saúde fornecessem medicamentos ou tratamentos não previstos sequer nas regras da agência reguladora setorial, desconsiderar garantias oferecidas pelos devedores, interferir na alocação dos riscos pactuada pelas partes. Enfim, chegou-se ao ponto de se afastar regra expressamente prevista no Código Civil por uma aplicação casuística de princípios constitucionais, conceitos jurídicos indeterminados e cláusulas abertas que, na maioria das vezes, eram interpretados e empregados de forma puramente retórica.
>
> Pouco a pouco, felizmente, os efeitos negativos do paternalismo pretoriano vêm sendo identificados. A realização da justiça social por meio da intervenção judicial em contratos privados mostrou seus limites. A incorporação de um "princípio da solidariedade" nas relações negociais revelou-se um engodo: não foi possível esquecer que não há almoço grátis. Os tribunais já não parecem mais tão dispostos a substituir as regras do Código Civil por princípios genéricos, a academia já apresenta contraponto a algumas de suas principais premissas e, finalmente, os agentes econômicos demandam maior segurança jurídica. Não foi por outro motivo a edição da Lei da Liberdade Econômica, a lei n. 13.874/2019.[57]

Em razão de todo o exposto, a Lei n. 13.467/2017, ao regulamentar o princípio da intervenção mínima na autonomia da vontade coletiva, buscou dar mais segurança jurídica ao que é

---

57. OLIVEIRA, Amanda Flávio de; SAMPAIO JUNIOR, Rodolpho Barreto. *O exaurimento do modelo do Direito Civil-Constitucional no Brasil.* Disponível em: https://www.jota.info/opiniao-e-analise/colunas/livre-mercado/o-exaurimento-do-modelo-do-direito-civil-constitucional-no-brasil-10102019. Acesso em: 14 out. 2019.

negociado entre os atores principais das relações de trabalho (empregados, empregadores e sindicatos), primar pela boa-fé negocial, bem como reduzir o paternalismo da Justiça do Trabalho, em consonância com a tendência do direito moderno.

Considerações finais

O pensamento liberal tem sido vítima de reducionismos que o restringem à esfera econômica. Contudo, conforme dispõe o professor MARCO AURÉLIO MARRAFON, as premissas políticas do liberalismo envolvem forte rejeição a qualquer forma de concentração de poderes, implicando consistente defesa das instituições em um sistema de controles recíprocos que possam evitar arroubos e decisões políticas personalistas. Nessa esteira, possibilitam maior segurança jurídica para o livre desenvolvimento das pessoas e da economia na esfera privada.[58]

Assim, pelas razões expostas ao longo deste artigo, constatou-se que o ativismo judiciário vem ocorrendo com frequência no âmbito da Justiça do Trabalho, o que configura de certa forma um desvirtuamento das funções originárias de cada Poder.

São inúmeros os exemplos elencados no decorrer deste trabalho. Inicialmente, ao abordar sobre o princípio da legalidade, destacou-se a proliferação de Súmulas - que atualmente são 1330 - as quais não possuem apenas o papel de ser o resumo da jurisprudência predominante e pacífica de determinado tribunal, mas também criam obrigações e restringem direitos, sem qualquer amparo legal.

Ressaltou-se também a excessiva mudança jurisprudencial, inclusive com efeitos retroativos, não permitindo aos protagonistas das relações de trabalho (empregado, empregador

---

58. MARRAFON, Marco Aurélio. Liberalismo não pode ser reduzido apenas à dimensão econômica. Disponível em: https://www.conjur.com.br/2019-ago-19/constituicao-poder-liberalismo-nao-reduzido-apenas-dimensao-economica#author. Acesso em: 20 out. 2019.

e sindicatos) compreender o Direito, em razão da sua indeterminação, gerando assim desconfiança e insegurança jurídica.

Destaca-se ainda que nem mesmos as negociações coletivas escapam das interpretações ideológicas feitas pelo Judiciário trabalhista, limitando a autonomia da vontade coletiva e impedindo empregadores e sindicatos de celebrarem acordos coletivos conforme a vontade das partes.

Diante deste cenário, buscou-se na obra *O Nó de Salomão: Como o Direito pode erradicar a pobreza das Nações,* de ROBERT D. COOTER e HANS-BERND SCHÄFER, demonstrar que "boas leis" (aquelas que respeitam os direitos de propriedade e a garantem o cumprimento de contratos) têm o poder de melhorar as relações econômicas e humanas na sociedade, especialmente as relações de trabalho.

E ainda com amparo na obra *A Dignidade da Legislação,* de JEREMY WALDRON, defendeu-se que referidas "boas leis" devem ter como fonte o Poder Legislativo, conforme preconiza nossa Constituição da República de 1988, e não serem frutos de criação do Judiciário.

Ao final, procurou-se demonstrar como a Lei n. 13.467/2017 vislumbrou proteger os princípios da legalidade, bem como, ao regulamentar o princípio da intervenção mínima na autonomia da vontade coletiva, buscou dar mais segurança jurídica ao que é negociado entre os atores principais das relações de trabalho (empregados, empregadores e sindicatos), primar pela boa-fé negocial, bem como reduzir o paternalismo da Justiça do Trabalho, o que vai ao encontro das premissas políticas do liberalismo.

Desta forma, temos que os direitos sociais e o liberalismo econômico não se opõem, e que a observância do princípio de separação de poderes, bem como a elaboração de leis com o objetivo de preservar contratos, legalidade e segurança jurídica, contribui para o avanço da economia e, também, dos direitos sociais.

Referências

ASSOCIAÇÃO NACIONAL DOS MAGISTRADOS DA JUSTIÇA DO TRABALHO (ANAMATRA) - Enunciados da 2ª jornada de Direito Material e Processual do Trabalho - Disponível em: http://www.jornadanacional.com.br/listagem-enunciados-aprovados-vis1.asp.

ÁVILA, Humberto. *Constituição, liberdade e interpretação.* São Paulo: Malheiros, 2019.

ÁVILA, Humberto. *Teoria dos princípios.* 13ª ed. São Paulo: Malheiros, 2012.

COÊLHO, Marcus Vinicius Furtado. *Segurança jurídica e retroatividade jurisprudencial no STF*,2018. Disponível em: https://www.conjur.com.br/2018-dez-17/constituicao-seguranca-juridica-retroatividade-jurisprudencial-stf.

COOTER. Robert Dandridge. SCHAFER. Hans – Bernd. *O nó de Salomão:* como o direito pode erradicar a pobreza das nações. Tradução de Magnum Eltz. 1ª Ed. Curitiba: Editora CRV, 2017.

DA SILVA, José Afonso. *Curso de direito constitucional positivo.* 16ª Ed. São Paulo:

DERZI, Misabel Abreu Machado. *Modificações da jurisprudência:* proteção da confiança, boa-fé objetiva e irretroatividade como limitações constitucionais ao poder judicial de tributar. São Paulo: Noeses, 2009.

FERREIRA, Rafael Grassi Pinto. O Cenário das Negociações Coletivas de Trabalho no Brasil após a Reforma Trabalhista de 2017. Ano de apresentação: 2019, pág. 64. Dissertação de Mestrado - Faculdade de Direito Milton Campos, Nova Lima/MG, 2019.

FILHO, Ives Gandra da Silva Martins. *A Reforma Trabalhista no Brasil.* Desafios da reforma trabalhista/Ricardo Pereira de Freitas Guimarães, Luciano Martinez. São Paulo: Editora Revista dos Tribunais, 2017.

FILHO, Ives Gandra Martins. O ativismo judiciário e a separação de poderes. 2018 - *Revista Jurídica Luso Brasileira*, Lisboa

- Disponível em: cidp.pt/revistas/rjlb/2018/5/2018_05_0917_0925.pdf.

FREITAS, Hyndara. Ações no STF podem desidratar reforma trabalhista e ter impacto no caixa das empresas. Disponível em: https://www.jota.info/stf/do-supremo/acoes-reforma-trabalhista-no-stf-19072019.

LARA, João Bosco Pinto. A reforma trabalhista e a segurança jurídica: análise crítica, nov. 2017 - Disponível em: http://as1.trt3.jus.br/bd-trt3/handle/11103/35729.

MARTINS, Ives Gandra da Silva. *Uma breve teoria do poder.* 2ª ed. São Paulo: Editora Revista dos Tribunais, 2011.

MARTINS, Ives Gandra da Silva. Valores, a Reforma necessária. 2019 - *Revista da ESPM,* Lisboa – Disponível em: http://gandramartins.adv.br/wp-content/uploads/2019/11/a2019-044-valores-a-ref-necessaria.pdf.

MOURA, Luiz Henrique Damasceno Moura. Segurança jurídica e previsibilidade das decisões judiciais, 2016. Disponível em: http://www.conteudojuridico.com.br/consulta/Artigos/47149/seguranca-juridica-e-previsibilidade-das-decisoes-judiciais.

OLIVEIRA, Amanda Flávio de; SAMPAIO JUNIOR, Rodolpho Barreto. O exaurimento do modelo do Direito Civil-Constitucional no Brasil. Disponível em: https://www.jota.info/opiniao-e-analise/colunas/livre-mercado/o-exaurimento-do-modelo-do-direito-civil-constitucional-no-brasil-10102019.

PEDUZZI, Maria Cristina Irigoyen. O art. 8º, §§ 2º E 3º, da Lei n. 13.467/2017: Uma reação hermenêutica ao ativismo judicial? Jan-Mar 2019 - *Revista TST,* São Paulo - Disponível em: juslaboris.tst.jus.br/handle/20.500.12178/157116. Acesso em: 22/10/2019.

SAMPAIO JUNIOR, Rodolpho Barreto. *Da Liberdade ao Controle.* Os riscos do Novo Direito Civil Brasileiro. Belo Horizonte: PUC Minas Virtual, 2009.

WALDRON, Jeremy. *A Dignidade da Legislação.* Tradução de Luís Carlos Borges; Revisão de tradução: Marina Appenzeller. 1ª Ed. São Paulo: Martins Fontes, 2003.

Segunda Parte

MEMBROS DO GRUPO DE ESTUDOS EM LIBERALISMO ECONÔMICO DO INSTITUTO IVES GANDRA

O OUTRO LADO DA BIBLIOTECA

Amanda Flávio de Oliveira

Primeiro Ato: Roberto Campos

Roberto Campos era um corajoso.

Ter a coragem de dizer o que precisa ser dito, mesmo que se trate de uma verdade dolorosa e inconveniente, de forma culta e ao mesmo tempo acessível, e em uma situação em que a narrativa dominante cultua fantasias, é virtude escassa e reservada a muito poucos. Campos não se acanhou em identificar e evidenciar caminhos ruins que o Brasil vinha tomando em seu tempo, cujos efeitos poderiam vir a ser graves a médio e longo prazos, chamando à realidade discursos pegajosos porque populistas e inconsequentes. E Campos o fez em uma época em que não existiam as redes sociais, as quais, de certa forma, foram abrindo espaço para liberdade de expressão fora da mídia tradicional e do discurso dominante e autorizado por esta. Campos ocupava os espaços tradicionais de comunicação com uma perspectiva de análise destoante do prevalente, mas carregado de discernimento e preocupação.

Se a Constituição de 1988 já nasceu inadequada em muitos aspectos, alinhada a ideias que àquele tempo ruíam mundo afora porque desacertadas, o Brasil teve o privilégio de contar, na Assembleia Constituinte, com uma voz lúcida e profética, que desde aquele tempo jogava luzes sobre o despropósito e as consequências negativas para o país, que decorreriam de algumas das ideias incorporadas. Homem público responsável não tolera populismos e oportunismos. Campos não os tolerou e sua consternação pelas ruins escolhas que o país fazia foi reiteradamente registrada em vídeo e em publicações. Conhecer suas ideias evidencia, mais de 30 anos depois, a tragédia anunciada.

Em um cenário de euforia quase juvenil, construiu-se, em 1988, uma suposta "Constituição Cidadã", que tem por marco central o impreciso princípio da "dignidade da pessoa humana", alça *anseios sociais* à categoria de direitos fundamentais, resguarda grupos de interesse, estatiza o que não se deve estatizar, em uma retórica de "justiça social" pela Lei despreocupada com os incentivos perversos que se criava e com os custos impostos à própria sociedade por aquele Texto.

A partir dela, construiu-se e se consolidou uma narrativa que veio a se disseminar pelo mundo jurídico nacional: da Academia, aos livros e às decisões judiciais, passando pela atuação dos demais Poderes, somos todos muito credores do Estado... e ele deve nos prover tudo o que desejamos, sem que precisemos necessariamente nos preocupar com nossas próprias responsabilidades.

Relativizar os direitos de liberdade, a separação de poderes, os limites e a imperiosa necessidade de autocontenção do Estado tem seu preço. Três décadas de prática constitucional já revelaram o quão alto ele é. Ainda assim, contra as evidências, a narrativa impera. Resistente, a retórica social descompromissada com consequências persiste, mesmo que os padrões de pobreza, miséria, acesso a serviços básicos, à formação educacional digna revelem seu fracasso contundente nas entregas prometidas à sociedade. Foi Roberto Campos quem advertiu para a obviedade esquecida de que *não se consegue abolir o subdesenvolvimento por Decreto*[1]... e decerto dis-

1. A afirmação pode ser encontrada no seguinte livro, recomendado fortemente pela autora: CAMPOS, Roberto. *A Constituição contra o Brasil*. LVM Editora. Edição do Kindle.

cursos bonitos embora vazios não propiciaram dignidade aos brasileiros. Mas a biblioteca prevalente segue lá, reluzente, exponencialmente crescente, impondo-se e impedindo com zelo qualquer espécie de confronto de ideias.

Na ocasião em que se homenageia Roberto Campos, convida-se o leitor a conhecer a existência de um possível outro lado da biblioteca, que sustenta muitas das análises por ele, àquele tempo, realizadas e que segue sendo negligenciada nos espaços de estudo e reflexão brasileiros há muitas décadas. Descobri-lo pode ser surpreendentemente libertador.[2]

Segundo Ato: O outro lado da biblioteca

Estudantes de graduação em Direito, formados a partir da década de 1990 no Brasil, foram, em sua larga maioria, instruídos sob a perspectiva de que direitos individuais eram insuficientes como espécies de direitos humanos, de que a economia de mercado gera pobreza e opressão, de que o Estado e a sociedade, ao longo do século XX, haviam percebido essa circunstância e se disposto a assumir uma mudança de percurso. A essa historinha triste, portanto, a dogmática jurídica acrescentava um capítulo de otimismo: o Estado de Bem-Estar Social desponta como solução para esses problemas.

A intervenção do Estado no domínio econômico passa então a ser o centro do debate. As Constituições, desde Weimar e o México (no início do século XX), instituíram Capítulos destinados a cuidar disso. Atuando como empresário ou como regulamentador e regulador da economia, o Estado se incumbiria de propiciar desenvolvimento econômico, desenvolvimento humano, igualdade real entre os indivíduos, acesso e dignidade. A proposta era irrecusável.

---

2. A autora prestou recente homenagem ao Roberto Campos em artigo publicado na Plataforma WebAdvocacy: https://webadvocacy.com.br/2022/02/13/constituicao-da-republica-33-anos-razoes-para-comemorar-ou-que-falta-faz-roberto-campos/

1) Direitos sociais[3]

No campo dos direitos fundamentais, o novo papel do Estado fez-se presente de forma medular. Aos direitos humanos negativos, de liberdade, propriedade, à vida, o Estado passaria a agregar o reconhecimento de direitos positivos. Isso significava que o Estado passaria a se ocupar de fazer "justiça social", ao consagrar como direitos humanos o lazer, a educação, o transporte, a moradia, a saúde, entre tantos outros que logo a doutrina (e as teses de doutorado, e as dissertações de mestrado) passaram a identificar como *implícitos* no Texto Constitucional.

Embora do ponto de vista da narrativa o movimento pareça nobre e irrecusável, do ponto de vista pragmático ele se revelava perigosamente ousado. É que o Estado passou a reconhecer como "direitos" a entrega de condições que somente são realizadas no mercado, por meio da prestação de serviços. Roberto Campos esclarece o problema ao denominar os direitos individuais de "garantias não onerosas" e os direitos sociais de "garantias onerosas".[4] Ou, em outros termos, o Estado assumia a responsabilidade de propiciar acesso a serviços a todos os indivíduos.

Isso seria viável não fossem as circunstâncias da realidade implacável envolvidas: o Estado é um péssimo gestor e esses direitos têm preço e requerem gastos. Ao extenso rol de direitos não se vinculou limites ou expectativas de obtenção de recursos. Para piorar, o cenário de euforia criou uma expectativa generalizada de que o acesso a esses serviços se daria no mais alto patamar (ou dentro das expectativas individuais de acesso, o que dá na mesma). Seria inevitável, portanto, que as receitas públicas aumentassem, e o Estado "crescesse" para dar conta das novas atribuições.

---

3. O tema foi desenvolvido em: OLIVEIRA, Amanda Flávio de; RAGE, Paulo. Precisamos conversar sobre direitos sociais. Jota: Coluna Livre Mercado. 14 de março de 2019. Endereço: https://www.jota.info/opiniao-e-analise/colunas/livre-mercado/precisamos-conversar-sobre-direitos-sociais-14032019.

4. *Op. Cit.*

Embora no Brasil da década de 2020 tudo isso tenha resultado em explosão de litígios, carga regulatória elevada, carga tributária igualmente elevada, para mencionar apenas alguns dos itens objetivamente mensuráveis, o sentimento generalizado é de prestação insuficiente de direitos... e os padrões de pobreza e miséria seguem resistentes, o Brasil vem despencando no *ranking* de maiores economias do mundo, os resultados do PISA[5] indicam níveis sofríveis de padrão de nossa educação.

Enfrentar com maturidade o tema dos direitos sociais deveria se constituir em compromisso urgente dos acadêmicos, dos Tribunais, do Parlamento e do Executivo. Discernir entre anseios e objetivos legítimos de um povo e as consequências e custos sociais de considerá-los direitos humanos constitucionalizados é tarefa ainda pendente, para o qual o outro lado da biblioteca pode oferecer grandes subsídios para reflexão.

2) Regulação e interesse público

Para a prestação de serviços aptos a propiciar a dignidade humana almejada, o Estado poderia atuar, basicamente, em duas frentes: ele próprio oferecendo o serviço, como agente econômico, ou regulando e regulamentando o setor, assegurando-se que metas sociais fossem atingidas.

A atuação direta do Estado na economia (o Estado-Empresário), em pouco tempo mostrou sua inadequação, e o processo de transferência à iniciativa privada dos serviços anteriormente prestados pelo poder público, pela via da concessão ou da privatização, transcorreu como uma grande onda em diversos países. No Brasil, não foi diferente.

5. O PISA é uma iniciativa da Organização para Cooperação e Desenvolvimento Econômico que avalia as políticas educacionais dos países em caráter comparativo. Confira mais em: https://www.gov.br/inep/pt-br/areas-de-atuacao/avaliacao-e-exames-educacionais/pisa/resultados O tema já foi melhor explorado aqui: OLIVEIRA, Amanda Flávio de; NOGUEIRA, Alexandre. Precisamos falar sobre direito à educação no Brasil. Jota: Coluna Livre Mercado. 25 de abril de 2019. Endereço: https://www.jota.info/opiniao-e-analise/colunas/livre-mercado/precisamos-falar-sobre-direito-a-educacao-no-brasil-25042019.

Embora a Constituição de 1988 revelasse um leque generoso de compromissos estatais de acesso a serviços aos indivíduos, na década de 1990, conheceu-se um amplo movimento de transferência à iniciativa privada de sua prestação. O aceno ao reconhecimento de que a iniciativa privada tem condições de prestar melhor os referidos serviços foi recebido com crítica por parcela considerável dos *intelectuais* brasileiros, que criticavam a medida por supostamente "destruir patrimônio público", por razões ideológicas, ao rotular a medida pragmática de adesão ao "neoliberalismo", seja lá o que se queria dizer com essa expressão, tão mencionada como vazia de significado.

Se cumprir o compromisso constitucional era o objetivo, os teóricos menos resistentes ao movimento descreviam a necessidade de atrair investimentos para o país, mas não representando um "lavar de mãos" do Estado: ele deixaria de atuar diretamente para ser subsidiário, regulador, árbitro de interesses privados.

Mas se a expectativa de direitos é alta, o Texto Constitucional sustenta e o discurso dominante ajuda, a "regulação" é tudo, menos autocontida. As décadas de implementação do modelo de agências reguladoras no Brasil resultaram em uma explosão normativa incontestável e já mensurada.[6] Com ela, vieram: o indesejável aumento de custo de se empreender no Brasil, inevitavelmente refletido no preço (alto) e acesso (baixo), desestímulo ao investimento privado, desperdício de recursos.

Ao fracasso da regulação não se seguiu uma atitude de repensá-la, mas de buscar identificar "culpas" pontuais: se a regulação *tal* não funcionou, isso ocorreu porque ela não foi bem desenhada... e à *tal* regulação acrescenta-se nova regulação, "aprimorando-a", em uma espiral regulatória sem fim.

Sob as bases da regulação, todavia, repousam premissas inafastáveis que já foram confrontadas por estudos sérios. A ideia de que o regulador é benevolente, detém todas

6. Confira: https://infogov.enap.gov.br/regbr/fluxo-regulatorio

as informações necessárias, tem *expertise* e excelência e será infalível no propósito de desenhar a melhor condução de uma falha de mercado identificada desafia a realidade e é objeto de estudo da Escola da Escolha Pública, praticamente uma desconhecida das aulas de direito público ou de teoria geral do Direito no país.[7]

A Escola da Escolha Pública enfrenta um tema central e muito caro à teoria regulatória, especificamente a concepção de *interesse público*. Para ela, esse conceito, tão explorado em abstrato, no plano da concretude não conduziria o regulador à identificação de algo objetivamente ansiado pela sociedade, tampouco o interesse público seria unívoco e indiscutível nos casos concretos. Conhecer esses estudos inevitavelmente reposiciona expectativas quanto ao que o Estado é capaz de oferecer. Eis outra prateleira da biblioteca ainda pouco iluminada ou conhecida.

3) Riqueza

Embora com aparência de neutralidade, todo o movimento rumo a uma proposta de Estado de Bem-Estar social implementado por meio da Constituição possui um arcabouço ideológico bastante forte. Nesse contexto, alguns conceitos adquirem significados próprios, mesmo que insustentáveis pelo conhecimento.

As noções de *empresa privada* e *empresário* são exemplos disso. Na narrativa dominante, *empresa* e *empresário* revelam-se circunstâncias a exigirem limite e controle estatal. Ocorre que se toma uma espécie desses modelos como o todo. No discurso predominante, esses dois temas são associados ao agente econômico detentor de uma parcela considerável

7. O tema foi melhor tratado aqui: OLIVEIRA, Amanda Flávio de. *O mito do regulador infalível*. Disponível em: https://webadvocacy.com.br/wp-content/uploads/2021/05/O-mito-do-regulador-infalivel.pdf Um bom resumo inicial para interessados no tema pode ser encontrado aqui: BUTLER, Eamonn. *Escolha Pública:* um guia. São Paulo: Bunker Editorial, 2015.

do mercado em que atua, desconsiderando-se as evidências que indicam que a maioria esmagadora das empresas e dos empresários no Brasil classifica-se dentro do modelo de micro e pequenas instituições.[8] Ao se falar em *empresa*, logo se imagina a monopolista; ao se falar em *empresário*, refere-se ao homem de negócio badalado das mídias. Eles são, contudo, uma parcela ínfima do real ser humano e da real instituição por trás desses rótulos, no Brasil.

O mesmo ocorre com o conceito de *riqueza*. Para sustentar os generosos anseios sociais atribuídos ao Estado como responsável pelo seu atendimento, não raro fundamenta-se na ideia atécnica de que "o *Brasil é um país rico por natureza*". Certamente fazendo-se referência às riquezas naturais do Brasil, a ideia é utilizada como legitimadora de expectativas de seu povo.

Roberto Campos desmascarou a falácia ao afirmar que o minério sob a terra não constitui riqueza em si.[9] Toda a suposta *riqueza* brasileira convola-se em *riqueza* efetiva para as pessoas somente a partir de sua exploração e transformação. Ouro, ferro, inexplorados, não resolvem em nada a fome do povo, tampouco melhoram suas condições de vida.

Debruçar-se racionalmente sobre conceitos econômicos que o Direito utiliza com o objetivo de criação de (des)incentivos aos comportamentos humanos por meio de normas e políticas é também um lado da biblioteca ainda pouco explorado.

4) Desigualdade social

Tema badalado nos discursos políticos, a desigualdade social do país é sempre invocada como razões para o Estado

8. Sobre o enviesamento dessa concepção e suas consequências no direito do consumidor brasileiro, recomenda-se: BODART, Bruno. *Uma análise econômica do direito do consumidor*: como leis consumeristas prejudicam os mais pobres sem beneficiar consumidores. Disponível em: https://portalrevistas.ucb.br/index.php/EALR/article/view/7523

9. Confira: CAMPOS, Roberto. *A técnica e o riso*. APEC, 1976.

agir. O problema está, contudo, na utilização da desigualdade social como fundamento de políticas públicas: é que políticas que assim se fundamentem podem ter a capacidade de gerar mais distorção e pobreza... e permite reduzir a desigualdade pelos motivos errados, ao empobrecer toda a sociedade.

Há mais de século, Bastiat advertiu para os riscos de se perverter a lei ao colocá-la a serviço de uma fraternidade forçada,[10] Friedman há décadas evidenciou os efeitos indesejados de políticas com esse propósito;[11] é famoso um vídeo da Primeira Ministra Margareth Thatcher[12] advertindo para o resultado oculto, mas real dessas políticas. Mas o apelo da expressão é forte demais para o convite à razão.

O foco na desigualdade como fundamento para políticas públicas parte de uma premissa equivocada de que existe um volume tal de riqueza predefinido, ela já está (mal) distribuída, e que se deve tirar de uns para dar para os outros. Além dos (des)incentivos relevantes que uma tal política gera, da concepção equivocada de funcionamento da economia e da produção de riqueza que ela revela, inúmeras políticas concretas já foram produzidas, em diferentes países capitalistas, com base nessa concepção, e já produziram material para vasto estudo empírico sobre o erro dessa solução.

Advirta-se, a esse aspecto, para a imperiosidade de se preocupar com a redução da *pobreza*, esse, sim, o mal a ser erradicado do planeta. Desviar o fundamento das políticas públicas da desigualdade e colocá-lo na eliminação da pobreza gera, por consequência, um inevitável repensar da forma de atuação do Estado, e os resultados certamente são mais animadores.

---

10. BASTIAT, Claude Frédéric. *A lei*. São Paulo: LVM Editora.

11. Um bom livro para quem quer iniciar nas leituras sobre o tema é FRIEDMAN, Milton. *Capitalismo e liberdade*. 1ª ed., São Paulo: LTC; 2014.

12. Assista em: https://www.youtube.com/watch?v=YIkNJyIE0rA

Ato Final: Virtuosidades *versus* Experiência

O desprestígio à técnica e às evidências, na trajetória recente de prática constitucional, legal e institucional brasileira, tem custado caro à população. Ao aumento das expectativas e das promessas vê-se um correspondente crescimento de pobreza, insatisfação e frustrações. A experiência contundente ainda não foi hábil e confrontar o discurso das virtuosidades.

Thomas Sowell, lúcido pensador contemporâneo americano, faz um chamado à análise crítica sobre o discurso predominante dos "intelectuais" de nossos tempos: em sua concepção, a exaltação que eles fazem da "razão", além de se revelar inconsequente, porque a ela não se segue o dever de prestar contas sobre a solução que apregoam, frequentemente é direcionada a opinar em relação a temas sobre o qual nada conhecem.[13]

Resgatar o valor da experiência, investir em conhecer e interpretar evidências e consequências de ações humanas, duvidar de discursos bonitos, mas vazios em sua capacidade de gerar resultados promissores constituem desafios brasileiros da atualidade. Roberto Campos concordaria.

Referências

BASTIAT, Claude Frédéric. *A lei.* **São Paulo: LVM Editora.**

BODART, Bruno. *Uma Análise Econômica do Direito do Consumidor:* Como leis consumeristas prejudicam os mais pobres sem beneficiar consumidores. Disponível em: https://portalrevistas.ucb.br/index.php/EALR/article/view/7523

BUTLER, Eamonn. *Escolha Pública:* um guia. São Paulo: Bunker Editorial, 2015.

13. SOWELL, Thomas. *Os intelectuais e a sociedade.* São Paulo: Realizações Editora, 2009.

CAMPOS, Roberto. *A Constituição contra o Brasil*. LVM Editora. Edição do Kindle.

CAMPOS, Roberto. *A técnica e o riso*. APEC, 1976.

FRIEDMAN, Milton. *Capitalismo e liberdade*. 1ª ed., São Paulo: LTC; 2014.

OLIVEIRA, Amanda Flávio de. *Constituição da República, 33 anos:* razão para comemorar? (ou Que falta faz Roberto Campos). Disponível em: https://webadvocacy.com.br/2022/02/13/constituicao-da-republica-33-anos-razoes-para-comemorar-ou-que-falta-faz-roberto-campos/

OLIVEIRA, Amanda Flávio de. O mito do regulador infalível. Disponível em: https://webadvocacy.com.br/wp-content/uploads/2021/05/O-mito-do-regulador-infalivel.pdf

OLIVEIRA, Amanda Flávio de; RAGE, Paulo. Precisamos conversar sobre direitos sociais. Jota: Coluna Livre Mercado. 14 de março de 2019. Endereço: https://www.jota.info/opiniao-e-analise/colunas/livre-mercado/precisamos-conversar-sobre-direitos-sociais-14032019.

OLIVEIRA, Amanda Flávio de; NOGUEIRA, Alexandre. Precisamos falar sobre direito à educação no Brasil. Jota: Coluna Livre Mercado. 25 de abril de 2019. Endereço: https://www.jota.info/opiniao-e-analise/colunas/livre-mercado/precisamos-falar-sobre-direito-a-educacao-no-brasil-25042019.

SOWELL, Thomas. *Os intelectuais e a sociedade*. São Paulo: Realizações Editora, 2009.

COMBATE À POBREZA E O LIBERALISMO ECONÔMICO

Alexandre Antônio Nogueira de Souza

Lilian Sarah dos Anjos Amaral

Introdução

Conforme pontua FRIEDRICH A. HAYEK, a invocação de um Estado de viés mais intervencionista e paternalista, bem como a invocação de uma pretendida justiça social, converteu-se no argumento mais amplamente utilizado nas pretensas estratégias de combate à pobreza.

Embora a expressão tenha ajudado a tornar as concepções de Estado vigentes mais equitativas, ainda é duvidoso que esta reivindicação de justiça – especialmente na distribuição de riqueza – tenha, de alguma forma, tornado a sociedade mais próspera, ou reduzido à insatisfação popular.[1]

---

1. HAYEK, Friedrich A. *Direito, legislação, e liberdade* - Volume II. 1ª Ed., São Paulo: Editora Visão, 1985, pág. 83.

A dedicação à causa de combate à pobreza tornou-se assim o principal meio de argumento moral, o atributo distintivo do homem bom, e o sinal reconhecido da posse de uma consciência moral. Embora as pessoas possam, por vezes, ter dificuldade em dizer quais das reivindicações apresentadas em nome deste lema são válidas, ninguém duvida que a expressão tenha um significado definido em prol de um ideal elevado, e que aponte falhas graves na ordem social a exigirem reformas imediatas.[2]

Com isso, o ideário estatizante de combate à pobreza acaba por se identificar a uma miragem que induziu os seres humanos a abandonarem muitos dos valores que os inspiraram no passado a fomentarem o desenvolvimento da atual civilização.

Como consequência, as tentativas de se atingir metas igualitárias inatingíveis produzem consequências extremamente indesejáveis que, em particular, levam à destruição do único clima em que os valores morais podem florescer, qual seja, um ambiente de fomento às liberdades econômicas que poderia culminar na redução da pobreza de determinada sociedade.

2. HAYEK, Friedrich A. *Direito, legislação, e liberdade* - Volume II. 1ª Ed., São Paulo: Editora Visão, 1985, pág. 86.

I. Breves considerações conceituais a respeito do liberalismo

MAX ROSER, o economista de Oxford por trás do OUR WORLD IN DATA,[3] traz o gráfico sobre como a extrema pobreza desabou nos últimos 200 anos, e os resultados são extraordinários:

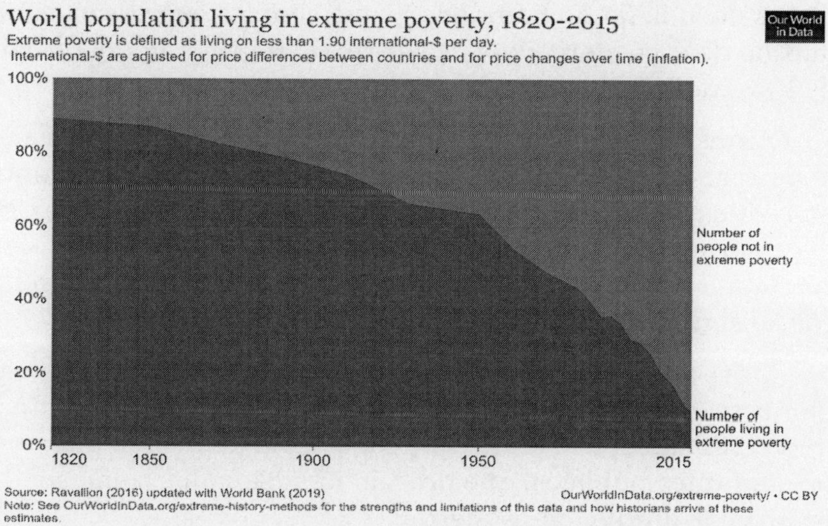

Como se vê, em 1820, 94% da população mundial vivia em extrema pobreza, contra apenas 10% hoje. Conclusões semelhantes podem ser observadas na obra do pesquisador HANS ROSLING[4] (*Factfulness*), ao dizer que "a curva que você acabou de ver mostra como a taxa de extrema pobreza vem caindo desde 1800. E olhe para os últimos vinte anos. A extrema pobreza se reduziu mais rápido do que nunca na história mundial". Para ROSLING algo muito importante está acontecendo, um "milagre silencioso do progresso humano".

---

3. ROSER, Max. Disponível em: https://ourworldindata.org/a-history-of-global-living-conditions-in-5-charts. Acesso em: 22 jul. 2021.

4. ROSLING, Hans. *Factfulness:* O hábito libertador de só ter opiniões baseadas em fatos. 1ª Ed., Rio de Janeiro: Record, 2019.

ROSER constata com dados empíricos que aumento da produtividade e crescimento econômico são elementos essenciais para a mudança do paradigma da pobreza mundial. Inovação, transporte comunicação e industrialização transformaram países que até poucas gerações atrás eram extremamente pobres, em potências mundiais.

O que majoritariamente explica referida melhoria nas condições de vida da humanidade? Uma simples expressão: capitalismo de livre mercado, que se espalhou pelo mundo a partir da Revolução Industrial. Ou, em uma palavra: liberalismo.

Antes de adentrarmos nos reflexos que o liberalismo pode ter na prosperidade de um país, e consequentemente na redução dos índices de pobreza de uma sociedade, faz-se necessário um breve esclarecimento a respeito dos equívocos corriqueiros que envolvem o tema, especificamente em relação ao significado do termo "liberal".

Os recentes episódios envolvendo os mais diversos atores da nossa política, constantemente trazem à tona, no *mainstream* midiático, a classificação ideológica de nossos ditos representantes públicos, que ora são mencionados como sendo pessoas de direita, ou esquerda.

A existência de tal polarização ideológica ficou marcada na Revolução Francesa, sendo que, à direita do rei, sentavam-se os Girondinos (que tinham como bandeira a defesa do fim dos privilégios da nobreza, e a igualdade de todos perante a lei), e, à esquerda, sentavam-se os Jacobinos (que também combatiam os privilégios da nobreza, mas defendiam um modelo de Estado mais centralizador).[5]

Entretanto, em que pese tal polarização já ter feito algum sentido no passado, atualmente não é suficiente para explicar as mais complexas variáveis ideológicas que se fazem presentes nos corriqueiros debates políticos.

---

5. ARON, Raymond. *O ópio dos intelectuais.* 1ª ed., São Paulo: Editora Três Estrelas, 2016, págs. 16 a 22.

Em uma acepção mais moderna, as mais diversas concepções ideológicas podem ser condensadas em um modelo conhecido como DIAGRAMA DE NOLAN,[6] que tenta escapar das terminologias partidárias e focar mais nas ideias e posições filosóficas mediante o uso de duas variáveis, quais sejam: de liberdade econômica, e de liberdade individual.

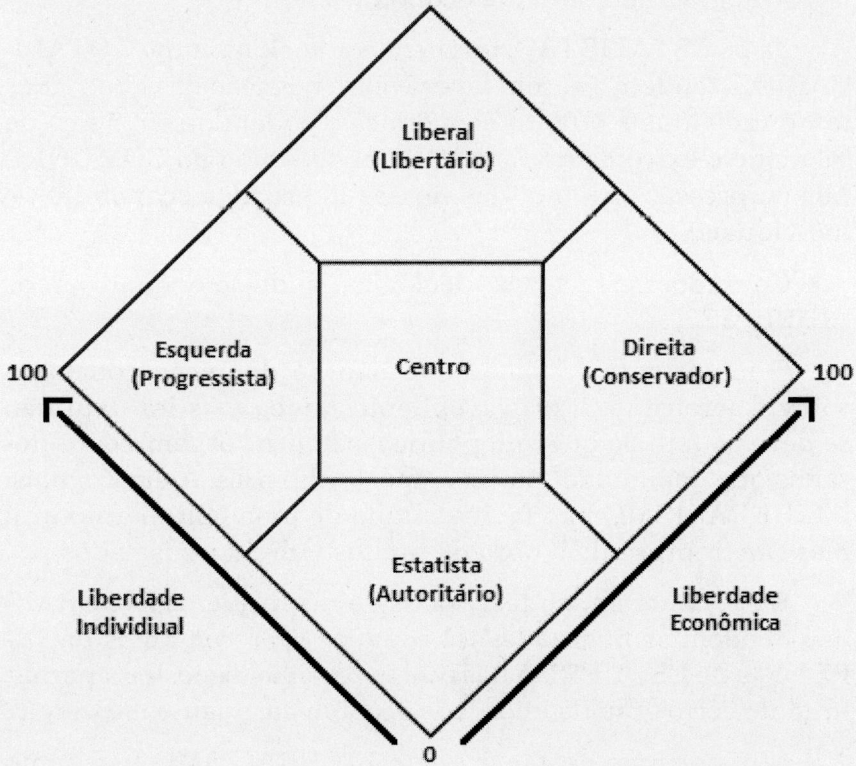

Em síntese, pode-se dizer que a ESQUERDA, cujos representantes também são chamados de PROGRESSISTAS, tende a ser favorável a uma certa interferência estatal na

6. A título de exemplo cita-se que, aquele indivíduo que tiver realizado 75 pontos, tanto nos testes de Liberdade Individual, quanto Econômica, terá a resultante de suas pontuações encontrando-se no quadrante Liberal. Várias versões do DIAGRAMA DE NOLAN encontram-se disponíveis via internet, dentre os quais, se destaca a seguinte: www.testpolitico.com

economia, mas estão dispostos a permitir um grau razoável de liberdade individual, que corresponderia também à nossa Social-Democracia (ou Socialismo Fabiano).

A DIREITA, cujos representantes também são chamados de CONSERVADORES, favorece a interferência do governo nas escolhas individuais, mas estão dispostos a permitir um razoável grau de liberdade econômica.

Já os ESTATISTAS, também conhecidos como TOTALITÁRIOS, tendem a serem favoráveis à negação das liberdades tanto individuais quanto econômicas, podendo-se o ápice de tal modelo extremo de Estado ser encontrado no COMUNISMO (supressão máxima das nossas liberdades econômicas e individuais).

Contudo, nesta seara ideológica, onde se enquadram os LIBERAIS?

É importante ressaltar que não há definição concluída sobre liberalismo, e provavelmente nunca existirá. Isto não se deve ao fato de que, em política, sempre surgem novos desafios que demandam novas respostas liberais. Além do mais, o LIBERALISMO não foi inventado de uma hora para outra, mas sim, representa a obra de muitos indivíduos isolados.

Entretanto, em síntese, pode-se dizer que os LIBERAIS não dividem as liberdades tal como os representantes da DIREITA e da ESQUERDA o fazem, pois estão dispostos a permitir tanto certo grau de liberdade econômica, quanto individual.

É importante destacar que o LIBERALISMO tem como um dos seus principais pilares a defesa de um modelo de Estado disposto a proteger, e não cercear, direitos como propriedade, vida, liberdade, defesa do livre mercado, e a ideia de um governo limitado por uma Constituição, cujo valor político mais importante está na liberdade.

É importante destacar também que, em 1950, LEONARD READ, fundador da FUNDATION ECONOMIC EDUCATION, criou o termo LIBERTARIAN (ou LIBERTÁRIO), com o intuito de resgatar o significado clássico do termo LIBERALISMO, que vinha sofrendo fortes deturpações, principalmente nos EUA e CANADÁ.[7]

Com isso, nestes países, em função de toda distorção ocorrida, quando se fala em LIBERAL, a referência equivalente que devemos ter em mente é a nossa Social-Democracia (ou Socialismo Fabiano), que corresponde a uma esquerda mais moderada. Quando autores, principalmente americanos e canadenses, querem se referir ao LIBERALISMO, em sua acepção mais clássica, utilizam-se o termo LIBERTARIAN (LIBERTÁRIO). Em que pese tal impasse terminológico, autores liberais de referência como HAYEK, MISES, e AYN RAND optaram por continuar utilizando a terminologia LIBERAL, em vez da palavra LIBERTÁRIO.

Importante destacar também que, no Brasil, o termo LIBERTÁRIO vem se consolidando como referência aos ativistas que defendem uma possibilidade de intervenções mais restritas por parte do Estado, admitindo-as apenas nas esferas das relações diplomáticas, e segurança e justiça para as restritas hipóteses de violações de direitos individuais (vida, liberdade e propriedade). Contudo, os termos LIBERALISMO e LIBERTARIANISMO possuem a mesma essência e significado.[8]

Em que pese alguns LIBERAIS[9] de mais expressão da atualidade defenderem uma menor possibilidade de inter-

---

7. BOAZ, David. *Libertarianism: A Primer.* 1ª Ed., New York: The Free Press, 1997, pág. 25.

8. GIANTURCO, Adriano. *A ciência da política:* Uma introdução. 1ª Ed., Rio de Janeiro: Editora Forense, 2017, pág. 261.

9. Dentro da própria vertente liberal existem variáveis entre as escolas representantes de tal seara filosófica, as quais se destacam a ESCOLA AUSTRÍACA e a ESCOLA DE CHIGACO. A ESCOLA AUSTRÍACA, que tem como principais representantes LUDWIG VON MISES e FRIEDRICH HAYEK, defende que a tarefa do Estado consiste única e exclusivamente em garantir a proteção da vida, saúde, liberdade e propriedade privada contra ataques violentos e injustificados de terceiros. Dentro a própria ESCOLA AUSTRÍACA existe também representantes do Anarcocapitalismo, a exemplo de MURRAY N. ROTHBARD. Já a ESCOLA DE CHIGACO, admite uma gama muito maior de atuação estatal, tais como atuação

venção do Estado do que aquela cogitada pelos LIBERAIS CLÁSSICOS, a base principiológica e pilares do LIBERALISMO permaneceram inalterados, o que torna contestável o uso de expressões como NEOLIBERAL, ULTRALIBERAL, dentre outras, utilizadas quase sempre de forma pejorativa para se referir a sociais-democratas que adotaram, mais por necessidade do que por convicção, uma ou outra medida defendida pelos LIBERAIS, tais como as desestatizações (privatizações) realizadas pelo governo de Fernando Henrique Cardoso.

Além do mais, os sociais-democratas, em essência, admitem certas modalidades de intervenções estatais, regulações, corporativismos, e cerceamento de liberdades que jamais seriam tolerados pelos LIBERAIS.

Ressalta-se também que, da mesma forma que o ESTATISMO (AUTORITARISMO) encontra seu ápice no COMUNISMO, que corresponde à máxima supressão das liberdades individuais e econômicas, o LIBERALISMO, mediante o exercício extremo das liberdades individuais e econômicas culmina no ANARCOCAPITALISMO, que é uma filosofia política que promove a anarquia, a eliminação do Estado, bem como a proteção e a soberania do indivíduo através da propriedade privada e do livre mercado.

Entretanto, tal filosofia política é criticada pelos próprios LIBERAIS que não vislumbram a possibilidade de defesa da soberania, segurança jurídica, e unidade nacional sem que haja um mínimo de organização central.

---

nas esferas da saúde e educação (preferencialmente através do sistema de *vouchers*), da segurança pública, bem como admitem certas modalidades de regulamentação estatal para fins de correção de externalidades negativas, etc. Dentre os principais representantes de tal escola destacam-se MILTON FRIEDMAN, e em nosso país, os economistas ROBERTO CAMPOS, GUSTAVO FRANCO, e PAULO GUEDES. Sugestão bibliográfica para os interessados em conhecer mais a fundo as concepções de ambas as escolas liberais mencionadas: MISES, Ludwig von. *Liberalismo.* 2ª Ed., São Paulo: Instituto Ludwig von Mises, 2010. FRIEDMAN, Milton. *Livre para escolher:* uma reflexão sobre a relação entre a liberdade e a economia. 1ª Ed., Rio de Janeiro: Editora Record, 2015.

Conforme ressalta DOUGLASS NORTH, nas obras *The Possibility of Cooperation*, e *Community, Anarchy, an Liberty*, MICHAEL TAYLOR examina as condições sob as quais a ordem social pode ser mantida na anarquia, ou seja, sem o Estado, e chega à conclusão de que meras soluções cooperativas entre os indivíduos se tornam inviáveis em sociedades mais complexas e numerosas, o que representa um consistente argumento contra a viabilidade de sociedades anárquicas.[10]

II. Reflexos do liberalismo no desenvolvimento humano de um país

Em pesquisas desenvolvidas e publicadas[11] conjuntamente com a estimada jurista AMANDA FLÁVIO DE OLIVEIRA, constatou-se que os países que atingiram um maior índice de prosperidade e desenvolvimento humano alcançaram tais resultados pelo fato de serem nações que prestigiam um estímulo à proteção das liberdades, especialmente econômicas, daqueles que se propõe a fomentar a economia por meio do exercício da atividade empresarial.

Explica-se:

O *think tank* FRASER INSTITUTE, dedicado à pesquisa de assuntos ligados a políticas públicas e economia, divulgou o estudo intitulado *Economic Freedom of the World - 2020 Annual Report*,[12] no qual foram calculados o índice de liberdade econômica de 162 economias.

---

10. NORTH, Douglass C. *Instituições, mudança institucional e desempenho econômico*. 1ª ed. São Paulo: Três Estrelas, 2018, págs. 31 a 34.

11. DE OLIVEIRA, Amanda Flávio e DE SOUZA, Alexandre Antônio Nogueira. *Quem tem medo do Estado Mínimo?*, Disponível em: https://www.jota.info/opiniao-e-analise/colunas/livre-mercado/quem-tem-medo-do-estado-minimo-11102018. Acesso em: 20 jul. 2021.
DE OLIVEIRA, Amanda Flávio e DE SOUZA, Alexandre Antônio Nogueira. *Quem tem medo do Estado Mínimo? Parte II*, Disponível em: https://www.jota.info/opiniao-e-analise/artigos/quem-tem-medo-do-estado-minimo-parte-ii-31012019. Acesso em: 20 jul. 2021.

12. FRASER INSTITUTE: *Economic Freedom of the World - 2020 Annual Report*.

O relatório amparou seus resultados a partir de cinco critérios, quais sejam: *i) tamanho do governo* – aí incluídos gastos governamentais, carga tributária, influência do controle governamental em empresas e dimensão das interferências governamentais nas liberdades individuais e econômicas; *ii) sistema legal de direitos e propriedade* – observância da proteção da propriedade privada, como um elemento de liberdade econômica das sociedades civis; *iii) solidez monetária* – análise do impacto inflacionário no poder de compra da população e análise da solidez monetária de um sistema como mecanismo de proteção do direito de propriedade dos indivíduos; *iv) liberdade econômica internacional* – análise da compra, venda, e contratos internacionais como requisito essencial para a liberdade econômica de uma nação e; *v) regulação* – análise do impacto regulatório na limitação dos negócios.

A partir dessas variáveis, o estudo escalonou das economias mais livres do mundo àquelas com a maior presença do Estado. Nas primeiras colocações, destacaram-se Hong Kong, Cingapura, Nova Zelândia, Suíça e Austrália. O Brasil, em 2018, foi classificado na 144ª posição entre as 162 economias analisadas, empatado com Serra Leoa, seguido de Etiópia, Egito, República do Congo e Moçambique. Em 2020, a posição brasileira mudou para a 105ª, sendo que os últimos lugares foram ocupados, respectivamente, por Irã, Angola, Líbia, Sudão e Venezuela.

O resultado alinha-se, em grande parte, ao estudo realizado por outro *think tank,* THE HERITAGE FOUNDATION,[13] para o ano de 2021. Neste, analisou-se o ranking de liberdade econômica de 178 países, a partir das seguintes variáveis: *i) Estado de direito* – direitos de propriedade, eficácia judicial, e integridade do governo; *ii) tamanho do governo* – carga tributária,

---

Disponível em: https://www.fraserinstitute.org/sites/default/files/economic-freedom-of-the-world-2020.pdf. Acesso em: 20 jul. 2021.

13. THE HERITAGE FOUNDATION: *2021 Index of Economic Freedom*. Disponível em: https://www.heritage.org/index/ranking. Acesso em: 20 jul. 2021.

gastos governamentais e saúde fiscal; *iii) eficácia regulatória* – liberdade comercial, liberdade de trabalho, e liberdade monetária e; *iv) abertura de mercado* – liberdade comercial, liberdade de se realizar investimentos e liberdade financeira.

Mais uma vez, destacou-se Cingapura, agora na primeira colocação, seguido de Nova Zelândia, Austrália, Suíça e Irlanda. Já o Brasil, atualmente figura na 143ª posição (entre 178 países), ocupando o quadrante dos países majoritariamente não livres, com uma pontuação de 53,4 (em uma escala que vai de 0 a 100). Figuram na lista de 2021, próximos ao Brasil, Laos (141ª posição), Lesoto (142ª), Camarões (144ª), e Malawi (145ª). Nos últimos lugares do índice, pouco abaixo do Brasil, encontram-se, respectivamente, Zimbabué (174), Sudão (175), Cuba (176), Venezuela (177) e Coréia do Norte (178).

Um leitor mais exigente poderia argumentar, em crítica a esses estudos, que são eles produzidos por entidades entusiastas do modelo de Estado mínimo e que, portanto, seriam fruto dc pesquisas "enviesadas".

Algumas considerações, entretanto, não podem passar desapercebidas, quais sejam:

> a) os estudos aqui mencionados decorrem de instituições distintas, baseadas em países distintos (uma canadense, outra norte-americana) e possuem particularidades, especialmente em relação aos critérios e abordagens adotados. É de se notar que, ainda assim, ambos os resultados obtidos são muito similares;
>
> b) as conclusões auferidas pelas duas Instituições alinham-se, em grande parte, aos resultados apresentados por outros rankings, construídos a partir de critérios bastante diferentes e que escalonam os Estados, a exemplo Índice de Desenvolvimento Humano (IDH) elaborado pela Organização das Nações Unidas – ONU.[14]

Analisando especificamente o caso de Hong Kong, que obteve a primeira colocação no primeiro índice de liberdade

14. ONU: Índice de Desenvolvimento Humano - 2020. Disponível em: http://hdr.undp.org/sites/default/files/hdr2020_pt.pdf. Acesso em: 20 jul. 2021.

econômica, já há algum tempo encontra-se entre as dez economias com maiores índices de desenvolvimento humano, conforme estudos realizados pela Organização das Nações Unidas - ONU. Também a Suíça, que obteve o 4º lugar em ambos os rankings de liberdade econômica, tem figurado entre as primeiras posições no Índice de desenvolvimento humano da ONU.

Se ampliarmos um pouco mais nosso escopo de observação comparativa e analisarmos os dez países com uma maior liberdade econômica, conforme os índices desenvolvidos pelos dois já mencionados *think tanks*, e confrontá-los com os doze primeiros países classificados no índice de IDH elaborado pela ONU, é possível constatar que cinco países (Suíça, Austrália, Irlanda, Hong Kong, e Cingapura) ditos mais livres e adeptos de um modelo de Estado menos intervencionista figurarão também na lista de países que promoveram um maior desenvolvimento humano para sua população.

Entretanto, diante de tais constatações, uma outra indagação poderia ser feita, qual seja: teria o histórico de acumulação de riqueza de uma nação influência direta em seus índices de prosperidade e de desenvolvimento humano? Seria legítima a comparação de resultados alcançados por países que se submeteram a circunstâncias históricas completamente distintas?

Conforme destaca o economista HANS-HERMANN HOPPE,[15] cada sociedade é rica ou pobre não apenas por causa do presente, mas também em função de suas condições vividas no passado. Dessa forma, pode acontecer de uma sociedade economicamente mais livre atualmente ainda ser menos desenvolvida do que uma outra cujo governo adote medidas de viés mais intervencionista. E tal resultado divergente, paradoxal apenas na aparência, pode ocorrer em função da existência de outros fatores operacionais, anteriores ou atuais, que podem afetar diretamente a produção de riqueza de um país.

15. HOPPE, Hans-Hermann. *Uma teoria do socialismo e do capitalismo*. 2ª ed. São Paulo: Instituto Ludwig von Mises Brasil, 2013, págs. 45 a 48.

Podem ainda existir diferenças na forma de organização do trabalho, visões de mundo, e hábitos sociais que levam países com considerável nível de liberdade econômica a alcançarem índices de prosperidade e desenvolvimento humano divergentes.

Feitas estas considerações, verifica-se que a melhor maneira de se validar a hipótese de que menos liberdade econômica implica menor prosperidade e desenvolvimento humano de uma nação seria comparar sociedades que, exceto pela diferença de intervencionismo, possuem características históricas, sociais, e culturais semelhantes. E, neste caso, a história das Alemanhas Ocidental e Oriental é particularmente instrutiva, e nos dá um exemplo de resultados concretos de experimentos antagônicos de intervencionismos econômico e social.[16]

Uma população homogênea, com as mesmas raízes histórica, cultural, de estrutura de caráter e de ética de trabalho, viu-se dividida após a derrota de Hitler na Segunda Guerra Mundial.[17]

Na Alemanha Ocidental, mais por causa das circunstâncias favoráveis do que pela pressão da opinião pública, foi adotada uma extraordinária economia de mercado, foi abolido o sistema de controle de preços estatal, e se reintroduziu uma quase completa liberdade de circulação e de comércio.[18]

Por outro lado, a Alemanha Oriental, sob a dominação da Rússia soviética, foi implementada uma socialização dos meios de produção, e um maior cerceamento das liberdades de seus indivíduos.

Sobre uma mesma população foram aplicados enquadramentos e incentivos econômicos e institucionais diferentes, e os resultados são impressionantes: o padrão de vida na parte ocidental se tornou muito maior, e o visitante que na época

---

16. HOPPE, Hans-Hermann. *Uma teoria do socialismo e do capitalismo*. 2ª ed. São Paulo: Instituto Ludwig von Mises Brasil, 2013.

17. Idem.

18. Ibidem.

fosse da Alemanha Ocidental para a ala Oriental ficaria chocado ao entrar em um mundo quase completamente distinto e menos desenvolvido.[19]

Diante dessa disparidade, a intensa imigração da parte Oriental para a Ocidental tomou tamanha proporção que, em 1961, o regime socialista da Alemanha Oriental, em um último ato de desespero, fechou completamente suas fronteiras para a Alemanha Ocidental. Para manter a população do país no lado Oriental foi necessário construir um sistema de muros de 155 km, nunca antes visto no mundo, com arame farpado, cercas elétricas, campos minados etc., com o único propósito de impedir o povo de fugir das consequências do regime estatal ora implementado.

Mesmo após a superação desse episódio traumático da história mundial com a derrubada do Muro de Berlim, em 1990, percebe-se que o experimento social a que foi submetida a Alemanha Oriental deixou traços marcantes na personalidade de seus indivíduos, o que se evidencia pela maior dificuldade que os habitantes da ala oriental ainda possuem de se adaptarem à sociedade ocidental alemã, com sua demanda crescente por espíritos mais competitivos e produtivos.[20]

Tais resultados que podem ser extraídos da experiência alemã convergem com as conclusões de DOUGLAS NORTH[21] (*Instituições, Mudança Institucional, e Desempenho Econômico*), bem como com as conclusões de DARON ACEMOGLU e JAMES ROBINSON[22] (*Por que as Nações Fracassam: Origens do poder, da prosperidade e da pobreza*), no sentido de que os

---

19. HOPPE, Hans-Hermann. *Uma teoria do socialismo e do capitalismo*. 2ª ed. São Paulo: Instituto Ludwig von Mises Brasil, 2013.

20. Idem.

21. NORTH, Douglass C. *Instituições, mudança institucional e desempenho econômico*. 1ª ed., São Paulo: Três Estrelas, 2018.

22. ACEMOGLU, Daron & ROBINSON, James. *Por que as nações fracassam:* origens do poder, da prosperidade e da pobreza. 1ª Ed., Rio de Janeiro: Elsevier Editora Ltda., 2012.

incentivos tanto econômicos quanto institucionais moldam o nível de prosperidade e desenvolvimento humano de uma sociedade.

Desse modo, em que pese as particularidades de cada país, pode-se afirmar claramente estarem relacionadas as variáveis liberdade econômica e desenvolvimento humano. O ritmo da prosperidade, entretanto, variará conforme outras circunstâncias, representadas pelos incentivos estruturais que reduzam incertezas e que estabeleçam um ambiente em que se fomente a produção de interações humanas mais estáveis.

III. Fatores complementares ao liberalismo econômico e propulsores de desenvolvimento humano e diminuição da pobreza

III.1. O Direito como um mecanismo fomentador de prosperidades

Na obra intitulada *O Nó de Salomão*, os economistas ROBERT D. COOTER e HANS-BERND SCHÄFER desmonstram que, para unir as ideias com o capital e se produzir um cenário de prosperidades, os negócios precisam que as liberdades humanas sejam asseguradas através do Direito.

A história recente sugere que em um cenário de livre mercado, associado à proteção da propriedade, representaria o contexto propício a um ambiente de crescimento e desenvolvimento econômico. Neste contexto, o papel principal do Estado estaria atrelado à construção de bases legais para que as trocas voluntárias, bem como as mais diversas liberdades, sejam exercidas em sua plenitude.

Em um primeiro momento da obra, COOTER e SCHÄFER destacam que o planejamento central foi princípio organizacional das economias comunistas que entraram em colapso na Europa oriental após 1989. Sob o comunismo, o planejamento central havia tomado o lugar do mercado, as indústrias nacionais encolheram a propriedade privada, e o Direito Público (coletivismo) englobou o Direito Civil (individualismo).

Entretanto, após o colapso do comunismo, alguns países (Polônia, República Tcheca, Eslováquia, Eslovênia, Hungria, Letônia, Estônia, Lituânia, Bulgária e Romênia), a fim de terem seus ingressos admitidos na União Europeia, se comprometeram a realizar melhorias sistêmicas em seus ordenamentos jurídicos, mediante a garantia do respeito à propriedade privada, aos contratos, autonomia da vontade e empresarial, e tiveram como resultado um vibrante crescimento econômico, bem como um sucesso incontestável na redução de esquemas de corrupção.

Por outro lado, países como a Rússia, Geórgia e Ucrânia não aderiram aos requisitos de liberalização e proteção da propriedade privada propostos para ingresso na União Europeia, e mantiveram a economia estagnada, bem como um baixo registro de êxito no combate à corrupção.[23]

O padrão de crescimento que se iniciou na China nos últimos anos só se tornou possível graças à reestruturação de seu sistema legal, que teve início com a dissolução das comunas, e a restauração de negócios particulares.[24]

A partir do seguinte raciocínio de COOTER e SCHÄFER,[25] resta evidente que o mais importante é investigarmos as causas da riqueza de uma nação, e não as causas da pobreza:

> A lacuna presente entre países mais ricos e pobres é muito maior hoje do que em qualquer outro momento da história. Esta lacuna expandiu porque alguns países cresceram muito mais rápido enquanto outros estagnaram suas economias. Os países mais pobres, em sua maioria, não empobreceram. O crescimento econômico de um país não causa necessariamente o declínio econômico de outro país. [...]

---

23. COOTER, R. D.; SCHÄFER, H-B. *O nó de Salomão:* como o direito pode erradicar a pobreza das nações, 1 Ed., Curitiba: Editora CRV, 2017, págs. 35 a 37.

24. Idem, pág. 40.

25. Ibidem, pág. 32.

> O crescimento convergente une a família humana, como o mercado comum europeu uniu pessoas separadas por séculos de guerras.

Referidos autores demonstram também que a economia de um determinado país cresce quando empresas desenvolvem inovações,[26] e estas requerem a combinação de novas ideias e capital.

Sendo assim, sem a existência de um sistema jurídico que assegure a efetiva proteção da propriedade privada, as pessoas temem o roubo de suas riquezas, e não se sentem seguras a realizar investimentos.

Desse modo, a proteção estatal de direitos fundamentais como liberdade e propriedade constitui-se na base legal para que investimentos futuros sejam realizados.[27]

COOTER e SCHÄFER acentuam que o Estado deve limitar suas intervenções para assegurar a proteção daqueles que produzem riquezas, e geram empregos, de seus potenciais usurpadores. Quando o sistema jurídico permite que pessoas criativas possam manter para si a maior parte daquilo que produzem, o Estado nesse caso estará canalizando suas energias para enriquecer a nação, e assim, enriquecer seus cidadãos como um todo.

Destaca-se também a comprovada realidade dos países africanos e latino-americanos nos períodos em que tiveram a

---

26. Ao contrário do que equivocadamente pressupõe do economista THOMAS PIKETTY, de que as riquezas são imóveis e concentradas e por isso precisam ser distribuídas (utilizando-se do Direito Tributário para tanto), COOTER e SCHÄFER evidenciam que as cinco pessoas mais ricas do mundo em 2008 (WARREN BUFFET, CARLOS SLIM, BILL GATES, LAKSHMI MITTAL, e MUKESH AMBANI) não herdaram suas riquezas, mas sim criaram negócios extraordinariamente lucrativos que beneficiou inúmeros produtores e consumidores. Idem, págs. 66 e 67.
*OBS: Desses nomes mencionados, ressalta-se que BILL GATES se enriqueceu por meio mérito individual, em uma preponderantemente livre, enquanto CARLOS SLIM cresceu por meio da odiosa prática do capitalismo de compadrio. As estruturas institucionais que vigoram atualmente em nosso país são muito mais propensas a fomentarmos a criação de novos CARLOS SLIM, do que a de novos BILL GATES.

27. Idem, pág. 49.

economia planejada pelo Estado. O resultado foi a gestão de empresas desastradas demais para sobreviver, mal acostumadas a receberem subsídios e protecionismos e que, por terem se acostumado com um cenário de compadrio em vez de livre-concorrência, cresceram como verdadeiros adolescentes descuidados.[28]

Para concluir, COOTER e SCHÄFER evidenciam que a mera liberalização da economia e crescimento econômico não estão devidamente relacionados. Explica-se: Em alguns países como China, Índia, e países Europeus Centrais que se juntaram à União Europeia, a liberalização da economia e o crescimento econômico estão positivamente relacionados. Por outro lado, em países Africanos, Latino-Americanos (exceto Chile), e países do Leste Europeu que não se juntaram à União Europeia, a liberalização da economia, quando realizada, nem sempre propiciou um ambiente de devido crescimento econômico.

Diante de tal situação, os autores da pesquisa formularam a seguinte questão: por qual motivo as políticas de liberalização econômica possuem diferentes consequências de um país para o outro?

E a conclusão a que se chegou foi a de que a liberalização requer o apoio de instituições que asseguram a propriedade para os produtores de riqueza, a execução de promessas em negócios, e a possibilidade de distribuição de lucros de empresas de uma forma previsível. Ou seja, a liberalização sucedeu resultados mais positivos em países em que o sistema jurídico possui um efetivo direito privado e empresarial.

Com isso, para que a união de boas ideias com o capital sejam aptas a produzirem crescimento econômico, os negócios precisam de liberdades asseguradas através do Direito,[29] e de acordo com esta orientação, um dos principais papéis do Estado no fomento do crescimento econômico deve ser o de

---

28. Idem, pág. 249.

29. Direitos de Propriedade, Direito Contratual, Direito Empresarial + Liberalização = Crescimento Econômico. Idem, pág. 256.

construir bases legais para que o mercado possa se estruturar com um mínimo de segurança jurídica e prosperar.[30]

III.2. Da qualidade e eficiência das Instituições

Em estudo realizado em duas cidades, Nogales Arizona (EUA) e Nogales Sonora (México), separadas apenas por uma fronteira, DARON ACEMOGLU e JAMES ROBINSON, na obra "*Por que as Nações Fracassam*", analisaram os fatores que levaram a primeira a ter alcançado um nível de desenvolvimento muito superior à segunda.

O povo de Nogales Arizona pode se dedicar às suas atividades diárias sem temer pela vida ou segurança, nem viver com medo de roubos, expropriações ou outras possibilidades que ponham em risco seus investimentos nos negócios e habitações. Importante ressaltar também que, os residentes de Nogales Arizona partem da premissa de que, apesar de alguma ineficiência e eventuais casos de corrupção, o governo é o seu agente. Podem votar para substituir prefeitos, deputados e senadores; votam nas eleições presidenciais que determinam quem comandará o país, sendo que, a democracia constitui para eles uma espécie de segunda pele.

Ao Sul, a poucos metros de distância, a realidade e Nogales Sonora é bastante diferente. Embora a população de Nogales Sonora viva em uma região relativamente próspera do México, a renda familiar média corresponde a cerca de um terço da de Nogales Arizona. A maioria dos adultos de Nogales Sonora não completou o ensino médio, muitos adolescentes não vão à escola, a situação da saúde pública é bastante precária, e os serviços públicos são de qualidade questionável.[31]

30. Ibidem, págs., 255 e 256.

31. ACEMOGLU, Daron e James Robinson. *Por que as nações fracassam*: as origens do poder, da prosperidade e da pobreza. Tradução Cristiana Serra. 1ª ed., Rio de Janeiro: Elsevier, 2012, págs. 7 e 8.

Diante de duas realidades extremas para duas cidades como as mesmas raízes culturais e geográficas, e as mesmas condições climáticas, uma questão se impõe: como podem as duas metades do que é essencialmente a mesma cidade serem totalmente diferentes?

Naturalmente, há uma explicação simples e óbvia para as diferenças entre as duas metades de Nogales, que consiste no fato dos moradores de Nogales Arizona terem acesso às instituições econômicas americanas, que lhes permitem escolher livremente suas ocupações, adquirir educação e conhecimentos, e estimular seus empregadores a investir na melhor tecnologia, gerando-se assim salários mais altos. Além do mais, os habitantes de tal cidade têm acesso ainda a instituições políticas que lhes permitem tomar parte do processo democrático, elegendo seus representantes, e substituindo-lhes caso se comportem mal.[32]

Qualquer fenômeno social complexo, tal como a origem das diferentes trajetórias econômicas e políticas de centenas de Estados em todo mundo, provavelmente terá uma miríade de causas, o que leva a maioria dos cientistas sociais a repudiar teorias de aplicação ampla, e que identifiquem apenas uma única causa para os acontecimentos.

O principal argumento de ACEMOGLU e ROBINSON na obra *"Por que as Nações Fracassam"* reside na diferença entre instituições econômicas inclusivas e extrativistas. O elemento central de todo estudo desenvolvido reside na ligação existente entre instituições econômicas e políticas inclusivas com a prosperidade alcançada por determinados países.

Instituições econômicas inclusivas, além de assegurar os direitos de propriedade, criam condições igualitárias para todos e incentivam os investimentos em novas tecnológicas e competência, tem muito mais chances de conduzir ao crescimento econômico do que as instituições extrativistas, que são

---

32. ACEMOGLU, Daron e James Robinson. *Por que as nações fracassam: as origens do poder, da prosperidade e da pobreza*. Tradução Cristiana Serra. 1ª ed., Rio de Janeiro: Elsevier, 2012.

estruturadas de modo que poucos possam extrair recursos de muitos e mostram-se incapazes de proteger os direitos de propriedade ou fornecer incentivos para a atividade econômica.[33]

Em síntese, podem-se denominar instituições econômicas inclusivas aquelas que permitem que a riqueza seja disseminada pela sociedade, enquanto instituições econômicas extrativistas aquelas que concentram a renda em uma elite privilegiada.

Referidos autores, em mencionada obra, argumentam também que a base para o desenvolvimento econômico está na realização de investimentos consideráveis em tecnologia, a educação e a estabilidade política.

Entretanto, tais fatores só têm seu desenvolvimento viabilizado na presença de instituições políticas inclusivas, uma vez que as autocracias temem a inovação e o impacto desestabilizador da destruição criativa. Pode-se afirmar também, que um sistema educacional de qualidade depende da liberdade de expressão e da livre circulação de informações, ausentes, ou no mínimo cerceadas, em instituições de natureza políticas extrativistas.

A conclusão de ACEMOGLU e ROBINSON é a de que o desenvolvimento da economia de uma nação é diretamente proporcional à qualidade de sua democracia. As nações fracassam porque são autárquicas, e não superaram um modelo político que monopoliza o poder, gerando em vez de prosperidades, estímulos à concentração de riquezas.

Em consonância com os estudos desenvolvidos por ACEMOGLU e ROBINSON, DOUGLASS NORTH[34] assim afirma que:

> As instituições *reduzem a incerteza ao conferir uma estrutura* à vida cotidiana. Elas são o guia para a interação humana, fazendo com que, ao desejarmos cumprimentar conhecidos na rua,

33. ACEMOGLU, Daron e James Robinson. *Por que as nações fracassam: as origens do poder, da prosperidade e da pobreza.* Tradução Cristiana Serra. 1ª ed., Rio de Janeiro: Elsevier, 2012.

34. Ibid., pág. 14.

> dirigir um automóvel, comprar laranjas, pegar dinheiro emprestado, montar um negócio, enterrar nossos mortos ou o que quer que seja, saibamos como (ou possamos facilmente aprender a) executar essas tarefas. [...] No jargão dos economistas, as instituições definem e limitam o conjunto de escolha dos indivíduos.

Afirma ainda NORTH[35] que o papel das instituições é reduzir as incertezas ao conferir uma estrutura estável para a realização de interações humanas, sendo que as instituições, juntamente com os condicionamentos convencionais concebidos pela teoria econômica, determinam as oportunidades em uma sociedade.

Além do mais, adverte NORTH[36] que muitos países de terceiro mundo promovem práticas redistributivas em vez de produtivas. Como consequência, as organizações que se desenvolvem nesse quadro irão se tonar mais eficientes, só que mais eficientes em tornar a sociedade ainda mais improdutiva e a estrutura institucional básica ainda menos favorável ao desenvolvimento de atividades produtivas. Acentua ainda NORTH[37] que:

> As instituições não são necessariamente nem habitualmente criadas para serem socialmente eficientes; elas, ou ao menos as regras formais, são antes criadas para servir aos interesses daqueles com poder de barganha para formular novas regras.

Contudo, as instituições podem se tornar eficientes por meio de um regime político que contenha incentivos para que se instituam e se façam cumprir os direitos de propriedade. Entretanto, reconhece NORTH[38] que não é fácil modelar um regime político dessa ordem com atores interessados em

---

35. ACEMOGLU, Daron e James Robinson. *Por que as nações fracassam: as origens do poder, da prosperidade e da pobreza.* Tradução Cristiana Serra. 1ª ed., Rio de Janeiro: Elsevier, 2012.

36. Idem, pág. 24.

37. Ibidem, pág. 36.

38. Idem, pág. 243.

maximização de riqueza e que não se pautem por outras considerações. Não é à toa que diversas literaturas representam o Estado como algo parecido com uma máfia, ou como um leviatã.

Desse modo, verifica-se que, para que o Brasil possa de fato alcançar índices significativos de prosperidade e redução dos índices de pobreza, é necessário que nossa democracia se estabeleça com o devido fomento para que nossas instituições tenham um viés cada vez mais inclusivo, e sejam devidamente eficientes no estabelecimento de incentivos que instituam e se façam cumprir os direitos de propriedade.

III.3. Políticas inflacionárias

O economista MILTON FRIEDMAN, de forma apropriada, adverte que a inflação pode ser definida como uma espécie de doença perigosa, e algumas vezes fatal e que, se não for devidamente controlada a tempo, pode levar uma sociedade à ruína.

Nenhum governo está disposto a aceitar a responsabilidade pela produção de políticas inflacionárias, mesmo quando adotadas em graus mais moderados, sendo mais cômodo atribuir a culpa da alta inflacionária aos empresários gananciosos, sindicatos ambiciosos, consumidores perdulários, ao mau tempo, ou a qualquer outro fator remotamente plausível. Tais hipóteses mencionadas podem gerar altas e baixas momentâneas nos preços.

Entretanto, não podem gerar inflação contínua por um motivo muito simples: nenhum dos supostos culpados pode realizar a impressão de dinheiro, e muito menos autorizar profissionais da área contábil a fazer registros que sejam equivalentes a pedaços de papel.[39]

Destaca-se das lições de FRIEDMAN também que:

---

39. FRIEDMAN, Milton. *Livre para escolher:* uma reflexão sobre a relação entre a liberdade e a economia. 1ª ed., Rio de Janeiro: Editora Record, 2015, pág. 364.

> A inflação não é um fenômeno capitalista. A Iugoslávia, um país comunista, sofreu uma das mais velozes taxas de inflação de qualquer país da Europa; a Suíça, um bastião do capitalismo, uma das mais baixas. Nem a inflação é um fenômeno comunista. A China teve pequena inflação sob o regime do Mao; Itália, Reino Unido, Japão e Estados Unidos – todos países capitalistas em grande parte – sofreram uma inflação substancial na última década. No mundo moderno, a inflação é um fenômeno da máquina de impressão.[40]

O economista LUDWIG VON MISES também adverte para a constatação de que, não é o modo como o dinheiro é gasto pelo governo que acarreta essa consequência que chamamos de inflação, mas sim a forma como tais recursos são obtidos.[41]

Um determinado governo, por exemplo, poderia, sem fomentar a inflação, utilizar-se de recursos arrecadados via tributação para promover a contratação de novos funcionários, ou elevar os salários daqueles que já estão em atividade.

Esses funcionários, com o aumento do seu poder aquisitivo, passam a poder comprar mais. Quando um governo cobra impostos dos seus cidadãos e aplica essa soma de dinheiro no aumento do salário do seu pessoal, os contribuintes passam a ter menos o que gastar, mas os funcionários públicos passam a ter mais. Como consequência, os preços de forma geral não subirão.

Entretanto, se os governos não buscam para estes fins receitas provenientes de tributos, mas recorre-se a dinheiro recém-impresso, algumas pessoas começam a ter mais poder aquisitivo, enquanto todas as demais continuam a ter o mesmo que antes.

Uma vez que não há maior mercadoria do que antes, mas há mais dinheiro disponível circulando no mercado, haverá uma demanda adicional para uma quantidade inalterada de

---

40. FRIEDMAN, Milton. *Livre para escolher:* uma reflexão sobre a relação entre a liberdade e a economia. 1ª ed., Rio de Janeiro: Editora Record, 2015, pág. 364.

41. MISES, Ludwig von. *As seis lições*. 7ª ed. Rio de Janeiro: Instituto Ludwig von Mises. 1979, pág. 63.

bens. Consequentemente, os preços tenderão a subir, e isso é algo que não pode ser evitado, seja lá qual for o uso que se faça do dinheiro recém-emitido.[42]

Importante ressaltar também que, o dinheiro impresso e introduzido no mercado pelo governo não será utilizado imediatamente na compra de todas as mercadorias e serviços, mas sim, tem sua aplicação destinada a produtos e serviços específicos, o que faz com que a o aumento de preços seja gradual, bem como seja gradual a perda de poder aquisitivo de determinados setores sociais em um primeiro momento. Com maestria, MISES esclarece as técnicas de adoção de políticas inflacionárias:

> O governo pode considerar que, como método de arrecadar fundos, a inflação é melhor que a tributação: esta é sempre impopular e de difícil execução. Em muitas nações grandes e ricas, os legisladores muitas vezes discutiram, por meses a fio, várias modalidades de novos impostos, tornados necessários em decorrência de um aumento de gastos decidido pelo parlamento. Após discutir inúmeros métodos de angariar dinheiro por meio da tributação, finalmente chegaram à conclusão de que talvez o melhor fosse obtê-lo através da inflação.
>
> É evidente que a palavra "inflação" não era pronunciada. Um político no poder, ao recorrer à inflação, não declara: "Vou adotar a inflação como método." Os procedimentos técnicos empregados na produção da inflação são tão complexos, que o cidadão comum não percebe onde ela teve início.[43]

Segundo FRIEDMAN, uma vez expostas as estratégias de política inflacionária, é possível entender por que JOHN MAYNARD KEYNES, ao examinar as inflações após a Primeira Guerra Mundial, expressou que *"não há meio mais sutil, mais seguro, de destruir a base de uma sociedade do que corromper a moeda. O processo envolve todas as forças ocultas das*

---

42. MISES, Ludwig von. *As seis lições*. 7ª ed. Rio de Janeiro: Instituto Ludwig von Mises. 1979, pág. 63.

43. Idem, pág. 66.

leis de economia do lado da destruição e o faz de um modo que nem um homem em 1 milhão é capaz de diagnosticar.”[44]

Ademais, ressalta FRIEDMAN o exemplo do Japão como proposta eficaz de combate de políticas inflacionárias, mediante a adoção de uma política de desaceleração gradativa de expansão monetária, com a consequente diminuição da inflação e uma melhora significativa nos índices econômicos. A diferença crucial do Japão para os EUA, é que este país não demonstrou a devida paciência tida pelo Japão, reagindo além do necessário, e acelerando a expansão monetária, criando-se assim um ciclo vicioso que culminou no aumento da inflação.[45]

O mais importante é lembrar-se de que a inflação na verdade é uma política, premeditada e adotada por pessoas que a ela recorrem por considerá-la um mal necessário. E como política, pode ser perfeitamente alterada, assim, não há razão para que a economia de um país se deixe ser vencida por ela. Se temos, na conta, um mal, é preciso estancá-lo para que o governo possa reequilibrar o seu orçamento e a economia volte a crescer.

Evidentemente, o apoio da opinião pública é necessário para isso. E cabe aos intelectuais ajudarem a população a compreender tal estratégia de obtenção de receitas. Uma vez assegurado o apoio da opinião pública, os representantes eleitos do povo certamente terão condições de abandonar as odiosas políticas inflacionárias, cujos efeitos recaem principalmente sobre a população de baixa renda.[46]

III.4. Abertura Comercial

Dizem muitas vezes que uma política econômica ruim reflete o desacordo entre especialistas, e que, se todos dessem

---

44. MISES, Ludwig von. *As seis lições*. 7ª ed. Rio de Janeiro: Instituto Ludwig von Mises. 1979, pág. 382.

45. Idem, pág. 400.

46. Idem, págs. 75 e 76.

o mesmo conselho, a política econômica seria boa. Economistas discordam muitas vezes em várias temáticas submetidas ao debate, mas, quando se trata de comércio internacional, é possível que haja um consenso maior.[47]

Desde ADAM SMITH, tem havido unanimidade entre os economistas, qualquer que seja seu posicionamento ideológico, que o livre comércio internacional é o maior interesse dos países que comercializam e do mundo. Entretanto, a instituição de tarifas protecionistas tem sido a regra, com pouquíssimas exceções, a exemplo do Japão, após a Restauração Meiji, e do livre comércio praticado por Hong Kong atualmente.[48]

Por parte dos Estados, há certo consenso em se atribuir às tarifas um rótulo de boa proteção para uma causa ruim. Produtores de aço e sindicatos de trabalhadores, por exemplo, pressionam restrições na importação de aços oriundos do Japão e China. Os produtores de aparelhos de TV e seus trabalhadores fazem lobby por acordos voluntários para limitar as importações de televisores e seus respectivos componentes do Japão, Taiwan, e Hong Kong. Produtores têxteis, de calçados, de açúcar, e pecuaristas, se queixam da concorrência desleal advinda do exterior e exigem que o governo faça alguma coisa para supostamente protegê-los.[49]

Entretanto, uma voz que dificilmente se levanta, é a voz do consumidor, que correntemente é abafada pelos sofismas interesseiros de comerciantes e produtores que nunca admitem que as reivindicações estão sendo feitas em interesse próprio, mas sim, com o objetivo de se proteger supostos interesses gerais.[50]

Quaisquer que sejam os pré-requisitos para o desenvolvimento do comércio internacional, as tarifas protecionistas

---

47. FRIEDMAN, Milton. *Livre para escolher:* uma reflexão sobre a relação entre a liberdade e a economia. 1ª Ed., Rio de Janeiro: Editora Record, 2015, pág. 73.

48. Idem, pág. 73.

49. Idem, pág. 74.

50. Idem, págs. 74 e 75.

podem resultar somente numa única coisa: evitar que a produção seja efetuada em locais onde as condições naturais e sociais lhe sejam mais favoráveis, e fazer com que, ao contrário, se efetive onde as condições são piores.

Um exemplo concreto de que o livre mercado pode favorecer o crescimento econômico, e consequentemente o PIB, é o caso de Hong Kong, que atualmente usufrui de um dos padrões de vida mais elevados da Ásia. Hong Kong não tem tarifas ou restrições ao comércio internacional, não tem gerenciamento governamental da atividade econômica, bem como não possui leis sobre salário-mínimo e fixação de preços, sendo os residentes deste país livres para comprar e vender para quem quiserem, e trabalhar para quem quiserem.[51]

A Grã-Bretanha também é um importante exemplo a ser considerado, pois, em 1946, após a revogação da Lei de Grãos, que impunham restrições sobre a importação de trigo e outros cerais, apresentou um crescimento econômico rápido, mediante uma considerável melhoria do padrão de vida do cidadão comum.[52]

Um outro exemplo esclarecedor a ser citado é o Japão, principalmente nos trinta anos após a Restauração Meiji, em 1987, período em que o Japão desmontou toda sua estrutura feudal e estendeu as oportunidades sociais e econômicas a todos os seus cidadãos, tornando-se rapidamente uma potência reconhecida em todo cenário internacional. O progresso econômico e social não depende dos atributos ou comportamento das massas, mas sim, de uma pequena minoria empreendedora que estabelece o ritmo, determinando-se assim o curso dos acontecimentos, criando-se oportunidades que servem de inspiração a todos.[53]

---

51. FRIEDMAN, Milton. *Livre para escolher:* uma reflexão sobre a relação entre a liberdade e a economia. 1ª Ed., Rio de Janeiro: Editora Record, 2015, pág. 64.

52. Idem, pág. 65 e 66.

53. Ibidem, págs., 100 e 101.

Conforme acentua MISES, resultado do protecionismo será sempre a redução da produtividade do trabalho humano, e como consequência o aumento dos índices de pobreza de uma nação. O livre mercado está longe de negar que os males que as nações do mundo desejam combater, por meio de políticas protecionistas, sejam, de fato, um mal. O que ele afirma é que os meios recomendados pelos imperialistas e protecionistas não são capazes de eliminar esse mal.

Não obstante, propõe um caminho diferente. Para que se criem as indispensáveis condições mínimas de dignidade e subsistência para a população de um país, uma das características da presente situação internacional que se deseja mudar, é o fato de que uma redução gradativa das barreiras protecionista pode proporcionar expectativas concretas de novas oportunidades de trabalho, e consequentemente redução dos índices de pobreza de um país.[54]

III.5. Investimentos Privados

Existem diferenças entre nações mais desenvolvidas e menos desenvolvidas que se estabelecem em função do tempo. Os ingleses começaram a poupar antes de todas as outras nações. Consequentemente, também começaram antes a acumular capital e a investi-lo em negócios, fator esse primordial para que a Grã-Bretanha alcançasse um padrão de vida bastante elevado em uma época em que todos os outros países europeus ainda estavam em um nível abaixo.

Aconteceu, então, um dos fatos mais importantes da história do século XIX, qual seja, a expansão dos investimentos privados, tendo o capital estrangeiro começado a desempenhar um papel primordial no mundo dos negócios. Sem esse investimento de capital, as nações menos desenvolvidas que a britânica teriam sido obrigadas a iniciar seu desenvolvimento utilizando-se dos mesmos métodos e tecnologias usadas a fim

54. MISES, Ludwig von. *Liberalismo*. 2ª ed., Rio de Janeiro: Instituto Ludwig von Mises, 2010, pág. 151.

de se imitá-los lentamente, sendo necessárias muitas décadas para que os demais países pudessem alcançar o padrão de desenvolvimento alcançado pela Grã-Bretanha.[55]

Pode-se afirmar que falta apenas um requisito para que os demais países emergentes possam atingir um nível satisfatório de desenvolvimento, qual seja, o capital. Entretanto, é imprescindível que haja liberdade para empregá-lo sob a disciplina do mercado, e não sob do governo. É preciso que as nações acumulem capital interno e viabilizem o ingresso de capital estrangeiro.

No entanto, frisa-se que o desenvolvimento da poupança interna só será possível quando as camadas populares se sentirem respaldadas por um sistema econômico que propicie a existência de uma unidade monetária estável.[56]

Além do mais, pode-se afirmar também que, um sistema tributário caótico,[57] legislação trabalhista inflexível, bem como a adoção de medidas protecionistas, são realidades que prejudicam a criação e circulação de riquezas internas em um país.

O principal requisito para que haja, no mundo, uma maior igualdade econômica é a industrialização. Entretanto,

---

55. MISES, Ludwig von. *As seis lições*. 7ª ed., Rio de Janeiro: Instituto Ludwig von Mises. 1979, pág. 80.

56. Idem, pág. 86.

57. Todo o caos tributário em que vivem os contribuintes brasileiros não passou despercebido pela percepção e inteligência de ALFREDO AUGUSTO BECKER, que assim se expressa:
"A segurança jurídica perdeu-se dentro da "maraña legislativa" e, hoje um impulso fanático caracteriza a proliferação das leis tributárias, nunca se sabendo "hasta qué punto se trata de buena fé o de fariseísmo". No Brasil, como em qualquer outro país, ocorre o mesmo fenômeno patológico-tributário. E mais testemunhas são desnecessárias, porque todos os juristas que vivem a época atual – se refletirem sem orgulho e preconceito – dar-se-ão conta que circulam nos corredores dum manicômio jurídico-tributário." (Ibid., pág. 6)
Diante de tal contexto, pode-se afirmar que, a carga tributária, por ser um dos principais fatores de custo para qualquer empreendimento, torna-se um dos elementos preponderantes em estudos de viabilidade para fins de investimentos. Em nosso país, a situação se agrava pelo fato da relação tributária não se formar a partir de uma perspectiva de confiança entre contribuintes e Estado.

esta só se torna possível quando há maior acumulação e investimento de capital.[58]

Para que os investidores possam aplicar o seu capital com critérios mais bem definidos e se precaverem de surpresas indesejadas, criaram-se índices de classificação de riscos, denominados "*ratings*", cuja principal finalidade seria a de indicar a capacidade de uma determinada empresa ou país de honrar as obrigações assumidas, minimizando-se assim os riscos de calote em dívidas.

Tais avaliações são realizadas por agências de classificação de risco, dentre as quais se destacam, Standard & Poor's, Moody's, e Fitch Ratings, que juntas, controlam uma parcela de mais de três quartos do mercado global de avaliações de risco.

Cada agência adota seu sistema próprio de avaliação, sendo que, no caso de um país, diversas variáveis são levadas em conta, tais como: solidez da economia e estabilidade política, além de fatores sociais, como liberdade de imprensa e distribuição de renda entre a população.[59]

Após já ter perdido os graus de investimentos estabelecidos pela Fitch e Standard & Poor's, que já seriam suficientes para alertar os investidores internacionais que o Brasil não é um país viável para fins de investimento, em fevereiro de 2016, a agência Moody´s também rebaixou a classificação de nosso país retirando-lhe o selo de bom pagador.

Tais medidas tomadas pelas agências de risco ora mencionadas foram motivadas principalmente por duas razões: deterioração nas métricas da dívida pública, bem como um cenário de baixo crescimento econômico, frutos de uma má gestão dos recursos públicos, denúncias de corrupção, política inflacionária em crescimento, baixa confiabilidade em nossas

---

58. Idem, pág. 86.

59. Fonte: http://economia.uol.com.br/financas-pessoais/guias-financeiros/entenda-o-que-e-grau-de-investimento.htm. Acesso em: 24 jul. 2021

instituições públicas, dentre outros fatores que, em síntese, nada mais são do que frutos de decisões políticas equivocadas.

Destaca-se na Europa o exemplo da Suíça, país pouco privilegiado em termos de recursos naturais, mas que, ao longo de séculos, foi governado por pessoas que adotaram medidas acertadas que erigiram tal país a um padrão de vida exemplar.

Não é possível assim que, um país como o Brasil – muito maior que a Suíça, tanto em população quanto em extensão territorial – não possa alcançar o mesmo elevado padrão de vida ao cabo de alguns anos de boas políticas. Mas, acima de tudo, é imprescindível que as políticas implementadas sejam realmente eficientes.[60]

Considerações finais

São várias as deduções possíveis ao final de quatro tópicos nos quais recapitulamos desde considerações conceituais a respeito do termo "liberalismo", conforme o mencionado Diagrama de Nolan, comentários sobre os reflexos do liberalismo econômico no desenvolvimento de um país, passando brevemente por pesquisas e dados empíricos comparativos, para culminar na abordagem dos fatores complementares ao liberalismo econômico propulsores de progresso humano e redução da pobreza.

Entretanto, a maior conclusão, e a mais humilde, é que as páginas deste artigo são insuficientes para traçar um panorama completo dessa problemática, cabendo-nos apenas a formulação das sugestões apresentadas.

Podemos, sim, responder prontamente quais são os países mais ricos e pobres do mundo, e como estes resultados estão diretamente atrelados ao grau de estímulo à proteção das liberdades, sobretudo econômicas. Como mencionado, os

60. Fonte: http://economia.uol.com.br/financas-pessoais/guias-financeiros/entenda-o-que-e-grau-de-investimento.htm. Acesso em: 24 jul. 2021

incentivos, tanto econômicos quanto institucionais, moldam o nível de prosperidade e desenvolvimento de uma sociedade. Pode-se dizer, ainda, que o ritmo da prosperidade, entretanto, variará conforme outras circunstâncias, representadas pelos incentivos estruturais que reduzam incertezas e que estabeleçam um ambiente em que se fomente a produção de interações humanas mais estáveis.

Ao questionar o motivo pelo qual as políticas de liberalização econômica possuem diferentes consequências de uma nação para outra, nos foi possível concluir que a liberalização requer o apoio de instituições que asseguram a propriedade para os produtores de riqueza, propiciem um ambiente de segurança jurídica para execução das promessas de negócios e a possibilidade de distribuição de lucros de forma previsível. Para tanto, foi necessário adentrar nos fatores complementares ao liberalismo econômico: i) o Direito, como método de fomentador de prosperidades; ii) qualidade e eficiência das instituições; iii) políticas inflacionárias responsáveis; iv) abertura comercial internacional e v) investimentos privados, atraídos por um bom ambiente de negócios.

Como ressaltado, para que união de boas ideias com o capital seja hábil a produzir crescimento econômico, as relações negociais necessitam de liberdades asseguradas através de um ambiente com segurança jurídica, estabilidade democrática e boas instituições que alavanquem o mercado e o deixe desenvolver.

No caso do Brasil, para que este alcance níveis relevantes de prosperidade e redução significativa dos índices de pobreza, é necessário o estabelecimento de instituições sérias e inclusivas, em vez de extrativistas, e que estas sejam devidamente eficazes no estabelecimento dos corretos incentivos que instituam e se façam cumprir os direitos de propriedade, intuito este que somente será atingido com o apoio da opinião pública e abandono, por parte dos representantes políticos, das odiosas políticas inflacionárias, cujos efeitos recaem especialmente sobre a população de baixa renda.

É imprescindível que as políticas implementadas sejam realmente eficientes. A redução gradativa das barreiras protecionistas pode proporcionar expectativas concretas de novas oportunidades de trabalho, e consequentemente redução dos índices de pobreza de um país. Quanto maior for a intervenção do estado na economia, menores serão os estímulos que as mentes empreendedoras terão para fomentar a prosperidade de uma nação. Ademais, variáveis como solidez da economia, sistema jurídico desburocratizado e estabilidade política, são realidades que facilitam a criação e circulação de riquezas em um país.

Referências

ACEMOGLU, Daron e James Robinson. *Por que as nações fracassam*: as origens do poder, da prosperidade e da pobreza. Tradução Cristiana Serra. 1ª Ed. Rio de Janeiro: Elsevier, 2012.

ARON, Raymond. *O ópio dos intelectuais*. 1ª ed., São Paulo: Editora Três Estrelas, 2016.

BOAZ, David. *Libertarianism: A Primer*. 1ª ed., New York: The Free Press, 1997.

COOTER, R. D.; SCHÄFER, H-B. *O Nó de Salomão:* Como o direito pode erradicar a pobreza das nações, 1 Ed. Curitiba: Editora CRV, 2017.

FRASER INSTITUTE: *Economic Freedom of the World - 2020 Annual Report*. Disponível em: https://www.fraserinstitute.org/sites/default/files/economic-freedom-of-the-world-2020.pdf. Acesso em: 20 jul. 2021.

FRIEDMAN, Milton. *Livre para escolher:* uma reflexão sobre a relação entre a liberdade e a economia. 1ª ed. Rio de Janeiro: Editora Record, 2015.

GIANTURCO, Adriano. *A ciência da política:* Uma introdução. 1ª ed., Rio de Janeiro: Editora Forense, 2017.

HAYEK, Friedrich A. *Direito, legislação, e liberdade* - Volume II. 1ª ed., São Paulo: Editora Visão, 1985.

HOPPE, Hans-Hermann. *Uma teoria do socialismo e do capitalismo.* 2ª ed. São Paulo: Instituto Ludwig von Mises Brasil, 2013.

MISES, Ludwig von. *As seis lições.* 7ª ed. Rio de Janeiro: Instituto Ludwig von Mises. 1979.

MISES, Ludwig von. *Liberalismo.* 2ª ed. São Paulo: Instituto Ludwig von Mises, 2010.

NORTH, Douglass C. *Instituições, mudança institucional e desempenho econômico.* 1ª ed., São Paulo: Três Estrelas, 2018.

OLIVEIRA, Amanda Flávio de e DE SOUZA, Alexandre Antônio Nogueira. *Quem tem medo do Estado Mínimo?*, Disponível em: https://www.jota.info/opiniao-e-analise/colunas/livre-mercado/quem-tem-medo-do-estado-minimo-11102018. Acesso em: 20 jul. 2021.

OLIVEIRA, Amanda Flávio de e DE SOUZA, Alexandre Antônio Nogueira. *Quem tem medo do Estado Mínimo? Parte II*, Disponível em: https://www.jota.info/opiniao-e-analise/artigos/quem-tem-medo-do-estado-minimo-parte-ii-31012019. Acesso em: 20 jul. 2021.

ONU: Índice de Desenvolvimento Humano - 2020. Disponível em: http://hdr.undp.org/sites/default/files/hdr2020_pt.pdf. Acesso em: 20 jul. 2021.

ROSER, Max. Disponível em: https://ourworldindata.org/a-history-of-global-living-conditions-in-5-charts . Acesso em: 22 jul. 2021.

ROSLING, Hans. *Factfulness:* O hábito libertador de só ter opiniões baseadas em fatos. 1ª ed. Rio de Janeiro: Record, 2019.

THE HERITAGE FOUNDATION: *2021 Index of Economic Freedom.* Disponível em: https://www.heritage.org/index/ranking. Acesso em: 20 jul. 2021.

NA RAIZ DE NOSSAS CRISES: O REALISMO MÁGICO DA CONSTITUIÇÃO

Victor Duarte Almeida

Introdução

A Constituição de 1988 é a consolidação documental da raiz de nossas crises, fornecendo pedagógico manual de produção dos nossos problemas.

A afirmativa acima é tão impactante quanto verdadeira. Não se nega que a realidade de um país é fruto de uma conjunção de fatores e aspectos a serem levados em consideração; o Brasil não é diferente. Entretanto, é sempre possível – e necessário – identificar as causas raízes dessa realidade, evidenciar alguns dos pilares de um cenário problemático. E é justamente isso que a abertura desse texto anuncia sobre a realidade brasileira dos últimos trinta e poucos anos.

Com a ilusória pretensão de criar uma realidade a partir de um texto jurídico-político que contemplasse anseios e reivindicações de diversos grupos de interesses, o Brasil acabou produzindo uma norma fundamental intrinsecamente irrealizável, notoriamente descumprida e inevitavelmente perniciosa. Eis o retrato de uma Constituição que atenta contra o próprio país.

Fora isso que denunciara brava e incansavelmente Roberto Campos, quando da elaboração do documento pela Assembleia Constituinte. E essa trajetória de insurreição contra a "*constitucionalite*" tupiniquim foi recentemente organizada por Paulo Roberto de Almeida, no livro "A Constituição contra o Brasil" (2018), que reuniu os ensaios de Roberto Campos sobre a Constituinte e a Constituição de 1988. Um importante resgate à memória nacional do maior nome do liberalismo brasileiro do século XX.

De cavaleiro solitário, enquanto lutava contra a criação de uma aberração jurídico-política, passou a profeta involuntário, à medida que as consequências nefastas por si apontadas foram se tornando realidade inconteste após a promulgação e vigência do texto constitucional.

Mas a realidade e os fatos nunca foram o forte de nossa Constituição. Pelo contrário, a euforia constitucionalista impediu que fincássemos os pés no real, pelo "*misto de panaceia e paixão*",[1] que tomava conta dos constituintes. Alertava Roberto Campos que, guiados por esse espírito, "*fabricaríamos uma nova Constituição apenas para descumpri-la, senão ignorá-la, tratamento que a história habitualmente destina aos reservatórios de utopias*".[2]

Reservatório de utopias, dicionário de utopias, catálogo de utopias e balaio de utopias: termos como esses foram frequentemente utilizados por Roberto Campos para apelidar o projeto e o texto constitucional definitivo. Pelo uso recorrente desses termos, de todas as críticas e todos os aspectos negativos apontados por ele, nos parece haver um problema em especial que se destaca: o espantoso deslocamento da Constituição com a realidade.

---

1. CAMPOS, Roberto. Reservatório de utopias. *In*: *A Constituição contra o Brasil*: ensaios de Roberto Campos sobre a constituinte e a Constituição de 1988. Org. Paulo Roberto de Almeida. São Paulo: LVM Editora, 2018. p. 79.

2. Idem, p. 81.

Essa distância abismal acabou por criar um universo próprio, uma "realidade" constitucional disposta a negar e substituir a realidade "real" por um ideal de "bem comum". Já se chegou a afirmar que é como se estivéssemos testemunhando a realização de uma obra de ficção distópica à altura de grandes obras literárias e digna de cinema.

Quase isso.

É aí que o brilhantismo de Roberto Campos desponta uma vez mais: ao ressaltar o surrealismo constitucional, ele precisamente nos ensina que nossa Constituição é bem menos uma obra de distopia owerlliana e muito mais um exemplar do realismo mágico tão próprio da Latino-América.

I. Antecipando a pós-modernidade: Tlön e a crítica de Borges às utopias

Tornou-se frequente valer-se do livro "A revolução dos bichos", de George Orwell, para descrever e criticar a realidade brasileira dos últimos 30 anos, tendo em vista as enormes e precisas analogias encontradas na clássica obra. No entanto, há um autor consagrado mais próximo de nós, que talvez possa ser utilizado para revelar de maneira mais profunda as razões de nossas mazelas recentes: o argentino Jorge Luis Borges.

Borges foi um dos mais brilhantes e aclamados autores do século XX. Provavelmente o escritor latino-americano mais reconhecido em sua época – Gabriel Garcia Marques e Vargas Llosa, por exemplo, despontaram depois. Lamentável e injustamente não foi agraciado com o Nobel de Literatura, ao qual foi indicado em 1967: seu posicionamento conservador e seu senso antirrevolucionário foram demais para o Comitê do Nobel "engolir". O livro de contos "Ficções" é considerado sua grande obra, que se consolidou como um absoluto clássico do realismo mágico ou fantástico.

E é justamente um conto dessa obra que ilustra bem o processo e o produto do cenário recente de nosso país. Publicado primeiramente em 1940, na revista argentina *Sur*, o conto "Tlön, Uqbar, Orbis Tertius" é um dos mais conhecidos e intrigantes de Borges. Narrado em primeira pessoa pelo próprio autor, conta a história (ficcional) de como uma conversa com seu amigo escritor, Adolfo Bioy Casares, se transforma numa intensa busca de informações sobre um intrigante país chamado Uqbar e acaba na descoberta do misterioso e fictício mundo de Tlön.

Resumindo o conto, não obstante sua magnífica trama, no pós-escrito de 1947, o autor narra ter descoberto o seguinte: formada por um grupo de intelectuais de disciplinas diversas, uma "benevolente sociedade secreta" europeia do século XVII chamada *Orbis Tertius*, tinha como objetivo principal inventar e criar detalhadamente um país – uma missão que envolveria algumas gerações. É surgido Uqbar.

No século seguinte, a *Orbis Tertius* ressurge nos Estados Unidos, onde um de seus principais membros considera a missão muito modesta e propõe que, em vez de apenas um país, seja criado todo um mundo. E então surge Tlön, um ordenado mundo de características peculiares e heterodoxas, minuciosamente descrito numa enciclopédia própria e exclusiva – "*a brave new world*".[3]

Em Tlön, conforme descrevem suas enciclopédias, todas as nações são idealistas – a linguagem, a religião, as letras e a metafísica pressupõem o idealismo; para elas, o mundo é temporal e não espacial. Sua linguagem não contém substantivos, apenas verbos impessoais, e sua cultura clássica compreende apenas uma disciplina: a psicologia. Todas as demais estão a ela subordinadas.

Por isso, os habitantes desse planeta concebem o universo apenas como resultado de processos mentais, que desenvolvem no tempo independentemente do espaço. Esse monismo ou idealismo total invalida a existência da ciência, e os

---

3. Clara referência de Borges ao clássico "Admirável Mundo Novo" ("*Brave New World*", no original), de Aldous Huxley.

estudiosos de Tlön não buscam a verdade ou a verossimilhança dos fatos, buscam o assombro.[4]

E daí decorre a mais impressionante produção desse mundo centrado na psicologia: o materialismo. Em Tlön, os objetos, os animais, as paisagens e todas as coisas são meros produtos da mente; o pensamento materializa e constrói a realidade, as coisas surgem por sugestão e desaparecem quando nelas se deixa de pensar. O clássico exemplo é o de um umbral que perdurou somente enquanto o visitava um mendigo e que se perdeu de vista com sua morte. Outro comovente é o das ruínas de um anfiteatro que foram salvas da extinção graças a alguns pássaros e um cavalo que as continuavam "visitando".

No conto, as enciclopédias e a cultura de Tlön se popularizam e são adotadas drasticamente em nosso mundo. A humanidade passa a adotar seu idioma, sua farmacologia e sua arqueologia. A realidade passa a se render à ficção.

Nesse cenário desalentador posto no conto, Borges relembra os fatos ocorridos desde a publicação original em seu apêndice intencionalmente anacrônico de 1947 e reflete: "*Há dez anos bastava qualquer simetria com aparência de ordem – o materialismo dialético, o antissemitismo, o nazismo – para encantar os homens. Como não se submeter a Tlön, à minuciosa e vasta evidência de um planeta ordenado?*".[5]

O constante encantamento pela ordem e pelo rigor faz com que a humanidade teime em se esquecer de que se trata de um rigor de enxadristas e não de anjos.[6] E nessa toada, o idioma de Tlön penetrou nas escolas e tudo foi sendo substituído: "*Entendo que a biologia e a matemática aguardam também seu avatar*".[7]

4. Qualquer semelhança com a pós-modernidade não é mera coincidência.

5. Tradução livre. BORGES, Jorge Luis. *Ficciones.* 2.ed. Buenos Aires: Sudamericana, 2019. p. 41.

6. Idem, p. 41.

7. Ibidem.

Por fim, o autor profetiza de maneira pessimista o futuro do próprio conto: "*Então desaparecerão do planeta o inglês e o mero espanhol. O mundo será Tlön*".

II. O realismo mágico da Constituição de 1988

No Brasil, cerca de 40 anos após a publicação de Borges, um grupo dos mais conhecidos intelectuais, artistas e políticos reunia esforços no cumprimento de uma nobre e ousada missão: construir, por meio de um documento, um novo país e uma nova realidade para as gerações futuras.

Ao contrário da *Orbis Tertius*, esse grupo de "heróis nacionais" e "representantes benevolentes do povo" fazia questão de se mostrar e contava com apoio maciço e cobertura constante da mídia. Após 20 anos de ditadura, bradava-se que havia chegado o tempo de celebrar a democracia e construir uma sociedade livre, justa e solidária.

E todo esse processo foi acompanhado e criticado de perto por Roberto Campos, que desde o início se alarmava com a "*a explosiva carga de esperança que cerca o advento da Nova República, a ponto de destruir nossa objetividade no julgamento do ciclo que se encerra*".[8] Uma catarse nacional anunciada e irrefreável.

III.1 Ensaio de realismo mágico: o idealismo dos constituintes

Esse grupo de célebres indivíduos não teve dúvidas sobre qual a solução e a ferramenta para construir esse admirável mundo novo em terras brasileiras: a elaboração de um documento jurídico-político transformador; nossa própria enciclopédia de um mundo perfeito.

8. CAMPOS, Roberto. A transição política no Brasil. *op.cit.*. p. 95.

Um documento extenso, analítico e detalhado, a discorrer e a prescrever todos os aspectos do país e da vida dos seus cidadãos. Uma enciclopédia chamada *Constituição*, a materializar uma realidade ordenadamente mentalizada por essa "*Orbis Tertius* tupiniquim".

E não de outra forma ela foi divulgada à sociedade: a Assembleia Constituinte foi popularizada como uma panaceia juridicista.[9] Os constituintes e os apoiadores da "solução constitucional" estavam convictos de que esse era o caminho do desenvolvimento e do progresso, a garantia de concretização do popular e desbotado prenúncio de que o Brasil é o país do futuro.[10]

Transparecia a visão de que a "*nova Constituição criaria condições mágicas para a resolução de vetustos problemas – a consolidação democrática, a retomada do desenvolvimento, a correção das injustiças sociais*".[11] Para angariar apelo popular, fizeram questão de atender às pretensões de todos os segmentos sociais e grupos de interesse.

Rogando para si o papel de portadores e executores do que alegavam ser a vontade popular por "justiça social e dignidade do Estado", os constituintes pregavam: "*estamos aqui para dar a essa vontade indomável o sacramento da lei. A Constituição deve ser – e será – o instrumento jurídico para o exercício da liberdade e da plena realização do homem brasileiro*".[12]

E desse modo foi feito. Na confecção do documento, todas as reivindicações foram ouvidas, todas as aflições aplacadas e todas as conquistas concretizadas. Tudo foi abarcado:

---

9. CAMPOS, Roberto. As soluções suicidas. *op.cit.*.p. 147.

10. A frase se popularizou mundialmente em decorrência do sucesso internacional do livro "Brasil, país do futuro", de Stefan Zweig.

11. CAMPOS, Roberto. Ensaio sobre o surrealismo. *op.cit.*, p. 100.

12. Trecho do discurso proferido pelo Deputado Constituinte Ulysses Guimarães, símbolo maior da produção e concretização da Constituição de 1988. Disponível em: https://www2.camara.leg.br/atividade-legislativa/plenario/discursos/escrevendohistoria/destaque-de-materias/centenario-deputado-ulysses-guimaraes/frases-memoraveis-dep-ulysses-guimaraes. Acesso em: 29 maio 2021.

direitos, garantias, aspirações, projetos e planos reunidos nessa gigantesca enciclopédia. Como pontuou Roberto Campos, "*um robusto catálogo de direitos, com magra lista de deveres, como convém a um país 'Tropi'.*"[13]

Assim seguiu o projeto da enciclopédia tupiniquim, um "*dicionário de anseios e aspirações*",[14] uma gaveta de sonhos que garante a todos e a cada um o direito ao seu pequeno absurdo.[15] Um processo que escancara o "*ensaio de voluntarismo paranoico*",[16] executado pelos constituintes.

O idealismo e a legitimação por si só garantiriam o sucesso da futura Constituição e o desenvolvimento do país. E assim como em Tlön, no Brasil dos constituintes, todos são idealistas, de maneira que tudo, até mesmo a realidade, pressupõe o idealismo; tal qual em Tlön, onde todas as disciplinas estão submetidas à psicologia, no Brasil dos constituintes, o voluntarismo político de seus líderes conduz os rumos do país.

Toda essa popularidade e euforia ofuscaram o bom senso geral, e ninguém deu ouvidos à lição retirada do ditado "de boas intenções o inferno está cheio": não se deve confundir o desejo com a realidade, e as aspirações da sociedade com sua capacidade efetiva de prover satisfações.[17] Esqueceram-se os constituintes, em seu entusiasmo pelo Estado, de que este é um ente abstrato, inexistente.[18]

A realidade copiava a ficção. E, então, a ficção dominaria a realidade.

---

13. CAMPOS, Roberto. Ensaio sobre o surrealismo. *op.cit.*. p. 100.

14. CAMPOS, Roberto. As soluções suicidas. *op.cit.*, p. 147.

15. CAMPOS, Roberto. É proibido sonhar. *op.cit.*, p. 109.

16. CAMPOS, Ibid., p. 109.

17. CAMPOS, Roberto. Ensaio de realismo fantástico. *op.cit.*, p. 107.

18. CAMPOS, Roberto. É proibido sonhar. *op.cit.*, p. 112.

III.2 O surrealismo brasileiro e a utopia constitucional

Dessa maneira, o Brasil atravessou mais um período de submersão na irracionalidade e de sucumbência às "sugestões epidêmicas" que acomete as nações, como bem pontuou Roberto Campos referenciando Tolstói. O idealismo dos constituintes venceu.

O projeto de país perfeito foi estruturado sob a crença de que a vontade transforma e cria a realidade. Pessoas foram convencidas que o mundo constitucional seria inevitavelmente transportado ao mundo real e, então, o futuro tão prometido chegaria. A nação passou a acreditar na modificação da realidade por ditado constitucional e a confiar novamente seu destino às lideranças políticas do país. Parafraseando Campos, esse cenário exige viver-se num país surrealista.[19]

Publicada em 05 de outubro de 1988, a enciclopédia do *Tlön tropical* foi ambiciosa: aboliu a miséria, exterminou o subdesenvolvimento, instituiu a garantia de saúde, concedeu benefícios, estabeleceu o avanço tecnológico, decretou o pleno emprego, resolveu o analfabetismo, assegurou a preservação ambiental e garantiu o divertimento geral. Cada pessoa teve seu pedacinho de paraíso atendido.

A começar pelo previsto no art. 6º, o epítome desse novo país. Os direitos sociais incluídos pelo dispositivo são aclamados pelos seguidores desse projeto até os dias atuais como a maior conquista da história recente do país – após a democracia. Da leitura do artigo fica claro o simbolismo de concessão de desejos:

> Art. 6º. São direitos sociais a educação, a saúde, o trabalho, o lazer, a segurança, a previdência social, a proteção à maternidade e à infância, a assistência aos desamparados, na forma desta Constituição.

19. CAMPOS, Roberto. Ensaio sobre o surrealismo. *op.cit.*, p. 103.

Mas essa foi somente a redação original. Com o passar dos anos, a incompatibilidade entre o texto e a vida das pessoas foi gerando descontentamento popular. O problema: o permanente e insistente descumprimento ao que estava escrito. Algo precisava ser feito. E, então, veio a solução: se a realidade não refletia o previsto constitucionalmente, bastava reforçar e ampliar o disposto no texto – *problem solved!* E então foram incluídos como direitos sociais a alimentação e o transporte.

O conteúdo do dispositivo impressiona. De cara, já declara a saúde como direito de todos. Com isso, nossa lamentável realidade ficaria para trás e não teríamos mais com o que nos preocupar; hospitais e postos de saúde se multiplicariam e o atendimento de qualidade seria promovido a todos.

Para não restar dúvidas, foi criada seção dedicada exclusivamente ao tema: dentro do Título "Da Ordem Social" foi estabelecida a "Seção II - Saúde". Nessa seção, o artigo 196 vai além e diz que "*a saúde é direito de todos e dever do Estado*". Ufa! Que alívio saber que não podemos adoecer. Só faltou combinar com as bactérias e os vírus (alô, coronavírus!), que não foram informados que ao infectarem os brasileiros estarão violando a Constituição.[20] Mordaz como de costume, Roberto Campos comunicava:

> Logo após a promulgação pedirei, como idoso, um "mandado de injunção" para que o Bom Deus seja notificado de que tenho garantia de vida, mesmo na ocorrência de doenças fatais [....], sendo portanto inconstitucional afastar-me de meus contatos terrestres.[21]

Outro tema importante endereçado foi a educação. Tal como previsto para a saúde, a educação foi decretada como "*direito de todos e dever do Estado e da família*" – art. 205. Somam-se a isso os princípios da gratuidade do ensino público (art. 206, IV), da valorização dos profissionais da educação escolar (art. 206, V), da garantia de padrão de qualidade (art.

20. CAMPOS, Roberto. O bebê de Rosemary. *op.cit.*, pp. 138-139.

21. CAMPOS, Roberto. A Constituição "promiscuísta". *op.cit.*, p. 224.

206, VII), da garantia do direito à educação e à aprendizagem ao longo da vida (art. 206, IX). Afinal, que maneira melhor de acabar com o analfabetismo e educar uma população do que um ditame constitucional?

Importante notar que o direito à educação, além de dever do Estado, é também dever da família. Se assim é previsto, poder-se-ia esperar que aos pais fosse permitido escolher livremente o modelo para educar seus filhos, como a educação domiciliar (*homeschooling*), certo? Errado. Segundo os guardiães da enciclopédia do *Tlön tropical*, a liberdade dos pais está submetida à atuação "*solidária*" do Estado:

> A Constituição Federal não veda de forma absoluta o ensino domiciliar, mas proíbe qualquer de suas espécies que não respeite o dever de solidariedade entre a família e o Estado como núcleo principal à formação educacional das crianças, jovens e adolescentes. São inconstitucionais, portanto, as espécies de *unschooling* radical (desescolarização radical), *unschooling* moderado (desescolarização moderada) e *homeschooling* puro, em qualquer de suas variações.[22]

A confecção do mundo perfeito não parou por aí. Para erradicar a fome e a desnutrição infantil, o art. 6º determinou que a alimentação é direito de todos; para garantir a locomoção de todos os cidadãos, a construção de ferrovias, a expansão de metrôs, etc., previu o direito ao transporte.

No intuito de abolir a pobreza e garantir o pleno-emprego, o art. 7º, inciso I, dispôs ser direito do trabalhador brasileiro uma "*relação de emprego protegida contra despedida arbitrária ou sem justa causa, nos termos de lei complementar, que preverá indenização compensatória, dentre outros direitos*". Verdadeira inovação nacional, ela cria uma espécie de estabilidade de emprego na iniciativa privada – uma teratologia jurídica bem tupiniquim.

---

22. BRASIL. Supremo Tribunal Federal. Recurso Extraordinário 888.815/RS. Ministro Relator: Luís Roberto Barroso. Plenário. *Diário de Justiça Eletrônico*. Brasília, 12 set.2018.

Só faltou aos constituintes garantirem ao trabalhador o direito à própria fábrica, aos carpinteiros o direito à própria carpintaria, às costureiras de terem garantidas uma boutique.[23] Em compensação, foram previstos 34 direitos para o trabalhador e nenhum dever: "*nem sequer o dever de trabalhar, pois é irrestrito o direito de greve*".[24] Obviamente, como contrapartida, ninguém ousou incluir na lista de direitos, o direito do empresário de administrar livremente sua empresa ou a garantia de estabilidade de receita às empresas.[25]

No plano econômico, várias foram as previsões para garantir o fim do subdesenvolvimento, acabar com o terror da inflação e reverter a estagnação econômica. Foi criado mecanismo para proteção da "economia popular" (art. 192, inciso VI) e até mesmo ressuscitado o crime de usura, caso as taxas de juros fossem superiores a doze por cento ao ano (art. 192, § 3º).[26]

Quase que como homenageando o protagonismo da psicologia no mundo fictício revelado no conto de Borges, a enciclopédia de *Tlön Tropical* estabeleceu uma ordem econômica esquizofrênica: fundada em uma livre-iniciativa submetida aos ditames da justiça social (art. 170, *caput*) e consagradora de uma propriedade privada coagida a cumprir uma função social (art. 170, incisos III e IV).

Numa só "tacada", a Constituição deturpa institutos e funde conceitos antagônicos e inconciliáveis: desvirtua o livre mercado, como espaço de interesses particulares, subvertendo-o em espaço de interesses sociais e coletivos; e transforma um direito num dever, e o proprietário em funcionário.

Seguindo o compromisso de atender aos anseios dos grupos de interesse, no texto constitucional, a busca pelo pleno

---

23. CAMPOS, Roberto. O "besteirol" constituinte - II. *op.cit.*, p. 135.

24. CAMPOS, Roberto. Desembarcando do mundo. *op.cit.*, p. 228.

25. CAMPOS, Roberto. Ibid., p. 228.

26. Em 2003, com a Emenda Constitucional nº 45, os incisos e parágrafos do art. 192 foram revogados.

emprego e o favorecimento às pequenas empresas foram alçados a princípios (art. 170, incisos VIII e IX), e os recursos minerais, o gás natural e o petróleo foram protegidos e garantidos pelo monopólio estatal (art. 177, inciso I).

Esse é o espírito consubstanciado na Constituição: a criação de uma realidade por meio do atendimento a todos os desejos, da repercussão das diversas aspirações, do tratamento de todos os aspectos da vida do Estado e de seus cidadãos. E esse ardor populista ofuscou e impediu qualquer tentativa de reflexão racional, qualquer iniciativa de ponderação pragmática.

Quanto isso custará? Ninguém perguntou. O projeto é realmente executável? Ninguém quis saber. Esse é o caminho comprovadamente efetivo? Ninguém ponderou. Quem será responsável em caso de insucesso? Ninguém cogitou. Afinal, como se opor a um projeto de construção do país perfeito?!

IV. A negação da realidade e as consequências não pretendidas

Quem ousou discordar foi logo repelido e perseguido, como foi o caso de Roberto Campos: *"utilizando bem a tecnologia da intimidação, carimbam os opositores de 'reacionários', 'entreguistas', ou 'direitistas'"*.[27] Como é comum a planos de engenharia social, que exigem esforços comuns direcionados, qualquer crítica e até mesmo meras expressões de dúvida tinham de ser suprimidas porque enfraqueceriam o apoio geral.[28]

Para tanto, os membros da *Orbis Tertius* brasileira (autointitulados progressistas e modernizantes) também se valeram de adulação para dissuadir indivíduos não tão alinhados, *"levando muitos a sacrificar percepções econômicas realistas,*

27. CAMPOS, Roberto. Progressismo improdutivo. *op.cit.*, p. 170.

28. HAYEK, Friedrich August Von. *O caminho da servidão*. São Paulo: Instituto Ludwig Von Mises, 2010. p.158.

em favor de utopias socializantes, para receber o incenso dos turibulários 'progressistas'".[29]

O próprio idioma é transformado e tornado arma dos defensores do projeto constitucional contra quaisquer críticas ou críticos. Da mesma forma como ocorre no conto de Borges, a novilíngua constitucionalizante toma conta da realidade; populariza princípios e valores próprios, e passa a convencer as pessoas a acreditarem em vários absurdos como se verdades fossem: "*o Brasil, por exemplo, seria vítima de um 'capitalismo selvagem'. Oxalá! [...] Paramos na fase do mercantilismo. [...] Este é o país dos controles – no qual o Estado controla tudo, exceto a si mesmo*".[30]

À medida que esse processo se desenrola, toda a linguagem passa a ser esvaziada e as palavras despojadas de qualquer significado preciso, podendo tanto designar uma coisa quanto o seu oposto, sendo utilizadas somente por conta das conotações emocionais a que estejam vinculadas.[31]

E assim se seguiu: no Estado, crer e nos governantes, confiar. Ao longo dos 30 anos seguintes, essa enciclopédia constituinte se alastra e se populariza, sendo fundamento da nação e razão de todas as medidas, sem abertura a questionamentos.

Mas, se durante esse período, a realidade em nossas faces bate e escancara um país real bem distante do país projetado? Deve-se insistir na ideia em lugar dos fatos. O discurso jamais deve ser confrontado. A enciclopédia deve ser protegida e colocada em prática a qualquer custo, ainda que se promova a transformação da realidade por meio de sua negação.

Se, a despeito de um dos momentos mais prósperos da história da economia, o PIB *per capita* não subir de maneira relevante e a população não melhorar socialmente de maneira efetiva, que se mudem os critérios e se reduzam as exigências

---

29. Id., Ibid.

30. CAMPOS, Roberto. Progressismo improdutivo. *op.cit.*, p. 171.

31. HAYEK, Friedrich August Von. *op.cit.*, p.157.

e então se terá formalmente a ascensão de milhões à classe média[32] – também chamada de classe C.

Se o mundo enfrenta uma das piores crises econômicas de sua história, não há com o que se preocupar: o Estado está preparado e equipado para intervir e proteger o cidadão, de forma que o tsunami da depressão econômica mundial será sentido no país apenas como uma "marolinha".

Se, a despeito de o investimento ter triplicado em uma década, o desempenho em educação do país ficar ainda pior no ranking do Pisa,[33] com 2/3 dos alunos de até 15 anos sem saber o básico em matemática, a solução está no aumento do investimento e do tempo de permanência diária do aluno na escola. Se a produção científica e acadêmica perde cada vez mais qualidade e impacto (43º no mundo em BioAgro, por exemplo), o importante é ressaltar que nossas universidades estão entre as mais produtivas do mundo (4º lugar em quantidade de trabalho em BioAgro).

E por aí se deve prosseguir. O monopólio privado de petróleo não garantiu autossuficiência e baixo preço de combustível? Basta inventar o conceito de "autossuficiência formal" e anunciá-la aos quatro ventos, bem como culpar a falta de controle/tabelamento de preços pela alta do preço da gasolina. Depressão econômica e desemprego recorde após a aplicação do desenvolvimentismo e a da nova matriz econômica? Mera culpa da crise econômica mundial e do rentismo interno dos grandes investidores e bancos privados.

---

32. Em 2012, por exemplo, o governo estabeleceu que famílias com renda *per capita* de R$300,00 se enquadrariam na classe média. Famílias com renda *per capita* superior a R$ 1.019,00, pasmem, seriam de classe alta! Disponível em: https://www.terra.com.br/economia/governo-define-que-classe-media-tem-renda-entre-r-291-e-r-1019,0718490b3f731410VgnCLD200000bbcceb0aRCRD.html

33. Desempenho em matemática (entre os 10 piores do mundo) e ciência caem e em leitura fica estagnado. Disponível em: http://portal.inep.gov.br/artigo/-/asset_publisher/B4AQV9zFY7Bv/content/pisa-2018-revela-baixo-desempenho-escolar-em-leitura-matematica-e-ciencias-no-brasil/21206.

Tem-se um rombo fiscal que joga o país na sarjeta? Ora, o mundo enfrenta uma pandemia e não é hora de pensar na economia: saúde é prioridade, afinal é direito de todos e dever do Estado. Todos os índices nacionais de inflação disparam e os preços de itens básicos aumentam após meses de expansão desenfreada e desproporcional de gastos no enfrentamento da pandemia? Bobagem, o guardião da moeda estimou queda em relação ao ano anterior e projetou a meta de 3,75% para 2021,[34] apesar de a inflação ter ficado no centro da meta apenas em um mês nos últimos 20 anos. O IPCA/IBGE e o IGP-M/FGV fecham o ano acumulando 10,06%[35] e 17,78%?[36] Hora de propor controle de preços para pôr fim à ganância dos empresários que tiram proveito do trabalhador.[37]

A realidade não é decorrência dos fatos. É apenas o que nos dizem e acreditamos. O querer muda o mundo. Esse é o caminho escolhido pelos heróis constituintes e, portanto, nele devemos seguir sem hesitação. E nele, toda atividade deve ser justificada por um objetivo social consciente, um código moral a justificar o plano diretor de transformação do país.

Até que chega o momento em que a realidade se impõe e revela a verdade. Até que finalmente se compreende que o fato é que palavras mentem; por vezes de maneira bela e esperançosa, mas ainda assim mentem. E, então, se percebe amargamente que de um garboso Texto não decorreu uma realidade altaneira. Como nunca ocorre quando a realidade é suprimida pela utopia.

Daí o plano de uma nova realidade desaba feito um castelo de cartas. A enciclopédia do país perfeito se mostra cada vez mais inexequível e ilusória. É aí que a arrogância fatal dos

34. Dados oficiais de maio. Disponível em: https://www.bcb.gov.br/controleinflacao/metainflacao.

35. Disponível em: https://www.ibge.gov.br/explica/inflacao.php.

36. Disponível em: https://portal.fgv.br/noticias/igp-m-resultados-2021.

37. Vide: https://www12.senado.leg.br/noticias/materias/2021/12/07/programa-para-conter-aumentos-de-preco-de-combustiveis-e-aprovado-na-cae-e-vai-a-plenario.

seus criadores fica escancarada, e vez mais se prova infalível a constatação de Hayek de que a crença socializante de se valer de uma "razão" pautada nas intenções para realizar uma "engenharia social" sempre resulta em desastre decorrente da total incompatibilidade entre "teoria" e "prática".[38]

É o que acontece sempre quando se tem uma sociedade construída sob a veneração ao Estado, a admiração pelo poder e o entusiasmo por uma "organização" de todos os campos, que se convencionou chamar de planejamento: a autoridade se disfarça de organização e converte nações livres em sociedades submissas e dependentes.

Não obstante, a defesa dessa enciclopédia tupiniquim segue forte, e o problema continua sendo a realidade e não o plano perfeito:

> Essa Constituição nos torna um país juridicamente primeiro-mundista. Se temos andado mal das pernas é porque temos andado de costas para esta Constituição. Nós não precisamos morar em outro país. Precisamos morar em outro Brasil e vamos chegar lá.[39]

Até o momento, a profecia distópica de Borges para seu próprio conto não se concretizou totalmente no país. Ainda há tempo para mudar e agir. Alguns poucos passos foram dados para evitar que isso ocorra e há muito a se fazer. O Brasil não virou Tlön. Por pouco. Mas seus adeptos continuam influentes e sua cultura segue largamente adotada e defendida no país submetido à enciclopédia de uma utopia conhecida como Constituição de 1988.

---

38. Para saber mais, consultar: HAYEK, Friedrich August Von. The fatal conceit. The errors of socialism.

39. Declaração dada pelo ex-ministro do STF, Professor Carlos Ayres Brito, ao programa "Constituição 30 anos" da TV Senado. Disponível em: https://www.ayresbritto.com.br/2018/08/03/constituicao-brasileira-e-de-pais-de-primeiro-mundo/; https://www.youtube.com/watch?v=6mPlpCSD5sg.

Referências

BORGES, Jorge Luis. *Ficciones*. 2ª ed. Buenos Aires: Sudamericana, 2019.

CAMPOS, Roberto. *A Constituição contra o Brasil:* ensaios de Roberto Campos sobre a constituinte e a Constituição de 1988. Org. Paulo Roberto de Almeida. São Paulo: LVM Editora, 2018.

HAYEK, Friedrich August Von. *O caminho da servidão.* São Paulo: Instituto Ludwig Von Mises, 2010.

BRASIL, LIBERDADE ECONÔMICA E ESTADO REGULADOR: O POUCO QUE HÁ, O TANTO QUE FALTA

Luiz Felipe da Fonseca Pereira

> "O bem que o Estado pode fazer é limitado; o mal, infinito. O que ele nos pode dar é sempre menos do que nos pode tirar."
>
> Roberto Campos

Introdução

A economia moderna rompe fronteiras entre empreendedores e consumidores, bem como limita o poder dos Estados de determinar as escolhas e o ritmo econômico. A relação Estado e economia sempre foi complexa devido à existência de diversas correntes políticas e econômicas que atribuem diferentes papéis ao Estado, indo da sua inexistência, como o anarcocapitalismo,[1] ao total controle pelo Estado de assuntos econômicos,

---

1. Anarcocapitalismo: pode também ser chamado de anarquismo de livre mercado, anarquismo libertário ou anarcoliberalismo, é uma filosofia política capitalista que promove a anarquia através da eliminação do Estado e a soberania do indivíduo através da propriedade privada e do livre mercado. VERNAGLIONE, Piero. L'anarcocapitalismo, in Rothbardiana. Disponível em: http://rothbard.altervista.org/teoria/anarcocapitalismo.pdf. Acesso em: 20 jul. 2021.

como o socialismo.[2] Esses preceitos regem as políticas de Estado, assim como afetam as pessoas e seus planos de vida.

Em meio a esses extremos, surgem teorias liberais e intervencionistas. A exemplo de teorias liberais, cita-se a escola de Chicago, a escola austríaca, a escola da escolha pública e a neoinstitucionalista.[3] Por sua vez, tratando-se de escolas mais intervencionistas, exemplifica-se com a escola keynesiana, a desenvolvimentista, a neokeynesiana e a teoria monetária moderna.[4]

Na questão central de qual o papel do Estado na economia, surgem perguntas que regem o debate atual, como: o que cabe ou não ao Estado? Até onde as suas regulamentações podem chegar? Ele deve manter somente a ordem ou corrigir as falhas de mercado? E por ordem, quais seriam os limites? E se ao Estado cabe corrigir falhas de mercado, quais seriam as falhas e com quais instrumentos? Mas se, ao tentar corrigi-las, o Estado gerar problemas piores, quem corrigirá as falhas de Estado?

Apesar das diferentes concepções sobre o papel do Estado na economia, determinados pontos devem ser considerados:[5]

---

2. MARX, Karl. *O Capital.* 8ª ed. Tradução: Julian Borchardt. São Paulo: Editora LTC, 2018.

3. FRIEDMAN, Milton; FRIEDMAN, Rose. *Livres para escolher*. Tradução: Ligia Filgueiras. 6ª ed. Rio de Janeiro: Editora Record, 2019; MISES, Ludwing Von. *As seis lições*. Tradução: Maria Luiza X. de A. Borges. 9ª ed. São Paulo: Editora LVM, 2018; BUTLER, Eamonn. Escolha pública: Um Guia. Tradução: Matheus Pacini. São Paulo: Bunker Editorial, 2015; NORTH, Douglas C. Instituições. *Mudança institucional e desempenho econômico*. Tradução: Alexandre Morales. São Paulo: Editora Três Estrelas, 2018.

4. KEYNES, John Maynard. Teoria Geral do Emprego do Juro e da Moeda. Tradução: Mario R. da Cruz. São Paulo: Editora Nova Cultura, 1996; MOLLO, Maria de Lourdes Rollemberg; FONSECA, Pedro Cezar Dutra. Desenvolvimentismo e novo-desenvolvimentismo: raízes teóricas e precisões conceituais. Revista de Economia Política, vol. 33, nº 2 (131), pp. 222-239, 2013; AMADEO, Edward J.; DUTT, Amitava Krishna. Os keynesianos neo-ricardianos e os pós-keynesianos. Disponível em: http://repositorio.ipea.gov.br/handle/11058/5993. Acesso em: 28 maio 2019; HIDALGO, Esteban Cruz; MORUNO, Francisco M. Pajero. La "Teoría Monetaria Moderna": Una Extensión de la Economía Política Radical. Revista da Associação Espanhola de História Econômica, DT-AEHE n. 1704, pp. 01-19, 2017.

5. SOWELL, Thomas. *Economia básica.* Volume II. Tradução: Carlos Bacci. Rio de Janeiro: Editora Alta Books, 2018, p. 59.

a) economia de mercado moderna não pode existir em um vácuo; b) as relações de mercado precisam ocorrer pautadas em regras preestabelecidas e; c) há a necessidade de uma autoridade para fazer com que sejam cumpridas. Dessa forma, ao Estado não cabe somente impor regras (regulações), mas reforçar e proteger os acordos e contratos estabelecidos pelas partes que se relacionam economicamente.

Nesse diapasão, lembra-se que há assuntos que o Estado pode realizar de maneira mais efetiva do que os indivíduos. Por exemplo, a questão de defesa, visto que, mesmo entre defensores do livre mercado, somente um pequeno número de autores sugere que cada indivíduo deva adquirir sua defesa militar no mercado. Isso ocorre porque os custos e benefícios externos e os incentivos fazem as tomadas de decisões individuais no mercado com base em interesses individuais serem menos eficazes ao sopesar custos e benefícios para toda sociedade.[6]

Assim, a economia moderna do século XXI é resultante de um processo de desnacionalização, desestatização e desmaterialização,[7] que rompe fronteiras entre os empreendedores e os consumidores e acaba por limitar os poderes dos Estados de determinar as escolhas e/ou o ritmo da economia. Apesar dessa constatação, o Estado pode adotar dois modelos básicos de intervenção.

A atuação poderá ser em sentido forte ou fraco. Por sentido forte, entende-se o Estado empresário, que no Brasil está atrelado à teoria desenvolvimentista, com forte presença estatal na economia operando por *comando* e *controle*. Em sentido fraco, quando a atuação interventora do Estado está fincada na subsidiariedade, na prudência e na razoabilidade prática, em outras palavras, permitindo maior liberdade dos indivíduos no mercado.

---

6. SOWELL, Thomas. *Economia* básica. Volume II. Tradução: Carlos Bacci. Rio de Janeiro: Editora Alta Books, 2018, 79.

7. SORMAN, Guy. A Economia não Mente. Tradução: Margarita Maria Garcia Lamelo. São Paulo: Editora É realizações, 2008, p. 17.

Nota-se que desde a década de 1960, passando pela constituinte em 1988 e meados dos anos 1990, Roberto Campos alertava sobre os paradoxos de proibições e arbitrariedades no Brasil. Estabeleciam-se pressupostos de "um mercado livre, mas quando este começa a se comportar livremente, reagindo à oferta e à procura, intervém a autoridade para disciplinar".[8]

A par dessa perspectiva, o Brasil, a partir da década de 1990, iniciou a formação de um Estado regulador na busca de afastar-se do modelo fortemente desenvolvimentista, na esperança que se alcançasse maior liberdade nas atividades econômicas e controle da burocracia estatal, contribuindo assim para o desenvolvimento nacional.

Porém, a realidade demonstra a forte presença do Estado no setor econômico. Em vista disso, questiona-se como problema de pesquisa a causa de o Estado regulador não ter alcançado os resultados pretendidos. No presente artigo, utilizou-se método hipotético-dedutivo, com uso de fontes primárias e secundárias para levantamento teórico normativo e coleta de dados para consubstanciar os argumentos apresentados.

O trabalho está estruturado em 05 itens: a) introdução; b) tratar do conceito de Estado desenvolvimentista e regulador e o processo de transição no Brasil; c) apresentação da ordem econômica constitucional conformadora da ordem econômica nacional e suas adversidades ao causar um *sufocamento* da liberdade econômica; d) exame do Estado regulador brasileiro que está envolto em uma metalinguagem desenvolvimentista, o que ocasiona na desvirtuação de um projeto de Estado com intervenção de caráter subsidiário e; e) conclusão.

---

8. FRANCO, Gustavo H. B. *As leis secretas da economia* – Revisitando Roberto Campos e as Leis de Kafka. São Paulo: Ed. Zahar, 2012, p. 147 e seg.

I. Do Estado empresário desenvolvimentista ao Estado regulador brasileiro: um passo para frente, dois passos para trás

A fim de perceber a transição de Estado empresário para um Estado regulador no Brasil e os problemas e incompletudes nesse processo, faz-se necessário atentar-se aos conceitos desses modelos de Estado.

Os dois modelos configuram-se como tipos diferentes de intervenção pública na economia, o que enseja objetivos políticos, instrumentos de atuação e bases jurídicas diversas.[9] Em outras palavras, percebe-se que são *tecnologias* de governança da economia.

O Estado empresário, de forte caráter desenvolvimentista no Brasil, configura-se como um modelo de intervenção que tem seu sustentáculo em legislação aberta, acarretando decisões discricionárias com baixo controle social e até de controle técnico da administração pública.

Nesse sentido, o Estado desenvolvimentista fundamenta-se em dois preceitos: *discricionariedade* e *hierarquia*. Discricionariedade, pois prevalece uma alocação de poder decisório na burocracia estatal[10] do Executivo, como instrumento de evitar grandes constrangimentos legais, em muitos casos sobre competência. A hierarquia, por seu turno, dispõe a desproporcionalidade entre Estado e sociedade, e o mercado, desse modo, corrobora o preceito da discricionariedade,

---

9. SCHAPIRO, Mario. G. Do Estado Desenvolvimentista ao Estado Regulador? Transformação, Resiliência e Coexistência entre Dois Modos de Intervenção. *Revista Estudos Institucionais*, v. 4, 2018, p. 575.

10. Burocracia é para Max Weber não apenas uma forma avançada de organização administrativa, com base no método racional e científico, mas também uma forma de dominação. Os pressupostos que regem o funcionamento da burocracia sintetizam as formas de relações sociais das sociedades modernas. Partindo do conceito que dominação é a probabilidade de encontrar obediência a uma ordem de determinado conteúdo, entre determinadas pessoas indicáveis. WEBER, Max. Economia e sociedade. Brasília: Ed. UnB, 1991, p. 33 e seg.

assim, as competências decisórias são concentradas na figura do Estado.[11]

Essa concepção de combinar discricionariedade com hierarquia conforma a receita perfeita para que o Estado tenha, ou se espera que tenha, a plena capacidade de governar a mudança social, bem como o rumo econômico do mercado. Nas palavras de Bercovici[12] "o Estado na América Latina deve ser muito mais amplo e profundo do que nos países centrais". Desse modo, o modelo de intervenção keynesiana e o Estado social europeu seriam insuficientes para o alcance do desenvolvimento.[13]

A par dessa perspectiva, Schapiro dispõe que:

> Em síntese, o modelo discricionário e hierárquico, que sustenta a intervenção desenvolvimentista, confere poderes de iniciativa para a administração, garantindo-lhe espaços de discricionariedade, e competências para organizar os interesses de modo corporativo. Os poderes de ação e de representação são alocados para o domínio público, de forma que os conflitos de interesse encontrarão suas respostas no aparelho do Estado, seja por decisões administrativas, seja pela composição política alcançada em acordos e negociações corporativas.[14]

O modelo desenvolvimentista demonstra clara opção por uma prevalência do Estado sobre os particulares e a iniciativa privada, no qual o Estado, dotado de discricionariedade e poder hierárquico, rege a economia e as vontades, como se *tudo soubesse e tudo pudesse resolver*.

Por outro lado, o Estado regulador se pauta por uma valorização da legalidade e pela pluralidade de atores e interesses,

---

11. SCHAPIRO, Mario. G. *Op. Cit.* 2018, p. 579.

12. BERCOVICI, Gilberto. Desenvolvimento, Estado e Administração Pública. In: CARDOZO, José Eduardo Martins *et al. Curso de direito administrativo econômico.* V. II. São Paulo: Malheiros, 2006, p. 31.

13. *Idem*, p. 31.

14. SCHAPIRO, Mario. G. *Op. Cit.* 2018, p. 584.

em outras palavras, as competências são legalizadas, o que permite maior controle pelo Congresso e pelo Judiciário, assim a intervenção econômica pelo Estado é mediada por leis.[15] Por seu turno, a discricionariedade normativa que se configura quase sem limites no Estado desenvolvimentista, no Estado regulador é exercida dentro dos parâmetros da legalidade.

A pluralidade de atores e interesses enseja nas palavras do Schapiro[16] que "*o poder público não conta com um monopólio da virtude ou com uma supremacia do bem comum, capazes de justificar uma posição de assimetria entre a atuação administrativa e a organização dos indivíduos*". Assim, o *locus* por excelência de iniciativa nas atividades econômicas é dos particulares, pois estes se encarregam dos empreendimentos, capital e de mobilização de recursos para efetivação de seus interesses.

Posner,[17] por seu turno, lembra que para muitos a regulação econômica ocorre em resposta a uma demanda pública de correção de práticas de mercado ineficientes ou injustas. Essa teoria é carregada de deficiência, pois a experiência empírica demonstra que o mercado possui capacidade de se autorregular com eficiência e que muitas intervenções de Estado geram maiores distorções.[18]

Hayek[19] defende que há *mutualismo necessário* entre a democracia política e a economia de mercado. Desse modo, a expressão da liberdade econômica, autonomia individual e polo de decisões descentralizadas será no mercado, e na

---

15. SCHAPIRO, Mario. G. *Op. Cit.* 2018, p. 576.

16. Idem, p. 578.

17. POSNER, Richard A. Theories of economic regulation. New York: JSTOR, Vol. 5, No. 2, 1974, p. 335.

18. Artigo seminal de Richard A. Posner, no qual tratou das falhas presentes nas justificativas de regulação da economia pela presença de falhas de mercado e pela teoria da captura. POSNER, Richard A. *Theories of economic regulation.* New York: JSTOR, Vol. 5, No. 2, pp. 335-358, 1974.

19. HAYEK, Friedrich August von. O Caminho da Servidão. Tradução: Ana Maria Capovila *et al.* São Paulo: Instituto Ludwing Von Mises Brasil, 2010, p. 100 e seg.

democracia ocorrerá a preservação e proteção de direitos e liberdades, pois quando alcançadas as liberdades pessoais, políticas e econômicas, será atingida a liberdade em sua totalidade, uma demonstração clara à indivisibilidade da liberdade.

Assim, é nessa fórmula de intervenção estatal ou *tecnologia* de governança da economia que deveria prevalecer a liberdade econômica, mesclando a regulação de mercado com a livre-iniciativa e a livre-concorrência. Promovendo uma articulação entre a busca de eficiência econômica com a *equidade* demandada pelo Estado com escopo de atender às demandas sociais.[20]

Percebe-se que o Estado regulador é uma resposta à ineficiência e insuficiência do modelo anterior carregado de programas, condicionantes, com uma infinidade de normas procedimentais e de organização, causando uma economia paquidérmica, na tentativa de controlar e dirigir matérias de alta complexidade nas relações econômicas.

Assim, torna-se imperioso entender a transição do Estado desenvolvimentista ao regulador no caso brasileiro e as *pontas soltas* deixadas nesse processo, que geraram um passo para frente, porém dois passos para trás.

O início da transição do modelo desenvolvimentista para o regulador deu-se pela Constituição Federal de 1988, na tentativa de estabelecer limites da atuação estatal na economia e a prevalência de um modelo normativo regulador das atividades econômicas, pautado nos princípios do art. 170 da CF/88.

Lembra-se que o Estado regulador no Brasil ainda se encontra em desenvolvimento, mesmo após décadas da *nova* ordem econômica constitucional, pois é mais um *modelo* do que uma conformação unitária, visto que existem variáveis heterogêneas que diferenciam os perfis de Estado na atuação

---

20. MEDEIROS, Rodrigo Vieira. *A face repressiva do Estado Regulador:* contributo para o enquadramento jurídico da declaração de inidoneidade no ordenamento jurídico brasileiro. Dissertação (Mestrado em Direito) – Faculdade de Direito da Universidade de Coimbra – Portugal, 2012, p. 28-30.

reguladora.[21] Esse cenário da nova ordem econômica constitucional "afasta a postura, até então marcante, do Estado brasileiro empresário como produtor de bens e serviços e fixa-se a sua função normativa e reguladora".[22]

Esse processo teve novo salto em 1995 com a reforma gerencial e a criação de agências reguladoras, seguido do processo de privatização de empresas estatais,[23] pois o Estado, adotando um modelo empresário, detinha forte participação direta na economia, em especial na geração de serviços e produtos, e assim conformando um dirigismo econômico, que necessitou ser *reformado*.

Porém, esse processo, que, em um primeiro momento, indicaria maior liberdade econômica, não seguiu esse caminho, muito por causa das adversidades presentes na própria ordem econômica nacional que tem seu núcleo na ordem constitucional, permitindo a existência de uma metalinguagem desenvolvimentista que impregnou o modelo buscado de Estado regulador.

II. A excêntrica conformação da ordem econômica constitucional: a liberdade econômica sufocada

A atividade econômica tem seu exercício regulado por instituições, por um conjunto de disposições legais e institutos jurídicos, nos quais os indivíduos respondem a esses incentivos,[24] em especial a ordem econômica plasmada na Constituição Federal no art. 170 e seguintes. Desse modo, a ordem jurídica econômica

---

21. TONIN, Mayara Gasparoto. A coexistência e os conflitos entre o Estado regulador e o Estado empresário no Brasil: o caso da prorrogação dos contratos de concessão de energia elétrica da Eletrobras. Revista de Direito Setorial e Regulatório, Brasília, v. 6, nº 2, outubro 2020, p. 27.

22. SANTOS, C. E. S. R. A excepcionalidade constitucional do Estado Empresário Brasileiro. *Revista Controle*, v. 9, n. 1, jan./jun., 2011, p. 318.

23. MONTOVANI, Juliana Rossetto Leomil. A reforma gerencial e as agências reguladoras. Coleções FGV EAESP-MPGPP: Trabalhos individuais, 2018, p. 13 e seg.

24. TIMM, Luciano Benetti *et al.* Introdução ao Direito e Economia. Porto Alegre: Livraria do Advogado, 2008, p. 13.

presente na Carta Magna corresponde à fração do sistema jurídico nacional que disciplina diretamente a atividade econômica, isto é, trata normativamente do domínio econômico.[25]

O art. 174, ao declarar o Estado como "*agente normativo e regulador da atividade econômica que exercerá as funções de fiscalização e incentivo, como também planejamento, sendo esta última função determinante para o setor público e indicativa para setor privado*", confirma esse papel da ordem econômica constitucional.

Nesse contexto, lembra-se que o Estado Democrático de Direito é uma política institucionalizada, que como bem defende Othon Lopes[26] "*flui por meio de um direito legítimo, garantindo a autonomia privada, [...] com exercício da autonomia política a validar a produção de normas*", em outras palavras, o Estado Democrático de Direito é um entre tantos sistemas sociais.

Todavia, na realidade brasileira ainda persiste, no sistema supracitado, uma união do sistema econômico capitalista com preocupações políticas de bem-estar.[27] É nessa miríade que se conforma a Ordem Econômica Constitucional brasileira, uma tentativa de conciliar o sistema capitalista com o sistema social em plena expansão. Esse cenário possui sérios riscos de recair no *caminho da servidão,*[28] conformando sua excentricidade.

---

25. BOMFIM, Diego. Extrafiscalidade: identificação, fundamentação, limitação e controle. 1ª ed. São Paulo: Noeses, 2015, p. 54.

26. LOPES, Othon de Azevedo. *Fundamentos da regulação.* Rio de Janeiro: Editora Processo, 2018, p. 110.

27. Idem, p. 111.

28. Termo utilizado pelo economista Friedrich August von Hayek, ganhador do prêmio Nobel de Economia (1974), refere-se ao fato que em um sistema de economia controlada, dirigismo econômico ou de planejamento central, a alocação de recursos seria de responsabilidade de um pequeno grupo de burocratas, sendo estes incapazes de processar uma gigantesca quantidade de informações necessárias para essa tarefa. Em vista dessa enorme concentração de poder nas mãos de um limitado número de pessoas, divergências surgiriam acerca da implementação das políticas econômicas, o que levaria, invariavelmente, ao uso da força pelo governo para que suas medidas fossem toleradas. HAYEK, Friedrich August von. *O caminho da servidão.* Tradução: Ana Maria Capovila *et al.* São Paulo: Instituto Ludwing Von Mises Brasil, 2010.

Nesse sentido, Roberto Campos prolatou que na formação da Constituição de 1988 conseguiram "*produzir um texto timidamente capitalista na 'Ordem Econômica', francamente socialista na 'Ordem Social', indeciso na opção entre presidencialismo e parlamentarismo*".[29]

O ordenamento jurídico nacional prevê duplo mecanismo de intervenção do Estado brasileiro na economia. Primeiro, a possibilidade de intervenção direta, em um caráter de exceção por força do art. 173 da Carta Magna, de modo restrito e nos limites constitucionais, que no atual cenário brasileiro nunca se configurou como exceção.

Segundo, a intervenção indireta, na qual o Estado atua como agente regulador-normativo, como estabelece o art. 174 da CF, no qual exercerá, na forma da lei, funções de fiscalização e incentivo. A função de planejamento, por sua vez, será determinante para o setor público e indicativo para o setor privado, visto que o constituinte utilizou na redação o pronome *este* e não *estes* ou *esse*, assim, não caberia ao Estado intervir ao ponto de planejar a atividade econômica.[30]

Nesse sentido, Diego Bomfim[31] lembra que a intervenção econômica do Estado pode se configurar em duas modalidades, direta e indireta. A intervenção direta se dará por: a) absorção:

29. CAMPOS, Roberto. A constituição contra o Brasil: ensaios de Roberto Campos sobre a constituinte e a Constituição de 1988. Organização: Paulo Roberto de Almeida. São Paulo: LVM Editora, 2018, p.142.

30. Nesse ínterim, Kirchhof escreve que "Se o Estado é financiado por meio da tributação, esse instrumento financeiro é explicado pela renúncia constitucional a um modelo de Estado empresário. Fosse o Estado financiado pelos rendimentos de seu patrimônio e das empresas estatais, ele seria obrigado a eliminar a atividade econômica privada, retirando dos empreendedores o direito à atividade profissional e à garantia da propriedade. O Estado que respeita as liberdades, por outro lado, garantido aos titulares a liberdade de atividade econômica e profissional, bem como o direito de propriedade, buscará financiar-se por meio da participação no sucesso econômico dos indivíduos, isto é, por meio da tributação". Assim, a liberdade econômica dos indivíduos no mercado é fundamental para um Estado Democrático de Direito Fiscal. KIRCHHOF, Paul. Tributação no Estado Constitucional. Tradução: Pedro Adamy. São Paulo: Quartier Latin, 2016, p. 119.

31. BOMFIM, Diego. *Op. Cit.* 2015, p. 61.

quando ocorre a assunção integral de determinada atividade econômica pelo Estado e; b) participação: no momento que há a assunção parcial da atividade econômica pelo Estado.

A intervenção direta do Estado *no* domínio econômico está ancorada no *caput* do art. 173 da CF, no qual a "*exploração direta de atividade econômica pelo Estado só será permitida quando necessária aos imperativos da segurança nacional ou a relevante interesse coletivo, conforme definidos em lei*", demonstrando o caráter limitador dessa atuação.

Os termos *segurança nacional* e *relevante interesse coletivo* são vagos, ou de amplidão semântica, apesar de serem uma *regra de exceção* objetiva, pois buscam garantir aos particulares que a intervenção do Estado não será desarrazoada, mas sim em situações extremas. Porém, ressalta-se que a intervenção direta do Estado caminha em passos largos.

Esse regime adotado em consonância com os fundamentos da ordem econômica constitucional, em especial a livre-iniciativa, apresenta a clara opção do constituinte em determinar a impossibilidade da estatização da economia, que ocorreria pelo dirigismo econômico,[32] todavia não impede que o Estado torne a economia *paquidérmica* pelo excesso de intervenção.

A exploração pelo Estado de atividades econômicas não reside seu regime jurídico somente em disposições constitucionais, normas infraconstitucionais também estabelecem limites dessa atuação, a exemplo da Lei n. 6.404/1976, também conhecida como Lei das S.A., ao dispor sobre as sociedades de economia mista, e da Lei n. 13.303/2016, que estabeleceu o estatuto jurídico das empresas públicas e de economia mista.

O arranjo constitucional demonstra a cautela por parte do constituinte ao regular a atuação direta do Estado na economia, percebe-se a preocupação com princípios como a livre-concorrência na atuação direta e pontual, preservando assim

32. BOMFIM, Diego. 2015, p. 62.

a economia de mercado mesmo sem a sua *pureza*,[33] porém a realidade brasileira demonstra que essa preocupação não foi suficiente para conter o ímpeto estatal em intervir diretamente.

Por sua vez, a intervenção *sobre* o domínio econômico será: a) por direção: quando há determinação para que os agentes econômicos empreendam determinadas condutas, em virtude de disposições legais repressivas, isto é, moldam o quadro de atuação do setor privado, a exemplo do Código do Consumidor e; b) por indução: são incentivos positivos ou estímulos negativos para que os agentes econômicos no mercado nacional tenham determinadas condutas, por meio de normas jurídicas promocionais, nesse contexto se encontram as normas de caráter extrafiscal.

Utiliza-se a preposição *sobre* em vez de *no*. Primeiro, pois o significado daquela preposição indica algo que não está incluso no que se refere, mas que o observa e/ou interfere. Segundo, por se caracterizar como poder regulador do Estado, a intervenção indireta não poderia ser *no*, pois configuraria uma atecnia semântica, visto que o Estado não pratica a atividade, mas funciona como normatizador das atividades econômicas dos particulares no mercado.

Sendo assim, essa modalidade de intervenção ocorre em virtude do poder regulador normativo do Estado, em especial nos termos do *caput* do art. 174 da CF.[34] Vale notar que não há necessidade de diferenciar agente normativo e regulador, pois o Estado pauta-se na regulamentação formal[35] das condutas

---

33. DEL MASSO, Fabiano. *Direito econômico*. Rio de Janeiro: Elsevier Brasil, 2007, p. 58.

34. Art. 174 da CF. Como agente normativo e regulador da atividade econômica, o Estado exercerá, na forma da lei, as funções de fiscalização, incentivo e planejamento, sendo este determinante para o setor público e indicativo para o setor privado.

35. São instituições formais, que ocasionam restrições formais, estabelecidas por uma autoridade competente, visto que em sociedades mais complexas diretamente ligadas à crescente especialização e divisão do trabalho, surge a necessidade de sistemas legais hierárquicos com estruturas que especifiquem as relações "mandante--agente" para resolução de disputas complexas, é caso de constituições, leis, decretos, instruções normativas etc. Diferentemente de instituições informais, que por

humanas, sendo empreendimento estatal alcançado por meio de disposições prescritivas no ordenamento jurídico.

A intervenção indireta será por direção, ao passo que se utiliza de normas repressivas de conduta, desse modo, percebe-se que não há possibilidades de escolha de qual conduta deverá ser adotada pelo particular, pois o descumprimento de determinada norma terá por consequência sujeitar-se às sanções previstas. Desse modo, percebe-se o uso dos modais deônticos *proibido* e *obrigatório*, no qual o desrespeito à norma primária ensejará a aplicação da norma secundária sancionatória.

Quando se trata de intervenção indireta na modalidade de indução, surge o escopo de estímulo ou desestímulo de determinada conduta ou prática, surgindo, assim, prêmios como consequência da realização da hipótese normativa. Nesse contexto, há a possibilidade de escolha de conduta do agente, pois avaliará os ganhos em face do *status quo* ao praticar determinada conduta incentivada pela disposição jurídica. Na indução, há a utilização do modal deôntico *permitido*, não residindo a utilização dos modais *proibido* ou *obrigatório*.

Na atuação indireta de estímulo e apoio à atividade econômica empreendida pelos particulares, o Estado brasileiro busca alcançar objetivos da política fiscal e econômica nacional, ancorados nos objetivos constitucionais, como erradicar a pobreza.[36] Porém, reside o questionamento: este é o melhor caminho a seguir, em outras palavras, a busca por erradicar a pobreza e garantir o desenvolvimento nacional serão alcançados com indução estatal no mercado? Percebe-se que esse é o caminho seguido pelo Brasil nas últimas décadas, mas com resultado abaixo do esperado.[37]

---

sua vez geram restrições informais, são geralmente regras não escritas da sociedade, tradições e aspectos culturais que moldam o comportamento em sociedade. NORTH, Douglas C. Instituições, mudança institucional e desempenho econômico. Tradução Alexandre Morales. São Paulo, SP: Três Estrelas, 2018, p. 70-88.

36. Art. 3º, III, da CF.

37. Sistema tributário complexo, grandes quantidades de benefícios fiscais gerando

Todavia, esse *paradoxo econômico dos notáveis*,[38] no qual a intervenção do Estado deixa de ser supletiva e se torna coletivista, alertava Roberto Campos que tem o condão de "*transformar o Brasil de uma economia de mercado em uma economia de comando*".[39]

A ordem econômica constitucional buscou criar mecanismos de controle da intervenção do Estado, porém deixando *pontas soltas*. Tanto na intervenção direta com termos vagos, os quais permitiram que em inúmeros casos o Estado atuasse diretamente a resultar em um número de 440 empresas estatais.[40]

Na atuação indireta como agente normativo regulador, a ordem econômica não conseguiu conter o excesso regulatório. Assim, alguns setores tornaram-se paquidérmicos e veem na Lei de Liberdade Econômica – LLE[41] *o respirador* para *liberdade econômica sufocada*.

Nesse sentido, válido lembrar alguns princípios que a LLE trouxe para a ordem econômica nacional, visto que os princípios da livre-concorrência e livre-iniciativa não foram suficientes para deter o ímpeto estatal em intervir.

A LLE trouxe no seu art. 2º a liberdade como uma garantia no exercício de atividades econômicas, o postulado da intervenção subsidiária[42] e excepcional do Estado sobre

---

distorções de mercado, regulação excessiva, excesso de gastos públicos e uma confusão entre Estado empreendedor e regulador.

38. Termo utilizado pelo Roberto Campos para se referir aos membros da constituinte.

39. CAMPOS, Roberto. *Op. Cit.* 2018, p. 103.

40. ME. Secretaria de Desestatização revisa cálculo do número de estatais. ME, 2021. Disponível em: https://www.gov.br/economia/pt-br/assuntos/noticias/2019/12/secretaria-de-desestatizacao-revisa-calculo-do-numero-de-estatais. Acesso em: 12 jul. 2021.

41. Lei n. 13.874/2019.

42. Esse princípio que possui feições constitucionais estabelece a primazia da inciativa privada no jogo econômico institucional de mercado, a intervenção pontual do Estado em assuntos econômicos e a eliminação de planificação econômica pelo ente estatal. BARACHO, J. A. de O. O princípio de subsidiariedade: conceito e revolução. *Revista De Direito Administrativo*, 200, 21–54, 1995, p. 25 e seg.

o exercício de atividades econômicas, a boa-fé do particular perante o poder público e, não menos importante, o reconhecimento da vulnerabilidade do particular perante o Estado.

Esses postulados personificam o que se espera do Estado regulador, afastando-se do modelo de Estado Empresário ou empreendedor, no reconhecimento que objetivos constitucionais como a erradicação da pobreza e o desenvolvimento nacional se perfazem na liberdade econômica dos particulares, em outras palavras, no respeito aos geradores de riqueza.

III. O Estado regulador brasileiro e a metalinguagem desenvolvimentista

Como visto alhures, há fortes diferenças entre as *tecnologias* de governança da economia desenvolvimentista e reguladora e em *tese* isso definiria maior ou menor participação direta e indireta do Estado na economia. Nesse diapasão, faz-se necessário tratar do conceito de metalinguagem para que se perceba a forte presença de preceitos desenvolvimentistas no Estado regulador brasileiro e os impactos dessa desvirtuação.

Entende-se metalinguagem como o cerne de uma ideia, um ponto de partida, mesmo que não presente de modo expresso no discurso ou conceito, impregna-o conformando a concepção.[43] Isto é, a metalinguagem carrega consigo os pressupostos e postulados de determinada ideia, conceito e, no caso em tela, a essência de modelo político, econômico e jurídico de Estado adotado.

Desse modo, a metalinguagem do Estado desenvolvimentista se dará por um excessivo intervencionismo estatal na sociedade e no mercado, com planos nacionais de desenvolvimento, políticas industriais e de estratégias nacionais de

43. PEREIRA, Luiz Felipe da Fonseca. Política Fiscal & Inovação no Brasil: Uma investigação sobre o arranjo de incentivos da Lei do Bem e do Fundo Nacional de Desenvolvimento Científico e Tecnológico. Dissertação (Mestrado em Direito) – Faculdade de Direito. Universidade Federa do Pará, 2021, p. 82.

Ciência, Tecnologia e Inovação – CT&I,[44]rejeitando a possibilidade de autorregulação dos mercados,[45] pois essa forma de regulação não teria a capacidade de contribuir para o pleno funcionamento da economia.

A metalinguagem em tela demonstra clara adoção de uma racionalidade de *comando, controle e punição*, no qual o Estado necessita avançar para além da subsidiariedade, e assim, comandar e controlar o comportamento em mercado e, se necessário for, punir aqueles que se desviarem.

A formação do Estado regulador brasileiro – pautando-se nas fragilidades presentes na ordem econômica constitucional – anuiu que a forte cultura e metalinguagem desenvolvimentista fosse assimilada no novo modelo. Esse novo cenário de formação de um Estado regulador, porém enviesado de comportamentos de Estado empresário, acabou por afastar a liberdade econômica dos indivíduos e a subsidiariedade da atuação estatal.

Ressalta-se que o princípio da subsidiariedade, apesar de não estar claramente presente na ordem econômica constitucional, existe na figura dos princípios da livre- iniciativa, livre-concorrência e pelo tratamento presente no art. 173 da Carta Magna, porém, como revelado, não foram suficientes para conter o ímpeto interventor, visto que se vinha de décadas de um modelo desenvolvimentista.

Em outras palavras, ao buscar fundar um Estado regulador após décadas de um Estado empresário, quando ainda se mantinha uma metalinguagem desenvolvimentista, desvirtuou o projeto. Alvitra-se que o remédio encontrado só foi

---

44. ANJOS, Edmundo Berlamino Ribeiro dos. Estado Empreendedor e o regime jurídico-administrativo das parcerias público privadas em Ciência, Tecnologia e inovação. Dissertação (Mestrado em Direito) – Faculdade de Direito. Universidade de Brasília, 2017, p. 42.

45. HAYEK, F. A. The Use of Knowledge in Society. In: Individualism and Economic Order. Chicago: The University of Chicago Press, 2012, p. 268 e seg.

aplicado ao *paciente acamado* (economia brasileira) quase três décadas depois, com a Lei de Liberdade Econômica.

Porém, as décadas de um Estado regulador com discurso de Estado desenvolvimentista deixaram marcas vistas na atualidade. Percebe-se no fato que o Brasil possui uma das maiores cargas regulatórias do mundo e a segunda pior qualidade regulatória do globo, no ranking de 141 países está na posição 71ª em competitividade.[46]

Em 2019, considerando o alto *custo Brasil*, iniciou-se um processo de revisão dos atos regulatórios da administração pública federal,[47] o que para muitos é chamado de *desentulhamento regulatório*. Esse processo foi dividido em cinco fases visando à revisão e revogação de atos normativos, como portarias, resoluções e instruções normativas.

Com menos de dois anos do início do processo de revisão, foram revogados quase 14 mil atos administrativos, na sua maioria obsoletos, que geravam complexidade e altos custos, contribuindo para um cenário de insegurança jurídica ao país.[48] Esse vultoso número de revogações é a demonstração clara que o Estado regulador brasileiro se pauta em *comando, controle e punição* a partir de uma metalinguagem desenvolvimentista.

Visto que se o Estado não quisesse tudo controlar, comandar e definir de modo imediato o comportamento dos particulares, segundo aquilo que entendesse melhor ou mais desejável, não teria alcançado tal complexidade regulatória.

---

46. OCDE. Recomendação do Conselho sobre Política Regulatória e Governança. Paris: OCDE, 2012; OCDE. Brazil Policy Brief. Paris: OCDE, 2018; WEF. Global Competitiveness Index: 2016-2017 edition. Genebra: World Economic Forum, 2017; WEF. The Global Competitiveness Report 2019. Genebra: World Economic Forum, 2019.

47. Decreto nº 10.139/2019.

48. BRASIL. concluída a terceira etapa do processo de revisão de atos normativos inferiores a decreto. Secretaria Geral da Presidência da República, 2021. Disponível em: https://www.gov.br/secretariageral/pt-br/noticias/2021/junho/concluida-a-terceira-etapa-do-processo-de-revisao-de-atos-normativos-inferiores-a-decreto. Acesso: 26 jul. 2021.

Interessante ressaltar que essa confusão regulatória acaba por ser infiltrar em outra faceta do Estado, o Estado Fiscal. O Brasil possui um dos sistemas[49] tributários mais complexos do mundo, no qual as empresas gastam mais de duas mil horas com burocracia tributária, cinco vezes a média dos países da OCDE.[50]

Outro exemplo do Estado regulador desvirtuado refere-se ao Sistema Nacional de Ciência, Tecnologia e Inovação – SNCTI, promulgado pela Emenda Constitucional nº 85/2018, a qual estabelece que o SNCTI será organizado em regime de colaboração entre entes, tanto públicos quanto privados, com vistas a promover o desenvolvimento científico e tecnológico e a inovação.[51]

Apesar disso, a colaboração do Estado brasileiro é deixar as empresas, locais de excelência da inovação, onde se encontram as demandas, oportunidades e necessidades do mercado e da sociedade e as Universidades, locais da base do conhecimento e grupos de pesquisa, como meros operadores do sistema, quando deveriam participar ativamente do desenho regulatório. Isto é, o SNCTI é regido por uma política regulatória de *cima para baixo*, pautada na figura do Estado dizendo o que as empresas e universidades devem pesquisar, desenvolver e inovar.

Tanto que a própria Controladoria Geral da União – CGU sugeriu ao Ministério da Ciência, Tecnologia e Inovações – MCTI que criasse aproximação com empresas e universidades e mecanismos para que esses atores participassem das

---

49. O sistema tributário é um sistema normativo, bem como jurídico, no qual seus pressupostos fundamentais são nas palavras de Canaris a *ordenação* e *unidade*, nos quais se arrimam a ciência do Direito com intuito de firma seu caráter científico. CANARIS, Claus-Wihelm. Pensamento Sistemático e Conceito de Sistema na Ciência do Direito. 3ª Ed. Lisboa: Fundação Calouste Gulbenkian, 2012, p. 23. Assim, em face de um ordenamento complexo e disfuncional é errôneo chama-lo de sistema, por isso a crítica do professor Alfredo Becker em denominar o sistema tributário brasileiro em um *manicômio jurídico tributário*, pois carece de *unicidade* e *ordenação*. BECKER, Alfredo Augusto. Teoria Geral do Direito Tributário. 7ª Ed. São Paulo: Noeses, 2018.

50. OCDE. Relatórios Econômicos OCDE – Brasil. Paris, FR: OCDE, 2018, p. 63.

51. Art. 219-B da CF/1988.

decisões sobre o sistema nacional, bem como adoção de *vasos comunicantes* para diálogo constante.[52]

Outra adversidade que já se faz presente desde a promulgação da Constituição Federal, que foi fortemente alertada pelo Roberto Campos, é o tratamento dado à exploração de jazidas, lavras e recursos minerais no art. 176 da CF/88, que constituem excesso de comando e controle, limitando a liberdade econômica dos particulares no setor mineral.[53]

A metalinguagem desenvolvimentista absorveu o Estado brasileiro, faz-se presente no Estado regulador ao fiscal, por isso a desvirtuação do projeto iniciado em 1988 com a Constituição Federal e em 1995 com a reforma gerencial, apesar de todos os problemas envoltos no processo de criação das agências reguladoras.

Isso se coaduna com advertência que a preocupação exacerbada com uma macroeconomia que está mais para uma *macroeconomancia*,[54] no entusiasmo pelo Estado, esqueceu-se que é um ente abstrato. Nas palavras de Roberto Campos:

> O que existe é o funcionário, algumas vezes missionário, mas muito frequentemente corsário. Para evitar que os missionários se tornem corsários é de toda prudência marcharmos para o Estado minimalista.[55]

Nesse diapasão, a liberdade econômica é *ferida de morte*, quando deveria ser a *luz do farol* a guiar o Estado regulador. Por isso, no Estado brasileiro pouco se há de um verdadeiro Estado regulador pautado nas liberdades dos indivíduos, na

---

52. CGU. Relatório de Avaliação – Fundo Nacional de Desenvolvimento Científico e Tecnológico – FNDCT e MCTI, exercício 2019. Brasília: CGU, 2020.

53. CAMPOS, Roberto. *Op. Cit.* 2018, p. 104-105 e 340.

54. Termo utilizado por Roberto Campos para se referir ao intuito de adivinhação em assuntos econômicos, visto que o sufixo *mancia* advém do grego *manteía*, significa adivinhação por meio de qualquer coisa.

55. CAMPOS, Roberto. *Op. Cit.* 2018,p. 107.

atuação subsidiária e na vulnerabilidade dos particulares em face dos atos estatais.

Conclusão

As discussões acerca do papel do Estado na economia, bem como em outros aspectos da vida em sociedade não são particularidade do século XXI, porém, na atualidade, os questionamentos não estão mais centrados em critérios somente de eficiência econômica, mas em como essa relação Estado e mercado pode contribuir ou impossibilitar o desenvolvimento.

O Estado empresário desenvolvimentista e o Estado regulador apresentam-se como *tecnologias* de governança da economia, porém com racionalidades, pressupostos e uma metalinguagem diferenciada.

A partir do momento em que a metalinguagem do Estado desenvolvimentista envolve o Estado regulador, o arranjo jurídico-institucional poderá ser de caráter regulatório, todavia os atos e os efeitos serão desenvolvimentistas, configurando-se em intervenção mais excessiva, comando e controle da economia.

Adversidades essas, na grande maioria, já identificadas por Roberto Campos no processo da constituinte de 1988, porém por muitos ignoradas. O que ensejou ao estado de coisas da realidade socioeconômica nacional de pouca liberdade e muito Estado.

Nesse sentido que a Lei de Liberdade Econômica busca trazer uma mudança de eixo no Estado regulador, pautando a atuação interventiva do Estado em pressupostos como a liberdade dos particulares e atuação subsidiária, em contraponto à metalinguagem desenvolvimentista ainda persistente.

Nota-se que essa mudança de eixo não é nada mais do que se espera de um verdadeiro Estado regulador – desconhecido no Brasil, diante da suposta mudança de modelo sem alteração na racionalidade e na metalinguagem, o que persistiu foi o antigo modelo.

Referências

AMADEO, Edward J.; DUTT, Amitava Krishna. Os keynesianos neo-ricardianos e os pós-keynesianos. Disponível em: http://repositorio.ipea.gov.br/handle/11058/5993. Acesso em: 28 de maio de 2019.

ANJOS, Edmundo Berlamino Ribeiro dos. *Estado empreendedor e o regime jurídico-administrativo das parcerias público privadas em ciência, tecnologia e inovação*. Dissertação (Mestrado em Direito) – Faculdade de Direito. Universidade de Brasília, 2017.

BARACHO, J. A. de O. O princípio de subsidiariedade: conceito e revolução. Revista de Direito Administrativo, 200, 21–54, 1995.

BECKER, Alfredo Augusto. *Teoria geral do direito tributário*. 7ª Ed. São Paulo: Noeses, 2018.

BERCOVICI, Gilberto. Desenvolvimento, Estado e Administração Pública. In: CARDOZO, José Eduardo Martins et al. *Curso de direito administrativo econômico*. V. II. São Paulo: Malheiros, 2006.

BOMFIM, Diego. *Extrafiscalidade:* identificação, fundamentação, limitação e controle. 1ª ed. São Paulo: Noeses, 2015.

BRASIL. Assembleia Constituinte. Constituição Federal, de 05 de outubro de 1988. Brasília, DF: Presidência da República, [1998]. Disponível em: http://www.planalto.gov.br/ccivil_03/ constituição/constituicao.htm. Acesso em: 08 jun. 2021.

BRASIL. concluída a terceira etapa do processo de revisão de atos normativos inferiores a decreto. Secretaria Geral da Presidência da República, 2021. Disponível em: https://www.gov.br/secretariageral/pt-br/noticias/2021/junho/concluida-a-terceira-etapa-do-processo-de-revisao-de-atos-normativos-inferiores-a-decreto. Acesso em: 26 jul. 2021.

BRASIL. Congresso Nacional. Lei nº 13.874, de 20 de setembro de 2019. Lei da Liberdade Econômica. Institui a Declaração de Direitos de Liberdade Econômica; estabelece garantias de livre mercado e dá outras providências. Brasília, DF: Presidência da República, [2019]. Disponível em: http://www.planalto.gov.br/ccivil_03/_ato2019-2022/2019/lei/L13874.htm. Acesso em: 08 jun. 2021.

BRASIL. Decreto nº 10.139, de 28 de novembro de 2019. Dispõe sobre a revisão e a consolidação dos atos normativos inferiores a decreto. Brasília: Presidência da República, [2019]. Disponível em: http://www.planalto.gov.br/ccivil_03/_ato2019-2022/2019/decreto/D10139.htm. Acesso em: 27 jul. 2021.

BUTLER, Eamonn. *Escolha pública:* Um Guia. Tradução: Matheus Pacini. São Paulo: Bunker Editorial, 2015.

CAMPOS, Roberto. *A Constituição contra o Brasil: ensaios de Roberto Campos sobre a constituinte e a Constituição de 1988*. Organização: Paulo Roberto de Almeida. São Paulo: LVM Editora, 2018.

CANARIS, Claus-Wihelm. *Pensamento sistemático e conceito de sistema na ciência do direito.* 3ª Ed. Lisboa: Fundação Calouste Gulbenkian, 2012.

CGU. Relatório de Avaliação – Fundo Nacional de Desenvolvimento Científico e Tecnológico – FNDCT e MCTI, exercício 2019. Brasília: CGU, 2020.

DEL MASSO, Fabiano. *Direito econômico*. Elsevier Brasil, 2007.

FRANCO, Gustavo H. B. As *leis secretas da economia* – Revisitando Roberto Campos e as Leis de Kafka. São Paulo: Ed. Zahar, 2012.

FRIEDMAN, Milton; FRIEDMAN, Rose. *Livres para escolher.* Tradução: Ligia Filgueiras. 6ª ed. Rio de Janeiro: Editora Record, 2019.

HAYEK, F. A. *The Use of Knowledge in Society*. In: Individualism and Economic Order. Chicago: The University of Chicago Press, 2012.

HAYEK, Friedrich August von. *O Caminho da Servidão*. Tradução: Ana Maria Capovila *et al*. São Paulo: Instituto Ludwing Von Mises Brasil, 2010.

HIDALGO, Esteban Cruz; MORUNO, Francisco M. Pajero. La "teoría monetaria moderna": una extensión de la economía política radical. *Revista da Associação Espanhola de História Econômica*, DT-AEHE n. 1704, pp. 01-19, 2017.

KEYNES, John Maynard. *Teoria geral do emprego do juro e da moeda*. Tradução: Mario R. da Cruz. São Paulo: Editora Nova Cultura, 1996.

KIRCHHOF, Paul. *Tributação no estado constitucional*. Tradução: Pedro Adamy. São Paulo: Quartier Latin, 2016.

LOPES, Othon de Azevedo. *Fundamentos da regulação*. Rio de Janeiro: Editora Processo, 2018.

MANTOVANI, Juliana Rossetto Leomil. *A reforma gerencial e as agências reguladoras*. Coleções FGV EAESP - MPGPP: Trabalhos Individuais, 2018.

ME. Secretaria de Desestatização revisa cálculo do número de estatais. ME, 2021. Disponível em: https://www.gov.br/economia/pt-br/assuntos/noticias/2019/12/secretaria-de-desestatizacao-revisa-calculo-do-numero-de-estatais. Acesso em: 12 jul. 2021

MEDEIROS, Rodrigo Vieira. *A face repressiva do Estado Regulador:* contributo para o enquadramento jurídico da Declaração de Inidoneidade no ordenamento jurídico brasileiro. Dissertação (Mestrado em Direito) – Faculdade de Direito da Universidade de Coimbra – Portugal, 2012.

MISES, Ludwing Von. *As seis lições*. Tradução: Maria Luiza X. de A. Borges. 9ª ed. São Paulo: Editora LVM, 2018.

MOLLO, Maria de Lourdes Rollemberg; FONSECA, Pedro Cezar Dutra. Desenvolvimentismo e novo-desenvolvimentismo: raízes teóricas e precisões conceituais. *Revista de Economia Política*, vol. 33, nº 2 (131), pp. 222-239, 2013.

NORTH, Douglas C. *Instituições, mudança institucional e desempenho econômico*. Tradução Alexandre Morales. São Paulo, SP: Três Estrelas, 2018.

NORTH, Douglas C. *Instituições, mudança institucional e desempenho econômico*. Tradução: Alexandre Morales. São Paulo: Editora Três Estrelas, 2018.

OCDE. Brazil Policy Brief. Paris: OCDE, 2018.

OCDE. Recomendação do Conselho sobre Política Regulatória e Governança. Paris: OCDE, 2012.

OCDE. Relatórios Econômicos OCDE – Brasil. Paris, FR: OCDE, 2018.

PEREIRA, Luiz Felipe da Fonseca. *Política Fiscal & Inovação no Brasil: Uma investigação sobre o arranjo de incentivos da Lei do Bem e do Fundo Nacional de Desenvolvimento Científico e Tecnológico*. Dissertação (Mestrado em Direito) – Faculdade de Direito. Universidade Federa do Pará, 2021.

POSNER, Richard A. *Theories of economic regulation*. New York: JSTOR, Vol. 5, No. 2, pp. 335-358, 1974.

SANTOS, C. E. S. R. A excepcionalidade constitucional do Estado Empresário Brasileiro. *Revista Controle*, v. 9, n. 1, jan./jun., 2011.

SCHAPIRO, Mario. G. Do Estado Desenvolvimentista ao Estado Regulador? Transformação, Resiliência e Coexistência entre Dois Modos de Intervenção. *Revista Estudos Institucionais*, v. 4, p. 572-614, 2018.

SORMAN, Guy. *A Economia não Mente*. Tradução: Margarita Maria Garcia Lamelo. São Paulo: Editora É realizações, 2008.

SOWELL, Thomas. *Economia Básica*. Volume II. Tradução: Carlos Bacci. Rio de JaneIro: Editora Alta Books, 2018.

TIMM, Luciano Benetti *et al*. *Introdução ao direito e economia*. Porto Alegre: Livraria do Advogado, 2008.

TONIN, Mayara Gasparoto. A coexistência e os conflitos entre o Estado regulador e o Estado empresário no Brasil: o caso da prorrogação dos contratos de concessão de energia elétrica da Eletrobras. *Revista de Direito Setorial e Regulatório,* Brasília, v. 6, nº 2, p. 21-44, outubro 2020.

VERNAGLIONE, Piero. *L'anarcocapitalismo, in Rothbardiana.* Disponível em: http://rothbard.altervista.org/teoria/anarcocapitalismo.pdf. Acesso em: 20 jul. 2021.

WEF. Global Competitiveness Index: 2016-2017 edition. Genebra: World Economic Forum, 2017

WEF. The Global Competitiveness Report 2019. Genebra: World Economic Forum, 2019.

MARX, Karl. *O Capital.* 8ª ed. Tradução: Julian Borchardt. São Paulo: Editora LTC, 2018.

WEBER, Max. *Economia e sociedade.* Brasília: Ed. UnB, 1991.

REGULAÇÃO PELO ESTADO DA ATIVIDADE ECONÔMICA E A ANÁLISE DE IMPACTO REGULATÓRIO COMO FERRAMENTA DE CONTROLE DA ADMINISTRAÇÃO PÚBLICA

Lucas de Carvalho Franco

Introdução

A Constituição Federal de 1988, em que pese ter admitido a intervenção do Estado no domínio econômico, desde logo prescreve, nos termos dos arts. 173, *caput*, e 174, que esta intervenção deve dar-se, via de regra, de forma excepcional, subsidiária e indireta, por meio inclusive da regulação da atividade econômica.

Tal prescrição representa um rompimento com o modelo de Estado empresário adotado em alguns países e em contextos históricos de agigantamento do aparelho estatal, ocorridos quase sempre sobre bandeiras de regimes extremamente intervencionistas e estatistas, como ocorre, fundamentalmente, em regimes socialistas.

Ao contrário, o Estado brasileiro adotou, em 1988, o regime de livre-mercado para a organização e funcionamento da atividade econômica, com intervenções pontuais do Estado feitas, ordinariamente, pela via indireta, por meio, sobretudo, da regulação econômica. É o que ficou conhecido na doutrina como intervenção por direção da atividade econômica, como se verá posteriormente.

Ocorre que, nada obstante a determinação do texto constitucional, o que se tem praticado muitas vezes no Brasil é a utilização da regulação da atividade econômica de maneira desarrazoada, desproporcional e calcada meramente em especulações, palpites e ideologização, sem qualquer embasamento técnico para a tomada de decisões regulatórias. Considerando que o constituinte elevou a livre-iniciativa como fundamento da República brasileira (art. 1º, inciso IV, da Constituição Federal), não parece coadunar com os ditames constitucionais o abuso do poder regulatório.

Diante dessa realidade, a Lei n. 13.874/2019 – conhecida como Lei da Liberdade Econômica (LLE) -, visando a coibir este abuso, buscou institucionalizar verdadeiras amarras ao exercício do poder legiferante regulador. Uma destas amarras, e talvez a mais forte, é a análise de impacto regulatório (AIR), que, embora não seja uma novidade no contexto do direito regulatório brasileiro, se tornou obrigatória no âmbito da Administração Pública federal – aqui abarcados tanto órgãos e entidades da Administração direta quanto da Administração autárquica e fundacional.

Do mesmo espírito imbuída, a Lei n. 13.848/2019 – conhecida como Lei Geral das Agências Reguladoras (LGAR) – trouxe a mesma disciplina jurídica da análise de impacto regulatório para o âmbito das agências reguladoras, que se tornaram obrigadas a realizá-la para a "*adoção e as propostas de alteração de atos normativos de interesse geral dos agentes econômicos, consumidores ou usuários dos serviços prestados*" (art. 4º da referida lei). Ambos os diplomas legais, hoje, encontram-se regulamentados pelo Decreto n. 10.411/2020, que traz normas importantes acerca de metodologia, objetivos e requisitos da AIR.

Fato é que todas estas inovações na ordem jurídica são inegavelmente recentes, o que implica o fato de que as entidades da Administração Pública ainda estão em processo de compreensão das normas colocadas, de modo a tornar-se um tanto nebuloso, até o momento, o cenário regulatório após as mudanças inseridas. Assim, o presente artigo visa a contribuir com algumas reflexões acerca da própria análise de impacto regulatório, e demonstrar como este procedimento analítico representa um avanço no direito regulatório brasileiro, instituindo uma conveniente ferramenta de controle da Administração Pública, ao mesmo tempo em que é apta a gerar grandes vantagens no processo regulamentar, tais como conferir razoabilidade e racionalidade ao processo de formação da regulação e imprimir maior legitimidade democrática a ele. Abordar-se-ão, ao fim, os aspectos principais relacionados a tais ganhos.

I. A liberdade econômica como direito fundamental

Preliminarmente ao estudo do objeto do presente artigo, é importante entender o fundamento da própria regulação da atividade econômica. E, desde já, há importantes considerações a serem tecidas acerca da liberdade econômica no direito brasileiro. Comecemos pela mais elementar: Qual o regime jurídico da liberdade econômica? Trata-se, a nosso sentir, de verdadeiro direito fundamental. Mas voltemos um passo para conceituar o que é a liberdade econômica. Nos dizeres de Eros Grau, a liberdade econômica é expressão de um princípio ainda maior, que nela não se esgota, mas a fundamenta: a livre-iniciativa. Salienta o autor:

> Dela — da livre-iniciativa — se deve dizer, inicialmente, que expressa desdobramento da liberdade. Considerada desde a perspectiva substancial, tanto como resistência ao poder, quanto como reivindicação por melhores condições de vida (liberdade individual e liberdade social e econômica), podemos descrever a liberdade como sensibilidade e acessibilidade a alternativas de conduta e de resultado. Pois não se pode entender como livre

> aquele que nem ao menos sabe de sua possibilidade de reivindicar alternativas de conduta e de comportamento — aí a sensibilidade; e não se pode chamar livre, também, aquele ao qual tal acesso é sonegado — aí a acessibilidade.[1]

Encontrando a livre-iniciativa amplas bases constitucionais – seja como fundamento da República, conforme já mencionado, seja como fundamento da própria ordem econômica constitucional, junto à valorização do trabalho humano, consoante o *caput* do art. 170–, entende-se que a liberdade econômica é uma das faces nas quais a livre-iniciativa se aperfeiçoa.

Ainda, Eros Grau aponta que a liberdade econômica se consagra em caráter dúplice, isto é, em duas manifestações principais: a liberdade de comércio e indústria (que é a liberdade econômica propriamente dita) e a liberdade de concorrência. Sistematiza ele a dinâmica dessas duas manifestações no seguinte esquema:

> a) liberdade de comércio e indústria (não ingerência do Estado no domínio econômico): a.l) faculdade de criar e explorar uma atividade econômica a título privado — liberdade pública; a.2) não sujeição a qualquer restrição estatal senão em virtude de lei — liberdade pública;
>
> b) liberdade de concorrência: b.l) faculdade de conquistar a clientela, desde que não através de concorrência desleal — liberdade privada; b.2) proibição de formas de atuação que deferiam a concorrência — liberdade privada; b.3) neutralidade do Estado diante do fenômeno concorrencial, em igualdade de condições dos concorrentes — liberdade pública.[2]

Neste contexto, seriam a liberdade econômica, assim como a liberdade de concorrência, liberdades parciais, ambas derivadas do mesmo princípio maior que é a liberdade de iniciativa. E não há qualquer contrariedade entre essas duas manifestações da livre-iniciativa, ao passo em que também não

---

1. GRAU, Eros Roberto. *A ordem econômica na Constituição de 1988* (Interpretação e crítica). 14ª ed., São Paulo: Malheiros, 2010, p. 203.

2. Idem, p. 206.

se deve confundi-las. Cada uma possui um significado que lhe é próprio e a diferencia da outra, embora não possam ser completamente afastadas. Eros Grau, novamente, apresenta brilhante lição a este respeito:

> [...] a liberdade de concorrência deve ser visualizada como elemento moderador do princípio da liberdade de comércio e indústria, e não como ratificador deste último. Não deve ser tomado, pois, como princípio negativo. Este sentido já é coberto pelo princípio da liberdade de comércio e indústria (não ingerência do Estado no domínio econômico). A liberdade de concorrência é, fundamentalmente, uma liberdade privada e se apresenta dotada de caráter positivo, expressando-se como direito a que o abuso (deslealdade) da liberdade de comércio e indústria não comprometa o funcionamento regular dos mercados.[3]

A despeito dessas importantes considerações acerca da definição da livre-iniciativa e de sua imbricada relação com a liberdade econômica, fato é que, nos dizeres de Ingo Sarlet, "*de se tratar de princípio geral de caráter objetivo, a liberdade econômica acaba assumindo também a função de um princípio essencial à ordem econômica na CF e, ao mesmo tempo, de um direito fundamental autônomo, ainda que não como tal expressamente positivado.*"[4]

Não se duvida, atualmente, que existam direitos fundamentais na ordem jurídica além daqueles expressamente previstos na Constituição Federal. Inclusive, tal existência é admitida pela própria Carta Constitucional de 1988, por força do art. 5º, § 2º, que assevera que os direitos e garantias expressos nela não excluem outros que sejam decorrentes do regime e dos princípios adotados por ela. Ora, se a Constituição garante, no art. 5º, a título de direitos fundamentais, (i) a liberdade no exercício de qualquer trabalho ou profissão (inciso XIII), (ii) a liberdade de associação (inciso XVII) e (iii) o direito de

---

3. *Idem*. Princípio da livre-concorrência – função regulamentar e função normativa. *Revista Trimestral de Direito Público*. Rio de Janeiro, v. 93, n. 4, 1993. p. 126.

4. SARLET, Ingo Wolfgang. *Notas sobre a liberdade econômica como direito fundamental na CF*. ConJur, 28/03/2021.

propriedade (inciso XXII), entre diversos outros direitos relacionados à liberdade econômica, é uma decorrência do próprio sistema que a liberdade econômica também seja garantida implicitamente pelo Texto Constitucional. Afinal, de que adiantaria garantir o livre exercício profissional se o trabalhador não gozar de liberdade para dar o destino econômico que melhor lhe parecer a seus proventos?

Além de guardar relação com os direitos fundamentais explícitos antes elencados, a liberdade econômica também é associada, no bojo da Carta Magna de 1988, a uma série de direitos considerados sociais, vide, por exemplo, a prescrição feita quanto ao direito à previdência social (art. 202), saúde pública (art. 199) e educação (art. 209).

Ingo Sarlet lembra que o âmbito de proteção da liberdade econômica abarca também algumas condutas que são atribuídas pelo ordenamento jurídico ao titular deste direito fundamental: (i) a liberdade de escolha de um ramo econômico a fim de que o explore; (ii) a liberdade de exercer alguma atividade econômica com o intuito de dela obter lucro, a que o autor considera a liberdade econômica em sentido estrito; (iii) a liberdade de escolher um estabelecimento para definir o público-alvo de sua atividade econômica; (iv) a liberdade de organização e gestão das atividades econômicas; e (v) a liberdade de investir, que inclui também, por evidente, o deixar de investir e o não investir.[5]

Em outra esteira, a liberdade econômica também se reveste de uma dimensão jurídico-objetiva que impõe ao Estado deveres de proteção à liberdade, seja em face dos próprios Poderes Públicos ou de outros particulares. É nesse sentido que se dá a advertência de Marcos Juruena Villela Souto, ao dizer que "*cabe à livre-iniciativa o papel propulsor da economia, e ao Estado o acompanhamento e estímulo do mercado, reprimindo as situações de anormalidade.*"[6]

---

5. SARLET, Ingo Wolfgang. *Notas sobre a liberdade econômica como direito fundamental na CF*. ConJur, 28/03/2021.

6. SOUTO, Marcos Juruena Villela. *Direito administrativo da economia*. 3ª ed., Rio de Janeiro: *Lumen Juris*, 2003, p. 15.

A esta altura, vislumbra-se um ponto que merece grande destaque para que se bem compreenda a questão da regulação e os motivos pelos quais é importante que haja ferramentas de controle do poder regulatório do Estado: dado que a livre-iniciativa possui função orientadora da atividade econômica[7] (informando, assim, os princípios gerais atinentes à ordem econômica) e que a liberdade econômica, exatamente pelo privilegiado assento constitucional conferido à livre-iniciativa que lhe fundamenta, goza de *status* de direito fundamental, o espaço conferido pela Constituição para o Estado atuar no domínio econômico não pode receber o mesmo tratamento do espaço conferido ao ente privado.

Como já salientado na introdução, a Constituição Federal de 1988 deixou de lado o modelo em que o Estado atua diretamente no domínio econômico – aquilo que Celso Antônio Bandeira de Mello chamava Estado empresário – e adotou um modelo em que a livre-iniciativa é a regra, ou seja, é do particular o direito de exploração da atividade econômica de forma direta.[8] Preceitua o art. 173 da Carta Constitucional que, salvo exceções constitucionalmente previstas, ao Estado só se permite a exploração direta da atividade econômica "*quando necessária aos imperativos da segurança nacional ou a relevante interesse coletivo, conforme definidos em lei.*"

Mais uma vez, socorremo-nos da doutrina de Eros Roberto Grau para compreender que, diante dos claros preceitos constitucionais, a intervenção direta no domínio econômico pelo Estado é hipótese claramente excepcional; a regra, para a intervenção estatal na economia, é pela intervenção indireta. O autor distingue dois termos, a este sentido: quando o Estado intervém *no* domínio econômico, está intervindo de

7. MOREIRA NETO, Diogo de Figueiredo; ROCHA, Henrique Bastos. Liberdade econômica e sanções administrativas nas reorganizações societárias. *Revista brasileira de Direito Público*, Belo Horizonte, ano 12, n. 44, pp. 23-41, jan./mar. 2014.

8. Ressalva feita, é claro, às hipóteses expressamente previstas na Constituição, em que se reserva ao ente estatal mesmo a exploração direta de determinada atividade econômica.

maneira direta – seja por absorção, ao atuar em regime de monopólio, ou por participação, ao atuar em regime de competição com empresas privadas; quando intervém *sobre* o domínio econômico, está intervindo de maneira indireta, e esta é a maneira mais comum de intervenção estatal.[9]

Esta intervenção indireta, ainda segundo a doutrina de Eros Grau, pode-se dar de duas formas, por indução ou por direção. Quando age por direção, o Estado pressiona a economia, estabelecendo normas de comportamento para os agentes econômicos; quando age por indução, o Estado estabelece estímulos de comportamento, que, nada obstante não sejam ordens, mostram-se suficientemente persuasivos para induzir comportamentos. Admite o autor, ainda, que, ao empreender regulação da atividade econômica, está o Estado intervindo sobre o domínio econômico, aparentemente em uma terceira modalidade, ao lado do comportamento diretivo e do indutivo.

De tudo isso que foi dito anteriormente, uma coisa mais nos importa: a intervenção do Estado no domínio econômico, seja na modalidade direta ou na indireta, encontra-se como que amarrada pela própria Constituição de 1988, como bem assevera Luís Roberto Barroso, que pontua: "*as exceções ao princípio da livre-iniciativa haverão de estar autorizadas pelo próprio texto da Constituição de 1988 que a consagra. Não se admite que o legislador ordinário possa livremente excluí-la, salvo se agir fundamentado em outra norma constitucional específica.*"[10] Em complemento, Moreira Neto entende que o rol constitucional de instrumentos de intervenção é exaustivo, exatamente porque excepcional.[11]

---

9. GRAU, Eros Roberto. *A ordem econômica na Constituição de 1988 (Interpretação e crítica), op. Cit.*, p. 147.

10. BARROSO, Luís Roberto. A ordem econômica constitucional e os limites à atuação estatal no controle de preços. In: BARROSO, Luís Roberto. *Temas de direito constitucional*. Rio de Janeiro: Renovar, 2008.

11. MOREIRA NETO, Diogo de Figueiredo. *Curso de direito administrativo*. 12ª ed., Rio de Janeiro: Forense, 2001, pp. 464-465.

É da caracterização como excepcional da intervenção estatal no domínio econômico que decorre o princípio da subsidiariedade. Em brilhante artigo escrito acerca deste princípio, infere Amauri Saad:

> [...] a subsidiariedade funciona como princípio direto da ordem econômica e balizador da divisão de competências estatais. À tensão indivíduo-Estado, típica da concepção original de subsidiariedade, somou-se a tensão centralização-descentralização. O sentido institucional do princípio da subsidiariedade comportaria uma dimensão vertical e outra horizontal, que podem ser traduzidas em algumas diretrizes práticas fundamentais: (i) iniciativa privada intransferível; (ii) impulso particular na raiz do conjunto social; (iii) demarcação de competências públicas e privadas; (iv) concorrência estatal e não estatal na gestão pública; (v) abstenção do Estado quando se atinge a gestão social autossuficiente; (vi) previsão estatal de velar pelas necessidades insatisfeitas; e (vii) ordem de distribuição descentralizada das competências públicas.[12]

Segundo o autor, há, na Constituição Federal, uma clara consagração do princípio da subsidiariedade como princípio diretivo da ordem econômica, posição com a qual nos permitimos concordar. Uma leitura conjunta dos arts. 173 e 174 do texto constitucional permite perceber, claramente, que o quadro desenhado pelo constituinte no que tange ao domínio econômico é que a intervenção direta do Estado é sempre excepcional, e que o planejamento estatal será apenas indicativo para o setor privado – daí a adoção, por evidência sistemática, da subsidiariedade.

E, a este respeito, significativa contribuição trouxe a Lei da Liberdade Econômica – doravante LLE – pois revitalizou e deu concretude ao preceito constitucional da subsidiariedade na ordem econômica. Para tanto, a disposição constante do art. 2º, inciso III da referida lei criou, ainda na lição de Amauri Saad, um *bloco de constitucionalidade*, isto é, um diploma legal

---

12. SAAD, Amauri Feres. O princípio da subsidiariedade e a liberdade econômica (comentários ao art. 2º, III, da Lei 13.874/2019). *Revista de Direito Público da Economia - RDPE*, Belo Horizonte, ano 18, n. 69, pp. 25-37, jan./mar. 2020.

com amplo amparo e significação constitucional, que se destina a tornar impossível que se continue a negar a existência de tal princípio ou que continuem a desrespeitá-lo. De todo modo, o reconhecimento de que a livre-iniciativa é princípio fundante e diretivo da ordem econômica e do direito fundamental do particular à liberdade econômica tem se tornado cada vez mais pujante na ordem jurídica pátria, restando gradativamente mais robusto o princípio da subsidiariedade.

No que tange à questão da regulação da atividade econômica, não se deve, também, afastar os ditames da subsidiariedade da atividade estatal. Floriano de Azevedo Marques Neto conceitua a regulação como:

> a atividade estatal mediante a qual o Estado, por meio de intervenção direta ou indireta, condiciona, restringe, normatiza ou incentiva a atividade econômica de modo a preservar a sua existência, assegurar o seu equilíbrio interno ou atingir determinados objetivos públicos como a proteção de hipossuficiências ou a consagração de políticas públicas.[13]

Ao exercer a função reguladora, deixaria o Estado de agir na modalidade de empresário e passaria a trabalhar "nos bastidores" da ordem econômica, controlando a atividade econômica desempenhada por particulares de modo a atingir alguns objetivos definidos pelos formuladores de políticas públicas. O que tem havido na prática, porém, é que a regulação da atividade econômica, que não deveria descurar da ideia de subsidiariedade, tem se tornado cada vez mais volumosa e prejudicial ao setor privado. Daí se dizer, popularmente, que "o Brasil regula muito e regula mal". É nesse sentido a advertência de Fernanda Coelho:

> A despeito disso, o que se tem verificado na prática é que, a pretexto de assegurar direitos fundamentais por meio da regulação, realizam-se intervenções exageradas nas atividades econômicas,

13. MARQUES NETO, Floriano de Azevedo. A nova regulação dos serviços públicos. *Revista de Direito Administrativo*, Rio de Janeiro, pp. 13-29, abr./jun. 2002.

> esquecendo-se que a liberdade econômica também consiste em direito fundamental que merece tutela.[14]

E há que se notar que a interpretação constitucionalmente mais adequada para a via regulatória é que ela também deve ser subsidiária e respeitar valores constitucionais decorrentes da livre-iniciativa, como a liberdade de comércio e indústria de que falava Eros Grau, mas também a liberdade de exercício profissional e a de gestão privada. Não significa que a regulação não deve existir, mas que o fato de existir não deve legitimar a regulação desregrada e desqualificada. Isso porque a subsidiariedade possui também eficácia como vetor interpretativo: toda ação interventiva do Estado no domínio econômico deve ter como balizador o conteúdo axiológico da livre- iniciativa e da valorização do trabalho humano,[15] de modo que, quando diante do exercício interpretativo de uma norma atinente à ordem econômica, deve-se preferir a que melhor realiza a liberdade econômica àquela que a descaracteriza.[16]

Com o intuito de reforçar a ideia de subsidiariedade na atividade regulatória do Estado, a LLE inseriu o mecanismo dantes mencionado, que será analisado de maneira mais pormenorizada em momento oportuno. Antes disso, porém, se faz necessário, uma vez definida a liberdade econômica como direito fundamental e como a regra na ordem econômica constitucional brasileira, analisar como se dá o processo regulamentar no Brasil e como pode ser ele controlado.

---

14. COELHO, Fernanda. A análise de impacto regulatório e as novas perspectivas de controle da Administração Pública. *Revista brasileira de infraestrutura – RBINF*. Belo Horizonte, ano 9, n. 18, pp. 151-174, jul./dez. 2020.

15. BARROSO, Luís Roberto. *Op. Cit.*

16. SAAD, Amauri Feres. *Op. Cit.*

II. Controle do processo regulamentar no Brasil antes do advento das Leis n. 13.874/2019 e 13.848/2019

A partir da subsidiariedade e partindo do pressuposto de que a regulação da atividade econômica deve ser balizada pelo respeito à livre-iniciativa, a conclusão lógica é que a regulação econômica será admissível quando sua imposição for a forma mais eficaz de garantir o pleno desenvolvimento da liberdade econômica, isto é, a regulação deve ser uma forma de o Estado intervir no funcionamento do mercado para aperfeiçoá-lo e corrigir eventuais falhas.

Para isso acontecer, porém, há uma limitação óbvia: necessidade de controle. Se a limitação ao poder regulatório, embora existente, não puder ser controlada, na prática é como se não existisse. Assim, é necessário dar a essa limitação um certo grau de *enforcement*, e isso se dá por meio do controle do processo regulamentar.

Abre-se o questionamento: há, no Brasil, formalmente, um processo regulamentar? A resposta, diversamente do que ocorre, por exemplo, nos Estados Unidos da América, só pode ser negativa. Há algumas previsões legais para processos administrativos, como aquele prescrito pela Lei n. 9.784 de 1999, conhecia como a lei que traz regras sobre o processo administrativo adjudicatório – que é ontologicamente diferente do que se espera de um processo regulamentar. É certo que há, sim, um processo, mas que é, por assim dizer, invisível: um processo informal, orientado apenas por costumes administrativos e pela discricionariedade do administrador público de forma a caracterizar um processo orgânico, mas quase não jurídico.

Nos EUA, para citar apenas um exemplo, há um processo regulamentar formal que é regido pelo *Administrative Procedure Act* (APA), promulgado em 1946. O APA é, atualmente, complementado por diversas outras normas secundárias, como o *Regulatory Flexibility Act* (5 USC 601-612), o *Paperwork Reduction* Act (44 USC 3501-3520), o *Unfunded Mandates Reform Act* (2 USC Chs. 17A, 25) e o *Congressional Review Act*

(5 USC 801-808). Também não pretendemos adentrar minuciosamente no escopo da realização do processo regulamentar norte-americano, mas entendê-lo minimamente será útil para os fins aqui propostos.

Segundo Alexandre Magno Fernandes Moreira,[17] o processo regulamentar dos EUA é composto de nove grandes fases: "*1) eventos propiciatórios; 2) determinação da necessidade de uma regra; 3) elaboração de proposta de regra; 4) revisão, pelo Office of Management and Budget (OMB), da regra proposta; 5) publicação da regra proposta; 6) consulta pública; 7) preparação da versão final da norma; 8) revisão, pelo OMB, da versão final; 9) preparação de regra final, norma final, ou regra final direta*".

Afastadas considerações específicas sobre cada uma das fases, as quais fogem do escopo deste artigo, importa notar que há, no processo estadunidense, diversas fases de modo a garantir o controle do processo regulamentar. Significa dizer que há normas institucionalizadas que visam a garantir que o particular não terá seu direito fundamental à liberdade econômica regulado, tolhido inclusive, de maneira desarrazoada ou injustificada. Toda regulação terá que passar, necessariamente, por todas essas fases para que seja promulgada. Tanto é assim que há certo consenso entre juristas americanos que, ainda que possuam críticas pontuais ao APA, um processo regulamentar unificado é indispensável em uma democracia, sobretudo uma que adote a liberdade e a livre-iniciativa como fundamentos – e nisso Brasil e EUA são notavelmente semelhantes, em termos de política constitucional.

O fato de não haver, no ordenamento jurídico pátrio, qualquer processo formal para a edição de normas de caráter regulatório, cria diversos problemas. Um deles, talvez o mais óbvio, é a completa falta de controle sobre a edição das normas, pois, se não há processo, as normas podem ser editadas quase que

---

17. MOREIRA, Alexandre Magno Fernandes. Como e porque tornar efetivo o invisível processo regulamentar brasileiro. *Revista Brasileira de Direito Público – RBDP*. Belo Horizonte, ano 13, n. 48, pp. 129-160, jan./mar. 2015.

livremente, de modo que o único controle possível é pela via judicial. E, ainda assim, o Poder Judiciário estaria limitado a realizar o controle da regulação em apenas dois aspectos: ou verifica a compatibilidade destas normas com a Constituição Federal e a legislação já posta – e nesse sentido configura uma tarefa carregada de insegurança jurídica, pois até o ano de 2019 quase não havia norma infraconstitucional destinada à consecução da liberdade econômica – ou faz um controle "de mérito", baseado em princípios extremante genéricos e abstratos, o que termina por voltar ao mesmo problema anterior.

Poder-se-ia argumentar que o advento da LLE trouxe algum grau de segurança jurídica e de fundamentação infraconstitucional para que o Judiciário possa fazer o controle de mérito da regulação brasileira, e não deixa isso de ser verdade. Entretanto, ainda parece um parâmetro um tanto quanto incipiente, além de que, se houvesse um processo regulamentar, haveria instrumentos de controle de ainda maior cogência. Sem contar que o controle pela via judicial pode não ser o único possível, e nem mesmo o mais adequado: nos EUA, como já visto, a regulação é supervisionada e controlada pelo Poder Executivo por meio de um órgão especificamente criado para isto, função que, no Brasil, poderia ser desempenhada com bastante habilidade pelos Tribunais de Contas, por exemplo.

Antes de prosseguirmos, é de justiça uma observação derradeira: mesmo antes do advento da LLE, a regulação no Brasil já não era feita de maneira completamente irrestrita. A realização de análises de impacto regulatório, por exemplo, não são uma novidade introduzida no ordenamento jurídico pela LLE: desde 2007 se fala em realização de AIR no processo regulamentar brasileiro em virtude do Decreto n. 6.602, de 16 de março de 2007, que criou o Programa de Fortalecimento da Capacidade Institucional para Gestão em Regulação (PRO-REG), que objetivava a inserção de mecanismos institucionais no direito regulatório para melhorar a qualidade da regulação federal.

Até 2016, o PRO-REG difundiu e centralizou projetos de controle regulatório em algumas agências reguladoras, a saber: Agência Nacional de Cinema (Ancine), Agência Nacional de Energia Elétrica (Aneel), Agência Nacional do Petróleo, Gás Natural e Biocombustíveis (ANP), Agência Nacional de Saúde Suplementar (ANS), Agência Nacional de Transportes Aquaviários (Antaq) e Agência Nacional de Vigilância Sanitária (Anvisa).

Em 2015, o Tribunal de Contas da União, na Tomada de Contas n. 031.996/2013-2, recomendou a adoção das 12 diretrizes do Conselho sobre Política Regulatória e Governança da OCDE,[18] formalizadas em 2012 e recomendadas a todos os países-membros, diretrizes essas que continham disposições específicas sobre controle regulatório inclusive por meio da adoção da AIR. O resultado de tal esforço é que, em 2016, começou a ser desenvolvido o PL 6.621/2016, que foi posteriormente aprovado e convertido na Lei n. 13.848/2019, a já referenciada Lei Geral das Agências Reguladoras, que não apenas torna obrigatória a realização da AIR como prescreve, no Decreto n. 10.411/2020, métodos e requisitos para tal instrumento.

E, desde antes, já havia, pelo menos em algumas agências reguladoras, algumas iniciativas próprias de controle regulatório: a Anvisa, por exemplo, adotou, na Portaria n. 422 de 2008, mecanismos de realização de AIR e de consultas públicas para a edição de normas de caráter regulatório, submetendo as minutas dos atos normativos ao escrutínio popular. Disposições semelhantes deram-se no âmbito de algumas outras agências reguladoras, como se vê do quadro abaixo reproduzido, que trata da análise de impacto regulatório no âmbito das agências reguladoras antes do advento da LLE ou da LGAR:

18. OCDE. Recomendação do Conselho sobre política regulatória e governança. 2012.

	ANTT	ANATEL	ANAC	ANTAQ	ANCINE	ANVISA	ANP	ANEEL	ANS	ANA
Utilização	X	X	X	X	X	X	X	X	X	X
Início	2009	2013	2013	2015	2013	2012	2013	2011	2010	2015
Obrigatoriedade	X	X	X	X	X	X				
Normas internas	X	X	X	X	X	X	X			
Consulta externa após conclusão	X	X	X	X	X	X	X	X	X	X
Consulta externa antes da conclusão	X	X	X							
Disponibilidade de dados	X	X								

Fonte: Revista de Direito Administrativo[19]

Assim, deve-se observar, justificadamente, que, mesmo antes de um diploma normativo torná-lo obrigatório, o instituto de controle regulatório já era obrigatório internamente para algumas agências reguladoras, ainda que não para todas. Nesse sentido, a contribuição da LLE e da LGAR foi menos de inovar a ordem jurídica e mais de uniformizar a observância obrigatória a um instituto que já vinha sendo realizado nas instâncias reguladoras. Não trouxeram os diplomas legais grandes novidades, mas contribuíram positivamente para que a AIR se tornasse obrigatória para todas as agências, e para que seu método de elaboração e realização fosse padronizado – o que antes também era um problema, já que cada agência adotava, por normas internas, um padrão diferente de AIR,

19. GABARDO, Emerson; GRANER, Mateus Domingues. A importância da participação popular na análise de impacto regulatório pelas agências reguladoras federais brasileiras. *Revista de Direito Administrativo*. Rio de Janeiro, v. 279, n. 3, pp. 275-300, set./dez. 2020.

com métodos diferentes, métricas diferentes e procedimentos diferentes, criando um verdadeiro *Frankenstein* regulatório.

A essa altura, logrou-se demonstrar de que maneiras a análise de impacto regulatório se afigura como uma importante ferramenta de controle regulatório e, neste sentido, de controle da própria Administração Pública. E é a este aspecto que devemos dar especial enfoque deste ponto em diante.

III. A análise de impacto regulatório como ferramenta de controle da Administração Pública

A análise de impacto regulatório (AIR), nada obstante fosse um instrumento já conhecido no direito regulatório brasileiro, tornou-se obrigatória somente no ano de 2019, por conta das disposições constantes no art. 6º da LGAR e do art. 5º da LLE. Algumas considerações iniciais são de rigor.

III.1. Aproximações iniciais em relação à análise de impacto regulatório

É importante notar, desde já, que, embora ambos diplomas normativos tratem do mesmo instituto jurídico – a análise de impacto regulatório –, há uma sutil, mas importante, diferença no tratamento a ele conferido. Natasha Salinas e Layla Cerqueira comentam que a AIR cumpre objetivos diversos na LLE e na LGAR e possuem fundamentos teóricos distintos:[20] na LLE, a AIR é tratada como um mecanismo apto a proteger a liberdade econômica dos agentes do mercado; diversamente, na LGAR, a AIR foi inserida no capítulo da Lei que trata do processo decisório das agências reguladoras.

Aliado a esses dados, há outro de igual importância: a LLE foi fruto de uma iniciativa legislativa do Poder Executivo,

---

20. SALINAS, Natasha Schmitt Caccia; CERQUEIRA, Layla Salles. Análise de impacto regulatório na Lei Geral das Agências e na Lei de Liberdade Econômica: fundamentos e tensões. *Revista Interesse Público – IP*. Belo Horizonte, ano 22, n. 124, pp. 217-231, nov./dez. 2020.

por meio da Medida Provisória n. 881/2019, enquanto que a LGAR, como já aludido, foi fruto de um trabalho desenvolvido ao longo de dois anos no âmago do Poder Legislativo brasileiro. E é de relevo notar que essas informações contribuem para uma interpretação teleológica das leis e da própria AIR.

Ao ser instituída como um mecanismo de proteção à liberdade econômica, e tendo seu escopo de obrigatoriedade estendido a todos os entes da Administração Pública ao editar atos normativos de interesse geral, a LLE calca a realização da AIR em um fundamento específico: a compreensão de que a liberdade econômica do particular será protegida sempre que, feita uma análise de impacto regulatório, proceder o Estado a uma medida regulatória analisada e racionalizada, vedando a regulação impensada, desarrazoada e desproporcional. Vê-se, assim, que constitui um verdadeiro direito subjetivo do particular de não ter sua liberdade econômica regulada – e, nesse sentido, quase sempre restringida – senão em decorrência de um processo racional e técnico de análises em que serão consideradas todas as formas de resolver o problema identificado, inclusive saídas que fogem ao escopo da regulação, como a não regulação e as soluções não normativas.

De maneira diversa, ainda que não incompatível, a LGAR insere a realização da AIR como uma etapa do processo decisório das agências reguladoras. Uma etapa da qual elas não podem abrir mão, salvo nas circunstâncias previstas na própria lei, e cujo resultado *deverá* influenciar a decisão tomada. Não significa, porém, que o resultado da AIR seja vinculante ao Administrador Público – o que, aliás, é expressamente afastado pelo decreto regulamentador da lei, Decreto n. 10.411/2020, no art. 15, parágrafos: ainda assim, mesmo que não vinculante, o resultado, ao apresentar sugestões de ação ao regulador, servirá para subsidiar a decisão, de modo que, se optar por seguir outra opção que não a recomendada no relatório final da análise, deverá o regulador fundamentar a decisão. Assim, a AIR, no contexto da LGAR, além de ser previsão restrita às agências reguladoras, tem uma função de orientação às decisões em matéria regulatória, que, em alguma medida, constitui, por si, uma norma de processo regulamentar.

Ainda em se tratando dos objetivos da realização da AIR, Fernanda Coelho aponta quatro objetivos principais, na esteira do que já foi aqui salientado. Segundo a autora, a AIR busca: (i) evitar o abuso regulatório mediante a racionalização do processo regulatório; (ii) prestigiar o direito fundamental à liberdade econômica; (iii) permitir maior eficiência no controle da Administração ao instituir parâmetros objetivos para ele; e (iv) contemplar a consensualidade na atividade regulatória e garantir participação dos cidadãos na tomada de decisão da Administração Pública no exercício do poder regulatório.[21] No atingimento desses objetivos, a própria OCDE vislumbra perspectivas de melhoria na condição econômica da sociedade, pois entende que há uma evidente e direta relação entre o desempenho econômico e social de um país e a qualidade de sua regulação.[22]

Tendo em vista os objetivos anteriormente citados, cabe tecer algumas considerações acerca da realização propriamente dita da AIR. Após o advento das duas leis já mencionadas, sobreveio o Decreto n. 10.411, de 30 de junho de 2020, com o intuito de regulamentar a análise de impacto regulatório, dispondo sobre "*o seu conteúdo, os quesitos mínimos a serem objeto de exame, as hipóteses em que será obrigatória e as hipóteses em que poderá ser dispensada*" (art. 1°, *caput*).

A disciplina jurídica regulamentada para a realização da AIR é notavelmente complexa, de modo que não nos figura um objetivo esgotar todas as questões acerca de sua realização. Entretanto, elencando alguns pontos como principais, passaremos à sua análise. A princípio, importa identificar que a análise de impacto regulatório é uma ferramenta que pode ser realizada a partir de dois enfoques, um prospectivo e outro retrospectivo.

---

21. COELHO, Fernanda. *Op. Cit.*, nota 15 supra.

22. DEIGHTON-SMITH, Rex; ERBACCI, Angelo; KAUFFMANN, Céline. *Promoting inclusive growth through better regulation. OECD Publishing*, 2016.

A análise de impacto regulatório prospectiva (também conhecida simplesmente como análise de impacto regulatório, enquanto a retrospectiva é conhecida como análise de resultado regulatório – ARR) busca, nos dizeres de Alexandre Santos de Aragão,[23] analisar o impacto de determinada política nos setores regulados e na própria sociedade por meio de estudos, geralmente econométricos, para que se tente prever os efeitos econômicos da proposta de norma caso seja positivada, consistindo assim um estudo *ex ante* e comparativo entre as diversas medidas possíveis.

Já a análise de resultado regulatório se mostra como um complemento à análise prospectiva: não busca substituí-la ou deslegitimá-la, mas complementá-la. Isso porque a análise *ex post* do resultado regulatório, feita geralmente de maneira mais ampla do que a análise prospectiva e focada em descobrir quais os efeitos causados pela regulação e se ela atingiu os objetivos com os quais se comprometeu desde a gênese, tende a ser mais bem informada e confiável do que os cálculos sempre especulativos da análise prospectiva. Vide:

> É que a projeção de custos e benefícios, típica da AIR prospectiva, envolve significativas especulações. Ainda que as simulações sejam pautadas com o máximo de rigor científico, os resultados das estimativas em um mundo complexo e dinâmico nunca serão próximos da exatidão. O mundo não pode simplesmente ser mantido constante depois da edição da regulação, porque fatores como respostas estratégicas dos regulados, criação de incentivos perversos para reguladores e regulados e consequências não antecipadas da norma tornam a atividade preditiva estatal inerentemente complexa. [...] Em contrapartida, na AIR retrospectiva, os reguladores podem examinar os dados e efeitos concretos da norma no mundo real – isto é, depois de algum tempo de vigência da regulação – para reavaliar os custos e benefícios estimados.[24]

---

23. ARAGÃO, Alexandre Santos de. Considerações iniciais sobre a Lei Geral das Agências Reguladoras. *Revista de Direito Público da Economia – RDPE*. Belo Horizonte, ano 18, n. 71, pp. 09-24, jul./set. 2020.

24. JORDÃO, Eduardo; CUNHA, Luiz Filippe. Revisão do estoque regulatório: a tendência de foco na análise de impacto regulatório. *Revista Interesse Público – IP*. Belo Horizonte, ano 22, n. 123, pp. 227-255, set./out. 2020.

Como assevera o economista Michael Greenstone, qualquer análise de custo-benefício feita antes da implementação da regulação analisada se assenta em diversas hipóteses não verificadas e potencialmente controversas,[25] além de envolver diversos aspectos e valores não quantificáveis ou dificilmente quantificáveis: como se quantificar os ganhos de uma regulação em proteção ao meio ambiente? Uma análise *a posteriori* será capaz de identificar, por exemplo, os ganhos em preservação ambiental através da medição de quantas árvores deixaram de ser derrubadas ou de quantos metros cúbicos de gases poluentes deixaram de ser lançados na atmosfera; mas esses são dados de difícil quantificabilidade, mesmo em análise posterior e ainda mais em análises prévias.

De todo modo, a análise prospectiva não é destituída de utilidade, e suas limitações não devem ser tomadas como justificativas para deixar de realizá-la, pois ainda assim, a análise prospectiva traz ganhos muito importantes. Considerando que, no campo econômico, não é possível fazer qualquer tipo de experimento em laboratório, a análise prospectiva permite analisar se a regulação não irá trazer mais prejuízos do que benefícios desde antes de ela adentrar o direito positivo. Se fosse realizada apenas a análise retrospectiva, em que pese ser algo positivo a identificação de uma norma deletéria no ambiente regulatório, esta análise apenas teria o condão de recomendar a revogação da norma para que ela não mais produza seus efeitos prejudiciais, mas todo o estrago feito até então já terá sido consumado, e não será mais possível voltar atrás – nesse sentido, a análise de resultado regulatório, embora tenha sua importância, ocorrerá sempre tarde demais.

Além disso, a análise prospectiva permite a formação de metas regulatórias: ao identificar um problema no domínio econômico e analisar as possíveis formas de solucioná-lo, estabelecendo caminhos melhores e piores, a AIR fornece uma

25. GREENSTONE, Michael. *Toward a Culture of Persistent Regulatory Experimentation and Evaluation*. In: MOSS, David; CISTERNINO, John. (ed.). *New Perspectives on Regulation: The Torbin Project*. 2009, p. 113.

diretriz, no sentido de que, se a norma regulatória foi introduzida com expectativas de que resolvesse determinado problema e, a despeito da previsão, não o soluciona ou ameniza, significará que a regulação não atingiu os resultados esperados, e portanto deverá ser retirada.[26] É claro que, para tal percepção, a análise retrospectiva será necessária, mas isso prova justamente o ponto inicialmente enunciado: a análise de impacto regulatório deve ser feita tanto *ex ante* quanto *ex post*, uma vez que os dois enfoques não se excluem ou se sobrepõem, mas se complementam, à medida que aquele fornece diretrizes para as quais este deve olhar.

Outra questão, igualmente importante, é a do método para a realização da análise de impacto regulatório. Nesse sentido, importa destacar de início que não existe uma única metodologia para realização da AIR; antes, a metodologia pode variar em diversos graus, de modo que países podem adotar metodologias diferentes e ainda dentro de um mesmo país podem ser admitidas diversas metodologias destinadas à análise de questões específicas.[27]

No caso do Brasil, o art. 7º do Decreto n. 10.411/2020 elenca as diversas metodologias que podem ser adotadas para "aferição da razoabilidade do impacto econômico", em um rol de taxatividade mitigada, isto é, o próprio § 2º autoriza que o órgão ou autoridade competente adote outra metodologia, desde que justifique os motivos pelos quais a escolhida é mais adequada para o caso concreto do que as prescritas. Além disso, foi elaborado pela Casa Civil da Presidência da República, em 2018, um importante documento para a realização da AIR no direito brasileiro chamado *Diretrizes gerais e guia*

26. Nesse sentido, a análise prospectiva fornece uma nova forma de avaliar os atos normativos regulatórios, em função de suas virtudes teleológicas: deve-se olhar para os propósitos para os quais a norma foi elaborada e, a partir deles, ter-se-á a norma tanto mais racional quanto melhor puder atender àquela finalidade. Para esta posição, ver a já citada obra de Natália Salinas e Layla Cerqueira (nota 21 supra).

27. RADAELLI, Claudio M. *Diffusion without convergence: how political context shapes the adoption of regulatory impact assessment. Journal of European Public Policy*, vol. 12, n. 5, p. 924-943, 2005.

orientativo para a elaboração de análise de impacto regulatório,[28] que esmiúça diversos aspectos técnicos da AIR.

III.2. Controle da Administração Pública e ganhos sociais oriundos da realização de AIR

Feitas as considerações introdutórias acerca da análise de impacto regulatório, importa inseri-la, finalmente, no local que, segundo entendemos, ela de fato deve figurar: como uma ferramenta de controle da Administração Pública. Recuperemos um raciocínio já enunciado, a fim de construir uma cadeia racional de argumentos: já que a liberdade econômica é um direito fundamental e que a intervenção estatal no domínio econômico é excepcional, devendo se dar preferencialmente pela via indireta e observando amplamente o princípio da subsidiariedade, a atividade regulatória do Estado deve ser exercida de maneira controlada e racional.

Essa preocupação com o controle da atividade regulatória estatal, justificada ante a ausência de um processo regulamentar formalmente previsto no ordenamento jurídico pátrio, mostra-se amplamente legítima quando confrontada com as bases teóricas que se buscou lançar no presente artigo. Assim, assevera Fernanda Coelho:

> É inerente ao exercício da atividade regulatória que a Administração Pública deva avaliar, de forma prévia e publicamente, os objetivos pretendidos e possíveis efeitos de uma proposição normativa, antes de decidir por adotá-la. Ausentes avaliações, debates e planos, a norma provavelmente falhará em promover os direitos que pretendia e terá restringido liberdades inutilmente.[29]

E tal ensinamento colacionado vai diretamente ao encontro da posição salientada por Vitor Rhein Schirato, que aduz:

28. Governo Federal. *Diretrizes gerais e guia orientativo para a elaboração de análise de impacto regulatório*. Jun. 2018.

29. COELHO, Fernanda. *Op. Cit.*, nota 15 supra.

> É um ônus da Administração reguladora a apresentação pormenorizada dos fundamentos de sua decisão, atestando sua razoabilidade e sua compatibilidade com a situação fática subjacente. Não há que se falar, em hipótese alguma, em presunção de validade dos atos administrativos regulatórios. Sua validade e sua aplicabilidade ao caso concreto devem ser explicitadas pela Administração Pública.[30]

Dessa forma, lembra o autor o dever de motivação dos atos administrativos, que, como pontuam Carlos Ari Sundfeld e Jacintho Arruda Câmara, não se limita a atos administrativos de efeitos concretos, mas também aos de caráter geral, quando destes decorrem consequências a direitos individuais.[31] Na seara regulatória, este dever é cumprido no momento em que a Administração Pública possibilita aos administrados o acesso aos elementos que ensejaram a atuação regulatória. Ao fazê-lo, o Estado regulador abre espaço para um efetivo controle de sua atuação.

Ora, uma observação que beira a obviedade é que há um pressuposto natural ao dever de motivação: só se pode expor a motivação daquilo que foi, efetivamente, motivado. Em outros termos, para que a Administração Pública cumpra com o dever de motivação dos atos administrativos regulatórios, tais atos precisam ter sido tomados com uma motivação – e não qualquer motivação, mas uma que seja juridicamente aceitável, vez que não serve ao princípio republicano a mera voluntariedade do agente regulador.

Além disso, embora o dever de motivação seja forma de exercício do controle da Administração Pública nos atos normativos regulatórios, é de se notar sua insuficiência. Quando da motivação, o ato regulador, com efeito, já foi positivado,

---

30. SCHIRATO, Vitor Rhein. A deterioração do sistema regulatório brasileiro. *Revista de Direito Público da Economia – RDPE*, Belo Horizonte, ano 11, n. 44, out./dez. 2013.

31. SUNDFELD, Carlos Ari; CÂMARA, Jacintho Arruda. Controle das contratações públicas pelos Tribunais de Contas. *Revista de Direito Administrativo – RDA*, Rio de Janeiro, v. 257, pp. 111-44, maio/ago. 2011.

permitindo ao particular uma postura meramente reativa. Da maneira como entendemos, é necessário que seja dada, ao particular, a possibilidade de posturas ativas no processo regulamentar para que se possa falar em pleno exercício do controle.

Lembremos sempre do princípio democrático, que deve orientar também a atividade regulatória do Estado. Gustavo Binenbojm, ao discorrer sobre o tema, traz brilhantes lições: em primeiro lugar, lembra o autor que submeter o controle da atividade regulatória a uma gestão predominantemente técnica e profissional, afastada o quanto possível da lógica político-eleitoral e ideológica, é também uma forma de exercício democrático, aqui caracterizado como "um projeto de exercício de autogoverno coletivo em que as deliberações sociais se realizam ao longo do tempo".[32] Além disso:

> [...] as autoridades independentes não precisam nem devem ser espaços fechados, infensos às posições e opiniões de agentes econômicos, consumidores e da sociedade civil como um todo. A abertura procedimental das deliberações regulatórias representa, em verdade, uma tentativa de fomentar a constituição de uma nova esfera pública, moldada por parâmetros mais técnicos e especificamente relacionados à matéria regulada.[33]

Assim, o exercício do controle da Administração por parte dos administrados, segundo nos parece, remonta a um caráter dúplice: primeiro, pela atenção ao princípio democrático para conferir participação popular durante o processo de formulação do ato normativo regulatório; depois, pela atenção ao dever de motivação dos atos administrativos para conferir aos administrados o acesso aos fundamentos da regulação de modo a embasar mesmo o exercício do direito de defesa pelos que se sentirem vítimas de lesões injustificadas.

---

32. BINENBOJM, Gustavo. *Uma teoria do direito administrativo:* direitos fundamentais, democracia e constitucionalização. 3ª ed., Rio de Janeiro: Renovar, 2014. pp. 317-318.

33. BINENBOJM, Gustavo. *Ibidem*, p. 319.

E a análise de impacto regulatório guarda relação direta com ambas as dimensões do controle popular da atividade regulatória. Isso porque a análise de impacto regulatório, embora envolva inegavelmente uma atuação técnica, não é uma ferramenta tecnocrata: basta uma leitura atenta do art. 8º do Decreto n. 10.411/2020 para verificar que, no escopo da AIR, se permite – e, mais além, se estimula – a participação popular específica sobre o tema afeto à regulação, que pode ser exercida por meio de audiências públicas, consultas públicas, entre outros mecanismos que preferir o ente regulador.

A participação popular, neste contexto, se afigura como uma medida destinada a inserir maior consensualidade na atuação administrativo-regulatória. A este respeito, assentam Emerson Gabardo e Mateus Graner:

> A consensualidade pode ser definida como o modo de atuação dos órgãos e entidades administrativas a partir de bases e de procedimentos que privilegiam o emprego de técnicas, métodos e instrumentos negociais, em oposição a ações impositivas e unilaterais da administração pública. Esta forma de atuação representa uma benéfica renovação, na medida em que contribui para aprimorar a governabilidade, propicia freios contra abusos, confere maior legitimidade e torna os comandos estatais mais estáveis.[34]

Há grandes ganhos sociais envolvidos na realização da análise de impacto regulatório, tendo em vista a necessidade de controle da Administração Pública. Faremos menção especial a três: (i) incremento de racionalidade nas decisões regulatórias; (ii) ganhos em transparência e legitimidade democrática; e (iii) fortalecimento de uma cultura de governança regulatória no Brasil.

- Incremento de racionalidade nas decisões regulatórias

Uma vez inserida a obrigatoriedade da realização da AIR (com todas as ressalvas já feitas), o legislador inseriu uma

34. GABARDO, Emerson; GRANER, Mateus Domingues. *Op. Cit.*, nota 20 supra.

ferramenta útil e conveniente para que se confira maior racionalidade ao processo de formação de atos normativos de caráter regulatório. Dado que o regulador deverá proceder a um estudo técnico e aprofundado *antes* da edição do ato normativo, o resultado esperado é que as regulações passem a ocorrer cada vez menos calcadas em ideologias políticas ou em meros "achismos", e sim calcadas em conceitos econômicos sólidos, em demonstrações sérias e consolidadas, e ancoradas também nas melhores práticas internacionais.

Nesse sentido é que se pronuncia Alexandre Santos de Aragão:

> É certo que o exercício de prognose pode sempre ter falhas. A ideia, porém, é que será muito mais fácil falhar caso não se tente medir previamente as consequências de determinadas políticas, e se edite determinada norma apenas de maneira voluntarista, por uma convicção ou desejo pessoal, do que realizando estudos prévios e direcionados à obtenção da melhor política.[35]

Além disso, há que se ter em mente que a análise de impacto regulatório traz, em seu escopo, a necessidade de que sejam consideradas, durante o processo de formação da norma regulatória, *todas* as alternativas. Ou seja, o regulador não irá estudar apenas a melhor forma de regular, mas, antes disso, deverá questionar a própria regulação: antes de analisar o *como*, deverá analisar o *se*.

Em vista disso, devem ser consideradas, além das diversas formas de implementar a regulação, a opção pela não regulação (lembrando sempre que, no domínio econômico, a inação também é uma política pública, neste caso por omissão intencional) e também por soluções não normativas – que aqui podem ser entendidas como medidas consensuais, negociais ou de estímulos a determinado comportamento regulatório sem que haja a *coertio* trazida pela positivação de uma norma regulatória.

---

35. ARAGÃO, Alexandre Santos de. *Op. Cit.*, nota 24 supra.

Todas essas opções serão consideradas séria e racionalmente durante o processo de análise de impacto regulatório, e será reputada aconselhável – observadas as especificidades de cada metodologia – aquela que se apresentar mais eficiente, do ponto de vista da eficiência administrativa. É essa eficiência, aliás, que permite que se fale em administração de resultados, isto é, a regulação só se justifica se dela resultarem ganhos sociais maiores que o ônus dela decorrente. A este ponto voltaremos quando do tratamento da governança regulatória.

Por ora, é suficiente a seguinte conclusão: o particular, em respeito à liberdade econômica, não deverá ter sua atividade econômica restringida de maneira irracional, representando assim uma verdadeira garantia à liberdade econômica a realização prévia de análise de impacto regulatório a fim de que se tenha certeza de que a regulação a ser adotada é a melhor alternativa para a consecução do fim pretendido.

- Ganhos em transparência e legitimidade democrática

A este respeito, cremos que já restou suficientemente demonstrada a importância do princípio democrático no contexto do processo de formação de ato normativo regulatório. Mas aqui nos cumpre salientar que a participação popular neste processo conduz a dois grandes ganhos sociais.

De um lado, se gera mais transparência ao processo regulatório, pois os administrados não serão mais apenas receptores passivos da regulação dada: tornam-se, então, participantes ativos, podendo fornecer opiniões, objeções, críticas, solicitações e novos pontos de vista que deverão ser levados em consideração pelo regulador no momento da decisão e expostos no relatório final da AIR – o que, aliás, foi expressamente previsto no art. 6º, inciso VIII, do Decreto 10.411/2020.

De outro lado, a participação popular confere legitimidade democrática à regulação, algo quase inexistente no cenário atual, na medida em que os agentes econômicos se sentem completamente ignorados pelos órgãos reguladores. E já se sabe que quanto mais a população sentir-se representada pelos Poderes Públicos mais estáveis tendem a ser suas interações com o ordenamento jurídico, garantindo maior adesão às normas – o que significam ganhos em eficácia da norma – e aumentando o sentimento de paz social e de representatividade.[36]

Nesse sentido, a realização da AIR tem muito a contribuir para recuperar a legitimidade democrática dos entes reguladores por meio de *accountability.*

Accountability é um termo geralmente usado para designar a responsabilidade de órgãos administrativos com a ética administrativa e com transparência. Marcos Vinicius Pó, em complemento, vai além e entende ser este "um conceito mais amplo que inclui, além do controle, a existência de condições para o cidadão participar da definição e avaliar as políticas públicas, premiando ou punindo os responsáveis."[37]

A partir deste conceito, brilhantemente finaliza Fernanda Coelho:

> Com a utilização da AIR, objetiva-se que as decisões sejam dotadas de maior legitimidade e transparência, tornando o Estado regulador mais responsável (*accountable*) pelas suas decisões. Isso porque, havendo transparência, torna-se possível, se necessária, a responsabilização do Estado regulador. A transparência e a responsabilização são elementos interdependentes, que conjugados geram a *accountability.*[38]

---

36. MOREIRA NETO, Diogo Figueiredo. Novas tendências da democracia: consenso e direito público na virada do século — o caso brasileiro. *Revista Eletrônica sobre a Reforma do Estado*. Salvador, n. 13, p. 2, mar./maio 2008.

37. PÓ, Marcos Vinicius. A *accountability* no modelo regulatório brasileiro: gênese e indefinições (os casos da ANATEL e ANS). Dissertação (Mestrado em Administração Pública e Governo) - FGV - Fundação Getúlio Vargas, São Paulo, 2004.

38. COELHO, Fernanda. *Op. Cit.*, nota 15 supra.

- Fortalecimento de uma cultura de governança regulatória no Brasil

Ao fim e ao cabo, é nisto que se resume toda a discussão em torno da análise de impacto regulatório: governança regulatória. Rafael Carvalho Rezende de Oliveira assim preceitua:

> A expressão "governança" possui dois sentidos básicos: a) sentido amplo: significa o modo de gestão (privada, administrativa e política) eficaz; e b) sentido restrito: refere-se ao modo de participação da sociedade civil na produção de políticas públicas nos níveis local, regional ou global. No âmbito da regulação, é possível afirmar que a "governança regulatória" significa a busca por instrumentos de maior legitimidade (ex: participação na formulação da decisão administrativa) e de maior eficiência (ex: planejamento e controle de resultados) por parte dos reguladores.[39]

Como mencionado em tópicos anteriores, previamente ao advento da obrigatoriedade da realização de AIR antes da edição de atos normativos regulatórios, já havia iniciativas espontâneas no âmbito de algumas agências reguladoras para instituição de normas de governança regulatória.

Ocorre que tais iniciativas eram fundamentalmente tímidas, de modo que, sendo possível falar em cultura de governança regulatória no Brasil, esta apareceria apenas de maneira ainda debilitada, quase que engatinhando rumo a melhores padrões regulatórios. Nesse sentido, a AIR, agora de realização obrigatória, irá – cremos – contribuir para a formação dessa cultura. Nos EUA, conforme mencionado, uma cultura de governança regulatória existe pelo menos desde a segunda metade do século XX, e o resultado dela pode ser percebido e resumido em um aspecto: um controle assíduo e atuante da Administração Pública em seu poder de regular, que possibilita o estabelecimento de um sistema de livre-mercado muito

39. OLIVEIRA, Rafael Carvalho de Rezende. Governança e análise de impacto regulatório. *Revista de Direito Público da Economia – RDPE*. Belo Horizonte, ano 9, n. 36, out./dez. 2011.

mais desenvolvido e institucionalizado do que o recém-nascido sistema brasileiro.

Além disso, é no bojo da governança regulatória que se insere a ideia de administração de resultados. Assevera Rafael Oliveira:

> No âmbito da Administração de Resultados, a efetivação do princípio da eficiência passa por três estágios: a) planejamento: planos de ação, orçamento e prioridades, com destaque para participação da população por meio de audiências e consultas públicas; b) execução: medidas concretas para satisfação dos resultados previamente delimitados; e c) controle: os órgãos controladores não devem se restringir à legalidade formal na análise da juridicidade da ação administrativa, devendo levar em consideração os demais princípios e o alcance dos resultados esperados.[40]

A valorização dessa administração permite que os ganhos em racionalidade no processo regulatório convertam-se em ganhos de eficiência econômica. A este respeito, cabe lembrar que, sob a ótica da análise econômica do Direito, para quem a economia – e, sobretudo, a microeconomia – tem o ferramental necessário para orientar a resolução de problemas legais, há dois critérios principais de eficiência na circulação de riquezas: a eficiência de Pareto, que entende que uma medida será eficiente e alcançará o "ótimo de Pareto" quando melhorar a situação de um agente sem piorar a de outro,[41] e a eficiência de Kaldor-Hicks, que entende que as normas legais devem ser elaboradas de modo a gerar o máximo de bem-estar para o máximo possível de pessoas, desde que os benefícios para uns superem os custos para outros.[42]

---

40. OLIVEIRA, Rafael Carvalho de Rezende. *Ibidem*.

41. COOTER, Robert; ULEN, Thomas. *Law & Economics*. 5ª ed., Boston: Pearson, 2008, p. 17.

42. SZTAJN, Rachel. *Law and Economics*. In: ZYLBERSTAJN, Decio; SZTAJN, Rachel (Org.). *Direito e economia*. Rio de Janeiro: Elsevier, 2005, p. 76; e também: PINHEIRO, Armando Castelar; SADDI, Jairo. *Direito, economia e mercados*. Rio de Janeiro: Elsevier, 2005, p. 88.

Dado que o conceito da eficiência de Pareto parece distanciar-se da realidade de sociedades extremamente complexas e interligadas como as sociedades atuais, de modo a parecer quase irreal pensar em uma situação que beneficie uns sem trazer algum sentido de prejuízo a outros, o critério de Kaldor-Hicks foi usado pela OCDE em seu manual introdutório para implementação de AIR,[43] sendo recomendado como critério balizador para a realização da AIR e como critério norteador da aferição da eficiência da regulação pretendida.

Portanto, será a regulação tão mais eficiente quanto melhor puder compensar os prejuízos em restrição à liberdade econômica com ganhos em outros valores constitucionalmente consagrados, observada sempre a ossatura constitucional do princípio fundamental da liberdade econômica, que, como visto, só poderá ser restringido de maneira a alcançar valores tão fundamentais quanto a própria liberdade econômica.

Conclui o autor que "*a eficiência da AIR, portanto, depende da efetivação dos resultados (econômicos, sociais, ambientais etc.) esperados pela sociedade e impostos pelo ordenamento jurídico.*"[44]

O fortalecimento da governança regulatória e seu estabelecimento como padrão de comportamento da Administração quando da atividade regulatória é medida de rigor, para que se alcance um desenvolvimento regulatório tal que culmine em plenos ganhos de racionalidade e de legitimidade democrática.

Conclusão

Destarte, conclui-se que a análise de impacto regulatório, tornada obrigatória com o advento das Leis n. 13.848 e 13.874/2019, consiste em uma ferramenta destinada a

43. De acordo com o manual da OCDE, "*However, regulation should only proceed if it is expected to improve society's economic and social welfare. This condition is met if the total benefits of the regulation, for all members of society, are larger than the total costs (again, considering all likely impacts on all members of society).*" Vide: *Introductory Handbook for Undertaking Regulatory Impact Analysis (RIA)*, OCDE (2008), p. 6.

44. OLIVEIRA, Rafael Carvalho de Rezende. *Op. Cit.*

propiciar mecanismos de controle da Administração Pública a fim de conferir à regulação maior racionalidade decisória, procedimentalidade e instrumentalidade, transparência e legitimidade democrática (nisso residindo a *accountability*), isso tudo com o objetivo final do fortalecimento de uma cultura de governança regulatória para o Brasil.

O fundamento da necessidade dessas previsões legais é que a liberdade econômica constitui um direito fundamental de grande relevo constitucional, mormente na seara da ordem econômica constitucional em que exsurge como princípio fundante e ordenador desta.

A partir da realização da AIR, surgem novos desafios a serem enfrentados pelo direito regulatório, que são exponencialmente complexificados com o advento de recursos tecnológicos e com o próprio avanço da sociedade, que também se torna cada vez mais complexa. Ainda assim, a tecnologia pode configurar uma importante aliada ao processo de análise de impacto regulatório, ao fornecer ferramentas cada vez mais inovadoras capazes de alargar o horizonte regulatório.

Tais desafios surgem a cada dia, e caberá a um esforço conjunto entre a sociedade civil e a Administração Pública a melhora no cenário regulatório brasileiro, o que acarretará em melhoria no ambiente de negócios e em ampliação do campo de liberdade econômica na medida em que os particulares terão sua atividade econômica assegurada contra regulações impensadas, gerando maior confiabilidade e segurança jurídica.

A todos esses ganhos, um maior importa: o desenvolvimento econômico e social do Brasil por meio da liberdade econômica, que é o grande – e único – caminho seguro, eficiente e aceitável. A regulação econômica agora deve ser feita de forma ponderada e racional, não mais podendo ser feita aos tropeços, açodada, por mera vontade ou sob alegações de boas intenções para "proteger" valores jurídicos abstratos e sobre os quais nada se estuda. Como diria Roberto Campos, "*o mundo não será salvo pelos caridosos, mas pelos eficientes*".

Referências

ARAGÃO, Alexandre Santos de. Considerações iniciais sobre a Lei Geral das Agências Reguladoras. *Revista de Direito Público da Economia – RDPE*. Belo Horizonte, ano 18, n. 71, pp. 09-24, jul./set. 2020. Disponível em: https://www.forumconhecimento.com.br/periodico /140/41969/92226. Acesso em: 21 jul. 2021.

BARROSO, Luís Roberto. A ordem econômica constitucional e os limites à atuação estatal no controle de preços. In: BARROSO, Luís Roberto. *Temas de Direito Constitucional*. Rio de Janeiro: Renovar, 2008.

BINENBOJM, Gustavo. *Uma teoria do Direito Administrativo:* direitos fundamentais, democracia e constitucionalização. 3ª ed., Rio de Janeiro: Renovar, 2014.

COELHO, Fernanda. A análise de impacto regulatório e as novas perspectivas de controle da Administração Pública. *Revista brasileira de infraestrutura – RBINF*. Belo Horizonte, ano 9, n. 18, pp. 151-174, jul./dez. 2020. Disponível em: https://www.forumconhecimento.com.br /periodico/141/42008/92752. Acesso em: 23 jul. 2021.

COOTER, Robert; ULEN, Thomas. *Law & Economics*. 5ª ed., Boston: Pearson, 2008.

DEIGHTON-SMITH, Rex; ERBACCI, Angelo; KAUFFMANN, Céline. *Promoting inclusive growth through better regulation. OECD Publishing*. 2016. Disponível em: https://www.oecd-library.org/governance/promoting-inclusive-growth-through-better-regulation_5jm3tqwqp1vj-en. Acesso em: 23 jul. 2021.

GABARDO, Emerson; GRANER, Mateus Domingues. A importância da participação popular na análise de impacto regulatório pelas agências reguladoras federais brasileiras. *Revista de Direito Administrativo*. Rio de Janeiro, v. 279, n. 3, pp. 275-300, set./dez. 2020. Disponível em: https://www.forumconhecimento.com.br/periodico/125/41998/92622. Acesso em: 01 ago. 2021.

GOVERNO FEDERAL DO BRASIL. *Diretrizes gerais e guia orientativo para a elaboração de análise de impacto regulatório*. Jun. 2018. Disponível em: https://www.gov.br/casacivil/ ptbr/centrais-de-conteudo/downloads/diretrizes-gerais-e-guia-orientativo_final_27092018.pdf/view. Acesso em: 21 jul. 2021.

GRAU, Eros Roberto. *A ordem econômica na Constituição de 1988 (Interpretação e crítica)*. 14ª ed., São Paulo: Malheiros, 2010.

_____. Princípio da livre-concorrência – função regulamentar e função normativa. *Revista Trimestral de Direito Público*. Rio de Janeiro, v. 93, n. 4, 1993.

GREENSTONE, Michael. *Toward a Culture of Persistent Regulatory Experimentation and Evaluation*. In: MOSS, David; CISTERNINO, John. (ed.). *New Perspectives on Regulation: The Torbin Project*. 2009.

JORDÃO, Eduardo; CUNHA, Luiz Filippe. Revisão do estoque regulatório: a tendencia de foco na análise de impacto regulatório. *Revista Interesse Público – IP*. Belo Horizonte, ano 22, n. 123, pp. 227-255, set./out. 2020. Disponível em: https://www.forumconhecimento.com.br /periodico/172/41981/92397. Acesso em: 25 jul. 2021.

MARQUES NETO, Floriano de Azevedo. A nova regulação dos serviços públicos. *Revista de Direito Administrativo*, Rio de Janeiro, pp. 13-29, abr./jun. 2002.

MOREIRA, Alexandre Magno Fernandes. Como e porque tornar efetivo o invisível processo regulamentar brasileiro. *Revista Brasileira de Direito Público – RBDP*. Belo Horizonte, ano 13, n. 48, pp. 129-160, jan./mar. 2015. Disponível em: https://www.forumconhecimento.com.br /periodico/129/10506/17268. Acesso em: 31 jul. 2021.

MOREIRA NETO, Diogo de Figueiredo. *Curso de direito administrativo*. 12ª ed. Rio de Janeiro: Forense, 2001.

_____. Novas tendências da democracia: consenso e direito público na virada do século — o caso brasileiro. *Revista Eletrônica sobre a Reforma do Estado*.

Salvador, n. 13, p. 2, mar./maio 2008. Disponível em: https://www.forumconhecimento.com.br/ periodico/129/322/2996. Acesso em: 02 ago. 2021.

MOREIRA NETO, Diogo de Figueiredo; ROCHA, Henrique Bastos. Liberdade econômica e sanções administrativas nas reorganizações societárias. *Revista brasileira de Direito Público*, Belo Horizonte, ano 12, n. 44, pp. 23-41, jan./mar. 2014. Disponível em: https://www.forum conhecimento.com.br/periodico/129/10490/17018. Acesso em: 21 jul. 2021.

OCDE. Recomendação do Conselho sobre política regulatória e governança. 2012. Disponível em: <www.oecd.org/gov/regulatorypolicy/Recommendation%20PR%20wi th%20cover.pdf>. Acesso em: 01 ago. 2021.

_____. *Introductory Handbook for Undertaking Regulatory Impact Analysis (RIA)*. 2008. Disponível em: < http://www.oecd.org/dataoecd/48/14/44789472.pdf >. Acesso em 30/07/2021.

OLIVEIRA, Rafael Carvalho de Rezende. Governança e análise de impacto regulatório. *Revista de Direito Público da Economia – RDPE*. Belo Horizonte, ano 9, n. 36, out./dez. 2011. Disponível em: https://www.forumconhecimento.com.br/periodico/140/20828/32948. Acesso em: 01 ago. 2021.

PINHEIRO, Armando Castelar; SADDI, Jairo. *Direito, economia e mercados*. Rio de Janeiro: Elsevier, 2005.

PÓ, Marcos Vinicius. *A accountability no modelo regulatório brasileiro: gênese e indefinições (os casos da ANATEL e ANS)*. Dissertação (Mestrado em Administração Pública e Governo) - FGV - Fundação Getúlio Vargas, São Paulo, 2004. Disponível em https://bdtd.ibict.br/vufind/Record/FGV_a00220184d-639d80078044b6 0377301f. Acesso em: 27 jul. 2021.

RADAELLI, Claudio M. *Diffusion without convergence: how political context shapes the adoption of regulatory impact assessment. Journal of European Public Policy*, vol. 12, n. 5, p. 924-943, 2005. Disponível em: https://www.tandfonline.com/doi/full/10.1080 /13501760500161621. Acesso em: 02 ago. 2021.

SAAD, Amauri Feres. O princípio da subsidiariedade e a liberdade econômica (comentários ao art. 2º, III, da Lei 13.874/2019). *Revista de Direito Público da Economia - RDPE*, Belo Horizonte, ano 18, n. 69, pp. 25-37, jan./mar. 2020. Disponível em: https://www.forumconhecimento.com.br/periodico/140/41901/91297. Acesso em: 26 jul. 2021.

SALINAS, Natasha Schmitt Caccia; CERQUEIRA, Layla Salles. Análise de impacto regulatório na Lei Geral das Agências e na Lei de Liberdade Econômica: fundamentos e tensões. *Revista Interesse Público – IP*. Belo Horizonte, ano 22, n. 124, pp. 217-231, nov./dez. 2020. Disponível em: https://www.forumconhecimento.com.br/periodico/172/41997/92605. Acesso em: 21 jul. 2021.

SARLET, Ingo Wolfgang. *Notas sobre a liberdade econômica como direito fundamental na CF*. ConJur. Disponível em: https://www.conjur.com.br/2021-mar-28/direitos-fundamentais-notas-aliberdade-economica-direito-fundamental#_ftn2 Acesso em: 30 jul. 2021.

SCHIRATO, Vitor Rhein. A deterioração do sistema regulatório brasileiro. *Revista de Direito Público da Economia – RDPE*, Belo Horizonte, ano 11, n. 44, out./dez. 2013. Disponível em: https://www.forumconhecimento.com.br/periodico/140/20845/33241. Acesso em: 21/07/2021.

SOUTO, Marcos Juruena Villela. *Direito administrativo da economia*. 3ª ed. Rio de Janeiro: *Lumen Juris*, 2003.

SUNDFELD, Carlos Ari; CÂMARA, Jacintho Arruda. Controle das contratações públicas pelos Tribunais de Contas. *Revista de Direito Administrativo – RDA*, Rio de Janeiro, v. 257, pp. 111-44, maio/ago. 2011. Disponível em: https://www.forumconhecimento.com.br/ periodico/125/303/2835. Acesso em: 02/08/2021.

SZTAJN, Rachel. *Law and Economics*. In: ZYLBERSTAJN, Decio; SZTAJN, Rachel (Org.). *Direito e economia*. Rio de Janeiro: Elsevier, 2005.

O LIVRE MERCADO DAS IDEIAS
UMA PERSPECTIVA LIBERAL SOBRE AS LIBERDADES DE CONSCIÊNCIA, EXPRESSÃO E IMPRENSA

Júlia Bressan Abrão

Renan Andrade Rodrigues

Introdução

Em tempos pós-modernos, percebe-se uma forte discussão teórica e doutrinária sobre as liberdades fundamentais, especialmente no que tange às liberdades de consciência, expressão e imprensa, ora com a pretensão de enaltecê-las, ora de relativizá-las, como é o que se vê mais comumente, sobretudo no âmbito jurídico e político.

Neste novo contexto socioeconômico, onde as relações sociais e os direitos ganham novos significados e implicações, passamos a perceber que as liberdades de consciência, expressão e imprensa também ganham novos contornos, inclusive conforme os interesses do poder público, dos partidos políticos, da mídia e dos mais diversos setores da sociedade, seja acadêmico, empresarial, civil e as demais áreas.

Todos esses – sem exceção – quando passam a tratar da liberdade de pensar, exprimir-se e publicar, apropriam-se das mesmas liberdades, ainda que seja para definir "o que pode" e "o que não pode" ser pensado, dito ou publicado, o que nos parece uma verdadeira contradição em seus próprios termos.

No entanto, ainda que a conjuntura atual de muitos países, como é o caso do Brasil, venha promovendo uma forte supressão das liberdades fundamentais, sabemos que o desejo de controlar o pensamento alheio não é de longe uma novidade histórica inaugurada pelo pós-modernismo, mas fato notório que perpassa todas as comunidades humanas, da antiguidade clássica até a civilização atual, embate que se vê presente na literatura, na história política e até mesmo no desenvolvimento econômico das sociedades livres, razão pela qual o liberalismo encontrou ampla recepção por filósofos comprometidos com uma noção de livre manifestação das ideias e dos meios de comunicação em geral, imprescindível para o exercício da liberdade de expressão.

Nesse sentido, Roberto Campos – economista e filósofo homenageado no presente artigo –, definiu com clareza a eterna disputa entre os instrumentos de controle do pensamento e a formidável criatividade linguística do ser humano para manifestar suas ideias (sejam elas francas ou escusas). Em seu último artigo publicado, "As armadilhas da semântica", Roberto Campos descreve o retrato da sociedade *orwelliana* (ou, ainda, um resultado próximo do que ela se tornaria nos dias de hoje):

> A União Soviética, a ex formidável pátria do socialismo, não existe mais, esfarelada em repúblicas conflituosas. Para felicidade do gênero humano, não se realizaram as sombrias previsões *orwellianas* de "1984" – uma sociedade hipertotalitária, metida em guerras intermináveis, impondo ao povo um brutal controle do pensamento e da expressão, que Orwell chamou de o "*novopensar*" (*newthink*) e a "*duplafala*" (*doublespeak*). A televisão também não se tornou um instrumento de massificação ideológica em favor do Big Brother, sendo, ao contrário, um instrumento de denúncia, que dificulta o ocultamento de selvagerias ditatoriais. As previsões de Orwell não se realizaram ao pé da letra. Mas os

> verdadeiros escritores têm o dom de entrever formas da realidade que escapam facilmente aos olhos da multidão. Porque alguma coisa do "*novopensar*" e do "*duplofalar*" se encontra em nosso cotidiano. Raramente as mensagens que a humanidade troca entre si são meramente descritivas. Em geral, atingem-nos mais pelas associações de ideias e sentidos. Não haveria poesia, nem literatura, nem mesmo prece, sem adjetivos, metáforas e toda a ilimitada teia de ligações que vão se estabelecendo entre as palavras, ao longo do tempo. Mas o que faz prece ou poesia pode fazer também intriga e malefício. Questão de intenção e de dose.[1]

Como se vê, a imbricada discussão sobre as liberdades fundamentais suscita uma série de questionamentos que se estende até a atualidade, o que engloba as liberdades de consciência, expressão e imprensa, tríade que compõe o alvo de estudo ao longo deste artigo.

Corroborando com o tema, a perspectiva liberal oferece um vasto arcabouço teórico para a compreensão destas liberdades – tão caras e, ao mesmo, tempo tão vilipendiadas atualmente –, bem como sua relação com a sociedade, o Estado e as novas tecnologias de informação, possibilitando um enriquecimento para aqueles que participam do debate público e acadêmico.

Assim, o presente artigo se inicia a partir de um breve levantamento filosófico das ideias acerca das liberdades de expressão, consciência e imprensa, desde o momento em que o pensamento, a fala e a escrita eram parte irremovível da realidade individual, reconhecidos como direitos naturais invioláveis, e, ainda, passando pelo processo de regularização jurídica e estatal – incluindo-se o controle social – até desaguar na política de remoção e censura das ideias "intolerantes", ou mesmo a completa relativização das liberdades fundamentais, a fim de demonstrar a premente necessidade de defesa aos direitos de pensar, expressar e publicar, haja vista os sucessivos ataques que presenciamos diuturnamente.

1. CAMPOS, Roberto. As Armadilhas da Semântica. *Folha de São Paulo*, 2001.

O segundo momento limita-se a analisar a relação entre a liberdade de expressão e a tolerância, dissertando sobre sua abrangência e relevância sob o enfoque do liberalismo.

Lançadas tais bases conceituais, o artigo chega ao seu cume e entra em análise específica sobre a relevância prática de um “Livre Mercado das Ideias”, promovendo a reflexão sobre uma sociedade que permita a livre manifestação da consciência individual para a difusão e escolha das melhores ideias, em contraposição com as sociedades totalitárias e juristocráticas, controladas pela mentalidade unívoca do imaginário coletivo e da “patrulha do pensamento”.

Ao final, portanto, o artigo pretende abordar a temática das liberdades fundamentais a partir deste tripé – consciência, expressão e imprensa – que constitui um alicerce sólido sob o qual o liberalismo floresceu, permitindo o desenvolvimento de uma filosofia robusta e complexa, que influencia, atualmente, a política, o direito e a economia em geral, representando o último bastião contra o totalitarismo do pensamento e da fala – antes que a liberdade de expressão se torne um sonho inalcançável.

Nas palavras de Roberto Campos:

> [...] Se este século 20 nos ensinou alguma coisa, é que essa perigosa autoridade tende facilmente para um mal absoluto. Pessoalmente, sempre preguei o máximo de liberdade, de flexibilidade e de racionalidade, mas nunca achando que devêssemos ficar parados esperando acontecer.[2]

I. Liberdade de consciência

I.1. Introdução e definição de liberdade de consciência

Do latim *libertas,* o termo liberdade traduz a condição do indivíduo que possui o direito de fazer escolhas de maneira

2. CAMPOS, Roberto. *A lanterna na popa* (Ed. Topbooks, 1994).

autônoma e de acordo com a própria vontade. No âmbito da filosofia, a liberdade, de maneira geral, é entendida como a independência do ser humano, no fazer, no agir e no pensar, podendo também ser relacionado à espontaneidade e intencionalidade.

Existe uma mescla de entendimentos acerca da liberdade de ser, a existência em si, e liberdade de consciência, de ter opinião e pensar aquilo que cabe a cada um. Afinal, trata-se de seres humanos que são distinguidos de outros animais justamente pela capacidade de autoconsciência, razão e inteligência, numa definição ampla e consagrada do ponto de vista das ciências biológicas.

Adentrando na perspectiva das ciências humanas e em uma escala micro, ou seja, analisando o ser como unidade pensante e individual que vive socialmente, existe a discussão sobre a liberdade no âmbito da consciência. Afinal, para tornar uma discussão sobre liberdade possível, em aspectos gerais, é mais do que necessário uma análise sobre o indivíduo e como esse pode se comportar e lidar com a liberdade da sua própria consciência no contexto de uma vida em sociedade.

Como essa liberdade é trabalhada pelos outros indivíduos de um determinado grupo, uma determinada sociedade, até atingir uma vista panorâmica do ser-indivíduo pensante/crítico/consciente influenciando e sendo influenciado pelos outros ao seu redor. Demonstrando a retroalimentação que o sistema social exige de cada indivíduo. E com isso, afunilar a observação para o objetivo deste capítulo: apresentar uma breve linha de raciocínio acerca da importância do livre pensamento e escolha do indivíduo no seu contexto social, especialmente, no quesito preservação da livre escolha; garantia das experiências derivadas dessas escolhas; e a diversidade advinda de pensamentos livres e múltiplos que proporciona o progresso geral da coletividade.

Tratando-se de consciência, o dicionário *Michaelis* carrega em uma de suas definições do termo, a seguinte exposição: *"Capacidade, de natureza intelectual e emocional, que o ser humano tem de considerar ou reconhecer a realidade exterior (objeto, qualidade, situação) ou interior, como, por exemplo, as modificações de seu próprio eu."*[3]

O conceito de liberdade de consciência está muito conectado com a escolha de consumo, mas não se tratando de consumismo puramente, e sim, do ato de nutrir-se, absorver ou adquirir coisas tanto concretas quanto abstratas. Liberdade de pensar, em se ter consciência, capacidade de foro íntimo para decidir seguir ou não alguma ideia, aderir a um estilo de vida ou qualquer outra escolha da vida pessoal e/ou coletiva. Ser desimpedido de aderir a uma prática, atividade ou outra situação de escolha pessoal. Em diversas situações, como postura ideológica, opinião política, entendimento de mundo e diferentes pontos de vista. O foco da temática "liberdade de consciência" trata de poder expor, brevemente, que as pessoas devem ser livres para pensar aquilo que lhes convém e de seguir estilos e opiniões diferentes e que se igualam, dando a oportunidade de formação de grupos sociais que pensam de maneira semelhante, e dialogando com demais grupos que se comportam de maneira divergente, o que será devidamente explorado na parcela do capítulo sobre a liberdade de expressão e mais adiante acerca da convivência dessa pluralidade de pensamentos e consciências, sendo objeto da parcela do capítulo sobre a liberdade de imprensa.

Mais uma vez, ressalta-se a existência de um ciclo de informações influenciadoras que se retroalimenta. A consciência de um indivíduo é influenciada por um grupo social maior, advindo através da mídia e canais de comunicação em massa e outros meios, que por sua vez influencia núcleos menores de pessoas e, assim, volta a criar influência no grupo maior como uma parte da consciência que o coletivo possui.

3. Disponível em: https://michaelis.uol.com.br/busca?id=4Gyp. Acesso em : 10 ago. 2021.

I.2. Preservação da liberdade de escolha e desdobramentos

A preservação da liberdade busca, essencialmente, proporcionar meios de garantias para que algo continue a existir. Cultivar a liberdade de escolha para se atingir uma realidade mais plural externalizada por cada indivíduo em uma coletividade de pessoas. Ou seja, garantir a continuidade das diversas tomadas de decisão feitas diariamente pelos indivíduos.

Nesse caso, sobre a liberdade de consciência e, mais especificamente, sobre a liberdade de escolha, a discussão gira em torno da capacidade de protagonismo derivada daquela liberdade íntima e individual que é a consciência.

Percebe-se, pois, que o conceito resume o que cada um escolhe para si sobre o que seria mais adequado e faria mais sentido em cada caso de vida pessoal. E o que, em uma primeira análise, aparenta ser exclusivamente individualista, pode ser aqui interpretado como escolha de foco para apresentar a temática. Afinal, analisar um conjunto, um todo, uma sociedade sem analisar o elemento basal é igual a impedir o entendimento do coletivo.

Poder escolher, votar, adquirir objetos e ideias. A preservação da liberdade de escolher pelo certo e pelo errado, dentro das suas infinitas definições e conceitos que se alteram de contexto para contexto, é a garantia de um protagonismo pessoal que cada indivíduo possui em face às opções.

Na parcela inicial do capítulo, já foi abordado sobre a liberdade de pensar, em se ter consciência, capacidade de foro íntimo para decidir seguir alguma ideia, aderir a um estilo de vida ou qualquer outra escolha da vida pessoal tanto coletiva. Pois bem, todos aqueles que possuem capacidade de raciocinar – sem causar interferência no campo da psicologia – tem o direito de escolher e viver as consequências daquilo que foi escolhido.

Com o avanço das mais variadas liberdades e paralelamente às mudanças político-sociais, a discussão do século XXI apresenta-se em como solucionar quando uma liberdade, por exemplo, de caráter público, acaba invadindo ou se transpondo a uma liberdade privada ou vice-versa. Ou ainda, liberdades de cunhos diferentes entram em conflito e o Estado passa a ser dito como necessário para apontar qual escolha ou comportamento vai ser optado no conflito de liberdades de escolhas.

Adentra-se, então, em questões como estilo de vida, opinião política, a criação dos filhos, educação, saúde e mais centenas de liberdades diárias e cotidianas para as escolhas que podem, ao final, gerar conflito com questões de caráter mais públicos ou gerais por afetar a coletividade quando observado o impacto que o montante de várias escolhas que, aparentemente, possuem caráter pessoal e causam impactos aos recursos disponíveis para a coletividade.

É premente observar que, em todas as esferas das necessidades do ser humano que vive sob o Estado, deverá ser tomada a definição como organização, cujo objetivo determina o conjunto das instituições que controlam e administram uma nação.

II. Liberdade de expressão

> "Dirá alguém que, com o tempo e o uso, todas as palavras se degradam. Por exemplo: — liberdade. Outrora nobilíssima, passou por todas as abjeções. Os regimes mais canalhas nascem e prosperam em nome da liberdade." *Nelson Rodrigues*[4]
>
> "Há direitos que transcendem ao poder de ação do Estado. Há direitos que cabe apenas ao Estado reconhecer." *Ives Gandra Martins*[5]

---

4. A euforia de um anjo, O Óbvio Ululante, 30/12/1967, p. 69 (Primeiras Confissões, Companhia das Letras).

5. BASTOS, Celso Ribeiro; MARTINS, Ives Gandra. *Comentários à Constituição do Brasil:* promulgada em 5 de outubro de 1988, 2º volume. São Paulo: Saraiva, 2001. p. 31.

II.1. Considerações iniciais

Os dois últimos séculos foram fortemente marcados pelo debate acerca da liberdade de expressão. No entanto, o direito a uma "liberdade de expressar-se" sempre esteve em voga, seja na filosofia, no direito ou na política, razão pela qual o tema demanda uma breve investigação sobre a natureza desta liberdade, verdadeiramente subvertida nos dias de hoje.

Recentemente, vimos em todo o mundo o surgimento de inúmeras discussões sobre "limites" ou novas "definições" sobre a liberdade de expressão, bem como tentativas político-estatais ou mesmo partidárias de restringir o campo do pensamento, da fala e da opinião pessoal. Podemos analisar tanto a grande mídia quanto os mais diversos movimentos sociais lutando no *front* da liberdade de expressão, com estratégias que vão desde limitações sutis ou até mesmo abertamente contra a autonomia pessoal em subserviência ao Estado.

A temática da liberdade de expressão, portanto, exige-nos uma concepção clara acerca da noção clássica de sua definição em contraposição às novas tentativas de suprimir ou manipular as expressões individuais, bem como sua relação com a tolerância no cenário político atual, oferecendo uma abordagem que concilia o respeito mútuo às diferentes perspectivas e a valorização das convicções pessoais de cada ser humano, de tal forma que a liberdade de expressão seja entendida como um dos direitos naturais inalienáveis pelo qual cada indivíduo se realiza.

II.2. A (in)tolerância e sua relação com a liberdade de expressão

Definir o que é tolerância torna-se uma tarefa tão árdua quanto definir o que é a liberdade de expressão, quais são suas implicações e suas consequências para o tecido cultural. No fundo, nos parece que toda a discussão ao redor da liberdade de expressão trata-se de uma problemática muito mais ligada à tolerância e à intolerância do que a dimensão da liberdade em si. Afinal, no mundo atual, para os teóricos da expressão, "dizer o que se deve dizer" é uma atitude louvável e "dizer o que não se deve dizer" é questionar o inquestionável. Em resumo: sempre é possível expressar-se livremente para tolerar, mas nunca para intolerar.

Fato é que com o passar do tempo, o conceito de tolerância sofreu inúmeras alterações semânticas no imaginário coletivo, abrindo caminho para uma série de debates relacionados à liberdade de expressão e quais seriam os seus limites. Inclusive, a própria academia e a grande mídia, agentes diretos dessa "ressignificação", passaram a promover uma mudança drástica a respeito da concepção clássica de tolerância, causando uma total inversão cognitiva e linguística, o que inclusive dificulta ainda mais adentrar o mérito do jogo de palavras.

Nesse mesmo sentido, D.A. Carson – teólogo, escritor e professor no Trinity Evangelical Divinity School em Deerfield, Illinois, EUA – foi preciso ao descrever essa complexa relação entre a liberdade de expressão e o novo significado de tolerância. Nas suas palavras:

> Essa mudança da "*aceitação da existência de perspectivas diferentes*" para a "*aceitação das perspectivas diferentes*", do reconhecimento do direito das outras pessoas de ter crenças ou práticas diferentes para a aceitação das perspectivas diferentes dos outros é sutil em forma, mas enorme em substância. Aceitar a existência de uma posição diferente ou oposta e seu direito de existir é uma coisa, mas aceitar a posição em si significa que a pessoa não mais se opõe a ela. A nova tolerância sugere que aceitar a posição do outro significa crer que essa posição seja verdadeira ou, pelo menos, tão verdadeira quanto sua própria. Mudamos de permitir a livre expressão de opiniões contrárias para aceitar todas as opiniões; saltamos da permissão da articulação de crenças e argumentos dos quais discordamos para a afirmação de que todas as crenças e todos os argumentos são igualmente válidos. Assim passamos da antiga para a nova tolerância.[6]

---

6. A INTOLERÂNCIA da tolerância. 1. ed. São Paulo: Cultura Cristã, 2013. p.13.

Dessa forma, percebemos que as novas alterações do significado de tolerância (bastante substanciais, diga-se de passagem) refletem diretamente no *free speech*, objeto alvo de nosso trabalho neste tópico.

A forma como a sociedade como um todo entende e pressupõe o conceito de tolerância – consciente ou subconscientemente, consistente ou inconsistentemente – acaba que por nortear sua concepção sobre a liberdade de expressão.

Isto porque é justamente no liame entre aquilo que se pode ou o que não se pode dizer é que reside o debate sobre a definição da liberdade de expressão e quais seriam suas limitações (se elas de fato existem ou se são uma pretensão do próprio debatedor).

Cumpre analisarmos como essa mudança gradual e célere inaugurada mais veementemente no pós-modernismo tem suscitado a ingerência de terceiros sobre a autodeterminação pessoal, sobretudo àquelas limitações estabelecidas pelo Estado, pela grande mídia, pelas universidades e até mesmo pelas *big-techs*.

II.3. A definição clássica de tolerância e os desafios lançados pelo pós-modernismo

Se a liberdade de expressão no campo da filosofia sempre fora vista como um direito natural e uma garantia fundamental (reconhecida pelo Poder Público), a tolerância, *pari passu*, sempre fora entendida como uma virtude ética e civilizacional, extremamente relevante para a coexistência pacífica entre indivíduos diferentes, independentemente de qual dimensão nos referimos: sejam as diferenças políticas, econômicas, religiosas, pessoais etc.

Hoje, no entanto, a liberdade de expressão já não é mais enxergada como outrora, conforme vimos anteriormente, enquanto a tolerância vem ocupando cada vez mais o epicentro das discussões políticas e acadêmicas. Se antes a tolerância era um valor a ser nutrido e cultivado de forma racional, respeitando e sopesando as convicções particulares de cada indivíduo, hoje, passou a ser o único bem supremo para o consenso absoluto de todas as opiniões, transformando-se em um conceito "rolo-compressor" de massificação do pensamento e da fala. Ironicamente, se antes ela era encorajada, agora passa a ser obrigatória, inclusive com o uso da coerção política e do Poder Judiciário. A tolerância, de fato, tornou-se exatamente o seu inverso.

Nesse ponto, Meic Pearse, professor de história no Houghton College em Houghton, Nova York, entende que a mudança radical e perigosa destes novos significados transforma o pensamento da nova tolerância em inconsistente e justamente no seu oposto:

> Recentemente, o significado do termo tolerância tornou-se bastante degradado. Enquanto antes queria dizer respeito das diferenças verdadeiras e fortes, passou a significar uma abdicação dogmática das afirmações sobre a verdade e uma aderência moralista ao relativismo moral – sendo que o afastamento de qualquer um desses é estigmatizado como intolerância [...]. Enquanto a antiga tolerância permitia que diferenças intensas sobre a religião e moralidade convivessem e competissem livremente umas com as outras nos debates públicos, a nova variante deseja trancá-las todas dentro de casa como questões de discernimento privado; a praça pública deve ser entregue à não diferenciação. Se a antiga tolerância era, pelo menos, um valor verdadeiro, a nova "tolerância" intolerante poderia ser mais bem descrita como um antivalor; é uma posição de hostilidade a qualquer sugestão de que uma coisa é "melhor" do que outra, ou ainda de que qualquer forma de vida necessite de espaço protegido contra suas alternativas.[7]

O mais evidente sintoma desta nova perspectiva da tolerância é que, para a mentalidade pós-moderna, a afirmação de que a opinião de alguém é "verdadeira" ou "falsa", ou de que certas condutas são "boas" e outras são "más", trata-se de um discurso absolutamente intolerável, e deve ser visto como promoção gratuita ao ódio e ao preconceito.

---

7. Why the Rest Hates the West: Understanding the Roots of Global Rage, p. 12.

Se antes indivíduos poderiam discordar livre e abertamente das convicções pessoais de outros sem, contudo, impedi-los de terem suas próprias opiniões, hoje, de acordo com o novo significado de tolerância, as pessoas não podem formular pensamentos ou expressar-se contra essas mesmas ideias, condutas ou estilos de vida, sob a alegação de que tal comportamento é "nocivo" e "intolerante" para a vida em sociedade, devendo a liberdade de expressão limitar-se ao imaginário subjetivo de cada um.

Nos areópagos da Grécia Antiga, tribunais onde se reuniam uma assembleia de sábios e autoridades da justiça e da política, todos quantos ali estivessem poderiam (e na verdade, deveriam) pôr à prova suas afirmações acerca da verdade e do falso, do justo e do injusto, do melhor ou do pior pensamento, suscitando um debate racional no qual os argumentos mais convincentes e coerentes demonstravam a certeza de seus pressupostos, pelo qual chegavam a uma conclusão lógica-dedutiva. Hoje, no entanto, os indivíduos não só acham que não precisam demonstrar a veracidade de suas opiniões, como também obrigam seus ouvintes e adversários a crerem que seus pensamentos são tão válidos e verdadeiros quanto os demais.

Ou seja, o pós-modernismo levou às últimas consequências a noção de que não só não é necessária a articulação racional das ideias através da liberdade de expressão de cada indivíduo, como também todos são obrigados (moral ou legalmente) a tolerarem tais pensamentos, sem a mínima possibilidade de discordância ou não aceitação. Não é preciso dizer que a nova definição de tolerância colocou todas as opiniões no mesmo patamar, tornando impossível qualquer debate racional e neutralizando a liberdade de expressão pelo dever de "tolerar todas as ideias", não importando se são verdadeiras ou falsas.

Quando Dietrich Bonhoeffer, pastor luterano e membro da resistência alemã antinazista, visitou os Estados Unidos em 1930, *"ficou fascinado ao ver que a tolerância tinha sobrepujado a verdade"*.[8] A nova cultura da tolerância poderia ser

8. Eric Metaxas, Bonhoeffer: Pastor, Martyr, Prophet, Spy (Nashville: Nelson, 2010), p. 338.

mais bem descrita como a cultura da "inclusão", já que, para a nova definição, a liberdade de expressão só é serventia da "não discriminação" de ideias, corroborando com a tese de que somos "livres" para tolerar tudo e todos, mas jamais para intolerar, ainda que algo vá contra nossos princípios, convicções, consciência ou perspectiva pessoal.

Retomando as ideias clássicas, discutidas nos areópagos da Grécia Antiga, faz-se imprescindível citarmos a obra "*Aeropagítica*", ou "*Discurso sobre a liberdade de expressão*", escrito pelo renomado intelectual inglês John Milton no século XVII, um dos mais acalorados textos dedicados em exaltar e defender a liberdade de expressão e condenar o cerceamento da consciência e da imprensa promovida pela Ordem de Licenciamento,[9] uma lei que regulamentava a censura pré-publicação na Inglaterra no auge da Guerra Civil Inglesa.

John Milton, em Areopagítica, estabelece critérios fundamentais a favor da liberdade de expressão:

(1) o critério do bem comum, a visão de que toda sociedade será uma sociedade melhor, com o aumento do bem-estar, se a autonomia humana for preservada e se as pessoas puderem fazer, falar e publicar o que desejarem;

(2) o critério da promoção de certas virtudes – por exemplo, a tolerância leva as pessoas a ouvir aos outros com mais atenção, a virtude da autocrítica etc.;

(3) o critério da epistemologia – isto é, a tolerância é adequada para a obtenção de crenças bem fundamentadas, para a determinação da verdade.[10]

---

9. A Ordem de Licenciamento, mas comumente apelidada de "Order", foi uma lei instituída em 14 de junho de 1643 pelo parlamento inglês, no qual estabelecia o controle das publicações que deveriam ser licenciadas e aprovadas previamente de acordo com o teor de suas ideias e concepções. A obra *"Aeropagítica"* de John Milton foi uma das primeiras formulações filosóficas contra a tirania do pensamento e da imprensa, e tal arcabouço teórico posteriormente viria a influenciar John Stuart Mill no século XIX, considerado um dos pais do liberalismo.

10. A INTOLERÂNCIA da tolerância. 1. ed. São Paulo: Cultura Cristã, 2013. p. 64.

Como visto, o pós-modernismo nos lança um sério desafio com a reformulação do conceito de tolerância e, por conseguinte, da liberdade de expressão, qual seja: o desafio de formular ideias livremente sem que estas sejam de antemão suprimidas na consciência, nas expressões pessoais ou na imprensa. Enquanto outrora indivíduos aceitavam a existência de perspectivas diferentes, admitindo-as, refutando-as ou simplesmente lhes sendo indiferentes, os tempos atuais nos obrigam a aderir integralmente à perspectiva em si mesma. Tal salto epistemológico e linguístico nos colocou reféns do pós-modernismo, sem a hipótese da objeção em qualquer nível que seja.

Buscando oferecer uma definição clássica para o desafio posto, nos furtamos novamente dos argumentos do escritor D.A. Carson, acerca do direito de dissentir como dimensão indeclinável da liberdade de expressão em uma sociedade livre:

> De acordo com a antiga perspectiva da tolerância, uma pessoa pode ser considerada tolerante se, embora sustente perspectivas tenazes, ela insistir que os outros tenham o direito de dissentir dessas perspectivas e defender seu ponto de vista. [...] Essa antiga perspectiva da tolerância se baseia em três premissas: (1) existe uma verdade objetiva e é nosso dever buscá-la; (2) as distintas partes de uma controvérsia julgam conhecer a verdade da questão, embora discordem uma da outra, cada parte pensando que a outra está errada; (3) no entanto, elas acreditam que a maior chance de descobrir a verdade da questão, ou a maior chance de persuadir a maioria das pessoas com razão e não coibição, é por meio da desobstruída exposição de ideias, não importando o quão distorcidas algumas dessas ideias pareçam. Essa terceira premissa requer que todas as partes insistam que seus adversários não sejam silenciados nem subjugados. O livre questionamento pode trazer a verdade à tona e tem grandes chances de convencer o maior número de pessoas.[11]

Por derradeiro, vimos como essa imbricada relação entre o novo significado de tolerância e a inibição da liberdade de expressão em prol da primeira vem acentuando não só, em primeiro plano, um verdadeiro "patrulhamento" das opiniões

11. A INTOLERÂNCIA da tolerância. 1. ed. São Paulo: Cultura Cristã, 2013. p. 16.

e pensamentos discordantes, como também, em última análise, tem obstruído a busca da verdade em uma sociedade livre.

Em certo sentido, os areópagos modernos, em nome da "tolerância", passaram a legislar e julgar aqueles com perspectivas adversas aos seus próprios ensinamentos, utilizando-se da ridicularização moral e mais largamente do exílio intelectual, condenando seus opositores para fora do debate público, silenciando as vozes heterogêneas e aprisionando quaisquer ideias dissonantes ao campo da "incompatibilidade" social ou "indiscutibilidade" política, o que coloca em xeque as liberdades de consciência, expressão e imprensa. E uma vez que tais liberdades individuais são relativizadas ao novo princípio pós-moderno, qualquer sinal de escusa ou objeção deve ser retirado do cardápio de ideias, tópico que abordaremos mais à frente na conclusão deste breve trabalho.

III. Liberdade de imprensa

> Não há, por certo, nenhuma razão para que os novos totalitarismos se assemelhem aos antigos. O governo pelos cassetetes e pelotões de fuzilamento, pela carestia artificial, pelas prisões e deportações em massa, não é simplesmente desumano (ninguém se importa muito com isso hoje em dia); é, de maneira demonstrável, ineficiente — e numa época de tecnologia avançada a ineficiência é o pecado contra o Espírito Santo. Um Estado totalitário verdadeiramente eficiente seria aquele em que os chefes políticos de um Poder Executivo todo-poderoso e seu exército de administradores controlassem uma população de escravos que não tivessem de ser coagidos porque amariam sua servidão. Fazer com que eles a amem é a tarefa confiada, nos Estados totalitários de hoje, aos ministérios de propaganda, diretores de jornais e professores. [...] Os maiores triunfos da propaganda têm sido obtidos, não por atos positivos, mas pela abstenção. Grande é a verdade, mas ainda maior, do ponto de vista prático, é o silêncio em torno da verdade. Pela simples abstenção de mencionar certos assuntos, pela interposição do que o Sr. Churchill denomina uma "cortina de ferro" entre as massas e os fatos ou argumentos que os chefes políticos locais consideram indesejáveis, os propagandistas totalitários têm influenciado a opinião com muito mais

> eficácia do que poderiam tê-lo feito pelas mais eloquentes invectivas, pelas mais convincentes refutações lógicas.[12]

III.1. Considerações iniciais

As formas de escrita, publicação e divulgação avançam à medida que as tecnologias e a informatização das ideias aumentam. A invenção da máquina de imprensa por Johann Gutenberg, no século XV, foi de longe um dos maiores marcos históricos para a circulação do conhecimento escrito, da propagação do ensino, da internacionalização de notícias e da ampliação da leitura em um nível global. Isso não quer dizer, contudo, que já não existiam interesses em controlar a promoção de ideias ou o registro de fatos históricos antes da imprensa. Tal ânsia totalitária, como já vimos no decorrer deste trabalho, não é uma exclusividade do pós-modernismo, embora tenha sido mais largamente utilizada nos tempos atuais.

Nesta última análise acerca da liberdade de imprensa, abordaremos sinteticamente como a engenharia social e as técnicas de manipulação do imaginário coletivo vêm sendo utilizadas exaustivamente pelos canais jornalísticos, pelas grandes universidades e até mesmo pelas redes sociais, induzindo um bloqueio do julgamento consciente dos indivíduos inseridos em uma sociedade pós-moderna marcada pela "revolução passiva" ou "guerra cultural silenciosa". Nas palavras de Huxley:

> Essa revolução verdadeiramente revolucionária deverá ser realizada, não no mundo exterior, mas sim na alma e na carne dos seres humanos. Os homens que governam o Admirável Mundo Novo podem não ser sãos de espírito (no sentido "absoluto" da expressão), mas não são loucos. Sua meta não é a anarquia, e sim a estabilidade social. É para alcançar essa estabilidade que eles realizam, por meios científicos, a revolução última, pessoal, verdadeiramente revolucionária.

---

12. HUXLEY, Aldous. *Admirável mundo novo*. São Paulo: Biblioteca Azul, 2014. p. 14.

III.2. Alexandria em chamas

A liberdade de imprensa – último prisma das liberdades até aqui tratadas, embora não menos importante – representa um dos alicerces do direito de informação, publicação e divulgação. Certamente, de todos os direitos analisados neste breve trabalho, a liberdade de imprensa é uma das mais recentes dentre as suas irmãs (liberdade de consciência e liberdade de expressão) dada a conjuntura político-social da atualidade, e poderíamos dizer, inclusive, que está engatinhando lentamente. Isto porque a imprensa ainda é um conceito novo, que passa frequentemente por mutações conforme as ferramentas de publicação se expandem (redes sociais, aplicativos de informatização, dispositivos eletrônicos e etc.).

Não há dúvida de que a rápida evolução tecnológica alavancada pelo sistema capitalista de produção permitiu que diversos empreendimentos nas áreas da informática fossem possíveis, gerando uma gama infinita de meios de comunicação. A realidade trazida pela era digital abriu caminho para que os cidadãos não apenas consumissem informações, notícias e matérias jornalísticas, como também eles próprios passassem a ser os produtores de conteúdo em massa.

Registra-se que esta facilidade de acesso aos meios de comunicação não teria sido possível sem o aflorar das ideias liberais. Se hoje podemos registrar uma foto, filmar um vídeo, noticiar um acontecimento ou fato histórico, publicar um texto ou artigo ou até mesmo gravar um *podcast*, é porque o capitalismo, em sua rápida ascensão nos países de tendência liberal, propiciou uma verdadeira valorização dos usuários frente às novas atualidades digitais, gerando não só diversos nichos de conteúdo como também "barateando" o acesso à informação.

Não é possível encontrar o mesmo legado em países de viés socialista ou comunista, alguns dos quais restringem o acesso à internet, instituem uma única fonte de notícias (imprensa estatal) e reprimem o uso de redes sociais. Estes são só alguns exemplos de como a liberdade de imprensa emergiu nas sociedades livres, em contraposição às políticas totalitárias de acesso à informação.

Embora a diversidade de meios de comunicação e consumo de notícias tenha se alargado, ainda assim, alguns agentes do pós-modernismo, tais como o Estado, as universidades e a grande mídia, insistem em omitir ou até mesmo censurar determinados conteúdos, instituindo uma verdadeira sociedade de controle como em Fahrenheit 451, de Ray Bradbury.[13]

As práticas de censura (novamente em nome da "tolerância", do "bem-estar-social" e do "respeito às instituições"), são ainda maiores se comparadas a qualquer outro período histórico. Cresce cada vez mais a perseguição ideológica, a manipulação de informações, a omissão de fatos que simplesmente "não convém" noticiar ou ainda o "assassinato" da reputação de pensadores, escritores ou quaisquer indivíduos, grupos ou entidades que discordem da mentalidade totalitária pós-moderna, ofendendo frontalmente a liberdade de imprensa e o exercício do direito de publicar e compartilhar em uma sociedade livre.

Nas palavras do ficcionista (e profético) Ray Bradbury:

> Existe mais de uma maneira de queimar um livro. E o mundo está cheio de pessoas carregando fósforos acesos. Cada minoria, seja ela batista, unitarista; irlandesa, italiana, octogenária, zen-budista; sionista, adventista-do-sétimo-dia; feminista, republicana; homossexual, do evangelho-quadrangular, acha que tem a vontade, o direito e o dever de esparramar o querosene e acender o pavio. Cada editor estúpido que se considera fonte de toda literatura insossa, como um mingau sem gosto, lustra sua guilhotina e mira a nuca de qualquer autor que ouse falar mais alto que um sussurro ou escrever mais que uma rima de jardim de infância.[14]

---

13. Este romance de ficção científica nos mostra um cenário distópico (o que talvez hoje aproxime-se ainda mais da realidade do que da distopia), em que bombeiros incendeiam livros ao invés de apagar incêndios, em uma clara alusão de que o conhecimento a partir da literatura é a origem do "pecado capital", uma vez que livros são ferramentas do livre pensamento, visto como perigoso para o totalitarismo.

14. Fahrenheit 451. 2a edição, 2012. Biblioteca Azul. p. 160.

A censura ostensiva, isto é, o cerceamento e proibição direta ou os ardis sutis de manipulação e controle da informação são duas técnicas que caminham lado a lado para a homogeneização das ideias, da linguagem e da consciência dos indivíduos em sociedade, que passam não mais a pensar com seus "próprios botões", mas inserem-se em uma espécie de imaginário coletivo incontestável, absortos em uma servidão hipnótica da qual já não mais conseguem se desvencilhar, já que consomem e reverberam notícias e opiniões articuladas de antemão pela imprensa e pela grande mídia.

Façamos uma breve digressão histórica à velha e icônica biblioteca de Alexandria, um dos centros irradiadores de cultura e conhecimento. Esta biblioteca, uma das mais conhecidas mundialmente, possuía um acervo com milhares de volumes literários em pergaminhos de papiro, razão pela qual seu valor econômico, e sobretudo imaterial, era extremamente admirado (e também odiado) pelos povos das mais longínquas regiões. Acreditamos – não sem razão – que o valor imaterial que esta biblioteca tinha era ainda maior do que o patrimônio líquido, isto é, o valor em riquezas de todo o acervo acadêmico que ela armazenava; afinal, ideias são tão caras e cobiçadas quanto grandes monumentos, pois são as primeiras que movem o mundo.

No entanto, aquela crença comum de que a biblioteca de Alexandria fora destruída e colocada em chamas em um só dia não condiz com a realidade. Fato é que ela foi ruindo ao longo dos séculos, lenta e gradualmente. Ora saqueada ali, ora reprimida aqui, outrora ateada com fogo. Devemos nos lembrar de que o apogeu de todo seu catálogo literário não foi fruto de um só ataque de uma só vez, mas de sucessivas investidas contra a atividade intelectual, algo muito semelhante ao que acontece nos dias de hoje. Questionamos: nossas "*Alexandrias*" do século XXI não estão vivendo um novo incêndio? Temos motivos suficientemente razoáveis para acreditar que sim. E motivos ainda mais claros para acreditar que os livros não são os únicos alvos do calor da censura: seus autores também.

Conclusão

Após analisarmos, brevemente, alguns aspectos relevantes da liberdade de consciência, expressão e imprensa – sem, contudo, ter a ambição de esgotar a temática –, passamos a oferecer uma possível chave de leitura para a compreensão da problemática pós-moderna ligada à proibição do livre pensamento, da nova tolerância e da censura promovida pela grande mídia através da imprensa.

Com esta pequena contribuição acadêmica, lançamos mão da metáfora do *Livre Mercado de Ideias*, conceito econômico que faz jus pela homenagem do título neste opúsculo liberal. Tal tese, mais bem sistematizada pelo Dr. Jónatas Eduardo Mendes Machado,[15] professor na Faculdade de Direito da Universidade de Coimbra, é literalmente uma ode à liberdade de expressão inserida em um contexto de *free marketplace of ideias*, trazendo a mesma perspectiva de que "*os melhores produtos ou serviços oferecidos pelos produtores conquistarão a maior quantidade de consumidores*" e, consequentemente, "*irão impulsionar uma ganho econômico para todas as partes desta relação*", tal como em um livre mercado.

Neste diapasão, a jurista, advogada e pós-graduada em Estado Constitucional e Liberdade Religiosa pela Universidade Presbiteriana Mackenzie, em parceria com a Universidade de Coimbra e a Universidade de Oxford, Gabriela Andrade Vitor, fundamenta que:

> Segundo uma linha de pensamento avançada nos Estados Unidos, que tem como ponto de partida John Milton, em seu trabalho "Areopagítica", de 1644, e John Stuart Mill, na obra "Sobre a Liberdade", de 1859, a procura da verdade relaciona-se com a metáfora do conceito econômico de um livre mercado. [...]

15. Em 1993, obteve o grau de Mestre com uma tese intitulada Liberdade Religiosa numa Comunidade Constitucional Inclusiva. Em 2001, obteve o grau de Doutor, com uma tese intitulada Liberdade de Expressão. Autor de vários livros e artigos jurídicos; atualmente leciona Direito Internacional Público e Direito da União Europeia. https://www.uc.pt/fduc/corpo_docente/jonatas. Acesso em: 10 ago. 2021.

> Trata-se de uma justificativa para a liberdade de expressão, por meio da qual a "verdade" surgirá de uma competição de ideias em um discurso público e transparente.
>
> A verdade, então, se apresenta como algo relativo, que apenas pode ser analisado pelo "mercado" num encontro livre e aberto com o embate de diferentes opiniões. A teoria do mercado livre das ideias pode ser vista como um mecanismo estrutural de interação comunicativa, no qual são incluídos temas como "concorrência publicística", "competição de ideias", "debate robusto" ou até mesmo "confrontação espiritual". Abrange, assim, uma verdade legitimada por meio de um procedimento, fruto de uma luta pela sobrevivência da ideia mais apta. Por esta teoria, esclarece Jónatas Machado, em diálogo com Robert Weisberg, que: "as diferentes ideias não podem ser a priori excluídas, mas sim refutadas, desacreditadas e rejeitadas a posteriori, depois da sua consideração e discussão aberta.[16]

A perspectiva de um Livre Mercado de Ideias em um contexto liberal, portanto, nos parece ser a melhor forma de organização política e social pela qual todas as liberdades individuais, incluindo as liberdades de consciência, expressão e imprensa, podem despontar em uma livre competição na qual cada membro da sociedade "compra" as ideias que lhe parecerem mais convincentes, agradáveis, confortáveis ou mesmo mais fáceis de serem sustentadas.

A percepção de que as ideias são constantemente postas em circulação não só pelos vendedores, isto é, intelectuais, escritores, jornalistas, autoridades políticas, etc., mas até mesmo pelos compradores, ou seja, cidadãos comuns que passam a disseminá-las do momento em que as levam para suas casas, trabalho, praças-públicas, etc., traduz-se em uma excelente alegoria que ilustra o real significado da liberdade de produzir e consumir opiniões, cosmovisões ou filosofias divergentes em sociedade.

A metáfora do Livre Mercado de Ideias com a qual flertam os autores deste artigo é uma exemplificação didática de que a sociedade pós-moderna não deve sobrepujar ou silenciar opiniões de forma mecânica e totalitária, mas sim abrindo

16. Em defesa da liberdade de religião ou crença, 2018. p. 132.

espaço para a concorrência orgânica e natural das ideias, não podendo se olvidar que a tolerância entre estas pressupõe o direito de existência, mas não o dever da concordância.

Forte nesses argumentos, Gabriela Andrade Vitor indica que:

> "Para Holmes: 'o melhor teste para a verdade é o poder do pensamento de se fazer aceito na competição do mercado'. Ou seja, no contexto das sociedades plurais e divididas, nas quais as pessoas não partilham da mesma ideologia, religião ou cosmovisão, por exemplo, divergências surgem e se iniciam crises no mundo das ideias. Tais crises podem ser objeto de debates racionais, voltados para o descarte das más ideias, da promoção do progresso e das melhores respostas para a sociedade".[17]

Inegável que tal pensamento harmoniza-se perfeitamente na ótica liberal, ao entender que é na disputa racional das ideias que reside uma melhor manifestação das expressões humanas, já que agora as ideias não são mais vistas como "cartas marcadas" sobre a mesa, mas como "diferentes pontos de vistas" de um pluralismo epistemológico, necessário para a descoberta real da verdade objetiva. Neste mercado – cuja única regulamentação é um mínimo ético racional aceito amplamente por todos os comerciantes, inteiramente responsáveis por suas alegações e pela "venda" de suas opiniões – o fluxo de perspectivas é melhor administrado através do livre convencimento pessoal.

17. Em defesa da liberdade de religião ou crença, 2018. p. 131

Novamente, no entendimento de Gabriela Andrade Vitor:

> [...] este cenário "não é aquele em que as pessoas ofendem-se livremente umas às outras pelas razões mais baixas, mas antes [...] exige respeito mútuo entre os debatedores, que devem reconhecer-se reciprocamente como livres e iguais". Contudo, Jónatas Machado conclui que "não é possível ser a favor das liberdades de consciência, expressão e comunicação e ser contra o mercado livre de ideias".
>
> Este professor sustenta que, apesar das situações concretas distintas e das imperfeições existentes, indivíduos e grupos se encontram em posição de igualdade no campo das ideias, cujas oferta e procura devem ser livres. Prossegue argumentando que "Os procedimentos argumentativos devem ser deixados, tanto quanto possível, na dependência da iniciativa e da autonomia dos particulares, e respeitados na integridade da sua dinâmica própria pelos poderes públicos".[18]

Em igual sentido, o filósofo e escritor britânico Paul Helm nos alerta que o pluralismo epistemológico, inevitável em uma sociedade livre, deve caminhar ao lado da tolerância, em qualquer nível que seja:

> Temos – interpreto assim – razões boas, mas não infalíveis para nossas perspectivas; e outros, com crenças diferentes, pensam que têm razões boas, mas não infalíveis para suas perspectivas. E mesmo se alguns de nós tivermos perspectivas infalivelmente verdadeiras, não podemos convencer a todos desse fato. No entanto esse fato, o fato de que o pluralismo epistemológico não nos leva, ou não deveria nos levar, a pensar que o ceticismo é verdadeiro ou mesmo que o relativismo, o primeiro primo do ceticismo, é verdadeiro. [...] Vou com aqueles que argumentam que a tolerância é altamente desejável exatamente por causa de nossa própria falibilidade epistêmica. Já que posso estar enganado em minhas crenças e você pode estar enganado em suas crenças, uma estrutura em que podemos disseminar e discutir nossas perspectivas seria, sem dúvida, algo benéfico para nós dois. Como resultado de tais discussões, cada um de nós pode rever a própria opinião, as razões que tem para sustentá-la e a força com a qual ela é sustentada [...]. Pode-se argumentar que a tolerância é necessária exatamente para evitar que se caia no

18. Em defesa da liberdade de religião ou crença, 2018. p. 132.

> ceticismo. Pior ainda, uma crença que se sustenta apenas por não tolerar suas rivais é propensa a ser vista de forma cética por seus adversários e cínica por seus propositores. Precisamos tolerar diversas opiniões, a fim de manifestar que há um espectro de razoabilidade e de não razoabilidade.[19]

Por derradeiro, observa-se que essas três esferas da liberdade individual, consciência, expressão e imprensa, compõem parte de um tripé da dimensão humana. Ora, como seria possível dizer que o indivíduo é plenamente livre e pensa conforme sua própria consciência se este não pudesse exprimi-las ou publicá-las? Ou como poderia ser possível afirmar que o indivíduo exerce liberdade de expressão se sua consciência está cauterizada pelas únicas ideias do pós-modernismo totalitário? Ou ainda, como seria possível enxergar que o indivíduo pratica sua liberdade de imprensa, se este só pode escrever, publicar, compartilhar e até mesmo expressar ideias cogentes das quais ele mesmo não pode discordar, mas apenas regurgitar as pobres elucubrações por imposição estatal?

Desta feita, concluímos que a liberdade de consciência, expressão e imprensa fazem parte de uma espécie de triunidade liberal, na qual uma pressupõe a outra e vice-versa. O compromisso com a liberdade envolve intrinsecamente a defesa deste tripé. Com isso, devemos nos perguntar se àqueles que postulam a defesa destas mesmas liberdades, estão, de fato, conscientes da indissociabilidade triangular entre pensar, expressar e publicar. Qualquer outro elemento que fuja deste posto, ou ainda, que neutralize um em detrimento dos demais, deve ser visto como um absurdo epistemológico; tal como um "quadrado redondo" ou um "triângulo de quatro lados", contraditórios em seus próprios termos. Ideias estas que relegamos para os ideólogos do pós-modernismo.

---

19. Paul Helm, "Rutherford and the Limits of Toleration", in Tolerance and Truth: The Spirit of the Age or the Spirit of God? org. Angus Morrison, Edinburgh Dogmatics Conference Papers (Edimburgo: Rutherford House, 2007), p. 71.

Referências

BASTOS, Celso Ribeiro; MARTINS, Ives Gandra. *Comentários à Constituição do Brasil:* promulgada em 5 de outubro de 1988, 2º volume. São Paulo: Saraiva, 2001. p. 31.

BRADBURY, Ray. *Fahrenheit 451*. 2a edição, 2012. Biblioteca Azul. p. 160.

BRUM, Fabio Antonio. *Liberdade de Consciência e Ordem em John Locke*.

CAMPOS, Roberto. *O hexágono de ferro*. Publicado em 22.10.1995. Ensaios de Roberto Campos sobre a Constitutinte e a Constituição de 1988. Org. por Paulo Roberto de Almeida. São Paulo: Ed. LVM, 2018.

CAMPOS, Roberto. *A lanterna na popa*. Rio de Janeiro: Editora Topbooks, 1994.

CAMPOS, Roberto. *As Armadilhas da semântica. Folha de São Paulo,* 2001.

CARSON, D.A. *A Intolerância da tolerância*. 1. ed. São Paulo: Cultura Cristã, 2013. p. 16.

HONNETH, Axel. *O direito da liberdade*/ Tradução Saulo Krieger. São Paulo: Martins Fontes, 2016.

HUXLEY, Aldous. *Admirável mundo novo*. São Paulo: Biblioteca Azul, 2014. p. 14.

MACHADO, Jónatas Eduardo Mendes. *A liberdade de expressão*. Coimbra: Coimbra, 2002.

PEARSE, Meic. *Why the Rest Hates the West: Understanding the Roots of Global Rage*, p. 12.

RODRIGUES, Nelson. *A euforia de um anjo, O Óbvio Ululante*, 30/12/1967, p. 69 (Primeiras Confissões, Companhia das Letras).

VITOR, Gabriela Andrade. Em defesa da liberdade de religião ou crença. *Discurso do ódio e a liberdade de expressão religiosa nas sociedades democráticas e pluralistas*. Brasília, ANAJURE Publicações, 2018. p. 132, 133.

O LIBERALISMO ECONÔMICO E OS DIREITOS SOCIAIS CONSAGRADOS PELA CONSTITUIÇÃO FEDERAL DE 1988

Monalisa Nunes Faggion

Introdução

Este artigo tem como objetivo realizar uma análise sob a ótica liberal econômica dos direitos sociais previstos na Constituição Federal de 1988. Serão demonstradas as problemáticas em instituir, no corpo de uma Constituição, a previsão de direitos sociais como se fossem garantias fundamentais, e os riscos de se ampliar a intervenção estatal a esse título, com o sacrifício dos direitos individuais.

Para isto, no decorrer deste texto, realizaremos um panorama de algumas posições de pensadores liberais em relação aos direitos sociais, a fim de promover uma reflexão sobre o fato de que não podemos mais nos ater às velhas narrativas de que, supostamente, o Estado é a melhor solução, quando, na verdade, pode ser o real vilão e causador das indesejadas desigualdades sociais.

I. As distinções entre os direitos fundamentais e os direitos sociais

Antes de adentrarmos no objeto de discussão deste artigo, a saber, a análise dos direitos sociais acostados no bojo da Constituição Federal de 1988 sob uma perspectiva liberal, necessário se faz distinguir o que de fato são os direitos dos homens, os direitos humanos, os direitos fundamentais e os direitos sociais.

Desmitificando o efeito literal da palavra conceito, os direitos dos homens estão ligados intrinsicamente à ideia do jusnaturalismo. Embora não positivados, esses direitos são reconhecimentos atribuídos a todos devido à própria condição humana, ou seja, são inerentes ao homem em uma concepção moral universal, como é o direito à vida, sem a qual o homem nada seria. Já os direitos humanos são a positivação dos direitos dos homens (direitos inerentes aos homens) no plano internacional e de forma genérica, desvinculados de qualquer ordem jurídica específica, o que os tornam reconhecidos em todos os polos e em todos os tempos. Por fim, os direitos fundamentais nada mais são do que os direitos humanos internalizados, reconhecidos formalmente pela ordem jurídica de um determinado Estado, delimitado pelo tempo e espaço.

Questiona-se qual a diferença entre os direitos humanos e os direitos fundamentais. Ora, a diferença existente é a de que os direitos humanos estão consagrados na esfera internacional por meio de tratados e normas internacionais, enquanto os direitos fundamentais são a internalização destes direitos humanos por parte de dispositivos positivos, o que os tornam parte do ordenamento jurídico de um Estado.

Embora conceitualmente existam diferenças entre os direitos humanos e os direitos fundamentais, há doutrinadores que entendem que, na prática, não existe distinção no cerne da ideologia de ambos os institutos. Por essa razão, é preciso sinalizar que, no decorrer desse texto, tratarei de forma uniforme os dois institutos — os direitos humanos e direitos fundamentais.[1]

Um olhar na formação histórica conceitual mostra que os direitos humanos se desenvolveram através de um processo histórico gradativo. Inicialmente, essa categoria correspondia aos direitos naturais (direitos dos homens, anteriores ao Estado), contexto esse no qual o homem, utilizando-se da força, tutelava seus direitos (vida, liberdade e propriedade). Ocorre que, como era de se esperar, havia abusos das forças utilizadas, de modo que o direito de um indivíduo sobressaia ao do outro. Então, tais direitos passaram a ser positivados, criando-se a ideia de direitos humanos, que impunham aos homens normas de convívio social com o viés de impedir que excessos fossem cometidos frente aos direitos naturais assegurados intrinsecamente à natureza humana.

Apenas com o objetivo de demonstrar a evolução dos direitos humanos, a primeira fonte positivada que se conhece deles foi o *Código Hamurabi*,[2] aproximadamente em 1.772 antes de Cristo, documento que moldou a ideia de Justiça. Distante da concepção de Justiça que temos na modernidade, o postulado tinha, naquele contexto, o objetivo de reger e organizar a sociedade de maneira que "[...] o forte não oprima o fraco e para que seja feita justiça [...]".[3]

---

1. Cite-se: "[...] a doutrina tende a reconhecer que os 'direitos humanos' servem para definir os direitos estabelecidos pelo Direito Internacional em tratados e demais normas internacionais sobre a matéria, enquanto a expressão 'direitos fundamentais' delimitaria aqueles direitos reconhecidos e positivados pelo Direito Constitucional de um Estado específico. Porém como vimos, o Direito Internacional não é uniforme e nem utiliza a locução 'direitos humanos' sempre. [...] Abre-se a porta para a uniformização de interpretação, erodindo o sentido de termos separado rigidamente o mundo internacional dos 'direitos humanados' e o mundo constitucional dos 'direitos fundamentais'". RAMOS, André de Carvalho. *Curso de direitos humanos*. São Paulo: Saraiva, 2014, p. 47.

2. *Código de Hamurabi – o que é e seu* significado. Pravaler, 2020. Disponível em:https://www.pravaler.com.br/wp-files/download/codigo-de-hamurabi-idioma-portugues-download-pdf.pdf Acesso em: 21 maio 2021.

3. *Idem*.

Ainda durante o período da Antiguidade, foram criadas as *Leis das Doze Tábuas*. Nesse período, apenas os patrícios tinham privilégios, inclusive o de conhecer as leis (que não eram positivadas). Assim, em busca de trazer "igualdades" — vale ressaltar que a igualdade aqui pleiteada dizia respeito ao devido processo legal — entre patrícios e plebeus, foram expostas tábuas com as leis no Fórum Romano, o que fundamentou a ideia de publicidade das leis.

Seguindo a cronologia histórica, a Idade Média foi caracterizada pelo feudalismo,[4] contexto em que a sociedade era dividida em camadas sociais (clero, nobres e servos) de acordo com o privilégio que cada indivíduo tinha, o que gerou inúmeras revoltas por parte das classes menos privilegiadas, as quais buscavam igualdade e melhores condições de vida. Por conseguinte, deu-se início à concepção de democracia a partir da limitação do poder do Estado.

Após a Idade Média, tem-se a Idade Moderna. Os poderes eram concentrados nas mãos dos reis, impondo à sociedade suas vontades através da força, o que causou revolta na população, dando início a diversos eventos históricos como o Iluminismo e a Revolução Francesa, os quais fizeram cair o Estado Absolutista e possibilitaram a criação do *Estado Liberal de Direito.*

Após a Revolução Industrial (séculos XVIII – XIX) e a Segunda Guerra Mundial (1939-1945), foi estabelecido, por meio da Declaração Universal dos Direitos Humanos (1948), o que passariam a ser considerados direitos fundamentais:

> [...] se considera *fundamental para a humanidade*: que *todas as pessoas nascem livres e iguais em dignidade e direitos*, são dotadas de razão e consciência e devem *agir em relação umas às outras com espírito de fraternidade;* que *toda pessoa tem capacidade*

4. Cite: "[...] organização econômica, política e social baseada na posse da terra – o feudo [...] As terras e títulos de nobreza eram doadas pelo rei como recompensa aos líderes por terem participado de batalhas.". *Feudalismo.* Juliana Bezerra. Disponível em: https://www.todamateria.com.br/feudalismo/ Acesso dia 21 maio 2021.

> *de gozar de direitos e as liberdades* estabelecidas na Declaração, sem distinção de qualquer espécie (raça, cor, sexo, língua, religião, opinião políticas ou de outra natureza, origem nacional ou social, riqueza, nascimento, ou qualquer outra condição); e que *toda pessoa tem direitos à vida, à liberdade e à segurança pessoal.*[5] (grifos nossos)

Entende-se que os direitos humanos, de acordo com a evolução histórica, são direitos indispensáveis ao ser humano e estão balizados em três eixos fundamentais: dignidade da pessoa humana, liberdade e igualdade. Por se tratar de direitos subjetivos, os direitos humanos integram o patrimônio subjetivo do indivíduo e tornam-se oponíveis, inclusive, em face do Estado.

Ricardo Castilho, ao discorrer sobre os direitos humanos, alega que *"[...] a expressão direitos humanos representa, em sentido amplo, o conjunto das atividades realizadas de maneira consciente, com o objeto de assegurar ao homem a dignidade e evitar que passe por sofrimentos".*[6]

Após essa breve abordagem acerca dos direitos humanos, passa-se a refletir sobre os direitos sociais, os quais, posteriormente, serão contrapostos frente aos ideais liberais econômicos.

Os direitos sociais, considerados direitos fundamentais de segunda dimensão,[7] estão ligados ao desenvolvimento do capitalismo. Nesse contexto, a classe operária, insatisfeita com as condições de trabalho que lhe eram impostas durante o período da Revolução Industrial na Europa, reivindicaram melhores condições laborais, limitações de jornadas de trabalho, pisos salariais e outros meios de proteção do trabalhador.

---

5. CASTILHO, Ricardo. *Direitos humanos.* 2ª ed. São Paulo: Saraiva, 2012 -. (Coleção sinopses jurídicas; v. 30), p. 12.

6. Idem, p. 142.

7. LENZA, Pedro. *Direito constitucional esquematizado.* 16 ed. São Paulo: Saraiva, 2012, p. 959.

Consagrou-se, então, a ideia de Estado Social como forma de garantir que não fossem mais praticadas atrocidades contra os mais vulneráveis. Visando à proteção da justiça e da igualdade, foi atribuída ao Estado a responsabilidade de proteger o indivíduo com o objetivo de se criar um ambiente equilibrado. O Estado passaria então a intervir na economia e nas relações privadas, estabelecendo limites aos indivíduos para que não ocorresse mais a supressão dos direitos de uns em prol de outros.

Os direitos sociais procuram estabelecer ações corretivas dos poderes públicos no sentido de diminuir as desigualdades entre as camadas da população e trazem como narrativa o fundamento do Estado Social de Direito, no sentido de que "*um indivíduo pode exigir prestações do Estado ou da sociedade ou até mesmo a abstenção de agir, tudo para assegurar condições materiais mínimas de sobrevivência*".[8]

José Miguel Garcia Medina, ao discorrer sobre os direitos sociais, preconiza que: "*[...] compreendem-se as prestações positivas estabelecidas na Constituição a serem proporcionadas, direta ou indiretamente, pelo Estado, a fim de possibilitar melhores condições de vida aos mais fracos e a equalizar situações sociais desiguais*".[9]

Os primeiros institutos que trouxeram a proteção dos direitos sociais foram a Constituição do México de 1917 e a Constituição de Weimar de 1919. Embora atrativa a ideia de promoção dos direitos sociais através da intervenção do Estado, devemos sempre tomar um certo cuidado quando estabelecemos a ele essa atribuição positiva. Sobretudo, deve-se, passado um período dessa consagração de direitos, avaliar como o Estado se saiu nessa função, e se se tem um país mais desenvolvido e menos desigual.

---

8. RAMOS, André de Carvalho. *Curso de direitos humanos*. São Paulo: Saraiva, 2014, p. 59.

9. MEDINA, José Miguel Garcia. *Constituição Federal comentada:* com jurisprudência selecionada do STF e de outros tribunais. 5ª ed. São Paulo: Thomson Reuters Brasil, 2020, p. 268.

Há muita diferença entre considerar direito fundamental o direito à vida e o direito à previdência compulsória, por exemplo. É desejável atribuir ao Estado o dever de determinar a cada pessoa a forma como deve "poupar" o seu dinheiro ou dele usufruir imediatamente? Do ponto de vista dos valores envolvidos, está-se diante da mesma situação em relação ao direito à vida e ao direito à previdência compulsória?

Audaciosa é a ideia de imputar ao Estado, protetor histórico das liberdades e igualdades, o direito de dizer aos indivíduos o que é melhor para cada um se, às vezes, mal sabemos o que é melhor para nós mesmos.

II. A Constituição Federal de 1988 e os direitos sociais em confronto com as liberdades econômicas

Antes de nos aprofundarmos na análise crítica dos direitos sociais, devemos tratar de forma breve sobre a base inspiradora a partir da qual a Constituição Federal de 1988 foi prescrita e, para isso, devemos começar analisando o preâmbulo constitucional que, de modo geral, abarca quais são as fontes ideológicas que norteiam nossa ordem suprema.

O preâmbulo é parte integrante do texto e, embora não tenha força normativa,[10] prevê princípios que "*possuem valor interpretativo da parte estritamente dispositiva*",[11] com o objetivo de assegurar que não haja contradição entre o que está previsto no bojo do texto constitucional e a pretensão daqueles que criaram a norma. Ele é fruto das "*circunstâncias históricas, políticas e constitucionais*",[12] base que demonstra a ideologia pela qual a Constituição foi regida.

---

10. MEDINA, José Miguel Garcia. *Constituição Federal comentada:* com jurisprudência selecionada do STF e de outros tribunais. 5ª ed. São Paulo: Thomson Reuters Brasil, 2020, p. 25.

11. NERY JUNIOR, Nelson. Rosa Maria de Andrade Nery. *Constituição Federal comentada e legislação constitucional.* 2ª ed. São Paulo: Revista dos Tribunais, 2009, p. 142.

12. *Idem*, p. 142.

Em sua essência, a Constituição de 1988 visa a:

> [...] instituir um *Estado Democrático*, destinado a *assegurar o exercício dos direitos sociais e individuais, a liberdade, a segurança, o bem-estar, o desenvolvimento, a igualdade e a justiça como valores supremos* de uma *sociedade fraterna*, pluralista e sem preconceitos, fundada na harmonia social e comprometida, na ordem interna e internacional, com a solução pacífica das controvérsias [...][13]. (grifos nossos)

Ao realizarmos a leitura do preâmbulo, podemos concluir que a Constituição Federal de 1988 tem como objetivo garantir direitos mínimos necessários à coletividade, aspirando à criação de um Estado livre e igualitário para todos, o que coloca a pessoa humana e seus direitos como fontes balizadoras das normas brasileiras.

A partir deste ponto devemos fazer um parêntese, pois, muito embora a Constituição se diga "Democrática" e esteja previsto em seu corpo leque extenso de direitos políticos, a Constituição não é liberal, vide a restrição que é feita à liberdade e ao livre arbítrio de cada indivíduo.

Ressalta-se, aqui, a assertiva do Ilustre Roberto Campos, segundo a qual, *in verbis*:

> [...] Ela exemplifica a distinção entre "democracia" e "democratice". "Democracia" é a livre escolha do indivíduo, abrangendo um leque de opções: opções políticas, opções sociais, opções econômicas. "Democratice" é a ênfase sobre os direitos e garantias políticas, com descaso pela defesa do indivíduo contra imposições governamentais no plano econômico, cultural e social.[14]

Segundo se pode perceber pelo texto acima, Roberto Campos, ex-constituinte, sugere haver a supressão das

13. BRASIL. *Constituição da República Federativa do Brasil de 1988*. Disponível em: http://www.planalto.gov.br/ccivil_03/constituicao/constituicao.htm Acesso em: 24 de maio de 2021.

14. CAMPOS, Roberto. *A Constituição contra o Brasil:* Ensaios de Roberto Campos sobre a constituinte e a Constituição de 1988. São Paulo: LVM Editora, 2018, p. 239.

liberdades econômicas quando há a intervenção constante do Estado na vida humana. Um exemplo claro da privação da liberdade econômica é a política de "reserva de mercado", que nada mais é do que "*ações tomadas pelos governos para proteger determinado setor da economia [...] via barreiras impostas por lei ou por impostos adicionais*".[15] A Constituição Federal de 1988 foi pródiga nisso. Um exemplo reside exatamente na citada previdência compulsória.

De acordo com José Afonso da Silva, para que haja democracia, é necessário que sejam observados três princípios: "*o princípio da maioria, o princípio da igualdade e o princípio da liberdade*".[16] Sem a observância deles, não há que se falar em democracia. Tomando essa perspectiva, a partir do momento em que o Estado priva o indivíduo de suas liberdades e fere o princípio da igualdade, obstaculariza-se o pleno desenvolvimento de um Estado Democrático de Direito.

> [...] Não existe meia liberdade, ou liberdade econômica sem liberdade social não social como bem afirmou Mises, ou você é livre, ou tudo não passa de uma ilusão de liberdades para continuar preso e escravo de governos que se acham iluminados a ponto de poder decidir a vida de todas as pessoas de uma sociedade, o que é perfeito para que se perpetue o afastamento da real liberdade.[17]

A concepção de que democracia plena somente existirá se forem salvaguardados "os valores sociais do trabalho" ou por intermédio de direitos sociais que estabelecem uma igualdade real e não formal, muito difundida, sobretudo a partir da Constituição de 1988, precisa ser posta em análise. O

15. VIANA, Jefferson. *Reservas de Mercado e o prejuízo ao consumidor*. Publicada 22/10/2015. Disponível em: https://www.institutoliberal.org.br/blog/reservas-de-mercado-e-o-prejuizo-ao-consumidor/. Acesso em: 07 jun. 2021.

16. SILVA, José Afonso da. *Curso de Direito constitucional positivo*. 18ª ed. São Paulo: Malheiros Editores, 2000, p. 133.

17. Instituto Liberal. *Breve panorama do Liberalismo Constitucional*. Disponível em: institutoliberal.org.br/blog/politica/breve-panorama-do-liberalismo-constitucional/ Acesso em: 21 de junho de 2021.

constitucionalismo social, em que há o reconhecimento constitucional dos direitos sociais e econômicos com o propósito de aproximar as esferas política e social da sociedade, preponderante nas últimas décadas no Brasil, já pode ser avaliado em sua capacidade de atender aos seus propósitos.

Muitos são os motivos para tanto. Se os juristas, presumidamente conhecedores de leis, dão mostra de que desconhecem a realidade dos problemas econômicos, sociais e culturais, e/ou modos efetivos de enfrentá-los, não se pode esperar algo diferente dos legisladores, indivíduos guiados por interesses político-partidários, econômicos e, sobretudo, interesses pessoais. Esses agentes, de forma clara, legislam sem arcar com as consequências daquilo que está previsto no texto constitucional/legal, eis que não pagam a conta do que prescrevem.

Não obstante isso, a Constituição foi pródiga em direitos sociais, ou, em outras palavras, em deveres de prestação imputados ao Estado. Refere-se, especialmente, ao art. 6º, *in verbis*: *"São direitos sociais a educação, a saúde, a alimentação, o trabalho, a moradia, o transporte, o lazer, a segurança, a previdência social, a proteção à maternidade e à infância, a assistência aos desamparados, na forma desta Constituição"*.[18]

Relembra-nos Milton Friedman que a função do Estado deveria ser a de proteger as liberdades individuais *"[...] contra inimigos externos e contra os nossos próprios compatriotas, preservar a lei e a ordem; reforçar os contratos privados e promover mercados competitivos"* e, excepcionalmente, *"[...] pode, algumas vezes, nos levar a fazer em conjunto o que seria mais difícil ou dispendioso fazer separadamente"*.

Ao contrário do que alegam seus detratores, Friedman, um pensador reconhecidamente liberal, é generoso no que concerne ao tamanho do Estado e admite caber a ele *"fornecer meios para modificar as regras, mediar as diferenças entre*

18. BRASIL. *Constituição da República Federativa do Brasil de 1988*. Disponível em:http://www.planalto.gov.br/ccivil_03/constituicao/constituicao.htm Acesso em: 24 maio 2021.

as pessoas sobre o significado das regras e garantir a observância das regras pelos poucos que, do contrário, não participam do jogo",[19] assim como cabe ao árbitro/juiz explicar e impor as regras do jogo aos jogadores, bem como penalizá-los em caso de as regras não serem cumpridas.

> [...] Parece-me que esse povo teria o governo mais simples, mais econômico, menos pesado, menos notado, menos responsável, mais justo, e, por conseguinte, o mais sólido que se pode imaginar, qualquer que fosse, aliás, sua forma política.
>
> [...] graças à não intervenção do Estado nas questões privadas, as Necessidades e as Satisfações se desenvolveriam na ordem natural. Jamais veríamos famílias pobres buscando a instrução literária antes de ter pão. Nunca veríamos a cidade povoar-se às custas do campo, ou o campo às custas da cidade. Não veríamos esses grandes deslocamentos de capitais, de trabalho, de população, provocados por medidas legislativas, deslocamentos que tornam tão incertas e tão precárias as fontes mesmas da existência, e assim agravam enormemente a responsabilidade dos governos.[20]

A Constituição de 1988 trilhou caminho diferente. Instituíram inúmeros direitos e pouquíssimos deveres aos indivíduos. Esqueceram-se de dizer de onde viriam as receitas financeiras necessárias para tanto. Imputou-se ao Estado o ônus de conceder prestações positivas para garantir melhores condições de vida "aos mais fracos"[21] e, supostamente, erradicar situações sociais desiguais, colocando-o como figura paterna que deve zelar pelo indivíduo e impondo-lhe o "dever e a responsabilidade" de garantir a moradia, o transporte, o lazer.

De fato, tem-se uma narrativa sedutora, mas que sobrecarrega o Estado com deveres ilimitados, sobretudo frente à diversidade cultural, demográfica e populacional brasileira. E

---

19. FRIEDMAN, Milton, com ajuda de Rose D. Friedman. *Capitalismo e liberdade*. São Paulo: LTC, 2020, p. 29.

20. BASTIAT, Frédéric. *A Lei*. 2ª ed. São Paulo: LVM Editora, 2019, p. 44.

21. NERY JUNIOR, Nelson; NERY Rosa Maria de, Andrade. *Constituição Federal comentada e legislação constitucional*. 2ª ed. São Paulo: Revista dos Tribunais, 2009, p. 289.

a pergunta central segue sem ser feita: de onde se retiraria recurso financeiro para tanto?

Não é novidade que o Estado é uma imensa máquina burocrática incapaz de administrar seus próprios negócios e, quando o faz, de certo que o preço pago por essa organização é inúmeras vezes maior do que aquele que seria dispendido caso tal "tarefa" fosse realizada por um particular. Nas palavras de Campos, "*enquanto não nos convencermos de que o governo não é a solução e sim parte do problema, estaremos fazendo muito mais demagogia do que democracia*".[22] Ou, em outros termos, por ele mesmo: "*'Ninguém pode me obrigar a ser feliz à sua maneira', filosofava o grande Immanuel Kant. Com profusas promessas sociais, abundantes garantias e escassos deveres, e uma ingênua crença no 'Pai terrível', os constituintes querem nos torna felizes à maneira deles*".[23]

Donald Stewart Jr. defendia que o único meio para a melhoria das condições de vida das pessoas seria através da ciência política, cabendo ao Estado apenas a função "*de prover a ordem e a justiça*"[24] e a detenção do monopólio da coerção, para impedir que os indivíduos usem da violência ou da fraude para alcançarem seus objetivos individuais.

Essa linha de ideias, à qual se alinha Roberto Campos, entende que o Estado deve ser mínimo; isso quer dizer que o Estado deve se ater às tarefas clássicas. Os autores liberais divergem quanto ao tamanho deste "mínimo", mas Friedman e Roberto Campos aparentemente se alinham no sentido de que ao Estado competiria cuidar de temas como educação, saúde, justiça, segurança, relações exteriores e defesa. Todas as demais seriam entregues ao indivíduo. Nas palavras de Campos, mais uma vez: "*As conquistas sociais verdadeiras*

---

22. CAMPOS, Roberto. *A Constituição contra o Brasil:* Ensaios de Roberto Campos sobre a constituinte e a Constituição de 1988. São Paulo: LVM Editora, 2018, p. 249.

23. Idem, p. 242.

24. STEWART JR., Donald. *O que é o liberalismo.* 7ª ed. São Paulo: LVM Editora, 2019, p. 118-119.

não são as impostas por lei, mas as negociadas no mercado, em função da produtividade e do crescimento econômico".[25] E se, somente se, o Estado tivesse recursos e capacidade de gerenciamento sobrando, poderia ele se aventurar em outras áreas além daquelas intituladas como mínimas.

Embora a constitucionalização dos direitos sociais seja uma narrativa encantadora, a prática constitucional tem revelado uma importante ineficiência no que tange ao desenvolvimento do país e ao bem-estar social por esse meio.

III. Direitos sociais e liberalismo econômico

Resta-nos agora analisar o tema central sob a perspectiva liberal.

Comumente, críticos das ideias liberais utilizam a narrativa equivocada de que os liberais não se preocupam com os desafortunados. Entretanto, o que difere o pensamento intervencionista do liberal não está na preocupação comum com a redução da pobreza e na busca do bem-estar, mas no método que utilizam. Liberais acreditam que indivíduos geram riqueza; intervencionistas acreditam que a geração de riqueza depende do Estado.

O livro "A Lei", de Frédéric Bastiat (1801-1850), nos demonstra que, no séc. XIX, já havia uma intenção de se fazer filantropia pela lei. Bastiat, desde aquele tempo, já elucidava o equívoco fundamental:

> [...] *a Lei não se restringiu a seu papel.* Ela nem mesmo desviou-se apenas por caminhos neutros e discutíveis. Ela fez pior: *agiu contrariamente a seu próprio fim;* destruiu seu próprio objetivo; dedicou-se a aniquilar a Justiça cujo reino deveria manter; *apagar, entre os Direitos, o limite que ela tinha por missão respeitar;* ela colocou a força coletiva a serviço daquele que desejam

25. CAMPOS, Roberto. *A Constituição contra o Brasil:* Ensaios de Roberto Campos sobre a constituinte e a Constituição de 1988. São Paulo: LVM Editora, 2018, p. 243.

> abusar, sem risco e sem escrúpulo, a Pessoa, a Liberdade, ou a Propriedade dos outros; [...]
>
> *Preservar a si próprio, desenvolver-se, é a aspiração comum de todos os homens, de tal modo que, se cada um desfrutasse do livre exercício de suas faculdades e da livre disposição de seus produtos, o progresso social seria incessante, ininterrupto, infalível.*
>
> Porém, *existe outra disposição também comum a todos os homens. É viver e desenvolver-se, quando podem, às custas uns dos outros* [...].[26] (grifos nossos).

Inevitável identificar a advertência de Bastiat com o texto citado do art. 6º da Constituição de 1988.

O tema do direito social à educação merece atenção especial. Se se admite, como Friedman e Campos, que a educação mínima deve ser disponível a todos, pois só assim haveria o desenvolvimento da nação,[27] é preciso identificar seus limites. Em outras palavras, pode-se considerar adequado o direito social, mas seu limite precisaria ser melhor definido. Afinal, qual seria o grau de educação a ser fornecido pelo Estado, por exemplo?

Ao discorrer sobre a indagação, Roberto Campos entendia não caber ao Estado prover a educação superior, pois essa deve ser custeada pelo mercado, devendo ser entregue à iniciativa privada ou com ela partilhada, concedendo, caso necessário, bolsas àqueles que não têm condições de arcar com os seus custos.

Entretanto, a experiência brasileira com educação não tem sido motivo de orgulho. Gastos crescentes não resolvem o problema, desvios de recursos existem, enquanto o retorno no que se refere à efetiva aprendizagem dos alunos tem sido baixo por diversos motivos, e há dados que indicam isso. Liberais

---

26. BASTIAT, Frédéric. *A Lei*. 2ª ed. São Paulo: LVM Editora, 2019, p. 45-46.

27. Cite-se: "*Ora, isso é extremamente desejável, não por configurar uma maior igualdade de oportunidade, mas por aumentar a competição. Numa sociedade libre, a melhoria da qualidade do estoque humano aumenta a produção, a qualidade de vida, o respeito às regras. A questão a ser colocada é: qual deve ser esse mínimo?*". STEWART JR., Donald. *O que é o liberalismo*. 7ª ed. São Paulo: LVM Editora, 2019, p. 91.

como Friedman e Campos sugerem a implementação de um sistema de *tickets*. Nele, seria feita uma triagem individual para fornecer àqueles que necessitam um *ticket* direcionado à educação e que deve ser utilizado em escolas (particulares) de escolha dos próprios beneficiários.

Inúmeros poderiam ser os benefícios disso decorrentes, entre eles a possibilidade de escolha entre instituições, a racionalização de gastos de dinheiro público, o incentivo à concorrência entre instituições particulares de ensino, fazendo com que haja a melhoria na qualidade do ensino pelo preço que o consumidor está disposto a pagar. Entretanto, não se identifica espaço para sequer se discutir uma tal proposta no Brasil. Pouco importa o resultado do direito à educação, contenta-se com sua consagração constitucional.

O mesmo se diga com o já referido direito social à previdência. Roberto Campos indignava-se com o tema:

> [...] temos que engolir, goela adentro, através de contribuições compulsórias, o ineficiente sistema de seguridade social, que gasta mais com os assistentes que com os assistidos. O razoável seria deixar ao empregador e empregados a liberdade de escolha entre o sistema oficial e entidades privadas de previdência e saúde. Estas operam em ambiente competitivo, rivalizando-se na prestação de serviços, sob pena de perderem a clientela. Os que preferirem ficar sob as asas desse "pai terrível" que é o Estado (para usar uma expressão de Octávio Paz) seriam livres para fazê-lo... [...].[28]

A previdência social compulsória "*foi estabelecida [...] sob o argumento de que seria necessária para atender aos mais pobres.*",[29] mas ocorre que, na maioria das vezes, os mais pobres não são beneficiados, pois acabam morrendo antes mesmo de terem a chance de se aposentarem e desfrutarem daquele dinheiro que pouparam compulsoriamente a vida inteira.

---

28. CAMPOS, Roberto. *A Constituição contra o Brasil:* Ensaios de Roberto Campos sobre a constituinte e a Constituição de 1988. São Paulo: LVM Editora, 2018, p. 241.

29. STEWART JR., Donald. *O que é o liberalismo*. 7ª ed. São Paulo: LVM Editora, 2019, p. 153.

Segundo Stewart Jr, "*embora ninguém possa dizer que ela foi feita para atender aos mais ricos, na realidade ampara aqueles que têm maior expectativa de vida ou aqueles muitos que conseguiram uma forma de fraudá-la.*"[30]

Os outros direitos sociais previstos em nosso ordenamento jurídico permitiriam o mesmo exercício: é razoável esperar que o Estado o proveja? É essa a melhor solução para o problema que se quer enfrentar? Qual o preço se paga pelo sacrifício da liberdade humana no caso? Enquanto não formos capazes de ver que "*o liberalismo não é neutro em relação aos fins que o homem pretende alcançar; pressupõe que a imensa maioria das pessoas prefere a abundância à pobreza. Procura mostrar qual o melhor meio de atingir esse objetivo*",[31] continuaremos sendo um país subdesenvolvido, com gritos retóricos das mesmas falas ultrapassadas.

Conclusão

Este artigo pretendeu apresentar um outro olhar sobre os direitos sociais previstos na Constituição de 1988, distoante do padrão dos livros jurídicos. Procurou-se refletir que a intervenção exacerbada do Estado nas relações individuais diminui as liberdades e a qualidade de vida dos indivíduos sem a garantia de atingimento do objetivo visado.

Isso porque a função basilar do Estado deve ser a da coerção, para que os indivíduos da sociedade cumpram e entendam as normativas previstas em nosso ordenamento jurídico e, dessa forma, seja assegurado que direitos de terceiros não serão afligidos. A partir do momento em que passamos ao Estado o ônus de garantir prestação de serviços, além de trabalho, moradia e previdência social, estamos lhe dando funções que extrapolam aquelas que lhe são pertinentes. A

30. STEWART JR., Donald. *O que é o liberalismo*. 7ª ed. São Paulo: LVM Editora, 2019, p. 157.

31. *Ibidem*, p. 109.

consequência disso é o fato de que a desigualdade aflórada, em razão da ineficiência estatal.

O Estado é um péssimo gerente. Produzir um texto constitucional repleto de boas intenções não resolverá o problema da pobreza ainda resistente. Precisamos repensar modelos superados.

Referências

BASTIAT, Frédéric. *A Lei*. 2ª ed. São Paulo: LVM Editora, 2019.

BEZERRA, Juliana. *Feudalismo*. Disponível em: https://www.todamateria.com.br/feudalismo/. Acesso em: 21 jun. 2021.

BRASIL. *Constituição da República Federativa do Brasil de 1988*. Disponível em http://www.planalto.gov.br/ccivil_03/constituicao/constituicao.htm . Acesso em: 24 maio 2021.

BRASIL. Lei nº 8.666, de 21 de junho de 1993. "*Regulamenta o art. 37, inciso XXI, da Constituição Federal, institui normas para licitações e contratos da Administração Pública e dá outras providências.*". Disponível em: http://www.planalto.gov.br/ccivil_03/leis/l8666cons.htm . Acesso em: 25 maio 2021.

Instituto Liberal. *Breve panorama do Liberalismo Constitucional*. Disponível em www.institutoliberal.org.br/blog/politica/breve-panorama-do-liberalismo-constitucional/ Acesso em: 21 jun. 2021.

CAMPOS, Roberto. *A Constituição contra o Brasil:* Ensaios de Roberto Campos sobre a constituinte e a Constituição de 1988. São Paulo: LVM Editora, 2018.

CASTILHO, Ricardo. *Direitos humanos*. 2ª ed. – São Paulo: Saraiva, 2012. (Coleção sinopses jurídicas; v.30).

Código de Hamurabi – o que é e seu significado. Pravaler, 2020. Disponível em: https://www.pravaler.com.br/wp-files/download/codigo-de-hamurabi-idioma-portugues-download-pdf.pdf . Acesso em: 20 jun. 2021.

FRIEDMAN, Milton e FRIEDMAN, Rose D. *Capitalismo e liberdade.* São Paulo: LTC, 2020.

LENZA, Pedro. *Direito Constitucional esquematizado.* 16 ed. São Paulo: Saraiva, 2012.

MEDINA, José Miguel Garcia. *Constituição Federal comentada:* com jurisprudência selecionada do STF e de outros tribunais. 5ª ed. São Paulo: Thomson Reuters Brasil, 2020.

MENDES, Gilmar Ferreira. Paulo Gustavo Gonet Branco. *Curso de direito constitucional.* 10ª ed.- São Paulo: Saraiva, 2015.

Mundo LR. *"Qué se siente estar em el império": sorprenden a exjuez chavista de shopping em EE, UU. [vídeo].* Publicado dia 04/01/2020. Disponível em: Crisis en Venezuela: exmagistrado Héctor Coronado Flores del régimen de Nicolás Maduro fue sorprendido en Orlando | Venezolanos en el exterior | Estados Unidos | La República (larepublica.pe). Acesso em: 21 jun. 2021.

NERY JUNIOR, Nelson, NERY, Rosa Maria de Andrade. *Constituição Federal comentada e legislação constitucional.* 2ª ed. São Paulo: Revista dos Tribunais, 2009.

RAMOS, André de Carvalho. *Curso de direitos humanos.* São Paulo: Saraiva, 2014.

REALE, Miguel. *Lições preliminares de direito.* 20ª ed. – São Paulo: Saraiva, 1993.

RODRÍGUEZ, Ricardo Vélez. *apud* a Antônio Paim. Instituto Liberal. *Antônio Paim: o mais importante estudioso contemporâneo do pensamento brasileiro.* Publicado dia 11 de junho de 2021. Disponível em: https://www.institutoliberal.org.br/blog/antonio-paim-o-mais-importante-estudioso-contemporaneo-do-pensamento-brasileiro/. Acesso em: 21 jun. 2021.

SILVA, José Afonso da. *Curso de Direito constitucional positivo*. 18ª ed. – São Paulo: Malheiros Editores, 2000.

STEWART JR., Donald. *O que é o liberalismo*. 7ª ed. – São Paulo: LVM Editora, 2019.

VIANA, Jefferson. *Reservas de Mercado e o prejuízo ao consumidor*. Publicada 22/10/2015. Disponível em: https://www.institutoliberal.org.br/blog/reservas-de-mercado-e-o-prejuizo-ao-consumidor/. Acesso em: 07 jun. 2021.

PRIVATIZAÇÃO DOS CORREIOS: INTERVENÇÃO ESTATAL NO DOMÍNIO ECONÔMICO, UMA PERSPECTIVA LIBERAL

Maria Heloisa Charello

Introdução

O presente texto busca avaliar a intervenção do Estado no domínio econômico que ocorre por meio da Empresa Brasileira de Correios e Telégrafos (Correios), e quais as expectativas para o mercado brasileiro após a privatização dessa estatal. Para tanto, realizar-se-á uma revisão do pensamento liberal acerca da intervenção estatal a partir do pensamento de expoentes das Escolas Austríaca e de Chicago. Em seguida, serão apresentados os possíveis benefícios do processo de privatização. Por último, será estudado por meio do enfoque liberal o caso dos Correios e o modelo de privatização proposto pelo Poder Executivo.

I. Escolas liberais e suas perspectivas sobre a intervenção estatal no domínio econômico

Em relação à consolidação do capitalismo sobre os demais sistemas econômicos, a história dos Estados Unidos é um exemplo em potencial. O êxito da principal atividade econômica americana até o século XX – a agricultura – foi fruto do liberalismo econômico.[1] Nesse período, o governo não interferia e desempenhava um papel insignificante na agricultura. Somente após a depressão de 1929 é que o governo começou a atuar de modo a manter os preços do setor artificialmente altos. A partir disso, a intervenção aumentou exponencialmente – consolidada também pelo pensamento de que a depressão foi resultado de uma falha do capitalismo. Da segunda metade do século XX até o final dos anos oitenta, o governo interveio por meio de agências reguladoras. Valendo-se de ideias de pensadores como FRIEDMAN, STIGLER, HAYEK e MISES, nota-se a relação de causalidade entre interferência estatal na economia e desenvolvimento econômico.

Segundo ADAM SMITH,[2] ao Estado cabe apenas três papéis: a) proteger a sociedade contra a violência e invasão de outros países; b) proteger cada membro da sociedade contra a injustiça e a opressão de qualquer outro membro da sociedade e implantar uma completa administração da justiça; c) o dever de criar e manter certas obras públicas e certas instituições públicas que jamais algum indivíduo ou um pequeno número de indivíduos poderá ter interesse em criar e manter, uma vez que o lucro nunca poderia compensar o gasto de qualquer indivíduo, ou de um pequeno número de indivíduos. Para FRIEDMAN, há também não explicitamente um quarto dever: proteger membros da comunidade que não podem ser considerados indivíduos responsáveis.[3]

Empiricamente, os deveres que mais causam transtornos são os dois últimos. O terceiro e quarto deveres são comumente usados como justificativa para um maior alcance e poder

1. FRIEDMAN, Milton.; FRIEDMAN, Rose. *Livre para escolher*. 10ª ed., Rio de Janeiro: Record. 2021.

2. SMITH, Adam. *The Wealth of Nations*. 5° ed. Londres: Methuen e Co., Ltd., 1930, p. 422 apud Livre para escolher FRIEDMAN, Milton.; FRIEDMAN, Rose, 2021, p. 57.

3. Id. Ibid. p. 1

do governo na sociedade por meio do conceito das falhas de mercado. Quando o sistema de trocas voluntárias não opera de modo eficiente e gera externalidades negativas verifica-se uma falha de mercado. Para STIGLER,[4] as falhas podem tomar as formas básicas de bens públicos, externalidades, monopólios e assimetria de informações. Por exemplo, indivíduos são considerados incompetentes – devido à assimetria de informações – para escolher um médico ou advogado, portanto o Estado deve licenciar os profissionais para garantir níveis mínimos de competência e segurança aos clientes. O senso comum e alguns estudiosos argumentam a favor de políticas intervencionistas para combater essas lacunas.

Convencionou-se, então, caracterizar a situação de concorrência imperfeita como falha de mercado, posicionamento rejeitado pela Escola Austríaca. Segundo MISES,[5] o Estado é completamente responsável pela formação de conluios, e após a formação desses, o próprio governo sustenta que é necessário intervir neles. Por sua vez, HAYEK[6] afirma que os monopólios podem ser também resultados não somente de intervenção estatal, mas de retornos de escala crescentes.[7]

Para a Escola de Chicago, porém, nota-se uma postura mais moderada ainda que pró-mercado. FRIEDMAN e STIGLER admitem a existência de monopólios naturais resultantes de economias de escala e de monopólios resultantes da intervenção estatal. Stigler adverte, no entanto, para o fato de que a regulação dos monopólios não é realizada objetivando o bem-estar do consumidor, mas sim com o propósito de atender

4. STIGLER, George. Joseph., *The Citizen and the State: Essays on Regulation*. The University of Chicago Press, Ltd., London, 1975.

5. VON MISES, Ludwig, *As Seis Lições*. 2° ed, Rio de Janeiro: José Olympio, Instituto Liberal, 1986.

6. HAYEK, Friedrich August. *O caminho da servidão*. 6° ed. São Paulo: Instituto Ludwig von Mises Brasil, 2010.

7. O retorno de escala crescente (ou economia de escala) ocorre quando ao aumentar os insumos na produção o custo total da produção aumenta proporcionalmente menos que a quantidade produzida, o que gera uma diminuição do custo médio.

a interesses dos agentes reguladores e das indústrias reguladas. Segundo sua teoria econômica da regulação, os cartéis se organizam junto a políticos responsáveis pela legislação reguladora do setor com objetivo de maximizar seus ganhos. De modo a pressionar e requisitar (por meio de pagamentos ilícitos) a criação de legislações que regulam a entrada de novos entrantes no setor fornecem subsídios, tratamento tarifário distinto, etc. STIGLER reitera ainda que os cartéis preferem ser beneficiados por meio da regulação e da barreira a novos entrantes em vez de subsídios, uma que estes são distribuídos para todas as indústrias do setor, beneficiando um número maior de empresas do que no caso da regulação.

Da regulação de monopólios à atuação do Estado, logo evoluiu para a geração de monopólios por si próprio, por meio da persuasão da opinião pública, a favor da maior intervenção estatal. De acordo com FRIEDMAN,[8] na economia americana, os principais produtos e serviços de menor qualidade e que apresentaram menor progresso ao longo do tempo foram produzidos pelo Estado, como, o transporte rodoviário e os serviços postais. Por outro lado, os produtos de maior qualidade e rápido avanço científico foram resultado de empresas privadas submetidas a pouca regulação estatal. Apesar disso, o governo avançou mais sobre liberdade econômica por intermédio das agências reguladoras e dos movimentos a favor do consumidor. Valendo-se das premissas da assimetria de informação entre consumidores e vendedores e de que os indivíduos são irracionais, o governo interferiu para proteger o consumidor e escolher o que é melhor para ele.[9] Por volta de 1970, o governo americano continuou a intervir na economia de modo a atender alguns movimentos considerados anticrescimento econômico (tais como grupos em defesa do consumidor, ambientalistas, ecológicos, orgânicos etc.) e impôs golpes pesados na indústria, o que resultou na diminuição da produtividade e lento desenvolvimento.

---

8. Id. Ibid. p. 1

9. Id. Ibid. p. 2

Por outro lado, tanto a escola de Chicago como a Austríaca notaram a importante relação entre liberdade econômica e liberdade individual. Ambas as escolas questionaram também a irracionalidade e o perigo de grande parte dos estudiosos de outras áreas defenderem um planejamento central na economia e um Estado forte. Segundo HAYEK, o sucesso do liberalismo contribuiu para o seu enfraquecimento, uma vez que não se percebe que o progresso e riqueza atuais são resultados de políticas liberais de períodos anteriores. Devido a esse êxito, a civilização tornou-se menos tolerável com os males ainda existentes na sociedade e começou a culpar o liberalismo econômico pelas adversidades existentes. Tal contexto colaborou para a ampla aceitação de movimentos assistencialistas e de cunho socialista que enxergam no governo a solução para os infortúnios da sociedade, e utilizaram-se da situação para sua autopromoção. Entretanto, ao permitir que o setor público controle parte do domínio econômico, o intervencionismo estatal acaba por gerar reações em cadeia. Ainda que o governo controle diretamente parte da economia, ele acaba controlando indiretamente – por meio dos efeitos de suas decisões – o restante da economia. Como dito por HAYEK, todos aqueles que desejam um alto ou pequeno grau de socialismo na sociedade estão marchando na mesma direção, a servidão a um Estado totalitário.

Todavia, ainda que austríacos e liberais (leia-se escola de Chicago) concordem que um Estado maior leva à perda de liberdade individual, os economistas discordam quanto ao antídoto para esse problema. Conforme Ikeda,[10] que reformula a análise dos ciclos econômicos de MISES, o Estado intervém e gera transtornos à população e baixo crescimento econômico. Como consequência, os indicadores econômicos pioram, o governo verifica que a economia não está bem e propõe medidas liberais. À medida em que ocorre a liberalização da economia, a mesma volta a crescer, e então o Estado intervém

10. IKEDA, Sanford. *Dymamics of the Mixed Economy*. Londres: Routledge, 1997 apud BARBIERI, Fabio. A economia do intervencionismo, 2013.

novamente, retomando-se assim um injustificável ciclo intervencionista. O Estado age como um parasita exaurindo a economia, mas não ao ponto de deixá-la morrer; e na sequência, realiza a desestatização da economia. Após isso, a economia voltar a crescer e o governo novamente interfere, criando-se assim um ciclo. Para MISES, não deve haver interferência alguma do governo no âmbito econômico, somente em setores essenciais, como na segurança. Já HAYEK advoga contra um *laissez-faire* dogmático e em prol de um governo ativo dado determinadas circunstâncias econômicas. Ele assente com a interferência estatal, porém apenas em casos cujo objetivo seja ampliar a concorrência. O planejamento governamental não deve substituir a livre-concorrência, mas sim ajudá-la.

Os expoentes da escola de Chicago, no entanto, foram mais modestos e buscaram uma dose moderada de intervencionismo. FRIEDMAN propôs que os perigos tanto do monopólio privado como estatal devem ser combatidos por meio da livre- concorrência dentro dos países e do livre-comércio com o mundo todo. A sociedade – de acordo com FRIEDMAN – ao confrontar-se com uma falha de mercado, isto é, quando apenas as trocas voluntárias não são suficientes para organizar o mercado de modo eficiente, deve, portanto, realizar primeiramente um estudo de caso da intervenção e pesar seus prós e contras.[11] Todavia, ele reconhece que, ao inserir-se no mercado, o papel do governo amplia-se com o tempo e, no longo prazo, o remédio para as falhas de mercado pode se tornar pior que a doença.

Na década de 1980, a literatura econômica pró-mercado e suas recorrentes críticas feitas aos males do intervencionismo obtiveram relativo sucesso na sociedade americana. Além disso, a opinião geral acerca do socialismo como sistema eficiente e viável mudou e o senso comum admitiu a superioridade do capitalismo. No entanto, embora a opinião geral tenha se tornado a favor do liberalismo econômico – como demonstrado por meio da onda de privatizações nos anos 1990, os governos de

---

11. Id. Ibid. p. 1

países capitalistas estiveram tão atrasados quanto os socialistas em relação à implantação de políticas econômicas liberais.[12]

II. Benefícios da privatização

No tocante à interferência estatal na economia, o Brasil sempre esteve na vanguarda. Nas primeiras décadas do século XX, o governo atuava subsidiando e auxiliando companhias específicas e que sofriam de problemas financeiros, as primeiras campeãs nacionais.[13] Com a ascensão de VARGAS, e por meio do modelo de substituição de importações, o paternalismo despontou mediante a nacionalização de certas indústrias e criação de novas estatais. Do mesmo modo, o regime militar foi responsável pela fundação de um grande número de estatais, dentre elas a Empresa brasileira de correios e telégrafos (1969). Na década de 1990, compelido pela onda de privatizações vivenciada por todas as economias, bem como pela necessidade de contar a alta inflacionária e o endividamento público, o governo FHC irrompeu um projeto de liberalização da economia mediante a realização de algumas desestatizações. No entanto, constatou-se que a participação estatal no âmbito econômico após as privatizações aumentou. Uma vez que as privatizações foram realizadas por meio de fundos e atores públicos como BNDES, e esquemas piramidais – o capital estrangeiro injetado no mercado acabou sendo insignificante.[14]

Em relação ao processo de privatização, todavia, existe uma vasta literatura econômica estabelecida acerca dos benefícios desse procedimento. Se as estatais podem ser em tese

---

12. LAZZARINI, Sergio. Giovanetti. *Capitalismo de Laços: os donos do Brasil e suas conexões*. Rio de Janeiro: Campus/Elsevier, 2011.

13. MUSACCHIO, Aldo., LAZZZARINI, Sergio Giovanetti. *Reinventando o Capitalismo de Estado: O Leviatã nos negócios e outros países*. São Paulo. Portfolio-Penguin, 2015.

14. Para maior análise das privatizações no governo FHC ver: LAZZARINI, Sergio. Giovanetti. *Capitalismo de Laços: os donos do Brasil e suas conexões*. Rio de Janeiro: Campus/Elsevier, 2011.

reconhecidas pelo seu uso como instrumento de desenvolvimento econômico, principalmente no setor de tecnologia;[15] elas são igualmente conhecidas pelo envolvimento em esquemas de corrupção. Isso devido à maior proximidade ao Estado que essas companhias detêm em relação às companhias privadas – o que impede, inclusive, que sejam alvo das flutuações do mercado.[16] Desse modo, podem surgir efeitos indesejados de políticas de desenvolvimento econômico. Além do mais, a injeção de recursos públicos nas estatais gera incentivos para que políticos com influência no controle das companhias criem mecanismos para desvio de recursos. Conforme constata ALBERTO ADES, o impacto real do investimento em P&D (Pesquisa e Desenvolvimento) através das estatais é cerca de 70% do impacto presumido, isto é, cerca de 30% do capital injetado em políticas desenvolvimentistas através de empresas públicas é desviado.[17]

Outro transtorno apresentado pelas estatais se chama *soft budget constraints*, isto é, a companhia conta com o apoio do governo quando sofre de dificuldades financeiras, o que corrobora para um *bailout*.[18] Sob essa circunstância, as estatais têm poucos incentivos para adotar uma postura competitiva e orientada ao mercado, o que consequentemente gera uma diminuição da produtividade da empresa. Além disso, o processo de mudança da gerência da companhia para mitigar a ineficiência apresentada tende a ser inibido – mais uma vez – à aproximação da companhia ao controle do governo, visto que a gerência dessas companhias é estabelecida por indicações políticas.

---

15. AGHION, Philippe.; HOWIT, Peter. *The Economics of Growth*. Cambridge: The MIT Press, 2009.

16. SHLEIFER, Andrei.: VISHNY, Robert. *Politicians and Firms. Quarterly Journal of Economics*, 109 (4), p. 995-1025, 1994.

17. ADES, Alberto & DI TELLA, Rafael. *"National Champions and Corruption: Some Unpleasant Interventionist Arithmetic,"* Economic Journal, Royal Economic Society, vol. 107(443), p. 1023-1042, July, 1997.

18. OLIVEIRA, Amanda Flavio de e MATTOS, César. *Por que privatizar?* 2019. Disponível em: https://www.jota.info/paywall?redirect_to=//www.jota.info/opiniao-e-analise/artigos/por-que-privatizar-07112019 Acesso em: 28 de julho de 2021.

Essa afinidade ao governo e o desprendimento das flutuações do mercado permitem que as companhias persigam objetivos políticos que não têm em vista o lucro, como , no caso do controle inflacionário que ocorreu através da PETROBRAS. Empresas estatais também usam sua influência na criação de novas legislações setoriais com propósito de prejudicar empresas concorrentes. As estatais podem pressionar os principais decisores políticos a erguer barreiras impenetráveis aos novos entrantes. Da mesma maneira, podem tentar impor regulações que aumentem os custos dos concorrentes ao ponto em que esses se tornam incapazes de operar com lucro,[19] o que gera para as estatais uma óbvia vantagem frente seus concorrentes.

As estatais são também alvo de um maior número de questões envolvendo problemas entre agente e principal (administradores e proprietários). Na realidade em que se encontram as estatais, a teoria da agência pode ser ampliada, pois estas companhias podem possuir diferentes grupos de proprietários (parte estatal e parte privada) e demais grupos de interesse, o que não ocorre nas firmas privadas, consequentemente haverá um conflito adicional em relação aos objetivos que a firma deverá perseguir e aos resultados esperados por cada uma das partes.[20] Isso tudo resulta na necessidade de uma legislação demasiadamente restritiva para impedir a discricionariedade dos administradores, corroborando para uma burocracia cujos efeitos são lentidão e diminuição da competitividade da estatal.

A realização de um maior número de privatizações diminuiria, além disso, o problema de *free-riding,* que envolve as empresas públicas e os serviços públicos em geral. Quando se tem um bem público, ele pertence a todos, mas ao mesmo

---

19. SAPPINGTON, David. E.M., SIDAK, J. Gregory. *Incentives for Anticompetitive Behavior by Public Enterprises*. Review of Industrial Organization, v. 22, p. 183–206, 2003.

20. BRUTON, Garry. D. et al. *State-owned enterprises around the world as hybrid organizations. The Academy of Management Perspectives*, v. 29, n. 1, p. 92-114, 2015.

tempo que não pertence a ninguém. Por meio da privatização – e fazendo uma alusão à tragédia dos comuns – o prejuízo das companhias não seria distribuído entre todos os contribuintes, mas somente custeado pela empresa, o que resulta em incentivos para os administradores das estatais operarem de modo eficiente. A venda de estatais verifica-se, também, como um recurso eficaz para diminuir o déficit fiscal de países em crise, como o Brasil. Além do mais, a realização de desestatizações seria um modo de – por meio das *IPOS* – atrair investidores estrangeiros e maior liquidez para o mercado financeiro.

Nos últimos anos, o governo tem aplicado esforços em uma tentativa de desestatização da economia, a começar pela redução do número de estatais, bem como pela criação da Lei das Estatais,[21] referência que proveu um novo regime legal para essas companhias. O incentivo para a redação do novo regime consiste na corporatização – processo que aplica diferentes políticas de governança corporativa com objetivo de maior transparência e eficiência nas estatais. Desse modo, a Lei das Estatais pode ser considerada um instrumento remediador em cenários nos quais a privatização da companhia não pode ser realizada. Em 2018, conforme publicado no *Diário Oficial da União,*[22] os Correios mudaram seu Estatuto Oficial com finalidade de adequação à Lei das Estatais e promover maior eficiência e transparência na companhia.

III. Estudo de caso: privatização dos Correios

Devido à pandemia da covid-19, a Empresa Brasileira de Correios e Telégrafos obteve um lucro de 1,5 bilhão de reais resultantes do aumento de cerca de 60% em compras *on-line*

21. BRASIL, Lei n° 13.303, de 30 de junho de 2016. Diário Oficial da União, Brasília, DF, n°125.

22. BRASIL. Ata da 11° Assembleia Geral Extraordinária realizada em 30 de Jan de 2018. Diário Oficial da União. Brasília, DF, N° 23, 1 de Fev de 2018. Disponível em: https://pesquisa.in.gov.br/imprensa/jsp/visualiza/index.jsp?data=01/02/2018&jornal=515&pagina=10&totalArquivos=190 Acesso em: 01 de Ago de 2021.

comparado a 2020. Ainda que o ano de 2020 tenha apresentado o maior desempenho nos últimos dez anos, a companhia somou entre 2013 e 2016 um déficit de quase 4 bilhões. A quantia foi resultado de desfalques no plano previdenciário (Postális) e de saúde (Postal Saúde) do setor – ambos alvos de investigações pela Policia Federal nos desdobramentos da Operação Lava-Jato.[23] Além disso, são necessários anualmente 2,5 bilhões de reais em investimentos para manter a companhia competitiva perante as demais empresas de logística no Brasil.

Dessa forma, como resultado das promessas de desestatização da economia durante a campanha do presidente Jair Bolsonaro, o Projeto de Lei n. 591/21, de autoria do Poder Executivo, pretende autorizar que os serviços postais possam ser explorados pela iniciativa privada. O texto se encontra desde fevereiro de 2021 em tramitação.[24] A expectativa da equipe da Secretaria Especial de Desestatização do Ministério da Economia era de que a operação de venda da estatal - para um único comprador – ocorresse em abril de 2022.

O texto, no entanto, colide com a Constituição de 1988, que estabelece dentre as obrigações da organização do Estado manter o serviço postal e o correio aéreo nacional, de acordo com seu art. 21, inciso X. Desse modo, somente o Estado estaria apto a explorar o serviço. De acordo com o constitucionalista Saul Touinho Leal, uma das soluções seria uma PEC (Proposta de Emenda à Constituição) para permitir a privatização completa do setor – como ocorrido no setor de telecomunicações durante o governo de FHC. Outra alternativa consiste na promulgação de uma lei que retire o monopólio do serviço postal da jurisdição do Estado, mas siga obrigando

23. OLIVEIRA, Bruno de. *Por dentro dos Correios, a empresa que está na agenda de privatização do governo*. CNN Brasil, 27 de Jul de 2021. Disponível em: https://www.cnnbrasil.com.br/business/2021/07/27/por-dentro-dos-correios-empresa-que-esta-na-agenda-de-privatizacoes-do-governo. Acesso em: 02 de Ago de 2021.

24. JUNIOR, Janary. Projeto do Governo autoriza a entrada da iniciativa privada na exploração dos serviços postais. Camara dos Deputados, 25 de Fev de 2021. Disponivel em: https://www.camara.leg.br/noticias/730622-projeto-do-governo-autoriza-entrada-da-iniciativa-privada-na-exploracao-de-servicos-postais/ Acesso em: 02 de Ago de 2021.

a União a ofertar o serviço essencial, isto é, a universalização dos serviços postais.[25] Quanto a isso o governo, entretanto, optou por alterar o PL 591/21 de modo a promover um contrato de concessão com o comprador da estatal que terá que obrigatoriamente assumir os serviços postais universais.[26] Ainda, o PL prevê o cadastro da população de baixa renda que poderá pagar menos na utilização dos serviços.

IV. Interpretação liberal e expectativas pós-privatização dos Correios

Ao instituir o monopólio dos serviços postais por intermédio dos Correios, o Estado restringe a possibilidade de os consumidores optarem por outro prestador de serviços da mesma natureza, forçando-os a realizar a troca exclusivamente com o monopolista, o que viola o princípio liberal das trocas voluntárias entre agentes econômicos.

Dito isso, a proposta de privatização naturalmente ocasionará uma série de mudanças pertinentes à empresa. Sobretudo, o governo deixará de administrar uma atividade complexa – e que demonstrou estar fora de sua competência – e poderá focar em setores essenciais da sociedade. Ademais, teoricamente, provocará uma postura pró-mercado para a companhia, uma vez que ela não contará com o apoio do poder público em situações de dificuldade financeira, como tem sido realizado através dos investimentos de cerca de 2,5 bilhões do governo para manter a atual competitividade dos correios. Haverá também uma provável modernização nos serviços e possível melhora no atendimento ao público: não será mais

---

25. MUNIZ, Mariana.; BONIN, Robson. *O caminho Jurídico para a venda dos Correios*. Veja, 25 de Set de 2020. Disponível em: https://veja.abril.com.br/blog/radar/o-caminho-juridico-para-a-venda-dos-correios/ Acesso em: 02 de Ago de 2021.

26. ARANHA, Carla. *Privatização dos Correios deve ser votada nesta semana*. Exame, 02 de Ago de 2021. Disponível em: https://exame.com/brasil/privatizacao-dos-correios-deve-ser-votada-essa-semana/ Acesso em: 02 de Ago de 2021.

necessário enfrentar filas para enviar uma carta, encomenda ou malote, decorrentes da melhora de competitividade.

Além disso, com mais aportes privados, o serviço poderá ser ampliado para mais municípios – além dos cerca de 5.000 mil já atendidos. Ainda que uma das alegações contra a privatização seja de que os Correios não alcançarão, após privatizados, todas as cidades do país, pois isso não seria do interesse privado, essa alegação não se revela fundamentada. Essa alegação, entretanto, apela ao terceiro dever do Estado descrito por ADAM SMITH,[27] de que consiste em responsabilidade do governo assumir uma atividade rejeitada pelo interesse privado. Segundo o PL 591/2021, porém, isso não ocorreria em virtude do contrato de concessão com o comprador da estatal que irá obrigatoriamente assumir a universalização dos serviços postais – mantendo a constitucionalidade do serviço.

A privatização dos Correios poderá ser benéfica também por possibilitar a diminuição do déficit fiscal do país, embora possivelmente não gere uma grande liquidez ao mercado financeiro em razão da forma que será realizada a venda da estatal: a venda será realizada a um único comprador, ou seja, o monopólio estatal se tornará um monopólio privado. Nesse contexto, de acordo com o Programa de Parcerias de Investimentos (PPI), a ANATEL ficará encarregada da regulação do setor.[28]

O presente modelo de privatização proposto pelo Poder Executivo, dessarte, fere o cerne do princípio liberal clássico da livre-concorrência – ainda que propicie mudanças positivas à empresa. Como apontado por HAYEK, o planejamento estatal deve ocorrer somente em casos cujo objetivo seja ampliar a livre-concorrência, não a destruir – como previsto pelo atual modelo de privatização. Embora o Estado alegue que a

27. Id. Ibid. p.1

28. ARANHA, Carla. *Privatização dos Correios: fundos devem participar de consórcios*. Exame, 20 de Jul de 2021. Disponivel em: https://exame.com/brasil/privatizacao-dos-correios-fundos-de-investimento-devem-criar-consorcios/ Acesso em: 02 de Ago de 2021.

população de baixa renda irá pagar menos na utilização dos serviços, e que os preços após a privatização não subirão, os Correios continuarão detendo o monopólio dos serviços postais no mercado, contudo em regime privado, de forma a obrigar os consumidores a realizar trocas exclusivamente com o monopolista. Tal modelo de desestatização tende a se tornar prejudicial para aos consumidores, como para aos possíveis novos entrantes no setor, segundo advertem os expoentes das Escolas Austríaca e de Chicago. Além disso, ao longo do processo de privatização, poderão ocorrer novamente os episódios verificados cerca de duas décadas atrás durante a era FHC. Teme-se também a participação do Estado por meio da concatenação de agentes econômicos e consequente criação de conluios, em um sistema que se denomina capitalismo de laços.[29]

É essencial, portanto, seguir o conselho de MILTON FRIEDMAN, qual seja: a sociedade, ao confrontar-se com uma falha de mercado, deve pesar minuciosamente os prós e contras da intervenção estatal, pois, a longo prazo, o antídoto para elas pode-se tornar pior que a doença. Como demonstrado no caso dos Correios, o governo tem necessitado recorrer a terceiros, isto é, aos contribuintes para manter a companhia – o que também afeta indiretamente a economia. Inclusive, como observado, até mesmo o processo de privatização – com o objetivo de mitigar os danos já provocados pela intervenção estatal – acarreta uma série de adversidades e ínterins na sociedade. A título de exemplo, citam-se instituições estatais se opondo à privatização,[30] bem como o próprio Projeto de Lei em si que, se for aprovado da forma como se encontra, irá somente mudar o monopólio estatal para privado, o que não favorece a livre-iniciativa e livre-concorrência. Por fim, percebe-se que a depender do modelo de privatização da estatal, a privatização em si pode ser somente um artifício figurativo de maneira a indicar que o presente governo é de tendência liberal.

---

29. Id. Ibid. p 7.

30. Id. Ibid. p 8.

V. Conclusão

O modelo de privatização proposto pelo PL591/2021, ainda que traga mudanças significativamente positivas para a companhia, manterá o regime de monopólio – outrora estatal, que pode ser substituído pelo privado - além de permitir, por meio da venda da estatal realizada a fundos nacionais e estrangeiros, o surgimento de conluios no ambiente econômico. Por fim, embora Roberto Campos tenha afirmado que *"a privatização de estatais, dessarte, não é uma opção política. É uma imposição econômica",*[31] o atual projeto de privatização dos Correios em tramitação aparenta ser sobremaneira uma opção política – visto que não mudará significativamente o ambiente institucional de modo a torná-lo pró-mercado. A livre-concorrência e a livre- iniciativa, princípios que estão no centro do liberalismo, encontram enorme resistência de observância por parte das atuais instituições estatais, a exemplo do que se pode observar, até o presente momento, nas tratativas que envolvem a privatização dos Correios.

Referências

ADES, Alberto & DI TELLA, Rafael. *"National Champions and Corruption: Some Unpleasant Interventionist Arithmetic,"* Economic Journal, Royal Economic Society, vol. 107(443), p. 1023-1042, July, 1997.

AGHION, Philippe.; HOWIT, Peter. *The Economics of Growth.* Cambridge: The MIT Press, 2009.

ARANHA, Carla. *Privatização dos Correios: fundos devem participar de consórcios.* Exame, 20 de Jul de 2021. Disponível em: https://exame.com/brasil/privatizacao-dos-correios-fundos-de--investimento-devem-criar-consorcios/ Acesso em: 02 ago. 2021.

ARANHA, Carla. *Privatização dos Correios deve ser votada nesta semana.* Exame, 02 de Ago de 2021. Disponível em:

31. CAMPOS, Roberto. *A Constituição contra o Brasil.* LVM Editora, São Paulo, 2018.

https://exame.com/brasil/privatizacao-dos-correios-deve-ser-votada-essa-semana Acesso em: 02 ago. 2021.

BARBIERI, Fabio. *A economia do intervencionismo*, 2013.

BRASIL, Lei n° 13.303, de 30 de junho de 2016. *Diário Oficial da União*, Brasília, DF, n°125.

BRASIL. Ata da 11° Assembleia Geral Extraordinária realizada em 30 de Jan de 2018. Diário Oficial da União. Brasília, DF, N° 23, 1 de Fev de 2018. Disponível em: https://pesquisa.in.gov.br/imprensa/jsp/visualiza/index.jsp?data=01/02/2018&jornal=515&pagina=10&totalArquivos=190 Acesso em: 01 ago. 2021.

BRUTON, Garry. D. et al. *State-owned enterprises around the world as hybrid organizations. The Academy of Management Perspectives*, v. 29, n. 1, p. 92-114, 2015.

CAMPOS, Roberto. *A Constituição contra o Brasil*. LVM Editora, São Paulo, 2018.

FRIEDMAN, Milton.; FRIEDMAN, Rose. *Livre para escolher*. 10° ed, Rio de Janeiro, Record. 2021.

HAYEK, Friedrich August. *O caminho da servidão*. 6° ed. São Paulo: Instituto Ludwig von Mises Brasil, 2010.

JUNIOR, Janary. *Projeto do Governo autoriza a entrada da iniciativa privada na exploração dos serviços postais*. Câmara dos Deputados, 25 de Fev de 2021. Disponível em: https://www.camara.leg.br/noticias/730622-projeto-do-governo-autoriza-entrada-da-iniciativa-privada-na-exploracao-de-servicos-postais/ Acesso em: 02 ago. 2021.

LAZZARINI, Sergio. Giovanetti. *Capitalismo de Laços:* os donos do Brasil e suas conexões. Rio de Janeiro: Campus/Elsevier, 2011.

MUNIZ, Mariana.; BONIN, Robson. *O caminho jurídico para a venda dos Correios*. Veja, 25 de Set de 2020. Disponível em: https://veja.abril.com.br/blog/radar/o-caminho-juridico-para-a-venda-dos-correios/ Acesso em: 02 ago. 2021.

MUSACCHIO, Aldo., LAZZZARINI, Sergio Giovanetti. *Reinventando o Capitalismo de Estado:* O Leviatã nos negócios e outros países. São Paulo. Portfolio-Penguin, 2015.

OLIVEIRA, Amanda Flavio de e MATTOS César. *Por que privatizar? 2019*. Disponível em: https://www.jota.info/paywall?redirect_to=//www.jota.info/opiniao-eanalise/artigos/por-que-privatizar-07112019 Acesso em: 28 jul. 2021.

OLIVEIRA, Bruno de. *Por dentro dos Correios, a empresa que está na agenda de privatização do governo*. CNN Brasil, 27 de Jul de 2021. Disponível em: https://www.cnnbrasil.com.br/business/2021/07/27/por-dentro-dos-correios-empresa-que-esta-na-agenda-de-privatizacoes-do-governo . Acesso em: 02 ago. 2021.

SAPPINGTON, David. E.M., SIDAK, J. Gregory. *Incentives for Anticompetitive Behavior by Public Enterprises*. Review of Industrial Organization, v. 22, p. 183–206, 2003.

SHLEIFER, Andrei.: VISHNY, Robert. *Politicians and Firms. Quarterly Journal of Economics*, 109 (4), p. 995-1025, 1994.

STIGLER, George. Joseph., *The Citizen and the State: Essays on Regulation*. The University of Chicago Press, Ltd., London, 1975.

VON MISES, Ludwig, *As seis lições*. 2ª ed, Rio de Janeiro: José Olympio, Instituto Liberal, 1986.

POSFÁCIO

Ângela Gandra

Uma honra posfaciar a Obra lançada pelo Instituto Ives Gandra, sob a regência da querida e ultracompetente Professora Amanda Flávio.

Uma tripla alegria também, por um lado, tratar de tema que sempre me instigou na filosofia do Direito, mas que foi tão manipulado e mal interpretado academicamente. Os estudos contidos na obra trazem uma luz ontológica e antropológica sobre seu real significado, transcendência e consequências, de forma prática e concreta.

Por outro lado, homenagear Roberto Campos, lanterna na proa e na popa, é também um brinde à sensatez na maneira de lidar com as questões sociais e políticas.

Por fim, poder celebrar a publicação como fruto de reflexão promovida pelo Instituto Ives Gandra, de Direito, Filosofia e Economia, é também motivo de júbilo.

A equipe coordenada por Amanda – que honra tê-la conosco, bem como o grupo altamente qualificado que formou! – une nessa obra Economia e Filosofia, em reflexão que prepara para a ação, demonstrando o quanto o verdadeiro espírito liberal pode gerar responsabilidade social.

Como exposto na Apresentação, estamos apenas começando. O *début* literário de um Instituto que pode se tornar um *think tank*. Um gigante, proporcional ao nome que leva. Parabéns e avante!